清末民初文獻叢刊

沈文肅公政書

（第一册）

［清］沈葆楨 著

朝華出版社
BLOSSOM PRESS

圖書在版編目（CIP）數據

沈文肅公政書 ： 全4册 / （清）沈葆楨著. -- 北京 ：
朝華出版社, 2017.12
（清末民初文獻叢刊）
ISBN 978-7-5054-4131-6

Ⅰ. ①沈… Ⅱ. ①沈… Ⅲ. ①奏議－匯編－中國－清
代 Ⅳ. ①K249.065

中國版本圖書館CIP數據核字(2017)第281733號

沈文肅公政書（全四册）

作　　者　[清]沈葆楨

選題策劃　楊麗麗　尚論聰
責任編輯　劉小磊
特約編輯　齊　芳
責任印制　張文東　陸競贏
封面設計　劉敬偉

出版發行　朝華出版社
社　　址　北京市西城區百萬莊大街24號　　**郵政編碼**　100037
訂購電話　（010）68996618　68996050
傳　　真　（010）88415258（發行部）
聯系版權　j-yn@163.com
網　　址　http://zhcb.cipg.org.cn
印　　刷　藝堂印刷（天津）有限公司
經　　銷　全國新華書店
開　　本　880mm×1230mm　1/32　　**字　　數**　378千字
印　　張　49.25
版　　次　2017年12月第1版　2017年12月第1次印刷
裝　　别　精
書　　號　ISBN 978-7-5054-4131-6
定　　價　345.00元（全四册）

出版前言

中國自一八四〇年鴉片戰争以來，傳統的農業文明在西方的堅船利炮轟擊之下徹底被顛覆，有擔當的知識分子苦苦追尋，思索社會改革的途徑。從最初的『師夷長技以制夷』到『民主制度，天下之公理』（梁啓超語），他們發現要『强國富民』，首先要『開啓民智』，衹有民衆擁有了獨立思想和批判精神，國家纔能實現真正的强大。在此後一百年的時間裏（一八四〇—一九四九），思想者們從社會變革深入到國民性的改造，用每一部作品見證着中國近代化的遞變歷程。這是一個極其重要的時代，《清末民初文獻叢刊》正是收録了這一時期的作品，大部分書籍都是早期版本，有着極高的文獻研究價值。

清末的中國經歷了『三千年來未有之大變局』（李鴻章語），大清王朝面對西方列强的艦炮，表現得驚慌失措。尤其是鴉片戰争，使『天朝帝國萬世長存的迷信受到了致命的打擊，野蠻的、閉關自守的、與文明世界隔絶的狀態被打破了』（《馬克思恩格斯選集》）。一批士大夫知識分子，尤其是在歐美諸國擔任使臣或者游歷的知識分子最先覺醒，着眼于對西方國家的考察，進而反省本國政治制度的劣勢，可以視作『啓蒙』的端倪。如曾擔任駐英公使（兼任駐法公使）的郭嵩燾在《使西紀程》中以日記的形式記録了自己對歐西諸國的觀感，他在考察了英國的政治制度之後，發現英國政府官員收入超過三百磅者與普通老百姓一樣同等納税，他説：『此法誠善，然非民主之國，則勢有所不行。西洋所以享國長久，君民兼主國政故也。』他明確提出了『民主』，在國家的管理問題上，人民也有參與的權利。他在該書中所披露的西方政治、經濟、文化等領域優于大清帝國這一事實觸動了保守派的神經，立刻遭到保守派群起而攻之，進士何金壽彈劾他『有二心于英國，欲中國臣事之』，他家鄉湖南的民衆對他更是痛加詆毁，以至于滿城揭帖，誣蔑他『溝通洋人』，在這種群情洶洶的情况下，朝廷最後下旨將《使西紀程》毁版，從而使該書成了禁書。然而，書雖被毁版，却不能堵死民衆的傳播與閲讀的途徑，上海的《萬國公報》依舊連載該書，張佩綸曾説：『朝廷禁其書，而新聞紙接續刊刻，中外傳播如故也。』從某種意義上來説，啓蒙是時代的需要，盡管清政府發諭旨禁了該書，民衆乃至一些朝廷大員却依舊在私下閱讀，以便瞭解外部的世界。進步的社會是開放性的，任何企圖『閉關鎖國』的努力都意味着歷史的倒退，祇有開放，與整個世界文明保持同等的步伐，纔能實現真正的强國之夢。當大批知識分子走出閉鎖的國門，親歷了文明的洗禮之後，也就把啓蒙的智識帶回了中華大地。容閎的《西學東漸記》，梁啓超的《新大陸游記》，崔國因的《出使美日秘日記》等一大批作品介紹了海外諸國的政治、經濟、軍事、外交、文化。雖然這些作品在認識上仍然帶有時代的局限性，然而却是那時最爲珍貴的聲音。

另一方面，在學術上，中國文化母體内『經世致用』思想與資產階級思想相結合，也喚起了變革，以康有爲、梁啓超爲首的改良派試圖通過自上而下的革新以實現變革。康有爲的《新學僞經考》《孔子改制考》就是借經學之表論資產階級學説之裏的著作，康有爲的弟子梁啓超更是通過《新民説》一書提出國民性改造。與早期啓蒙者『師夷長技』的器物文明引進不同，梁啓超上升到形而上的精神領域，從文化心理上更加徹底地進行變革。梁氏是清朝末年到民國初年一個橋梁式的人物，被譽爲『輿論之驕子，天縱之文豪』，其影響力不但在學術領域，同時還在文學領域，他所倡導的『詩界革命』得到了譚嗣同、黃遵憲、丘逢甲等人的響應，黃遵憲的《日本雜事詩》，丘逢甲的《嶺雲海日樓詩鈔》都體現了這種主張。這一主張要求反映新的時代和新的思想，用『我手寫我口』（黃遵憲語）的方式直抒胸臆，對長期占詩壇主流的擬古主義、形式主義產生了巨大的衝擊，解放了寫作者的心靈和頭腦。

與社會變革同步的是早期對西方思想著作的翻譯，這裏面影響最大的是嚴復，他翻譯的《天演論》《社會通詮》等書直接孕育了民國一代的知識階層。魯迅、胡適等人在文章中都曾提到《天演論》對他們思想所產生的震撼。與嚴復略有不同的另一位翻譯家是林紓，他的譯作雖然參差不齊，但却在更細膩的心靈層次對讀者產生影響，許壽裳曾回憶，他和魯迅都熱衷于林譯的小説，如《巴黎茶花女遺事》《黑奴籲天録》《迦茵小傳》等作品。

辛亥革命之後，進步社會思潮成爲主流，比之清末思想啓蒙者『求存』的追求，民國以來的知識階層深入到了更加細微的肌理，一方面呼喚社會變革，另一方面進行點滴的建設，革命并不能使所有的一切一蹴而就，在更加深廣的領域，事物的改變是由微觀而宏觀。通俗地説，比之于革命，建設的意義更大。如《中國商業史》《中國教育史》《中國倫理學史》《中國哲學史大綱》《中國小説史略》等一大批作品都是進行系統的梳理與建設的理論作品。其中，以胡適和魯迅二人的影響最大，他們的作品一紙風靡，從而成爲新文化運動的主力人物。

《清末民初文獻叢刊》收録的文獻大致上可以分爲三個階段，其中龔自珍、張之洞、魏源、郭嵩燾、薛福成等人的作品可視爲『早期啓蒙』，康有爲、梁啓超、黄遵憲、嚴復、林紓等人的作品可視爲『中期啓蒙』，胡適、魯迅、蔡元培等人的作品可視爲『晚期啓蒙』。當然，這種劃分并非嚴格意義上的，大部分啓蒙思想者隨着時代的變化，其思想在不斷進步。縱觀整個近現代史，可以發現，要求變革不是在某一個領域，由某一類人發起和完成的，而是全社會的要求。

變革，已經成爲全社會的共識。

從清末民初的文獻中，我們能够發現一種豐富性。這些作品涉及政治、經濟、軍事、教育、外交、宗教、心理、情感等方方面面，從内而外地浄化着中國兩千年以來的封建積習。它不祇是對社會的改造，更是對人心靈的重塑；它首重國家社會之建設，同時亦重靈魂心智之唤醒；它是宏大的，也是微觀的；它是嚴肅莊重的，也是活潑靈動的；這些作品結構精巧，思想內容深刻，擁有濃厚的人文主義色彩，對推動社會主義建設，實現中國夢有重大意義，是近現代中國一百年來最宏富的智識與情感的寶藏。因此，整理這些文獻作品，無論是出于資料保存的目的，還是爲圖書館提供資料副本，都有不可估量的意義。

特定時代下的文獻，當它一旦形成（既指草擬，創作的完成，也指其成爲一個載體），就不可再複製了，也就意味着它將面對消亡。對于文獻資料而言，越接近歷史事件發生的時代記録，越具有研究價值。文獻本身具有不可再生性，它衹會消亡，而不會增多。盡管文獻本身的文字可以保留下來，并進行傳播，却失去了當時的時代氣息。當時的作品可能在技巧上，文字的成熟度上不及當代，但它所負載的信息，創作者的情感都反映了當時的歷史，也就是説，它具有不可替代的歷史意義。

影印的版本有三個特點，第一是擁有文獻的『原始性』；第二個特點是『未經改動的』；第三個特點是『歷史的原貌』。所謂『原始性』，也就是説，它是第一手資料，而非轉述的，回憶形成的；『未經改動的』，是指未被篡改、删節、挖補的；『歷史的原貌』是指在影印製作過程中，完全依照文獻的原來模樣……這樣製作出版的作品，無异延續了文獻的壽命。

近現代思想史上的一個最重大的思潮就是『開放』，從林則徐的『開眼看世界』到蔡元培的『兼容并包』，都是在倡導一種開放式的胸襟。而《清末民初文獻叢刊》最有魅力的部分就是『開放』這一主題，祇有融入到世界文明發展的進程中，中華文明纔能歷久彌新。

《清末民初文獻叢刊》編委會

二〇一七年四月十四日

凡例

一、《清末民初文獻叢刊》（以下簡稱『叢刊』）爲影印本，舉凡所用之底本，均爲該書之早期版本。有清末刊本，亦有民國印本。

二、《叢刊》均依底本影印，未予删改；原刊本有誤，不予校改，以保留文獻之原貌。

三、《叢刊》所用之底本，因時日久遠存在漫漶的情況，均進行了修復；底本闕文、印刷不清，均保留原貌。

四、爲讀者閲讀之便，《叢刊》中之舊底本目録未標記頁碼者，編了目次；原底本有頁碼和目録，未予重複編目。

五、爲保持文獻的原始風貌，影印本保留了原書書影（原書爲多册，則保留第一册書影）、扉頁等信息。所用底本無相應信息者，則不予妄添，以免錯訛。

目録

洪文肅公政書

庚辰吴門節署攟印

壬辰烏石山祠重栞

沈文肅公政書序

文肅公由翰林擢御史出守江西九江府受
文宗顯皇帝特達之知不數年簡任封圻時庚申辛酉之間中
外鼎沸予始通籍遊京師聞都人士屈指海內賢豪謂清貞沈
毅能當大任者惟交口稱公也後十餘年炳奉
命撫吳而公在籍以船政大臣往辦臺務事甫定公旋奉
旨總督兩江與炳有同舟之誼尺牘往來手書答問披衷以告
無不盡之言裨益於不佞者良非淺鮮嗣一再接見知公益深
私心怦然謂天下鉅任固自有任之者而豈料公之心力已瘁
也公忠孝原於天性生平學問首在不欺每鑒古人知止之義

難進而易退然自以身許國感激馳驅蚤夜孜孜不遑暇逸其爲政不務纖悉立條目市虛名而日瑩霜潔莫干以私寮屬不自愛者立効不貸威信風行千里肅謐由是官場爭自濯磨折節改行曠然大變其習茲輯其歷任遺疏出公手稿者十之七八於民生利病事機得失兵家之勝負事後之成敗洞若觀火而權劑緩急當務達情必求其切於事實可施行者爲言未嘗高論以鳴異至區處公事勁持介節不避嫌怨尤懍懍有古名臣風嗚呼公之樹立何以能卓犖如此蓋公被不次之擢適值兵戈搶攘於盤根錯節中歷練而出旋以時事孔艱而

上之嚮用益專總理船政諗製殊狀舶俥瞠目渡臺撫番披荆

蘄棘賁育却步而公動心忍性開闢未有之奇故其建白亦豈尋常循分盡職者所能彷彿於萬一其密陳至計未能悉以刊行而讀是編者亦可得公之大凡矣論者慕公終始榮遇今古罕覯凡所陳奏皆見諸設施而不知老成謀國竭誠盡忠以仰承
恩意者實足以爲爲臣者法而公之不負所學於此益可見也
光緒六年四月下澣固始吳元炳謹序

沈文肅公政書卷首目錄

沈文肅公政書卷首

代理江甯布政使臣桂嵩慶跪

奏爲督臣因病出缺恭摺由驛馳陳仰祈

聖鑒事竊兩江督臣沈葆楨自莅任以來於地方軍務吏治

鹽漕河海洋務餉需諸政無一不苦心焦思殫力籌辦

每年入冬便舉發痰喘舊證不勝其苦曾兩次疏籲開

缺迭蒙

聖鑒俯准展假調理自言受

恩深重非敢惜身況痼疾日深卽歸田亦萬難望活徂以病

軀久久戀棧倘稍有蹉跌負疚彌重本年述職入都復

面奉

皇太后溫諭時事艱難毋得遽萌退志欽此以此回任後絕口不提退字雖今年病發較早而於報明委臣代辦武闈片內聲明其餘公事仍照常辦理蓋鞠躬盡瘁之志矢之彌堅矣無如本原太虧精氣日耗上月十九日傍晚痰喘益厲發言則氣息僅屬轉動需人自知萬難支持復於二十一日瀝誠疏籲開缺回籍以臣署公務繁賾兼顧必至兩妨將署內公事暫委江蘇題補道洪汝奎代拆代行伏枕以待

恩命而病勢日棘徧身發腫飲食不進醫者迭投固氣養陰

之劑閒有轉機旋即翻覆十一月初六日清晨舌根蹇澀兩目失神即於是日未刻出缺先是督臣自知疾必不起於前數日口授遺摺命臣屆時代遞不眠已四五十日閒或坐而假寐口中喃喃有詞猶是議購鐵甲船之事伏查督臣沈葆楨由翰林內轉御史出守江西九江府調署廣信時値粵逆逼近困守孤城即誓以一死報

國旋蒙

恩洊擢江西巡撫

賞給頭品頂戴世襲一等輕車都尉復荷

欽派總理船政巡視臺灣遂拜總督兩江之
命其居官廉正任事果毅早在
聖明洞鑒之中自履任兩江弭患無形軍民愛戴遠爾出缺
大江南北悼惜同聲殁日布被舊衣一如寒素宦囊蕭
索不名一錢督臣長子附貢生瑋慶次附生瑩慶璘慶
附生瑜慶璿慶瑤慶琬慶均隨侍在署除會同伊子將
身後一切事宜妥爲經理並一面馳稟江蘇撫臣吳元
炳外謹將
欽差大臣關防總督關防鹽政印信等件照例封存兩江總
督一缺應請

旨迅賜簡放以重職守所有督臣因病出缺並代遞遺摺緣

由謹由驛五百里馳陳伏乞

皇太后

皇上聖鑒

奏

光緒五年十一月初六日

江蘇巡撫臣吳元炳跪

奏爲督臣政蹟卓著據實臚陳敬請

宣付史館以備采擇仰祈

聖鑒事竊督臣沈葆楨因病出缺當經臣於十一月初九日

將出缺日期由驛馳奏請

旨迅賜簡放並聲明督臣政蹟俟臣另摺詳細續陳在案茲

將沈葆楨歷年賢勞就臣所深知灼見者敬爲我

皇太后

皇上縷晰陳之沈葆楨由翰林起家擢御史咸豐五年補授

江西九江府調署廣信府維時粵逆楊輔淸自吉安竄

師連陷貴溪弋陽等縣逼攻廣信城守兵單聞風先潰
沈葆楨籌餉河口飛騎馳歸堅守危城誓以身殉迨總
兵饒廷選一軍自玉山來卒同接仗七戰皆捷圍乃得
解當日曾國藩疏稱沈葆楨獨伸大義於天下遂受
文宗顯皇帝特達之知蓋始於是役也七年補廣饒九南道十
年奉
旨辦理廣信防務旋奉
旨補吉南贛甯道幫辦江西全省團練事務以親老乞終養奉
俞允十一年冬
命赴曾國藩大營同治元年正月即奉巡撫江西之

命上諭沈葆楨德望冠時才堪應變朕以該撫家有老親因擇
江西毘鄰省分授以疆寄風土不殊迎養亦近著卽馳赴新
任等因欽此沈葆楨奉
詔感泣雖以兩親憚於出行而時事方艱義無返顧籲俟大憝
就戮合境肅清再乞歸養
批旨有忠孝性成之奬到任伊始值粵逆淪陷浙省楊輔清李
世賢席方張之勢與皖蘇各逆南北通氣併力以窺江
西邊防岌岌震動其時今大學士陝甘總督左宗棠定
議援浙賊意在斷左軍後路以絕餉源羽檄飛馳旦夕
數警沈葆楨從容肆應躬赴廣信教民以堅壁清野之

法逆黨以皖浙無糧非破江西以達楚粵更無生路死黨麕集分道竄突沈葆楨指揮衆將增募新營相機堵勦連戰皆捷論者謂保全安慶俾左軍得以一意援浙者沈葆楨之力也軍務倥傯之時適有法國教堂被毀一案沈葆楨以事由公憤遍訪不得主名自請嚴議其深思遠慮維持調護之苦心於此可見嘗言吏治之與兵事相倚伏者也吏治不飭則亂源不塞兵端不息故雖處倉皇擾攘之中任廉能懲貪劣驕兵悍將劾治不少假貸地方事宜親爲剖決每夕至四鼓不休是以去任之日泣送者相屬於道士戴民懷至今未沬三年以

克復金陵功
賞一等輕車都尉世職加頭品頂帶沈葆楨推功諸將並以曾
國藩左宗棠等親冒矢石不分畛域濟師協餉始得轉
危爲安瀝陳愧悚下忱情詞懇摯籲請收回
成命溫諭不允四年請假回籍省親丁母憂六年奉
旨總理船政船政之議發於左宗棠謂非沈葆楨無可屬者堅
辭不獲已請俟釋服視事廠地濱江土鬆潮悍旋築旋
圮燃脂下石司畚鍤者咸有戒心機器來自外洋殊形
詭製相顧瞠目懼不克終事沈葆楨苦心焦思毅然任
之竹頭木屑皆手自布置九年丁父憂服闋仍接辦船

政成萬年淸以下兵輪船二十餘艘舟師之得所藉手
者皆沈葆楨創之十三年夏日本事起奉
旨巡視臺灣兼辦各國通商軍務臺地一島孤懸額兵無可用
者沈葆楨聞
命卽往寢不及旦渡臺後倭兵登岸紮營社番伺隙待動沈葆
楨據理責之曉諭諸社宣布
皇仁番族歡欣鼓舞願遵約束倭營爲之氣奪而又修城垣築
礮壘練營勇備器械不先開釁端而無一不爲可戰之
計衆心益奮倭人遵約撤兵乃得辦理善後分南北中
三路披榛闢莽以漸而進疏請福建巡撫移駐臺灣於

北路增設府縣臺事粗定於是年十二月內渡旋聞獅頭社兇番狙殺遊擊王開俊之信復於光緒元年正月東渡破獅頭及助惡各社頑族震懾撫番之議乃成在臺奉總督兩江之

命受任以來興利除弊寢饋不遑其大者修河隄行海運緩開關籌積穀拔罌粟挖蝗子整頓鹽務籌畫海防而顧全大局尤在中外交涉之事臣兩次署任行抵金陵接其言論手采惟慮及遠人窺伺感憤交形今歲秋初又與晤談數次見其精神如舊而鬚髮盡白蓋自入都

陛見面奉

皇太后諭以時事艱難毋得遽萌退志上體
宵旰憂勤之意中夜不寐三歎以興自是絕口不敢言退字
而舊病之劇甚於往年萬不得已復請開缺遺疏猶惓
惓於鐵甲船事其心力已瘁而其志亦可悲矣生平學
問首在不欺凡事必求心之所安故疾惡如讎而愛才
如不及好謀能斷而虛己以下人自言見義卽爲無所
退避故廣信之圍已萬萬無生理而出艱入險百折不
回當存亡利害之交而能卓然有以自立者此也至奉
身淸儉一如寒素官俸所入盡爲地方善舉鄰省振輸
之用身歿之後囊無餘錢寮屬相顧歎息市井鄉曲之

氓有下淚者則其功德之入人爲不可泯矣在沈葆楨
受
知遇之隆一一皆職分所當爲而
聖主篤念藎臣凡
賜卹予謚飾終之典自必渥荷
恩施有加無已合無仰懇
天恩
宣付史館並准予江南省城及立功各省分建立專祠以彰
忠藎之處出自
高厚鴻施至該督臣子七人瑋慶附貢生瑩慶璘慶瑜慶均

附生璿慶瑤慶琬慶孫八人翊清附生照藜淮琛毓衡

惠言亮吉永清成鵠均幼合併附陳所有續陳督臣政

蹟緣由謹繕摺附驛具

奏伏乞

皇太后

皇上聖鑒謹

奏

光緒五年十一月二十四日

禮部爲移咨事祠祭司案呈光緒五年十一月十四日

内閣奉

上諭兩江總督沈葆楨秉性沈毅練達老成歷受

先朝恩遇由翰林外任知府游擢封圻前在江西巡撫任内籌

辦軍務悉協機宜嗣因殲除粵匪餘孽

賞給一等輕車都尉世職朕御極後擢任兩江總督於地方利

弊認眞整頓任事實心不避勞怨前因舊疾增劇籲請開

缺當經賞假兩月方冀調理就痊長資倚任茲聞溘逝悼

惜殊深加恩追贈太子太保銜入祀賢良祠照總督例賜

卹任内一切處分悉予開復應得卹典該衙門察例具奏

靈柩回籍時沿途地方官妥爲照料伊子附貢生沈瑋慶
著賞給舉人准其一體會試附生沈瑩慶瑜慶均著以主
事用沈璘慶沈璿慶沈瑤慶沈琬慶均著俟服闋後由吏
部帶領引見用示眷念藎臣至意欽此欽遵抄出到部相
應移咨兩江總督遵照可也須至咨者

光緒五年十一月三十日

戶部爲咨行事江南司案呈准禮部咨本部具奏原任兩
江總督沈葆楨病故請
賜卹並入祀賢良祠事宜一摺於光緒五年十一月二十三日
奏本日奉
旨著予謚欽此應抄錄原奏移咨戶部查照等因前來相應抄
錄禮部原奏行文兩江總督查照並希轉行該故督原籍
省分查照辦理可也須至咨者
計單
光緒五年十二月十一日

禮部謹
奏爲請
旨事光緒五年十一月十四日內閣奉
上諭兩江總督沈葆楨秉性沈毅練達老成歷受
先朝恩遇由翰林外任知府洊擢封圻前在江西巡撫任內籌
辦軍務悉協機宜嗣因殲除粵匪餘孽
賞給一等輕車都尉世職朕御極後擢任兩江總督於地方利
弊認眞整頓任事實心不避勞怨前因舊疾增劇籲請開
缺當經賞假兩月方冀調理就痊長資倚任茲聞溘逝悼
惜殊深加恩追贈太子太保銜入祀賢良祠照總督例賜

卹任內一切處分悉予開復應得卹典該衙門察例具奏
等因欽此欽遵抄出到部臣等查定例內開一品官病故
恩予卹典者給予全葬銀五百兩一次致祭銀二十五兩
遣官讀文致祭應否予謚請
旨定奪凡予謚者內閣撰擬謚號工部給碑價銀三百五十
兩本家自行建立祭文碑文交翰林院撰擬不予謚者
祭文交內閣撰擬又例開大臣奉
旨入祀賢良祠禮部奏請交工部製造牌位欽天監選擇吉
期太常寺奉送入祠按照世次序其爵秩安設並於本
家

賜祭一壇祭文由翰林院撰擬並行查事蹟交翰林院立傳
等語今原任兩江總督沈葆楨病故欽奉
諭旨加恩追贈太子太保銜入祀賢良祠照總督例賜卹應
照例給與全葬銀五百兩二次致祭銀五十兩
遣官讀文致祭祭文交該衙門撰擬其入祀賢良祠牌位交
工部製造工竣劄監擇吉太常寺官奉送入祠按照世
次爵秩安設並於本家
賜祭一壇祭文交翰林院撰擬行查事蹟交翰林院立傳應
否予謚之處伏候
欽定恭候

命下臣部行文各該衙門遵照辦理爲謹

奏請

旨

光緒五年十一月二十三日

禮部爲移咨事祠祭司案呈光緒五年十二月初六日
內閣抄出初五日奉
上諭吳元炳奏請將督臣政績宣付史館並請建專祠一摺
已故兩江總督沈葆楨自咸豐五年出守九江調署廣信
當粤逆鴟張之際嬰城固守力戰解圍嗣補授吉南贛甯
道幫辦江西團練事務同治元年奉
命巡撫江西該員膺
兩朝特達之知力圖報稱維時粤逆併力窺伺江西沈葆楨相
機堵勦連戰皆捷保全衆多厥後總理船政殫心竭慮創
立規模其巡視臺灣於撫番開山各事尤爲不辭勞瘁弭

患無形迨總督兩江實心實力整頓吏治保惠民生與巡
撫江西時先後一轍實屬功績昭彰著將該故督政績宣
付史館立傳並准其在江西省城及立功各省分建立專
祠以彰忠藎欽此欽遵抄出到部相應移咨兩江總督轉
行遵照可也須至咨者
光緒五年十二月十八日

總目

沈文肅公政書卷一目錄

江西巡撫任內奏摺

補授江西巡撫謝恩摺同治元年二月初五日

恭報馳赴新任片同日

江省邊防妥籌布置摺同治元年二月二十二日

教堂被拆查拏各犯摺同治元年三月十三日

遵議御史朱潮條陳片同日

浙逆漸逼添兵協防摺同治元年三月十三日

續據探稟一體嚴防片同日

馳赴廣信督防摺同治元年三月二十三日

恭報到防日期倡捐築堡摺 同治元年四月二十一日
查明教堂被毀自請嚴議摺 同治元年五月十二日
查明九江關實在情形並籌變通辦理摺 同治元年五月二十八日
江省漕糧礙難借用輪船輓運摺 同治元年六月二十九日
請整頓額兵摺 同治元年閏八月十一日
韓進春請補撫標中軍參將片 同日
請留漕折接濟軍需摺 同治元年九月初五日
營員正法以肅軍政摺 同治元年九月十六日
皖南竄逆西趨酌籌布置摺 同治元年十一月十七日
特參藉捐朦混之知縣摺 同治元年十一月二十五日

已革都司詐贓釀命循例定擬摺同治元年十一月二十五日
教堂一案設法辦理摺同治元年十二月初五日
權宜對調知府摺同治二年正月二十九日
截扼浙東敗逆片同治二年二月初九日
請學臣照常按試片同日
教案現辦情形片同治二年二月二十五日
嚴扼竄匪片同日
黎兆棠請發江西差委片同日
繼果營在休甯縣境連勝摺同治二年二月三十日
江西仍難採辦米石摺同治二年三月初六日

賊氛逼近調度情形片 同日
繼果營會剿獲勝摺 同治二年三月十七日
撥用洋稅片 同日
老湘營在漁亭截剿連勝摺 同治二年三月十七日
報明近日軍情及布置情形片 同日
柏溪市會擊獲勝片 同日
老湘營迎剿祁西巨股獲勝摺 同治二年三月二十四日
續報各路軍情片 同日
繼果營協同浙師攻克黟縣摺 同治二年三月二十六日
韓營續獲勝仗片 同日

洋船販賣私鹽訊明完案摺同治二年三月二十九日
訪舉賢士以勵風俗摺同治二年三月二十九日
韓字營血戰解圍摺同治二年四月初三日
浙師連敗黟縣敗匪片同日
報獲僞孝王屍首片同日
浙師掃清黟境摺同治二年四月十二日
部署饒防片同日
彭澤縣民團與賊堅持片同日

沈文肅公政書卷一

江西巡撫任內奏摺

補授江西巡撫謝恩摺 同治元年二月初五日

奏爲恭謝

天恩瀝陳感悚下忱仰祈聖鑒事竊臣遵

旨馳赴曾國藩軍營於同治元年正月二十三日補建甌甯縣途次准閩浙督臣慶端咨會准兵部火票遞到議政王軍機大臣字寄奉

上諭江西巡撫著沈葆楨補授卽行馳赴新任毋庸來京請訓

欽此當卽恭設香案望闕叩頭伏念臣一介庸愚渥蒙

先皇帝特達之知由翰林御史簡任道府嗣乞養回籍復奉
特旨補授江西吉南贛甯道祇以丁單親老侍奉乏人進退維艱瀝情呼籲　生成逾格曲予矜全雖頂踵捐糜豈足仰酬萬一欽惟
皇上重華作覲　復旦宣光　鑄鼎釐奸　闢門籲俊廣收羣策下逮菲材勗共濟夫艱難示同原於忠孝臣父母嚴諭臣以致身之義不許再事遷延方虞戎旅之未諳乃荷封圻之遽畀聞　命之下戰兢恐懼不知所爲自顧何人乃邀千古罕逢之　曠典深慮材輇任重上負
聖主知人之明當此時事艱屯又不敢以退讓虛詞上塵　宸

聽且江西爲四戰之地賊所必爭兵燹十年創痍未起現在衢
嚴逼地荆棘廣信適當其衝雖經督臣曾國藩會同署撫臣李
桓布置謹嚴可無他慮惟恐該逆繞越閩界窺伺江右則由廣
信以迄撫建南贛延袤幾及千里頭頭是道兵單餉匱防不勝
防臣弗克瞻覲 闕庭跪聆 聖訓徬徨中夜寢饋難安惟有
永矢愚誠勉竭駑鈍於一切軍政吏治容俟到任後詳細體察
情形會同督臣曾國藩加意講求隨時奏請 指示機宜俾不
致貽誤大局所有微臣感悚下忱理合專摺具陳不勝戰栗屏
營之至伏祈 聖鑒再臣所過江閩交界各縣雨雪頗多旋即
開霽天氣晴和麥苗足資長發可以上慰 宸廑合併陳明臣

謹奏

恭報馳赴新任片 同日

再臣於江西鉛山縣途次准福建撫臣瑞璸咨會准兵部火票遞到議政王軍機大臣字寄奉

上諭前任江西吉南贛甯道沈葆楨朕久聞其德望冠時才堪應變曾明降諭旨令赴曾國藩軍營聽候錄用本日復降旨超擢江西巡撫該撫雖係回籍養親之員第賊匪一日未平則臣子之心一日不得自安况移孝作忠古有明訓朕以該撫家有老親因擇江西毗鄰省分授以疆寄風土不殊迎養亦近且係該撫曾任仕宦之區將來懋建殊勳尤足光榮門戶以承親歡該撫讀書明理經朕如此體恤如此破格委任諒不至再有瀆

請現在江西辦理善後撫綏閭閻正需才德兼備之員著即馳赴新任認眞辦理儻仍以養親等事希冀辭讓朕亦不能允准也欽此又准咨會欽奉　寄諭著迅催沈葆楨馳赴新任不得再事延緩欽此伏念臣於咸豐六年待罪廣信巨逆楊輔清由吉安率數萬衆長驅直入所過輒陷廣信防軍潰於貴溪郡城存兵寥寥登時駭散臣在河口籌餉星馳回郡城已一空臣一死之外毫無長策幸升任總兵饒廷選聞警即提所部千餘人卷甲疾趨兵至而賊亦至前浙江撫臣何桂清陸續濟兵濟餉饒廷選七戰皆捷乃得轉危爲安後在廣饒九南道任內留辦信防咸豐七年楊輔清兩次入境咸豐八年石達開悉衆東竄

皆經今兩江督臣曾國藩疊次密授機宜俾措危局凡此因人
成事無非仰賴 國家洪福藉免愆尤況一城僅存而四鄉蹂
躪殆遍撫衷循省清夜懷慚乃蒙 溫諭褒揚有加無已自
天聞 命無地自容且以烏鳥下私上勞 眷注此皆累世勳
舊所不敢望於
聖主之前者臣何人斯 恩遇至於如此臣父性耽幽靜臣母
向未離鄉由閩入江山高灘險臣雖遵
旨奉迓能否就養尚未可知臣既許 國以身義無旁顧若藉
口於晨昏之戀以巧飾其趨避之私不特 國典難寬卽父母
亦不以爲子伏惟 朝廷新政深愜中外人心白叟黃童咸以

賊不足平私相慶幸謹俟大憝就戮寰宇廓清籲懇　高厚生成容臣再申前請至臣在任一日必不敢分一日之心庶幾勉竭顓愚稍圖報稱現已迅速前進馳赴新任合再附片陳明臣謹奏

江省邊防妥籌布置摺 同治元年二月二十二日

奏爲探報衢州被圍江省邊防喫重謹就現有兵力妥籌布置大略情形恭摺馳陳仰祈

聖鑒事竊自浙省失守吳越逆匪連成一片江省緊鄰東浙時以竄越爲慮前經督臣曾國藩等以左宗棠定議援浙奏明將廣信饒州各軍統歸左宗棠就近節制調度仍步步顧定江西門戶誠以浙境一日不靖卽江境一日不安然必廣衢先無意外之虞則由金嚴規復杭州方無絕我糧道阻我援師之患臣由閩入江道經河口卽聞左宗棠一軍在開化累戰皆捷殺賊逾萬而衢州江常一帶時有股匪游弋該逆狡譎成性意在乘左軍東下窺伺信防斷其後路若

使中其奸計不特江省震動將浙垣益無恢復之期臣於信防將領謁見時卽諄諄以確探嚴防爲屬日來連接探報二月十一二等日衢州城外四面皆賊並有諸暨從逆之蓮蓬黨匪首何文慶力任破衢巨逆楊輔清李世賢亦率衆合圍逆燄甚熾由玉山接濟之米石軍火等項因衢常水陸皆阻紛紛折回其距廣豐百餘里之上台等處亦皆有賊蹤臣查衢州一城爲江閩浙三省咽喉恢復浙江以此保障江閩以此關繫甚鉅現聞左宗棠業於初十日克復遂安派營由常山進援衢郡惟玉山廣豐逼近寇氛防務倍形喫重尤恐該逆不得逞志於衢勢且繞道入閩內犯撫建更屬防不勝防幸玉山駐有副將顧雲彩

仁右營道員王德榜長左營廣豐駐有道員段起衡勇等營廣信駐有道員屈蟠平江老中等營並廣信府知府鍾世楨禮字等營前由省城調赴信防之遊擊劉勝祥一軍進紮廣豐洋口之寒婆山居中策應互相犄角諒可無虞其撫州則有同知王沐之繼果營建昌則有參將李昇平之昇字營雖因餉需支絀兵力較信防稍單然使大股豕突狼奔尚足固守城池以待督臣曾國藩派師馳援蓋援浙所以保江而攘外必先安內臣惟有嚴飭各該將領整飭部伍先固藩籬然後節節進取總期毋分畛域迅奏膚功以慰

聖主軫念東南宵旰憂勤之至意再左宗棠現在廣信府城設

立後路糧臺應行協解餉項軍火臣已督同司道嚴檄催提迅速籌解其衢防接濟仍令極力設法或從間道而達或隨援師前進俾無坐困之慮合併陳明所有探報衢州被圍江省邊防喫重酌籌布置大略情形謹會同協辦大學士兩江總督臣曾國藩繕摺由驛馳奏伏乞

皇上聖鑒訓示謹奏

教堂被拆查拏各犯摺 同治元年三月十三日

奏爲法國天主教堂均被拆毀現飭查拏首要各犯懲辦恭摺
奏 聞仰祈 聖鑒事竊照法國總理天主教務代全權大臣
羅安當及通事方安之於上年冬閒先後執持憑照來至江西
省城置備筷子巷房屋住居傳教經前署撫臣李桓附片奏明
在案茲據署南昌府知府王必達等稟稱該教士等自抵江傳
教以來扃閉大門由屋後小門出入時有他處收買幼女帶進
堂內若非素習伊教無許進內觀看是以如何傳教外人不能
深悉本年二月閒忽有湖南闔省公檄二紙痛詆該教不敬祖
宗不分男女甚且有採生折割等事徧貼街市適值學臣馮譽

驥示期開考各屬生童雲集衆論譁然十七日張貼匿名傳單訂期齊集教堂與外國人理論該府縣一聞此信正在示諭士民毋遽輕信流言卒爾生事不意是日二更時分突有多人擁至篌子巷教堂及續置袁家井教堂立時拆去並將素習該教代爲照料之義和酒店合太鹽店內器皿貨物一併打毀該府縣會督原派委員候補知縣夏燮等馳往查勘彈壓飭差嚴拏無如時值黑夜烏合之衆一鬨而散該教士等早已避匿無蹤十八日復據城外地保具報該教士有自九江前來坐船一隻及距城五里廟巷地方教堂一所亦同時被毁事起倉卒禁遏無從又據署進賢縣知縣星聯以該縣所屬溪坡山邨等處徐

敏山陳聚源向係習教該二姓房屋器物亦於是月二十三日被人拆毁據徐陳二姓指控樊學仁爲首現在往勘查拏等情具禀前來臣查法國與內地通商和好給有憑札來江傳教早經明白曉示務令華洋相安該教士暨習教之家究因何事致干衆怒頃刻之閒城廂內外不期而集將教堂住房拆毁無遺以致外屬亦聞風效尤深堪駭異是否地方士庶誤聽流言抑有起釁別故現飭該府縣訪查明確嚴拏爲首傳單及糾拆教堂要犯務獲究辦以示懲儆惟聞當日該士民等憤毁教堂尚無傷人搶物情事乃據英國領事官佛禮賜面向九江府知府景惠告稱法國以該教士被毆受傷不日有兵船來潯等語如

果實有此舉臣惟有飭地方官諭以至理曉以大義設法羈縻俾釋微嫌而敦永好至湖南省公檄內多穢褻語句未便進呈除照錄咨送軍機處並先經咨明總理各國事務衙門暨江蘇撫臣薛煥查覈外所有法國教堂被毀現飭查拏辦理緣由理合由驛馳　奏伏乞

皇上聖鑒訓示謹　奏

遵議御史朱潮條陳片 同日

再臣於同治元年二月二十一日奉　寄諭飭議御史朱潮統籌東南大局一摺仰見皇上廣開言路慎重防務之至意查原奏大意謂宜合數省之兵數省之餉盡銳於賊防堵則我受賊制會剿則以我制賊持論非不正大第使實力會剿卽可無須防堵豈不甚善然及之而後知履之而後難誠如　聖諭所云與現辦情形不相符合者也近聞川省羣盜如毛必不遑他顧兩湖界連皖豫川黔粵西各處在在有警卽在在需防福建地接溫衢正多喫緊至江省之與皖浙脣齒相依其勢本可合而不可分要不能言剿而

不言堵何者地居腹中額設兵丁不及鄰省三分之一民風質樸而怯懦爲多軍興以來全藉楚師之援每逢大警從未聞有專恃本省兵力能驅之使去者兵民自甘頽廢幾於習爲固然現在曾國藩左宗棠所部各軍均以西江爲餉道江省一遭蹂躪楚軍卽糧運不乳楚軍一有差池江省亦禍敗立見是本相依爲命雖欲强分畛域而有所不能如果尙有餉款可籌固應添募重兵以壯後路聲威俾楚軍乘全勝之勢建瓴東下無如筋疲力盡卽原議解濟楚軍之餉每致愆期若再圖自顧目前則曾國藩左宗棠各營必益形掣肘且我師克復一處必分一處防兵斷不能捨已得之城置孤軍於不可必得之地我之兵

力愈進愈單而賊之避實擊虛者並不必擇地而施但有一隙可乘便足繞我軍後此楚軍之所以不能不步步回顧而剿堵皆未易輕言者也方今時事艱難必求速效於旦夕誠未見其確有把握臣惟有愼擇守令蘇民困以裕餉源簡別行伍培將材以勵士氣期於漸臻成效俾曾國藩等可以專意東征雖非朝暮所能爲功然不敢不竭力以從事愚昧之見是否有當理合附片具陳伏乞

皇上訓示謹奏

浙逆漸逼添兵協防摺 同治元年三月十三日

奏為浙江逆匪漸逼江境現在添調兵勇馳往協防恭摺馳陳
仰祈　聖鑒事竊照前據探報衢州府城被圍臣因江省邊防
喫重謹就現有兵力妥籌布置業將大略情形由驛奏報在案
浙逆席方張之勢又與皖蘇各逆南北通氣圖繞浙撫左宗棠
後路以攪督臣曾國藩籌餉之局其情固未嘗一日忘江西也
僉聞浙中上年歉收食米不足羣賊如蟻志在因糧於我日來
連接探報圍衢之賊因城守甚堅左軍連勝已於三月初一日
退過南岸衢城東門小南門可通出入暫爾解嚴江山境內黃
埠黃柏鋪茅村等處賊本屯聚不少四出焚掠龍游龍泉各路

踞匪亦上竄江山源源不絕以致石門鳳林新塘邊等處均有賊蹤皖省黟縣探聞被擾督臣曾國藩恐皖浙逆匪勾結由德興樂平內犯景德鎮以斷糧路已派老湘營扼守德興之白沙關惟查鳳林距廣豐僅七十里新塘邊距玉山僅五十里逆蹤愈逼愈近軍情緊急萬分左宗棠一軍現紮常山水南地方或足屏蔽玉山而廣豐尤爲喫重亟宜添兵協助以杜豕突狼奔

臣已飛調駐防撫郡之留江補用同知直隸州王沐所帶彎果營二千人飭令馳赴廣豐歸道員段起節制調度會督在防諸軍扼守要隘力遏狂氛其撫郡爲江省中權要地不可空虛卽以現駐建昌之副將李昇平所帶昇字營量移塡紮責成署建

昌府黃鳴珂挑選團丁固守府城一面咨調護九江鎮總兵萬
奏挑選鎮標兵丁一千名並檄飭已革參將韓進春招集所部
韓字營分馳來省用備策應總期激勵將士鞏固金湯以副
聖主綏靖巖疆之至意所有籌辦緣由理合會同協辦大學士
兩江總督臣曾國藩恭摺由驛馳奏伏乞
皇上聖鑒訓示謹奏

續據探稟一體嚴防片　同日

再正在繕發間續據駐防廣豐寒婆山之遊擊劉勝祥探稟三月初五日閩兵數千由峽口出隊該逆自石門率衆抵拒相遇於鳳林鏖戰三時賊已挫退我兵追奔至四五里忽被另股賊三路包抄官軍敗績該逆追過峽口方行收隊又詢據逃出難民供稱江邑股匪不下十餘萬係僞侍逆李世賢僞主將譚姓呂姓統帶勢甚披猖白旗尤甚現在江邑城外打擄各鄉盡遭蹂躪其意不在攻取江山實欲窺伺廣信河口以絕大軍糧路等情具稟前來臣查賊情詭詐聲東擊西是其慣技峽口爲江閩要隘如果閩兵營壘被陷無論直趨廣玉東路喫緊卽竄入

閩境則江省各郡連界處所在在可虞江省兵力無多只能堅守城池斷難杜其旁出除飛飭廣信撫建各防軍一體遠探嚴防毋稍鬆勁並函商督臣曾國藩將曾國荃下攻巢含之師移緩就急以固左軍後路而衛餉源外理合附片陳明伏乞

聖鑒訓示謹奏

馳赴廣信督防摺 同治元年三月二十三日

奏爲馳赴廣信督辦防勦恭摺由驛奏 聞仰祈 聖鑒事竊照浙江逆匪漸逼江境閩兵失利廣豐戒嚴臣 因邊防喫重謹就江省現有兵力妥籌布置飭調駐防撫州府城之留江補用同知直隸州王沐所帶繼果營二千人馳赴廣豐歸道員段起節制調度扼要嚴防並咨調護九江鎭總兵萬泰挑選鎭標兵丁一千名暨檄飭已革參將韓進春招集所部韓字營分馳來省用備策應一面函商督臣曾國藩將江蘇藩司曾國荃下攻巢含之師移緩就急以固浙江撫臣左宗棠一軍後路均經先後馳奏在案茲准曾國藩函覆曾國荃一軍業已下趨無爲州

一帶以勦爲堵勢難折回其撫州爲江省中權要地王沐一軍亦不可輕動等語而浙氛日逼出沒於江閩數省之交探聞侍逆李世賢現又添調金嚴等處大股源源而來其意實在江右經左宗棠親率數營於本月十三日駐紮江山廣豐交界之新塘邊淤頭等處並分調臬司李元度副將顧雲彩遊擊劉勝祥等軍會同道員劉典合力勦辦雖時獲勝仗終恐賊衆兵單且左宗棠步步回顧江西以衞餉源備多力分不無牽制臣受
恩深重若坐視賊勢蔓延實無以對　君父現據護九江鎭總兵萬泰呈報潯標各兵業經派撥啓行即日可以抵省臣在省防兵勇內挑選精練數百名作爲親兵親勇督同萬泰所部各

營於本月二十四日自省起程前往廣信暫駐郡城就近調度東路防軍雖屬無多而廣信爲臣舊轄與該處士民共事日久擬再號召紳耆實力辦團聯絡聲勢俾賊匪不敢窺伺以期仰慰聖懷臣惟知職分所當爲利鈍非所敢計差幸上游無事省垣安堵如常惟師行糧隨且各軍望餉孔殷籌辦非易藩司李桓廉明公正在江年久熟悉情形已諄屬悉心籌畫實力措持並令在省司道恪供厥職於一切事宜妥爲辦理除臣衙門日行事件卽委藩司代印代行遇有軍務緊要以及題奏事件仍包封送臣行營覈辦其一切防勦情形俟抵信後隨時奏報外所有臣督兵出省起程日期理合恭摺由驛馳奏伏乞

皇上聖鑒訓示謹奏

恭報到防日期倡捐築堡摺 同治元年四月二十一日

奏爲恭報到防日期並倡捐廉銀飭令信屬士民擇險築堡以杜窺伺恭摺馳陳仰祈 聖鑒事竊臣 前因浙寇披猖邊防喫重酌帶兵勇馳赴廣信督防當將自省起程日期由驛奏報在案迭次疊接探報浙江撫臣左宗棠於三月十七十八二十二等日在花園港等處累戰皆捷倖逆竄遁江常肅清臣 於四月初四日行抵廣信府城聞左宗棠紮營常山距玉山甚近隨輕輿減從巡視邊防順便馳赴常山期與面商進止適左宗棠已移得勝之師前往開化進剿臣 未便越境遠出仍折回廣信駐紮竊以近日皖北各軍連克巢縣含山和州等處皖南各軍連

克繁昌青陽石埭太平等處該逆無地藏身麕聚江浙勢窮則必竄江浙土地荒蕪糧盡則必竄而廣信獨當其衝如由江常闖入信境則廣豐玉山先受其害上饒興安鉛山弋陽貴溪繼之卽江常有左軍足恃該逆不得不入閩境閩地無隔宿之糧仍必轉竄信郡則上饒鉛山貴溪先受其害弋陽興安廣豐玉山繼之現在侍逆李世賢雖經左宗棠痛勦潛遁然信郡地處必爭該逆垂涎歷有年所宜及未雨綢繆不當苟安旦夕其爲備患之計者一則曰兵勇再則曰團練江省瘡痍未復餉絀而兵不得不單盡驅以戰萬一蹉跌大有孤注之虞固守各城則鄉村何堪蹂躪且彼有可擄之丁壯有可掠之資糧累月經年

孤城亦有難措之勢即使督臣曾國藩援師踵至城幸瓦全而鄉民流離顛沛情形詎堪設想況從前民視城爲畏途去之惟恐不速今則咸知走之非計有警則相率入城糧少人多轉致速潰浙杭覆轍殷鑒非遥此兵勇之未可專恃也團練以鄉里等夷號令難於畫一怯者先退勇者輕進一人搖足萬衆瓦解聞警之際人人各顧家室心已不一必死之寇深入重地攖其逆燄無異以羊敵狼勝則貪利競進終爲所乘敗則無可退守一鬨而散所恃資糧轉以資敵即知扼險而守各鄉壯丁或去所守之地十里數十里不等師無宿飽每以饋食之難致疏守望而糧食散漫各村一村被焚羣皆膽裂此團練之未可深恃

也臣再四思維惟有倣堅壁淸野之法以輔兵力之不足而期團務之必成其法以大鄉每鄉自爲一堡小鄉數鄉合爲一堡周圍如城中設倉廒以備米穀輜重蓋廬舍以處老弱婦女有事則丁壯憑堞以守身家俱在絕無後顧之憂賊雖狡悍無一人可擄無一粟可掠何由張其兇燄固圉之計無逾於此然恐民力未逮創始爲難不得不倣其意而變通之查信郡士民頻年聞警輒徙徙則必擇其地之山深逕窄天險可憑者第能擇而不能守則我能往寇亦能往轉以中有可欲聚而殲旃現示諭各士民如所居之鄉本具四塞之勢有險可憑者卽於村口築寨以資固守其無險可憑者則於向來就近避亂之所通力

合作憑險築寨有山依山有水依水斯費省而工易集就近函
商左宗棠亦深以爲便猶慮士民觀望不前臣謹捐廉千金以
爲之倡飭令該地方官會督委員紳士周歷履勘擇要興修勿
任畏難苟安以仰副
聖主綏靖巖疆有備無患之至意一俟章程議定臣即折回省
城清理積壓事件所有臣督師出省到防布置緣由謹繕摺由
驛馳奏伏乞
皇上聖鑒訓示謹奏

查明教堂被毀自請嚴議摺 同治元年五月十二日

奏爲查明教堂被毀釁由微臣不能先事豫防滋事人犯日久無獲請
旨交部嚴加議處恭摺由驛奏祈
聖鑒事竊照江西省城法國教堂被人拆毀傳教士羅安當已先期他往尚無搶物傷人情事經臣專摺馳奏並飭密查起釁根由嚴拏滋事首要各犯訊辦去後旋據署南昌府知府王必達等禀稱羅安當到江未及三月既無强人入教之事亦無派費爭執之端況經地方官疊次示諭紳民務宜推誠相待何致怨毒如是之深聚衆如是之速不期而集將教堂拆毀無遺隨細訪街鄰密詢地保據稱

該教士初到帶有女孩十餘口續又自饒州帶到男女嬰孩十餘名口分住省城內外不許外人進堂查法國傳教條款本無教堂養育幼孩明文且所收幼孩女多男少自五六歲至十一二歲不等亦無懷抱乳哺者紳民不能無疑適見湖南公檄中採生折割等語以爲收買有因形蹤叵測正値院試生童雲集有欲向堂內認識女孩設法取贖者教堂堅執不允一時觀看多人洶洶不服遂啓此釁嗣有紳士戛姓檢獲血膏一塊狀如山查糕又有銅管一具長約三四寸衆口鬨傳以爲血膏係熬鍊精血而成銅管乃窓取眼睛所用事無左證語甚不經又據安義人陳福檢呈骨殖一包計十五件訊係在教堂後園拾獲

查看教堂後園係屬空地歴年守城兵勇時有傷亡難保無骼胔暴露隨飭仵作如法蒸檢既無傷痕亦非孩提之骨衆目共覩輿情可以釋然惟血膏銅管愚民傳播甚駭見聞請咨總理各國事務衙門照會法國公使查明血膏實係何物銅管實係何器以釋紳民之疑而固中外之好至堂内收養嬰孩男女二十四名口養婦二口經該府縣陸續招集安置公所妥爲撫養現據通事方安之函知委員候補知縣夏燮等屬交管事人蕭伯祿領赴撫州育嬰堂寄養卽經該府縣派撥丁役護送交收等情均經咨呈總理各國事務衙門在案嗣准總理衙門疊次咨催妥爲辦理又經轉行嚴催迄今兩月有餘不特滋事之犯

遠颺無蹤卽爲首爲從實係何人迄無從訪出確切名姓蓋緣愚民因疑生憤萬衆同心當時不暇致詳羣相附和一聞訪拏非但滋事眞犯畏罪緘默雖在場旁觀之人亦無由知何人起意何人下手故日來誘之以利怵之以威百計推求終無端緒若使捕風捉影文致成招只圖罪有攸歸將就塞責非惟小民含冤莫訴上負

皇仁抑亦非法國行教勸人爲善之初意惟

臣身任疆寄於關繫中外大局事前旣疏於防範而滋事之犯日久未能訪獲辦理不善咎實難辭相應請

旨將臣交部嚴加議處以昭儆戒理合繕摺由驛馳奏伏乞

皇上聖鑒訓示不勝惶悚待命之至謹奏

查明九江關實在情形並籌變通辦理摺　同治元年五月二十八日

奏爲查明九江尚未開關奉撥京餉無從籌解該監督委無隱
匿侵吞情弊據實具奏並懇
天恩逾格准予變通辦理以裕餉源仰祈　聖鑒事竊臣疊准
戶部咨九江關應解咸豐十一年暨同治元年分京餉案內共
稅銀四十萬兩迅飭委員管解等因查九江關自咸豐三年粵
匪竄踞金陵商船稀少經前監督義泰奏奉
上諭現在軍務未竣商旅未能暢行自係實在情形所有九江
關應徵本年稅銀准其暫行儘徵儘解俟軍務告竣後卽按照
常額徵解欽此旋以九江府城被擾遂並無稅可徵至八年克

復當經前撫臣耆齡以江路梗阻商販寥寥請俟下游肅清再行開關奏奉
諭旨所請著不准行迅將實在情形辦理亦不准儘徵儘解欽此嗣於咸豐十一年正月閒由部提撥十一年分九江關應徵稅銀二十萬兩節經前監督文恆護監督蔡錦青以並未開關徵稅無從撥解緣由先後呈明戶部旋經戶部奏參欽奉
諭旨查取九江關監督職名交部嚴加議處並准部咨以該監督呈報該關逼近賊氛商賈裹足是否實在情形抑係藉詞延宕並有無隱匿侵吞情弊飛咨遵照前奉
諭旨迅速查明奏明辦理等因伏念京庫餉需如此其急凡在

臣子孰敢稍存膜視惟是九江關稅例向以木排爲大宗船料淮鹽次之茶竹又次之此外別無應稅之貨嘉慶道光年間必木稅一項逾其全額之半加以各項方能敷額自咸豐三年木排被匪焚掠殆盡歴今十載從未聞有販運木排過關者江西兩湖向食淮鹽自淮運梗阻江西先改食浙鹽繼改食粵鹽湖廣改食川鹽皆不由九江經過間有小販無照之淮鹽行銷並不暢旺至逐日來往船隻多係裝運兵勇軍械即有商販爲數無幾覈計現徵船釐每月收錢數千串較之昔年船料十不及一茶竹出產本少而稅則復極輕微所徵並不逮釐金之數該關每年應徵正額盈餘共銀五十三萬九千兩有奇何從集此

巨款此該監督所報未能開關尚非藉詞延宕之實在情形也
至船釐一項原因九江甫經克復善後防堵在在需費省庫無
可分撥不得不因地爲糧又以克復九江之楚軍已於湖口二
套口等處按貨抽釐勢難於數十里之內令商販重疊完納乃
議於船戶所得船價酌量抽收所收之款按月具報除本地善
後防堵動用外儘數解歸省城牙釐總局轉撥大營軍餉此船
釐本與關稅無涉該監督並無隱匿侵吞之實在情形也竊思
關稅爲　國家正賦未便久懸第九江正額盈餘至五十餘萬
迴非他關之比而所稅僅竹木鹽茶船料五項又非他關之比
若必責以如額徵收短絀即著落賠補不特金陵未復淮引萬

難疏銷川省羣盜如毛木植無從辦運即使上下游全數肅清而長江自洋商通後華商幾於無利可圖日後開關稅課必不敷甚鉅一經覈算參革隨之參革不已繼以籍沒籍沒不已繼以監追前任如此後任復然徒煩刑章無裨國帑此該監督等所以不能不長慮却顧者也臣熟籌再四與其必符定數致開關遙遙無期不如酌量變通徵一分即得一分之用可否仰懇

天恩准其仍遵咸豐三年

諭旨暫行儘徵儘解俟軍務告竣後即按照常額徵解出自

逾格鴻慈如蒙俞允應請飭下該監督嚴剔關稅積弊所

收稅款隨時報部聽候提撥毋得以多報少自外　生成至未

准開關徵稅期內先後奉撥京餉銀四十萬兩實係無從報解

其船釐一項本與關稅無涉應由牙釐總局彙案詳銷各淸各

款以杜牽混理合將查明九江關實在情形並籌變通辦理之

處持摺具陳伏乞　聖鑒訓示謹奏

江省漕糧礙難借用輪船輓運摺同治元年六月二十九日

奏爲江省漕糧礙難借用輪船輓運敬陳管見擬請變通辦理仰祈聖鑒事竊臣接准戶部咨議覆戶部尚書署陝甘總督臣沈兆霖奏京倉存米無多擬借船酌運江西湖廣漕糧以實倉儲一摺同治元年四月初五日奉旨依議欽此據原奏內稱近年江浙被擾未能辦理海運京倉支絀前經奏准酌提咸豐十年十一年江西等省漕折就近買米無如北地產米無多招商尙無成效應將同治元年應徵漕糧仍徵本色除劃提充餉外江西酌運米三十五萬石借用輪船由江達海由海運津以資接濟其漕項銀兩卽由糧道親齎

赴津以便發給輪船運脚天津用款等費至徵齊受兌約在明
歲春閒務將米石數目受兌處所一併知照辦理庶不至停船
待米致多歧誤等因查江省自咸豐三年運道中梗以來應徵
漕糧初議由官徵收變價嗣經奏文自十年起專備京協兩餉
不得由外擅自動用十一年秋閒又仿照湖北章程覈實釐剔
減折徵收原屬一時權宜之計現在京儲告匱擬照蘇浙二省
辦理海運凡屬臣工正當激發天良極力籌辦惟事屬創始且
洋務攸關臣 督同司道反覆推求尚多窒礙不敢不爲我
皇上敬陳之伏查道光五年爲江蘇海運之始所以幸保無虞
者緣該省地處海濱承運沙船皆內地商民易於駕馭今金陵

未復北岸之九洑洲亦尚負嵎民船輓運一節自無庸議以數
十萬　天庾之重試於疑信參半之洋人一切章程能勿慎之
又慎向來漕船受兌散泊於各倉就近水次隨兌隨開鱗劄飛
催尚需時日現在縣省倉廒悉遭焚燬而輪船除九江而外別
無受兌水次九江並無可儲數十萬石之倉勢必以剝船交兌
大者可容百餘石小者僅容數十石卽使源源報解已慮愆期
況鄱湖風信靡常一遇逆風動淹旬日停船待米勢所必然且
藉口於米色參差挑剔駁換往返之際爲日孔多輪船到地向
止停泊數日儻其急於開行卽給以計日銀兩亦未必允爲久
待此交運之難也由江而海不能飛越金陵江面未淸外人難

測萬一齎糧於敵如之奈何且髮逆正處荒歉之區探知漕運接舳而來必拚死以爭一飽卽洋人誠心効順而非其力所能敵亦祇付諸東流此防範之難也洋船行止非我所能操縱亦非我所能稽查設使惟利是圖中途有盜賣攙和情事向其索賠則傷和誼任其侵蝕又耗正供向來漕運抵津多停船待剝輪船逐利如流何能久待一報抵口數千號剝船詎能臨時猝辦此收兌之難也帶運貨物准予免稅勢難嚴定限制隨時稽查恐恣意攙裝所虧關帑甚鉅而自交運以至收兌稍涉形跡卽肇釁端我倚爲命而權操諸人再四思維殊恐利輕害重此原奏所慮外國居奇將來或不准中國自運洵老成遠見者也

至購買輪船似較借用爲勝然精好者必不肯賣其售於內地者卒有微疵迴來時有火炸舟焚之事且旗號必仍其舊駕駛必用其人其可慮處政復不甚相遠惟是京師需米孔亟畿輔採辦維艱竊見閩廣年來全恃洋米接濟其價較內地之米僅及十之七八蓋南洋炎荒之地歲多三熟西人運之大獲其利可否　敕下總理各國事務衙門會同戶部覈議仿閩廣之法試令天津洋商採辦洋米以實倉儲米到而易以銀此外毫無膠葛即使優予價值較之江楚輾轉盤運者必多節省況漕運尚待明春開兌南洋米販兼旬可達津門庶幾航海而來者多一分養人之洋米即少一分害人之洋藥而　國計民生均享

通商之利矣至江省漕米應懇
天恩俯准俟江面肅清再行講求運法規復舊章現仍飭屬折
價徵收源源解京以資接濟而免貽誤理合會同協辦大學士
兩江總督臣曾國藩合詞恭摺具奏伏乞
皇上聖鑒訓示謹奏

請整頓額兵摺 同治元年閏八月十一日

奏爲遵

旨籌議守禦事宜請先整頓額兵以固根本恭摺具陳仰祈

聖鑒事竊臣承准議政王軍機大臣字寄同治元年五月初十

日奉

上諭御史華祝三奏江西福建情形喫重亟宜訓練土兵以資戰守一摺沈葆楨在江有年熟悉地方情事該省何縣鄉兵最爲得力其紳士中有謀勇兼備者卽著該撫實力訪求激勵而鼓舞之令其招集勇敢鄉民數千人統歸該撫訓練俾成勁旅以備緩急所需餉項並著曾國藩妥籌酌撥等因欽此伏查江

省頻年被擾向藉楚軍之力爲之驅除凡精鋭營頭多在前敵緊要之地一經掣動必費許多斡旋災黎望救情殷每以後予爲憾臣自入江境接見官紳咸以留本地之財養本地之勇衛本地之民爲請該御史所奏可謂詢謀僉同其法有三善聞警即發不煩遠調一也兵民有桑梓之誼不致十分騷擾二也土著之人事平易於遣散三也然有四難一曰籌餉難養勇八千口糧夫價馬乾薪水軍械鉛藥之費歲計六七十萬江省民力竭矣兵燹之後災疫闕作方拊循之不暇豈容於丁漕釐税之外再事誅求皖浙諸軍以江省爲餉源解款愆期各營皆欠至六七箇月不等若再劃協濟之數以募新集之兵萬一前途稍

有參差匪惟大局不堪設想卽江省面面受敵此七八千人者豈足以自固藩籬强分畛域坐失事機非計也二曰擇將難爲萬人之將必其才識器量超出萬人之上人不易知以一技之長一言之合授以重任鮮不僨事古今名將皆由偏裨洊躋統帥蓋經事多則才智愈出成效著則威望日隆所統之人信之而不疑而後萬衆一心如撼山之不可動今著名將領當前敵者既不便改置閒散之地而紳士之公正者多以未臨大敵不敢自信其少年喜事抵掌談兵者又多不足信江省前此非無土著之勇旋招旋散迄用無成其明驗也三曰選募難鄉兵在鄉休戚與共故令不必嚴而心一賞不必重而力齊聲勢聯絡

動輒數萬所恃在衆山川形勢生長其閒所恃在熟若調之他往其殷實之家既不願輕棄本業其樸野之性亦不能遽就範圍紳士以鄉里等夷威令有格不得行之勢雖曾經小勝以之獨當一面狎臨大敵勝敗之數未可知也四曰訓練難練技練力可教之平時練膽練心必試之實境凡新募之卒必參入老營隨同打仗方能漸成勁旅蓋勇怯無形惟於生死呼吸之場如錐處囊中其末立見勇敢之士有起家卒伍不數年而躋提鎭者相與觀感羣思自奮其怯懦者知非偷安之地不待裁汰而無敢自容若於腹地設一大營虛縻歲月其急欲自見所長者倦而思去而甘於坐食者只以排隊應操爲常例乘堙守堞

尚能勉强從事望其摧鋒陷陣難矣常見得力營頭移置閒散之地一二年卽廢弛不可收拾況未經大敵者耶臣愚以爲謀江省自立之策莫如先練額兵議者咸謂兵不可用以目前而論兵之與勇强弱懸殊然兵不可用又不可裁則國家養兵義將奚取夫兵不可用非兵之過也其月餉不及勇糧四分之一其升途有終身求拔一外委而不可得者名利俱窮無怪稍有所長者皆辭兵就勇司兵柄者置之不論不議之列而濫廁行伍者亦甘爲人下而不辭誠能鼓舞而奮興之人同此心豈有不可振作之理江省地處腹中額兵較他省獨少然通省計之亦萬二千有奇臣擬嚴汰老弱增補精鋭分作兩班一班調

省及兩鎮操演一班留本營汛彈壓半年一換除在本營汛者照舊領餉外其調赴操演者酌加練費以資津貼較募勇之費不及其半練熟之後責成兩總兵輪流帶赴皖浙助戰俾智勇出衆者得以及時自效萬一江省有警自拔而歸則士卒皆曾經戰陣不致畏縮不前臣竊以爲有五便焉所費少而所成就者多一便也尺籍伍符按戶可稽將備千把本有常職節節相生鈐束較易二便也營汛可恃土匪不敢生心稍有萌芽立即撲滅銷患未然三便也一人學戰教成十人臨時慮兵力太單責成每兵募一精健餘丁給以勇糧其事易集此項餘丁有兵缺可補無煩遣散四便也行伍精强將來軍務肅清散勇有所

憚而不敢滋擾永杜後患五便也惟近來賊數動逾十萬遇有
大股非本省兵力所及仍不能無藉督臣之援臣才識之短時
勢之難均不敢諱飾只求脚踏實地盡心力爲之以仰副
皇上軫念東南之至意除調操及練費章程與督臣縷析函商
外合將遵
旨籌議緣由會同協辦大學士兩江總督臣曾國藩恭摺附驛
具陳伏乞　聖鑒訓示謹奏

韓進春請補撫標中軍參將片同日

再臣標中軍參將一缺前准督臣會商調補當以打仗奮勇技藝精能之甯都營參將普承忠咨覆在案茲准部咨普承忠已擬補南昌協副將所有臣標中軍一缺應另行揀調是缺爲通省領袖非久歷戰陣勇敢素著兼熟悉江省情形者難勝斯任况值整頓營伍之際尤未便稍涉遷就臣將合例應調應升人員逐一調省察看雖弓馬尚可而詢之戰陣機宜多未能洞中窾要惟查有候選參將韓進春經前撫臣毓科以不遵調遣奏參革職該革員材武出衆心地樸誠南贛一帶戰功羣推第一其被參之案實因咸豐十一年七月初閒奉新踞逆竄近省城

該革員帶勇駐防吉安前撫臣毓科檄令援省而瑞州之匪分股上竄吉郡亦復危急官紳以守兵單弱再四攀留該革員念省城增此千兵未見其益而吉安立見空虛是以俯順輿情尚非敢於違令本年春閒東防告警臣飭其帶勇隨護九江鎮總兵萬泰駐守廣信嗣復移防撫州約束嚴明士民愛戴日內彙辦南贛積年獎案該革員歷次戰功皆在參案以前應照例删除以符定制惟人材難得要缺需員臣奉
諭旨訪求謀勇兼備之紳士激勵而鼓舞之該革員籍隸興國辦團歷著成效謀則尚資歷練勇則衆口相推合無仰懇
天恩俯准將已革參將韓進春開復原官補授臣標中軍參將

藉以激勵士伍俾收指臂之助出自　逾格鴻慈至江省鄉兵首推南贛該革員生長其地爲士民所信服臨警使之號召亦易成功謹會同協辦大學士兩江總督臣曾國藩附片具陳伏乞　聖鑒訓示謹奏

請留漕折接濟軍需摺 同治元年九月初五日

奏為江省邊防萬緊熟籌戰守事宜懇 恩准留漕折接濟軍需以保完區而扶全局恭摺馳陳仰祈 聖鑒事竊臣 疊准督臣曾國藩咨稱皖南軍營苦疫逆賊有上竄之勢景鎮亟宜設防當即飛調遊擊劉勝祥由廣信帥所部二千人並咨請贛南鎮總兵陳金鼇將所練湘勇千人派員督帶均赴景鎮協守在案本月初三日又准咨稱大股賊匪由東壩竄新河莊東門渡一帶提督鮑超所統霆副四營正在移防該處因營壘未定為賊所乘連峯宇兩營一併退回甯國皖南軍情萬緊應檄九江鎮挑兵六百名督赴湖口嚴防等因查該逆如果沿江西竄則

湖口九江同時震動且探聞豫捻蔓延楚界連陷郡縣上游下駛一葦可杭九江存城兵僅盈千無從分撥該護鎮亦未便久離要郡此外別無一兵可調只得將留省教練之銅鼓等營兵一千一百餘名劄委署南湖營都司王定國帶赴湖口駐守惟是隘口林立旣不能路路設防腹地空虛更無從處處兼顧非有一大支游擊之師隨賊所向與之相持則彼乘隙而來前途各防幾同虛設無論江省數百萬戶不堪蹂躪卽皖浙餉源俱斷必潰敗難收東南大局全灰何時復振臣謹飭令奏請補用

臣標中軍參將韓進春馳赴原籍興國精募五千勁卒以備折衝該員沈毅樸誠可當斯任顧增兵必須增餉以江省目前情

形而論不特增兵之餉無款可支卽原設防軍拖欠纍纍至八九箇月不等前此冀力持大局故西江所出先儘皖浙諸軍而本境坐防之軍只能從緩逮聞警飛調鋪戶索債士卒求衣皆以待餉之故不能立卽拔營雖疊劄嚴催其困苦情形實令人心惻伏計江省進款三宗曰釐金曰漕折曰地丁釐金收數較贏盡輸皖浙軍餉漕折則提京餉四十萬又提皖餉每月四萬原額九十一萬有奇除因災豁免及流亡實欠外所收不過六七十萬已不敷解款地丁原額一百五十餘萬屢遭賊擾彫敝之後積欠尤甚於漕加以今歲水患頻仍雖極力催徵不過得半而止而兵餉出其中勇糧出其中接濟浙軍及過往兵勇出

其中坐支各款亦出其中所以江省拮据情形有過於被兵省分者但使軍務日有起色江省何惜忍數時之苦以濟垂成之功所以臣 議覆御史華祝三酌留釐金訓練士兵一摺絶不敢稍存畛域今則如救焚者火將及屋只圖撲熄何暇擇水合無

仰懇

天恩逾格俯念軍情萬緊關係全局准將江西本年漕折提解

京協兩餉暫行停止以供本省添勇練兵之用其防軍舊欠雖萬難彌補以後亦須按月解濟以固軍心臣 非不知部庫皖營皆萬分窘急然留一 江省完善之地尚可徐圖挽救收效將來若相與淪胥勢將求勺水而不可得臣 忝膺疆寄死有餘辜竊

思前此江蘇浙江如不專恃金陵甯國大營稍圖自立何致現在歲動軍需數百萬　宵旰焦勞蒼黔塗炭至今未已耶往年江西聞警恆嬰守省城以待兩楚之援今則兩楚亦筋疲力盡自顧不遑矣臣不敢謂區區五千人遂確有把握但有一分可爲之事即有一分當盡之心病而求艾倘且恐後若屏謝醫藥庸有瘳乎此徽臣所以再四思維不得不冒昧干瀆者也應請飭部將江西應提京餉暫由他省匀撥俟江省防務稍鬆即行照舊起解不敢自昧天良皖南待餉孔殷近粵籓已有成效前月分解皖餉四萬金浙餉三萬金以後解款自當加旺應由督臣飛檄催提臣爲措拄危局起見不敢稍事拘泥理合恭摺由

驛五百里馳陳伏乞　聖鑒訓示再臣　又准兵部侍郎臣彭玉麟函開探聞該逆擬分三路併力以竄江西等因賊蹤飄忽異常是以未及與督臣會商辦理合併陳明謹奏

營員正法以肅軍政摺 同治元年九月十六日

奏為已革營員種種妄為目無法紀恭請
王命正法以肅軍政恭摺具陳仰祈 聖鑒事竊臣 訪聞已革
蓮花營都司陸得勝逗遛吉安橫行無忌地方官畏其兇燄噤
不敢言適南贛鎮總兵陳金鼇駐防吉安耳目較近咨請其密
查該革員實在劣蹟旋據覆稱該革員狡猾異常其平日種種
妄為在吉文武紳民共見共聞指不勝屈其確有案據可憑者
一私雕鈐記該革員於被參後自刻鈐署江西吉安營參將調
補蓮花營都司陸得勝鈐記一顆現在府縣衙門俱有此項鈐
記公文該總兵曾向詰問揑稱稟過各上憲准其刊用一不遵

調遣該革員於撤任後經前撫臣毓科調赴浙江軍營私向該總兵稟求留吉經批飭不准並一體嚴催赴浙向未給過差使嗣准善後局移會始知其揑稟該總兵留辦營務雖經前撫臣批斥該革員悍然不顧一冒領俸餉該革員於署吉安營參將任內以失守地方撤任查辦並未飭赴蓮花營本任乃揑稱該總兵留辦營務隨帶親兵數十名未給薪糧赴司請照調赴軍營人員仍食本任俸餉例冒領蓮花營都司俸餉一侵吞口糧該革員於咸豐十一年三月初二日帶兵三百名出城防堵已由吉安團局給錢七百五十千文初十日即經敗潰十一日帶殘兵數十名退往安福復向該縣李寅清勒借錢三百千文本

年忽捏稟善後局請領墊發口糧錢六百五十千文經局批駁
郎向署廬陵縣知縣唐先霖索取該縣以無案可稽回覆該革
員持刀逞兇不由理諭唐先霖恐激成事端如數給付盡入私
橐一把持公事該革員挾借印不遂之嫌唆使已革營書陳廷
柱誣控署吉安營參將滿圖受賄經該總兵訊係子虛陳廷柱
甘具悔狀該革員闖進行署大肆咆哮挺身頂撞以上各款皆
該總兵到任後所親見等情臣卽飛劄調其來省旋據該革員
到轅稟辭回籍當經發交南昌府審訊供詞狡展任意牽連復
由臣督同司道親提逐款研鞫其私雕鈐記一節據供鈐記不
比印信須待部頒且所刻乃自己名字又非假冒別人豈得謂

之私雖其不遵調遣一節據供陳金鼇雖未給劉實會面留誰
知其並不出咨意圖陷害並非該革員不遵調遣其冒領俸餉
一節據供不知陳金鼇並未咨留以爲隨辦營務自有應領俸
餉並非該革員冒領其侵吞口糧一節據供彼時雖出防爲日
無多因欲鼓勵衆兵是以將自已所積錢文先期墊發軍務悤
忙未及稟報今欲回籍是以向縣索取本是革員墊出之錢革
員收回不得謂之侵吞其把持公事一節據供滿圖受賄雖事
不干已然既有所聞隨便說幾句公道話何得謂之把持一味
逞刁抗聲強辯經臣 反覆駁詰雖理屈詞窮終不肯承認隨據
南昌府知府許本墉督同南新二縣於其舟中行李抄出金葉

九十兩三錢九分金鐲十一兩一錢銀二千一百八十四兩九
分並衣物等件具報前來臣查總兵陳金鼇咨覆該革員劣蹟
各款皆確有案據非比得自風聞該革員求留吉安原稟與該
總兵駁斥批語均經隨案錄送且該革員捏稟之後復經前撫
臣毓科駁斥不得誘爲不知至今已閱年餘尚復逗遛吉安其
意安在臣復飭卸事在省之知縣唐先霖等據實稟覆與陳金
鼇所咨均相脗合似此肆意兇狡法紀何存未便以其抗不晝
供藉稽顯戮臣於審明後恭請
王命飭委臬司文輝署臣標中軍參將榮翰將該革員陸得勝
綁赴市曹處斬以昭炯戒抄沒原贓飭司照例辦理除抄摺咨

部外理合恭摺具奏伏乞　聖鑒訓示謹奏

皖南竄逆西趨酌籌布置摺 同治元年十一月十七日

奏爲皖南竄逆併力西趨江省邊防處處喫重謹將先後布置情形恭摺縷陳仰祈

聖鑒事竊前因蘇浙髮匪上犯皖南當飛調遊擊劉勝祥等扼景鎮都司王定國扼湖口並飭參將韓進春募勇五千以備折衝經臣馳奏在案嗣知該逆意在遙斷浙軍糧道以解龍湯之圍復調援浙之候選道屈蟠已革道員王德榜歸防弋貴又以腹地空虛飭撫臨袁瑞四府各練土兵數百以備嬰守待援而撫州踞通省中權尤屬緊要恐新勇未足深恃添調守備朱洪春率駐贛之虔字營赴撫協守現在屈蟠業已抵貴王德榜以龍游圍攻喫緊朱洪春以緝辦會昌巨

案均未到防本月十二等日探聞賊由旌德陷績溪旋棄績溪陷太平縣江防諸將及各郡縣咸以賊勢如疾風驟雨決其意不在皖必乘虛突入蹂躪完區飛請添兵分布諸隘惟饒郡既無城池可守與皖界毘連數百里路路可通若備多力分名爲處處設防實無一處可恃臣飛調督糧道段起由廣豐馳赴景鎮節制水陸各軍飛咨浙江撫臣左宗棠速飭協守遂安之同知王沐率繼果營從婺源疾趨景鎮以壯前敵聲勢副將顧雲彩由玉山移駐弋陽王德榜回防就近塡紮玉山以通浙江氣脈守備法占雄劉效鵬由省城率忠勇軍移駐安仁護贛南鎮總兵普承忠由吉安移駐撫州朱洪春就近塡紮吉安以固腹

地關鍵其韓進春一軍本游擊之師非確知賊蹤所向未便輕調且教練甫經半月遽臨大敵臣頗以爲疑乃日來紛紛探稱祁門復陷旋接督臣曾國藩來咨知防祁之良字營已全軍潰散藩籬全決入江卽旦夕閒事惟祁門下達彭湖上接浮景中可直擣饒州雖該逆意在上趨然惟虛是乘難決其定由何路防軍本甚單薄因而乞援甚急臣若稍事拘泥恐以擁兵自衞灰前敵將士之心韓進春亦慷慨請行因督同司道會商飭其馳赴樂平居景鎭弋貴之閒相度機宜何路緊急卽向何路援勦以聯各軍聲勢至省城僅存標兵千餘人臣飭每兵募一精壯餘丁合二千餘人日夕訓練以資城守第逆賊號稱十數萬

慣作流寇技倆西江兵力只有此數即各軍倖而獲勝終難杜
其紛竄之路惟有仰藉 國家威福俾能蹙之下趨則中有大
湖之隔水師得以施展大局冀可無虞所有酌籌布置情形謹
由驛五百里馳奏伏乞 聖鑒訓示謹奏

特參藉捐朦混之知縣摺同治元年十一月二十五日

奏爲特參藉辦捐輸影射朦混之知縣請
旨即行革職永不敍用恭摺具陳仰祈　聖鑒事竊查前因浙
江撫臣左宗棠奏准援照湖北減成米捐章程勸捐濟餉經臣
轉飭司道在於省城設立總局並委員分赴各屬勸辦詎代理
貴溪縣知縣陸長慶因該縣丁邵兩姓家道殷實並不會同委
員及公正紳耆前往勸捐輒敢私行下鄉餽送該兩姓殷戶禮
物將邵姓捐銀三千兩僅以一千兩歸公其餘二千兩概飽私
橐並任聽幕友糧書串通舞弊由該管道府咨稟藩臬兩司暨
督辦米捐局務委用道沈元泰會詳撤任當經批准並飭查參

審辦在案陸長慶知事已敗露乃以三品封典頂戴邵臨風所捐二千兩同知銜江象樞所捐一千兩均係捐濟浙江藩司蔣益澧行營軍餉爲辭又以邵臨風已繳五百兩尚欠繳銀一千五百兩江象樞已繳一百九十七兩三錢零尚欠繳銀八百二兩六錢零稟請蔣益澧劄委浙江候補知縣蔣爾鈞前赴該縣守催臣查蔣益澧向來辦事精細如果有在江勸捐之議過江時自必具文稟商或入浙後稟請左宗棠移商辦理且廣信府知府鍾世楨與蔣益澧同鄉至好豈有絕不商及並非祕密軍務何至鍾世楨毫無見聞況陸長慶遊幕多年熟知例案豈不知以江西知縣爲鄰省藩司勸捐須具稟本省上司請示之理

乃始則藉辦米捐影射肥己迨經舉發復敢朦混蔣益澧委員催提希圖挾制窮極詐生行同鬼蜮若遂其奸計則各縣紛紛效尤本省及鄰省各營孰不待餉孔殷安往非藏身之固茲據總局司道詳請奏參前來相應請

旨將前代理貴溪縣事補用知縣陸長慶即行革職永不敘用以肅 功令而儆貪婪除飭現署貴溪縣知縣周溯賢移會蔣爾鈞回營銷差外惟蔣益澧待餉甚迫尙屬實情應飭局勒令陸長慶將前項捐銀自行籌措解濟軍需一面勒提該縣之劣幕蠹書解省嚴訊究辦外理合會同協辦大學士兩江督臣曾

國藩恭摺具奏伏乞

皇上聖鑒訓示謹奏

已革都司詐贓釀命循例定擬摺 同治元年十一月二十五日

奏爲已革都司詐贓釀命衆供確鑿堅不承招循例定擬恭摺

奏辦仰祈　聖鑒定奪事竊據前署瑞州府知府陸澄督同前署高安縣知縣陶繼曾具稟已革都司劉靑雲詐贓妄拏致民人鄭作鑾在管自縊身死一案稟請提省發委審辦等情經司委提全案犯證來省發委前署南昌府知府王必達審辦提訊劉靑雲供詞刁狡堅不承認詐贓並稱團練局紳候選府經歷縣丞胡瑞楨貢生劉暉舉人鄭樹滋唆噬當經該委員將初審供情先行詳報一面行提胡瑞楨等解質嗣據高安縣以胡瑞楨劉暉屢傳不到詳經咨部斥革勒拏並據舉人鄭樹滋赴府

投質劉暉於被革後亦據自行投到提集訊明惟劉青雲一味狡賴堅不出具輸服供詞該前署府王必達旋值卸事該府許本墉同任稟經臬司文輝會同藩司李桓督同該委員等提集全案人證研訊無異解經臣親提審訊並委員將人卷咨解安慶省經督臣曾國藩發委安慶府知府陳濬會同廣西候補道勒方錡提訊各供均與江西所訊供詞相符據報吳松齡在懷甯縣管所病故委員驗訊詳報批飭覈入正案辦理並添委署江甯鹽巡道李榕督同候補知縣劉兆彭復審劉青雲始終未吐實供將人卷咨解回江審辦茲據該委員南昌府知府許本墉訊擬解經臬司文輝藩司李桓會審解勘前來臣復親提研

覈緣劉青雲籍隸湖南沅陵縣由軍功保舉都司選授江西瑞州營都司於咸豐十一年正月初八日到任旋因賊匪竄擾郡城失守奏參革職與已死高安縣民人鄭作鑾及其姪鄭克鄭永素不認識是年五月內賊匪竄擾高安鄭永與父鄭益成及分居胞叔鄭作鑾先期帶眷遷避鄭克躲避不及被賊擄去偪令煑飯挑米迨後賊匪逃竄鄭克卽於七月十八日乘閒逃回鄭永與其父叔鄭益成等亦卽搬眷回歸是月二十三日劉青雲尚未交卸都司篆務以訪聞鄭克從逆派兵熊友等前往查拏並稱鄭克不能拏獲卽將其家屬帶營勒交熊友等當卽前往因鄭克外出卽將其弟鄭永帶營並於二十六日又將鄭克

拏獲先後稟經劉青雲飭令看管稱須一併正法鄭克之妻楊氏聞知情急往央親戚監生熊達元設法求救熊達元念及親誼隨於二十七日往託鄭姓姻親已革外委吳松齡探聽有無生路吳松齡亦念親誼即央在劉青雲處辦理筆墨之職員羅廷珍代向劉青雲求情劉青雲聲言可以從寬但鄭姓如何著落必須罰款經羅廷珍告知吳松齡轉向熊達元告知隨有鄭克胞叔鄭作鑾許出錢二百千文經吳松齡邀同羅廷珍面稟劉青雲不允並稱此案不值一千亦值八百至少須錢五百千文鄭作鑾無奈祇得照高安鄉鬧行用七五錢數改作七五錢五百串折實足錢三百七十五千文由鄭作鑾分立錢票六張

交給吳松齡邀同已革把總程景剛面交劉青雲點收並經鄭作鑾央倩羅廷珍代擬保結將鄭克鄭永保釋事後鄭克謝給羅廷珍錢五千文八月初閒鄭克兩次措繳足錢六十千文交與吳松齡轉稟劉青雲飭交錢店涂德盛收入劉青雲帳內並向劉青雲收回六十千錢票一張交給鄭克銷燬嗣後鄭永續繳足錢十八千文劉青雲亦交涂德盛收帳因票已逾期繳不如數劉青雲疊次催促鄭克畏懼逃避無蹤二十七日鄭作鑾往向吳松齡程景剛央求轉稟劉青雲寬限劉青雲不依當派兵丁熊鶴齡將鄭作鑾帶赴營中空屋內與兵丁朱鳳林看管勒令繳錢詎鄭作鑾被逼不甘即於九月初二夜乘熊鶴齡等

睡熟用布帶在於屋內橫枋上自縊身死經朱鳳林驚覺喊同熊鶴齡解救無及報知屍兄鄭益成屍姪鄭永往看經團練局紳胡瑞楨鄭樹滋因鄭作鑾死於非命同懷公忿囑令鄭益成赴縣報經前署高安縣知縣陶繼曾稟經前署瑞州府知府陸澄檄委前署新昌縣知縣徐廷琛馳詣勘驗由府督縣稟經提省劉委南昌府審辦茲據訊擬由司勘轉經臣提審據各供前情不諱反覆究詰衆供僉同而劉青雲一味堅執終不出具輸服供詞自應卽據衆證情狀定擬查例載蠹役嚇詐致斃人命不論贓數多寡擬絞監候又奉通行嗣後書差索詐得贓之案但經致斃人命不論贓數多寡於絞候例上從重加擬絞決又

問刑衙門審辦案件其有實在刁健堅不承招者犯該徒罪以上仍具衆證情狀奏請　定奪又抑勒詐索取財者與財人及說事過錢人俱不坐又律載官吏事後受財事不枉斷者准不枉法論不枉法贓折半科罪一兩至一十兩杖七十各等語此案已革都司劉青雲於鄭克被擄逃回輒即指爲從逆派兵往拏並將鄭克之弟鄭永一併妄拏赴營看管用言嚇詐直至詐得錢票入手始將鄭克等開釋復因鄭克錢未繳清即將出名書票之鄭作鑾派兵帶營管押勒令繳錢以致鄭作鑾被偪不甘投繯殞命實屬玩法尤敢始終刁狡堅不承招自應即據衆證情狀比例問擬已革都司劉青雲應請比照蠹役嚇詐致斃

人命不論贓數多寡擬絞監候例擬絞監候並請查照通行加
擬絞決事犯在咸豐十一年十月初九日　恩詔以前不准援
免仍照例奏請　定奪羅廷珍聽從說情代擬保結於法均屬
無枉惟於事後收受鄭克謝錢五千文亦應照律問擬捐納從
九品羅廷珍應請照官吏事後受財事不枉斷者准不枉法論
不枉法贓折半科罪一兩至一十兩杖七十無祿人減一等擬
杖六十事在　赦前准予寬免第行止有虧應請卽行革職以
示懲儆兵丁熊鶴齡等訊無陵虐情事惟不小心防範以致鄭
作鑾乘閒縊斃應卽比例問擬熊鶴齡朱鳳林應請比照獄囚
失於檢點防範致囚自盡者獄卒杖六十律擬杖六十事在

恩詔以前應予寬免仍革伍鄭作鑾出票行求係被嚇詐所致應與被詐繳錢之鄭永等說事之監生熊達元知情之已革把總程景剛說合過錢之已革外委吳松齡收錢之兵丁涂德盛照例俱免坐罪鄭克被擄逃回例得免議其事後謝給羅廷珍錢文亦罪止擬杖事在　赦前應予援免兵丁熊友等往拏鄭克係奉本官差遣尚無不合應與訊無唆噬之舉人鄭樹滋貢生劉暉及外出未到之候選府經歷縣丞胡瑞楨均免置議原革胡瑞楨劉暉候選府經歷縣丞及貢生應請一併開復原官衣頂胡瑞楨並免投質以省拖累吳松齡在保病故保戶人等訊無淩虐情事應毋庸議劉青雲羅廷珍所得贓錢分別照追

給主入官未繳錢票作爲廢紙不准行用除將全案供招咨部
外合將審擬緣由謹會同協辦大學士兩江總督臣曾國藩合
詞恭摺具奏伏乞
皇上聖鑒敕部覈覆施行謹奏

教堂一案設法辦理摺同治元年十二月初五日

奏爲遵

旨酌覈教堂一案謹擬設法辦理情形仰祈　聖鑒事竊臣承

准議政王軍機大臣字寄同治元年閏八月二十四日奉

上諭總理各國事務衙門奏江西教堂一案久懸未結請飭妥

速辦理並將照會等件照錄呈覽一摺著沈葆楨悉心酌覈飛

速覆奏等因欽此臣當卽督同司道邀集公正紳士將抄發照

會等件公同閱看屬其各自曉諭士民仰體　國家柔遠之心

蠲小忿成大信務釋猜嫌永締和好所議條款定須一一照行

各官紳深明事理並無異議乃傳語甫經數日通衢處所遍貼

撲滅異端邪教公啓據南新二縣揭呈前來怨憤情詞幾有不共戴天之勢臣一面飭縣嚴密查拏一面傳詰紳士據稱奉諭後即遍告各親友或曉以義理或怵以利害聽者無不帖然皆云闔省自有公論我輩只知從衆而已日來喧傳揭帖各紳具有見聞然莫能查出何人所撰臣又詰以夏子春徐士章何人據稱紳士中實無此兩箇名字但江省此姓甚多既據照會中指爲揑控唆使之人則各衙門自有案可稽不難著落研究乃遍查臣及司道府縣各衙門並無此二人控詞而教堂一案亦未曾有人具控臣只得令紳士再行逐加曉諭如士民人等別有實在冤抑許其聯名具呈意謂既得主名便有操縱把握乃

數月並無一人呈訴惟匿名揭帖愈貼愈多此處揭去他處復貼理諭勢禁均無從下手臣訪聞街談巷議咸謂官藉外國威逼小民人情洶洶深恐復激成變故因密派素信親友假扮外路客商於茶坊酒肆中託爲邂逅閒談乘其不意與之反覆辨論冀其漸開覺悟兼可訪出倡首之人乃察其所記問答之詞則滿腹疑團始終不釋人言藉藉衆口雷同臣思此案必使民閒毫無猜疑而後教士重到省城可以安心傳教若只由臣等含糊答應將來必大起釁端卽法國公使亦豫料事勢所必然故照會第一條卽有仍蹈前轍惟各該省督撫是問之語兩國既敦和好臣等與該教士亦休戚相關若不早策萬全致後來

有不忍言之事臣等從重懲處固分所應得要何補於該教士之業已喫虧卽如本年二月閒何嘗無委員防護兵役彈壓然衆怒難犯勢如潮湧誰能禦之所以再四熟商數月莫能定議竊思傳教與用兵不同用兵則以力屈人傳教則以心服人人何以服信之斯服之矣人何以信示之以可信斯信之矣卽如佛教來自西藏當其初入中國夫誰信之今則士大夫以至愚夫愚婦羣然信之矣卽天主教行於上海等處民趨之若不及而江西湖南遽有此變非江西湖南好與法國爲難也上海等處爲時較久民實見其可信故不強之信而自信江西湖南爲時甚暫民未知其可信故迫求其信而愈不信也使傳教士徐

示以可信不强以遽信久焉斷無不信之理古人有言曰將欲取之必姑與之該教士既以傳教爲已任必其學識深遠洞曉人情定以斯言爲不謬查江西前案與湖南貴州頗不相侔當滋事之時教士教民業經他往並無受傷受辱之人該教士素以愛人如己釋讐不報爲懷當必不以此爲芥蔕教堂本褊小民居所值無幾該教士且肯捨其家屬貲產而來教民又皆樂善好施亦斷不以此爲吝惜揣該教士之心第以勸人爲善反遭不白之冤若罪無所歸恐爲他國所輕視臣擬由官籌措五千金俟羅教士抵潯時解與九江道妥交以爲賠修之費但凡百姓願賣之地任憑羅教士自擇建造以壯觀瞻至臣防範既

疏又復調停之術致中外大局幾起釁端仍請
旨將臣交部嚴加議處似可以全該教士之體面而服其心該
教士從此可曲順輿情因勢利導由近及遠自易及難其一時
未能遽信者勿與較量教民倚勢結怨者曉諭禁止勿聽一偏
之詞致開嫌隙俾百姓欣然相告曰彼教之愛人如己誠如是
也彼教之釋讐不報誠如是也有不從之恐後哉故曰徐示以
可信不强以遽信久焉斷無不信者也若謂懾之以兵威期收
效於旦夕則匹夫不可奪志萬衆同心背城借一惟天所授勝
負何常勸人爲善者當不出此可否 飭下總理衙門照會法
國公使曉諭該教士遵照辦理除議覆條款另具清摺外理合

由驛馳奏並抄呈匿名揭帖一紙密訪問答一紙伏乞　聖鑒
訓示不勝惶悚待命之至謹奏

權宜對調知府摺同治二年正月二十九日

奏爲地方緊要人才難得知府繁簡對調與例未符籲懇逾格恩施仍准權宜辦理以資整頓恭摺縷陳仰祈聖鑒事竊吉安府知府高延綬經臣會同督臣曾國藩奏請與南康府知府會省三對調奉

旨吏部議奏欽此當卽欽遵轉行並給咨高延綬赴部引見在案茲准部咨以吉安府係請

旨要缺不准對調高延綬旣與是缺未盡相宜應令該撫撤回另補抑或降補之處分別奏明辦理等因奉

旨依議欽此知照前來臣思例意深微何敢再事瀆陳自干咎

戾惟是地方治亂繫於知府者爲最鉅漢自文景以逮宣帝中葉吏治卓越千古皆以擇二千石爲首務誠以生民之疾苦牧令之賢否惟知府聞見最眞亦措置最速故得一良將不如得一良守良將戡亂於已著良守消患於未萌也吉安當承平時已稱江省第一難治之區地廣而山多民貧而賦重人材輩出而純駁參半風尚俠烈而良莠不齊自頻年遭擾以來恆業彫殘勇於私鬪強族侵陵小姓豪棍把持衙門地方官隱忍偷安只圖目前了事抗糧械鬪之案層見疊出殊恐養癰日久貽患將來非熟悉情形恩威並濟之才未易挽囘積習臣故與司道再四商酌逐加遴選以曾省三樸直廉明操行堅苦且在江年

久熟悉情形足資整頓高延綬亦明白謹慎暫予以中簡之缺
俾資歷練冀成循吏之才是以不揣冒昧奏請對調原爲人地
相需起見今若按照成例將高延綬留省另補吉安府一缺請
旨簡放竊慮新放之員於吉安情形仍未熟悉即才具素好歷
練亦復需時曾省三到任數月以來寬猛兼施漸著成效高延
綬稍加閱歷尚非棄材合無籲懇
天恩仍准將曾省三調補吉安府知府高延綬調補南康府知
府庶積疲之區漸望起色而初任者亦服習吏治以期收效將
來則地方人才兩受其益臣賦性迂愚早邀聖鑒苟於公事
稍有所補何敢引避嫌疑理合恭摺縷陳伏乞訓示臣不勝

惶悚待命之至謹奏

截扼浙東敗逆片同治二年二月初九日

再臣疊據各路探報浙東敗逆從於潛昌化越叢山關於正月二十二日竄入績溪復踰箬嶺歸旌德並勾結太平大股聚於石埭甕屯蟻聚大有西趨之勢建德爲之震動其後路尙分股蔓延昌化之冷水埠車盤嶺等處以窺湻遂查湻遂一帶淮浙江撫臣左宗棠來咨業已分兵駐紮並派臬司劉典援徽江西廣信一路可以無虞惟該逆若橫竄建德則與饒九處處接壤臣謹飛飭段起等嚴扼景鎭王定國嚴扼湖口韓進春偵賊所向迎頭截擊如韓進春拔營勦賊屈蟠卽由貴溪進紮樂平以聯聲勢而固門戶理合附片馳陳伏乞聖鑒謹奏

請學臣照常按試片同日

再接准江西學臣馮譽驥咨准吏部劄開正月初九日奉

上諭江西學政著何廷謙去馮譽驥著回京供職等因欽此新學政到任需時自應將關防文卷委員賫送照例護理以便回

京所有交卸日期咨詢示覆前來臣查江省軍興以來歷屆歲科兩試多未竣事經該學臣奏明合併舉行猶慮不及是以去年十二月閒復請將未試之袁州等府歲科連考並將廣信南安應補選拔調省考試均經會奏在案今該二府選拔業經學臣補試完竣正在催取南昌撫州建昌瑞州饒州甯都補選各生到齊於二月以前會同臣考驗給咨俾得歸入本年六月補

行　朝考若待新學臣到任則試期已過八府州之士子未免向隅至南安一府應舉行歲科六試該郡生童望考幾及十年疊次稟請學臣按臨情詞迫切良由　國家作人雅化淪浹人心芹藻之香榮於華袞是以觀光夙願鬱極求伸且深慮鄰警未銷萬一稍有疏虞則試事更難計日該學臣原擬會考選拔後先行按試南安以副士望此外尚有贛州袁州臨江吉安廣信南康九江七府未行歲科兩試南昌饒州撫州建昌瑞州五府未行科試屈計新學臣到任必在夏閒雖迅速舉行亦難於明歲秋闈以前剋期竣事士習爲民風所繫眞才時蒙拔擢則奮興觀感粗獷之俗漸成溫良此亦　朝廷特重制舉之微意

也竊思學臣馮譽驥奉

旨回京供職尚非別有事故且未有卽行交卸字樣合無仰懇

天恩准將補行選拔會考後一面按試南安等府俟新學臣到

江卽行交卸回京供職以廣　聖朝樂育之意而慰多士望

澤之情謹附片由驛具陳伏乞　聖鑒訓示謹奏

教案現辦情形片同治二年二月二十五日

再臣於本月十五日接據九江府景惠禀稱初十日准湖北黄州府委員將法國傳教士羅安當護送到潯該府已委經歷崔矩接護前進該教士尚無起程日期等因詎省中一聞此信即物議紛騰臣以該教士如果執意來省地方官固未便十分阻留致疑別有意見惟兩國既敦和好彼此誼關一體若不推誠既相告殊失地主之道省城人心叵測該教士冒險而來萬一滋事端地方官固咎有應得而傳教士已受實禍何補毫釐復爲勸人爲善起見隨處可行何必急急於省城一隅轉多窒礙臣謹將議覆法國照會條款劄飭九江道就近向該教士妥商

應給賠款五千兩卽由該道提銀交付作爲抵解藩庫之款其吳城地基亦由該道劄飭吳城同知遵照辦理去後次日旋據南昌縣呈驗通衢揭帖有四維不日來省凡我同人商集所訂處所照前議行事違者重究神人共鑒等語日來該教士尙無起程消息想亦自知愼重顧全和局除俟九江道將妥商情形覆到再行縷陳以慰 宸廑外合將現在辦理緣由附片馳報伏乞 聖鑒訓示謹奏

嚴捕竄匪片同日

再據駐紮祁門之統帶老湘營贛南道王文瑞稟稱石太分竄嶺內之賊自二月初一等日經總兵丁長勝等在黟縣九都十都擊退後旋由太平之橫潭石埭之佘溪蔓延米坑藍湖一帶初九日續添石埭踞匪將由大洪禾戍兩嶺竄犯祁北經該道派令賀章彬於初十日出嶺截剿大獲勝仗斃賊千餘名生擒七十四名解散甚夥奪獲器械無算等情查該逆思犯江境蓄謀已非一日經此次懲創雖足稍戢其氛惟疊接各路探報徽郡之東北宋村洪村及北路之楊村黃山等處賊氛遍布逆酋劉馮王陳四姓擁衆數萬皆由浙之於潛昌化陸續入徽一過

績溪逼近深渡一由徽郡歸併太平糧匱賊多希圖乘隙紛竄現計浙江臬司劉典業將由嚴入徽其由江赴浙助剿之長左營王德榜一軍亦經浙江撫臣左宗棠飭回江省協防三月初旬可抵景鎭饒防兵力尚足支持臣惟有諄飭各軍嚴密扼守以杜竄越而固門戶理合附片馳陳伏乞聖鑒謹奏

黎兆棠請發江西差委片同日

再江省現雖肅清而蘇浙踞逆麕聚皖江南北環伺豫章軍務日不暇給加以九江通商之後洋務種種爲難必得幹濟之才以資分理臣查有禮部儀制司主事即選知府黎兆棠樸實端方才識遠到可否仰懇天恩逾格准將黎兆棠發往江西以知府差遣委用俾地方受得人之益微臣藉收指臂之功理合附片具陳伏乞聖鑒訓示謹奏

繼果營在休甯縣境連勝摺 同治二年二月三十日

奏爲繼果營在休甯縣境連日截剿獲勝恭摺馳陳仰祈
聖鑒事竊石太踞匪於二月初十日圖犯祁門贛南道王文瑞出
嶺擊退業經臣於本月二十五日附片陳明在案茲據駐紮草
市之統帶繼果營補用同知王沐稟稱二月十四日徽北之賊
由黃山楊村潛口一帶擾及巖寺街距草市二十里該員派營
哨由篁墩屯溪分路前進十五日黎明抵巖寺隔河列陣該逆
以兩股渡河猛撲我勇受洋槍傷者五人乃開劈山礮斃其大
旗賊目二人賊卻而復進又以鳥槍擊斃十餘名適守徽州之
强中營出陣碣田該逆遂縮歸巢穴我軍亦各收隊聞休甯城

圍未解恐賊分襲婺源是夜以三成隊就屯溪而軍二成隊軍茶亭應之十六日午初該逆蜂擁直撼屯溪幫辦副將彭維玉率隊分中左右出甫交鋒卽礮斃其衝鋒賊騎排槍連環而進悍賊紛紛倒地右營營官王蕚匹馬當先哨隊繼之刀矛並舉殪賊三百餘人我勇受傷亦十餘人乘勝追至茅嶺伏賊起陣亡勇丁一名傷十餘名適王沐督前營營官都司劉志友等自茶亭馳至前後夾擊復斃賊四百餘名餘賊始潰生擒長髮百餘名解散難民二千餘人十七日探聞巖寺大股疾趨篁墩王沐知其必撲草市老營豫約彭維玉收屯溪之軍回援傳令各營偃息鎭靜任其馳騁察看賊勢漸懈援兵將到鳴鼓展旗而

出連放劈山礮斃賊目之戴金龍帽者一穿黃衣者二賊駭而
退彭維玉亦至分路追擊斃賊無算至下草市賊忽回顧王沐
知其有伏傳令穩站穩打毋得輕進伏賊旋由左右山谷抄出
我軍前隊分左右應之後路亦設伏以待鏖戰一時打數回合
陣亡勇丁二名傷二十餘名復殺賊百餘名正賊伏賊一齊奔
竄追至羅田收隊該逆仍由巖寺竄去連日奪獲軍械五百餘
件據生擒賊供十六日一股爲僞襄王劉姓股衆約三萬撲屯
溪者其前鋒二公子十七日一股爲僞俊天燕王姓股衆約二
萬有餘皆廣東花旗後路尙有僞康王股衆約七八萬約會合
竄江西等語現在巖寺之賊退歸碣田萬安之賊退歸松橋等

情臣查草市居徽休之衝爲婺源一帶屏蔽繼果營勇僅二千且甫經戰陣臣甚慮其孤軍受敵仰賴國家威福疊獲勝仗洵足以寒賊膽而固軍心現鮑超已將甯郡一帶賊壘掃盪廓清敗逆相率而南徽休被圍頗急劉典一軍十八日抵威坪十九日抵大川口必可進解城圍該逆終以竄江爲老計臣惟有諄飭各防互相聯絡穩固門戶上慰宸廑除將陣亡受傷勇丁飭局分別照例辦理外理合會同兩江督臣曾國藩浙江撫臣左宗棠恭摺由驛六百里馳陳伏乞聖鑒謹奏

江西仍難採辦米石摺同治二年三月初六日

奏爲江西採辦米石遲

旨體察情形仍多窒礙恭摺馳陳仰祈　聖鑒事竊臣承准議

政王軍機大臣字寄同治二年二月初二日奉

上諭李鴻章片奏請飭湖廣等省酌提漕折採辦米石解至安

慶附輪船拖過金陵駛至上海勸令沙衛各船陸續運津所有

江西之南昌瑞州臨江吉安撫州建昌等府著沈葆楨飭令該

藩司糧道等體察情形責成各該州縣動用漕折採辦米石各

視漕折舊額或二三成酌加運費折耗等因欽此查江省漕糧

礙難海運業經臣於上年六月閒奏明奉

旨允准在案兹復蒙　垂諭諄切曷敢稍存成見自昧天良然必統計兼籌實有裨益於倉儲方不負　宵旰勤求之至意江省去歲疊遭水患秋收固已減色而皖浙荒歉告糴頻仍且風鶴不時民以焚掠爲慮只圖變價絕少蓋藏二月以來陰雨兼旬秧種時多霉爛浙江金陵皖南皖北各大營採辦軍糈員弁絡繹而來各市鎮幾於無米可購現南昌等府米價已至三兩有奇轉瞬靑黃不接勢必逐日翔涌州縣漕折業已儘徵儘解今若發還原價責令辦米官既難賠巨款民亦無可重完若以時價爲憑則將以三石之漕購一石之米而由內河出長江小船之費由長江至上海大船之費由安慶拖帶過金陵輪船之

費由上海達天津沙衞船之費由天津入京剝船之費並下河過船入倉挑脚之費計已不貲而搬運有耗盤量有耗潮溼蒸變有耗約復須三石之耗費乃能致一石之米於京倉想由天津招商其價必不至此是以漕折歸部庫搭發兵餉一兩可得一兩之用而以漕折供採辦徒將倉儲之正款虛糜於舟楫之往來外省有辦米之難京師無得米之實至江西本地船隻雖有輪船拖帶亦不能出海必待上海來船既非土著之民船尤爲可居之奇貨九湫洲一帶戰事方殷該逆正在望糧似難連檣直下伏念京師爲天下根本但使於倉儲實在有益何敢以有礙民食軍食爲辭而利少害多難逃　宸鑒臣　徬徨中夜疚

愓徙深合無仰懇
天恩容俟本年開徵新漕如下游賊氛稍靖或酌收本色或於
米賤之時照部價採辦以實京倉臨時察看情形再行具奏其
同治元年漕糧除業經報解折價銀一十五萬兩外仍嚴催趕
徵陸續批解所有臣督同司道籌議緣由理合恭摺由驛五百
里馳陳伏乞聖鑒訓示謹奏

賊氛逼近調度情形片同上

再二月十六十七等日繼果軍在屯溪草市迭獲勝仗經臣於二月三十日馳奏在案嗣據各路探報皖浙巨逆議分三路同時竄犯江西僞侍王李逆糾浙江餘黨並花旗等股由徽休進僞輔王楊逆糾古賴諸賊目由祁門進僞孝王胡逆僞堵王黃逆僞祐王李逆由青陽進每路號稱十餘萬聞二月二十五日繼果營隨同浙江臬司劉典會勦徽屬之巖寺街踞匪陣斬數百人淹斃三千餘人二十九日贛南道王文瑞擊賊於漁亭擒殺千餘名景鎮爲休祁後應各營聲勢聯絡此兩路似可無虞惟青陽守兵頗單東流建德節節空虛致爲可慮本月初一日

據督辦景鎮防務之督糧道段起飛報該逆從甯國繞出青陽前鋒已至禰嶺去建德僅數十里臣以彭湖鄱浮均與建德接壤飛飭參將韓進春馳赴鄱建交界之石門街陳家衕一帶扼要截擊並與祁門景鎮湖口各軍互相應援復飭內河水師副將孫昌國分撥礮船扼守鄱屬之陶家灘童子渡候選道屈蟠塡紮樂平飛催浙江補用道王德榜馳赴浮梁防所續據護九江鎮萬泰報稱探弁親見東流一片火光署饒州府吳秉衡報稱該逆於三十日竄擾建德其殷家匯張家灘榨子橋各處遍是賊蹤旋准督臣曾國藩函知聞甯國各逆有西竄之意已飭提臣鮑超回軍南陵青陽一帶截之臣計賊蹤飆忽鮑超回軍

萬難繞出賊前然江省防兵能與前後夾擊該逆當不得逞合

將賊氛逼近一切調度情形附片馳陳伏乞　聖鑒訓示謹奏

繼果營會勦獲勝摺 同治二年三月十七日

奏爲繼果營在徽屬之巖寺街會勦獲勝詳細情形恭摺馳陳仰祈 聖鑒事竊統帶繼果營王沐隨同浙江臬司劉典會勦巖寺街踞匪獲勝經臣於三月初六日附片馳陳梗概在案茲據王沐稟稱竄撲屯溪草市之賊二月十七日經該軍擊敗後陸續退竄箬嶺旋有賴逆大股復由巖寺街擾及徽郡之西僞王劉逆率黨分踞離屯溪二十五里之長林暨許村楊村潛口一帶二十一日浙江臬司劉典統楚軍馬步九營抵屯溪會商王沐以二十三日黎明繼果營由篁墩進楚軍由屯溪進屆期均各拔營行至羅田茅嶺雨甚而還二十三二十四等日楚軍

四營進紮東關二十五日辰刻劉典函約出隊王沐親督各營分路進勦甫抵巖寺街卽見賊巢火發楚軍向街頭衝突王沐揮中右營從街腰橫入前左營擊散伏賊由街尾寶塔包抄截殺巷戰逾時斬斃無數兩軍勢合賊過橋而遁互相蹂踐墮橋淹斃河水爲之不流王沐令中營謹扼橋道自帶親兵暨前後左右各營追擊日暮收隊我軍勇丁受傷二十六名生擒賊匪百餘名分別斬釋解散三百餘名現據探報該逆欲糾合旌太各股再到草市決戰如不得逞卽改走池州各等情查該營所向輒勝洵屬奮勇可嘉除將受傷勇丁飭局給發養傷銀兩外理合會同協辦大學士兩江督臣曾國藩浙江撫臣左宗棠恭

摺馳陳伏乞　聖鑒訓示謹奏

撥用洋稅片 同日

再臣承准議政王軍機大臣字寄同治二年二月十一日奉
上諭浙省復地漸廣需兵愈多添募新勇轉瞬到齊臺庫早空無以爲計此外尚須添造戰艦雇募水師亦因經費無出未能舉辦且積欠各軍軍餉已九箇月時有譁潰之虞沈葆楨於浙省軍餉頗能不分畛域竭籌協濟嗣後仍著該撫等源源報解以贍軍食是爲至要等因欽此遵查前准浙江撫臣左宗棠咨借餉銀情詞懇切臣督同司道再三商議而丁漕各款羅掘已空且本省戒嚴各軍待餉若渴惟九江洋稅徵有成數照會監督廷曙解司應用旋據解到銀八萬兩以四萬兩協濟浙省以

四萬兩湊發本省軍需嗣准部咨奏令各海關監督將徵收洋稅及洋藥稅等銀除扣還英法兩國各二成及奏提軍餉應用經費外餘令按季全數解京充餉不准藉詞留撥如非奏明動用之款率意開銷卽著落該監督照數賠補等因查該關洋稅除動用提解外尙應存銀四萬七千兩零臣擬飭先將此款解部復准督臣曾國藩函咨以皖南北同時並警援軍咸因餉盡不能拔營請飭九江關於洋稅項下動撥銀六萬兩迅委解濟等因臣等非不知部庫空虛亟須籌備惟目下江皖情形非常窘迫事關東南全局與其稍涉拘泥致誤事機曷若稍事通融藉圖補救臣謹飭該監督將前存銀四萬七千餘兩並續徵洋

稅湊足六萬之數卽日解往安慶以速軍行凡此皆係萬不得

已之舉非敢藉詞留撥任意開銷合無仰懇

天恩俯念餉需緊要准予撥用以固軍心而維大局理合附片

馳陳伏乞　聖鑒訓示謹奏

老湘營在漁亭截剿連勝摺 同治二年三月十七日

奏爲老湘營在漁亭截剿連獲勝仗詳細情形恭摺馳陳仰祈

聖鑒事竊老湘營在漁亭獲勝經臣於三月初六日附片馳陳梗概在案茲據贛南道王文瑞稟稱二月二十五等日許村碣石之賊分竄藍田胡村山阬一帶該道以漁亭防軍單薄飭令副將鄧榮達等抽隊助防二十七日賊分路進犯鄧榮達等過一東橋迎擊總兵丁長勝等率所部列陣田隴開放劈山礮轟賊甚夥賊卻而復前丁長勝率親兵由兩旁山麓分抄副將王明輝陣斬先鋒悍賊數名各勇極力衝突陣斬百餘人賊遂披靡追殺十餘里復斬斃淹斃三四百名生擒四十餘名是夜據

生擒賊供僞襄王劉官方僞總統天將劉官福各率萬餘人正月由廣德甯邑而來昨從許村各處竄至藍田一帶欲攻破漁亭由婺竄江等語該道飛屬丁長勝等穩紮穩打毋得輕進二十八晚探聞賊衆進踞五羣橋小溪口又有由九羣橋渡河者二十九日辰刻蠭擁而至數近萬餘馬隊當先見我軍潛伏不動巳午之交中路巨股直撲街口其陣於對岸者抄過漁亭之後鄧榮達等出其不意突出街口丁長勝督哨隊以擊後路包抄一股河流陡漲鄧榮達奮猛刺殺衝至河邊截其歸路賊倉皇失措紛紛投河丁長勝已將抄後一股擊敗合力掃蕩沿途賊屍枕藉僞總統天將劉官福經藍翎外委謝聘賢矛刺墜馬

擒之旋自觸石而死追至五不橋鳴金收隊是日受傷勇丁一十八名殺斃溺斃賊匪約三千餘人生擒精悍老賊二百六十三名旗幟七八百桿騾馬三十五匹洋礮洋槍擡小槍各數十件生擒僞官英天豫曹德生史天義石守東曾天義劉朝將等均已訊明正法聲明兩次戰功以鄧榮達謝聘賢爲最各等情臣查該道王文瑞統部三千獨當一面能激勵士卒疊獲全勝洵屬可嘉應飭再加意嚴防以杜竄越理合會同協辦大學士兩江督臣曾國藩浙江撫臣左宗棠恭摺由驛六百里馳陳伏乞聖鑒訓示謹奏

報明近日軍情及布置情形片同日

再靑陽分竄東流逆匪爲沿江礮船所擊併歸建德會建德羣酋分三路入江其大股從陳家衕擾石門街窺饒州者爲中路本月初五日饒郡管帶練勇候選訓導李香筠等出哨遇賊於建屬之曹家洲隊長洪金謨以弩箭射死黃衣賊目一名盧池冰陣斬大旗賊一名練勇亦受傷數名因賊衆兵單遂於檀溪渡憑河扼守初七日該逆在沿塘搭造浮橋哨長張佑誠虞輝南等追殺僞典竹一名奪僞印一顆旗幟數件鈎獲長髮十名解郡正法其分擾雞公包者經團紳王一道殺斃數名生擒三名正法初八日該逆繞赴上下游分路過河練勇勢單無從分

頭迎敵遂退童子渡協同礮船堅守初九日該逆掠至許田橋
被練勇槍斃數名生擒一名是日韓進春前隊抵陶家渡該逆
不敢徑進遂於石門洋塘一帶築壘十一日辰刻韓軍偕練勇
巡哨至許田橋遇賊千餘人正在該處放火我軍奮擊擒斬數
十名賊卽敗遁申刻該逆窺我軍甫紮營壘以二三千人來犯
陶家渡賊馬十二匹帶洋槍隊當先各營輪放擡礮斃其二騎
遂退我軍追出里許仍收隊紮營其一股由秧田坂擾桃樹店
窺景鎭者爲左路偵知浮景均已嚴防遂由大湖盤村東竄與
祁門賊合其一股由東流之香口擾彭澤縣境窺湖口者爲右
路初二日犯彭澤之九都經紳士朱詠香督團擊退初五日至

十二都團總饒廷銜汪暄南帶練千餘乘其避雨造飯襲之羣賊驚潰捘殺百餘名生擒僞將軍吳大保朱亭等並老賊二十一名初六日六都團總朱得親王潤章等擊斃長髮四十餘名生擒身穿黃馬褂之僞典竹吳懷安並長髮四名初八日朱詠香馳至陳家衕近處截其尾隊殺賊三十一名生擒僞指揮陳天保等三名救出幼童十一名湖口縣城經督臣曾國藩飭護總兵萬泰督同都司王定國嚴守副將丁義方率水師爲之犄角該逆知無隙可乘遂東併石門大股合力窺饒現在大田埠石門街雜公包壁山檀溪渡洋塘陳家嶺許田橋等處遍地賊蹤據生擒賊供過沿塘河者已三四萬人逆酋黃文金胡鼎

文李遠繼均在石門一帶尚未過河建德後路尚有僞尤王僞蕭王等衆各數萬均約明會攻饒州等語臣飛飭韓進春俟天氣開霽卽行拔隊進剿並飭段起於景鎭各軍勻派四成隊前途有急則令遊擊劉勝祥統之進援屈蟠已到樂平王德榜前隊已到浮梁各渡口經孫昌國派礮船會哨饒防人心尚屬穩固臣復添派虔字營馳防都昌仁右營塡紮貴溪以杜旁竄並飛咨湖南撫臣毛鴻賓廣西提臣江忠義飭道員席寶田迅統所部來江相機協剿其皖南一帶祁門軍情日益加緊繼果營王沐已由草市拔赴漁亭助防草市一帶經劉典派營照料皖北賊勢猖獗鮑超援江之師已改轅北渡扼守無爲州矣合將

近日軍情及布置情形附片馳陳伏乞　聖鑒訓示謹奏

沙文肅公政書卷一

柏溪市會擊獲勝片 同日

再正繕摺間復據贛南道王文瑞稟稱僞襄王劉官方二月二十七二十九等日經該軍擊敗後復糾合僞對王洪春元僞顧王吳如孝等分踞黟縣各鄉號稱十餘萬三月初一初二兩日由虎嶺小嶺西武嶺分擾柏溪白塔金字牌三寶村小柏溪等處距祁城各二三十里該道度其大股必麕聚柏溪市一帶初二夜密令防祁五營各派八成隊分五路於五更先後潛出並飛飭駐漁亭之丁長勝王明輝派隊向小嶺橫抄會商皖南道葉兆蘭調團勇五百餘名繼進初三早康榮詔熊常富賀章彬先由長里衝柏溪之中賊蜂擁而出熊常富等奮勇撲戰立斃

悍賊數十名賊漸漸分隊希圖包抄適喻勝榮從金字牌雙溪流一帶擊敗零股繞至草占塢抄出柏溪之右羅瑞山由畢家亭繞黑橋抄出柏溪之左楊海泰由長里出白塔郭德馨由板溪出小柏溪同時並至五路之兵會合截擊賊大潰亂分三路而遁我軍亦分路緊追斬馘甚夥喻勝榮追過小嶺楊海泰康榮詔等追過西武嶺羅瑞山郭德馨等追過虎嶺雨甚始各收隊是日我軍勇丁受傷九名斬斃賊匪千餘名生擒五十七名奪獲旗幟槍矛無數葉兆蘭所派團勇沿途搜殺零匪亦三百餘名丁長勝各營因賊分竄桃園洞等處出隊迎擊均有斬獲等情理合會同協辦大學士兩江督臣曾國藩浙江撫臣左宗

棠附片馳陳伏乞聖鑒謹奏

老湘營迎剿祁西巨股獲勝摺同治二年三月二十四日

奏爲老湘營迎剿祁西巨股大獲全勝恭摺馳陳仰祈
聖鑒
事竊臣於本月十七日業將老湘營進剿柏溪巨股獲勝情形
奏明在案茲據贛南道王文瑞稟稱三月初五日探聞竄踞建
德之僞堵王黄文金僞孝王胡鼎文僞佑王李遠繼潛句石太
賴古兩逆合攻祁門該道以西路空虛將漁亭兩營調回繼果
營王沐亦抽隊來祁助剿初九日該逆由桃樹嶺過新安嶺初
十日有騎馬賊數十冒雨沖至西城根自大白鋪渚口千佛橋
小路口至離城十里許遍地賊蹤號五六萬該道傳令是夜五
更出隊張左右翼由中路進該道同熊常富繼之左營由祁南

抄出右路康榮詔賀章彬繼之前營抄出左路郭德馨繼之後營與繼果營援隊令其分顧東北面十一日昧爽中路之兵至七里橋遇賊丁長勝喻勝榮督開劈山礮立斃先鋒悍賊十餘人賊猶恃衆沖撲丁長勝直搗中堅熊常富從旁抄擊賊乃逃竄追近小路口賊之大隊萃焉極力回撲弁勇奮猛沖殺殪賊千餘賊困而死鬭者十餘次喻勝榮匹馬當先左手受矛傷馬前足亦被斫斷猶力戰不退百長彭友年身被十餘創裹創血戰而死喻勝榮丁長勝等怒氣百倍鼓譟直前正在鏖戰適左右兩路橫抄而至羅瑞山據隘口截其前股去路羣賊覓水求生淹斃者不可勝數各逆酋悍賊下馬步鬭丁長勝喻勝榮等

圍而殲之得馬百餘匹銀鞍金鐙十餘副銀號筒多對楊海泰
鄧榮達復繞出千佛橋追擊各營繼進該逆免脫無幾其藏匿
山林者經鄉團搜殺甚夥天色薄暮傳令收隊人馬踐賊屍而
還陣亡擬保花翎遊擊都司銜守備彭友年把總羅廣林勇丁
受傷者一百七名殺斃逆匪七八千名生擒八百六十五名均
訊明正法奪獲騾馬二百一十二匹洋槍洋礮擡小槍各二百
餘件偽印三百餘顆旗幟刀矛無算據生擒賊供偽佑王業經
殺斃各天將朝將豫安燕福侯死者無數等情查該營將士以
少擊衆迭獲奇捷洵足屏蔽江右厥功甚偉除出力及陣亡員
弁應由左宗棠查明辦理外理合會同協辦大學士兩江督臣

曾國藩浙江撫臣左宗棠恭摺由驛六百里馳陳伏乞　聖鑒
訓示謹奏

續報各路軍情片同日

再江省各路軍情經臣於本月十七日附片馳陳在案茲據續報十二日僞孝王胡鼎文由龍船灣率馬步數千徑犯梅源橋團長程發達等恐衆寡不敵率團勇潛伏橋左林中俟頭隊甫過突出斷橋殺斃百餘名生擒六名餘皆鳧水而遁十四日韓營哨至陳家嶺遇賊千餘斬騎賊一奪其馬又斃賊二十五名追里許而回十五日韓軍出隊遇田孝逆帶騎賊百餘步賊數千鏖戰兩時殪其前鋒數十奪馬數匹孝逆騎馬先遁羣賊遂潰傷亡我勇三名練勇助陣於沙羅坑亦殺賊數十名生擒僞丞相王貴會並長髮四名十六日悍賊數萬馬二百餘匹揚聲撲

營前鋒及灣里周村一帶韓軍分三路迎敵董德春王大魁分伏左右山谷韓鳳飛從中路誘之該逆見我兵少馳驟而來左右伏起韓鳳飛回軍夾擊賊陣已亂後隊援賊踵至併力死鬬我軍少卻韓進春恐勢不支自統馬隊親兵突陣手刃騎賊五名白旗所向望風而靡各哨隊賈勇爭先賊遂大潰共斬騎馬賊十餘名黃旗紅旗賊二三百名奪獲馬四匹旗幟槍礮刀矛無數救出難民七八百名追奔二十餘里我勇陣亡八名受傷五十餘名該逆經此大創不敢正窺饒郡由洋塘山路潛出高沙坂一帶漸有東趨之勢王德榜已將浮梁城守事宜安置妥貼建德後河尚有偽愛王一股跟蹤而上其勢寡弱不過數千

彭澤都昌鄱陽各團尚能互相聯絡惟捻匪竄擾廣濟延及黃梅之湖落橋潯郡只隔一江民心震恐經臣照會護總兵萬泰仍由湖口回潯藉資鎮壓席寶田援江之師據報於本月初三日由永州起行入江尚需時日軍情頃刻萬變臣惟有嚴飭在防各軍相機堵剿藉紓慈廑理合附片馳陳伏乞聖鑒謹奏

繼果營協同浙師攻克黟縣摺 同治二年三月二十六日

奏爲繼果營迭獲勝仗並協同浙師攻克黟縣恭摺馳陳仰祈

聖鑒事竊臣於三月十七日業將繼果營會剿巖寺街巨股獲

勝情形奏明在案茲據王沐稟稱休北藍田小溪之賊經該軍

於三月十二日與浙師分路剿洗紛竄黟縣四五等都並蔓延

黃土坑北坑口蓮花塘橫路頭雙溪流金字牌千里山楠木嶺

暨橫竄李村李坑口高嶺腳等處不特由漁亭赴祁路梗且有

乘虛南竄之勢王沐令王安敦賀心田劉志友王萼等打開此

路以通祁門之氣十四日寅刻出隊至楠木嶺遇賊蜂擁而來

我軍連轟槍礮立斃騎賊二餘賊數十該逆且戰且卻我軍乘

勢追撲至橫路頭賊忽分竄左右山谷我軍亦左右分抄踰嶺入村賊出數千死拒村口王安敦等策馬衝入各勇繼之斃悍賊百餘勇丁受傷者二十餘人賊向雙溪流而遁王安敦等繞出左路之李坑口茅蓬店一帶搜殺斃打擄之賊百餘名午刻另股復由楠木嶺擾及李村王沐添派黃光楚截擊並飛飭王安敦等會之斬馘生擒各百餘名救出難民無算猶慮該逆伏匿山村潛竄婺景十五日令王安敦等正兵由楠木嶺直打至金字牌劉志友以偏師由李村進勦高嶺腳會於雙溪流王沐紮橫路頭接應距金字牌一股先遁其館於高嶺腳者劉志友出其不意攻之殺斃數十雙溪流嶔內零股亦被黃光楚捉殺

二十餘名均潰歸黟縣四五都老巢十六日浙江臬司劉典親至漁亭約攻黟縣隨登千里山相度形勢商定十七日黎明繼果營由桃源洞進劉軍前旗並馬隊繼之劉軍左營四旗由千里山進其駐九不橋者出小溪列陣爲疑兵屆期王沐令王安敦駐横路頭以杜南竄谷進祿專防胡葉等村之賊抄我後路王沐自帶親兵督同劉志友等出桃源洞抵石山街該逆於石山橋下設卡精鋭守之王沐令劉志友由中路攻卡王萼謀安翅由右路旁擊中路之勇方逼卡前對施槍礮而卡右山岡望棚賊隊林立搖旗放槍石下如雨非先毁其望棚卡不得破遂令王萼率右營冒矢石而上斬其大旗賊三賊紛紛帶傷下走

俄又陣於對岸兩旁籬牆之內以爲犄角劉志友率勇奮攻右後兩營從山馳下橫擊之奈賊衆卡堅勇丁帶傷者已三十餘人急切難下王沐大聲疾呼先登者立請優獎將士勇氣百倍肉薄而登遂破之劉軍馬隊橫衝直突賊分左右走城賊傾巢出援劉軍當其左繼果營當其右鏖戰一時打數回合賊潰旁竄我軍遂復黟城王葧賀心田向右路追殺忽有巨股同撲王沐急帶親兵應援斃賊數十賊卻劉典以桂勇夾擊賊遁劉志友搜城中餘匪追出北門轉入山谷伏賊四起勇丁陣亡四名受傷二十餘人劉典令親兵助之伏賊亦潰右路潰出羊棧嶺左路潰出方干嶺其南竄橫路頭與葉村胡村之賊均經王安

敦谷進祿擊潰是日斬賊目五名餘匪五六千名生擒三百餘名解散甚夥奪獲軍械無數等情臣查該逆垂涎江右自皖之績溪西至饒境横亙數百里號稱數十萬聲勢聯絡防不勝防浙江撫臣左宗棠不分畛域飭劉典星馳赴援血戰而前所向披靡今賴國家威福克復堅城保障西江厥功甚偉王沐一軍始則獨當一面迭獲全勝兹復協力苦戰迅奏膚功洵不愧干城之選除劉典所部應由左宗棠查明辦理外所有留江儘先補用同知直隸州王沐可否仰懇天恩以知府仍留江西儘先補用並賞給勇號以示優奬其在事員弁勇丁可否容臣擇其尤爲出力者開單奏請鼓勵其

傷亡各勇飭局覈發䘏養銀兩以慰忠魂而資調治理合會同
協辦大學士兩江督臣曾國藩浙江撫臣左宗棠恭摺由驛六
百里馳陳伏乞　聖鑒訓示謹奏

韓營續獲勝仗片 同日

再韓進春一軍同饒防團練在梅源橋陳家嶺遇田周村等處疊次獲勝經 臣 於本月二十四日附片馳陳在案茲據續報十八日遇田股匪復糾集萬餘人來撲韓營該逆專恃洋槍子如雨點韓進春傳令各營偃息鎮靜任其衝突察看賊勢漸懈派五成隊乘其洋槍甫放不及再裝之際奮力衝之賊倉皇失措抱頭鼠竄我軍跟追數里陣斬數十名傷亡勇丁四名現在連日來營乞降者已百餘名聞其尾隊復由石門竄向建德界上其大股仍在時山許家山一帶自黟縣克復祁門解圍賊勢頓孤軍心益奮據段起報於二十一日赴梘田街踩看地勢擬與

韓進春會商進剿矣理合附片馳陳伏乞　聖鑒謹奏

洋船販賣私鹽訊明完案摺同治二年三月二十九日

奏爲洋船在未經通商口岸販賣私鹽代售牙行訊明完案所有失察之地方官局員請

旨交部議處恭摺奏祈

聖鑒事竊照同治元年閏八月閒據吳城鎮同知馮詢釐局委員胡心庠稟稱閏八月十七日廣東商民黃略興帶同洋人皮爾生販運食鹽二百七十六包浙江商民曹南山販運食鹽五百四十七包來鎮售賣均據鹽行代爲完釐二十一日續到洋駁船一隻係洋人費子蓋賓裝運食鹽八百包因查該商民等均無牌照傳集訊究抗不赴案請示遵辦並據南昌府知府許本墉督同南新二縣會稟閏八月十

九日有洋船唉咪駛入省河飭差查係美國商人通呀通事李元興販運鹽包許本墉等隨赴河干公所邀同李元興面詢一切據稱所運之鹽係由九江德利洋行分撥約四五百包現尚未售許本墉等當將條約照鈔付閱李元興願駛回潯令向通呀說明亦無異詞各等情經臣先後批局飛移九江道照會美國領事官按照條約查辦旋據藩臬兩司詳報派令候補府經歴王效曾將通呀李元興等同原船鹽包押解赴潯復經批飭各在案嗣據憑詢稟稱皮爾生等船隻潛行駛去費子藎賓一船尚泊鎮河閘八月二十八日據鹽行劉同泰具稟黃略興等運到鹽觔經段乾豐同該鹽行先後代售嗣因查係洋人販私

將所受費子蓋賓之鹽退還詎費子蓋賓將行夥劉伊傑胡定
環扣押在船是夜並糾帶水手多人各持洋槍洋刀蜂擁入行
勒索銀三百兩經街鄰救護始各星散查點遺失銀七十餘兩
錢十餘串將所獲洋船水手諶世林解交新建縣訊辦又經批
飭總局轉移九江道照會美國領事官飭將行夥劉伊傑等釋
放所失銀錢照數追還並飭該同知同新建縣將段乾豐劉同
泰等行戶暨諶世林一併解交九江道審辦去後茲據九江道
廷曙詳稱洋船販私一節經該道照會美國領事畢理格九江
稅務司哈搿德分別確查據畢理格聲復德利洋行暨通嘝皮
爾生費子蓋賓均非該國行商並准哈搿德復稱九江只有英

國立德洋行並無德利行名該商等既無護鹽牌照顯係假冒
應俟唉咪人船同吳城鹽船一併解到以憑審辦各等語詎唉
咪洋船經王效曾稟報潛由湖口順流而下並不駛赴九江其
皮爾生費子蓋賓等船亦未經該地方官一併獲解僅據吳城
同知暨新建縣將鹽行段乾豐劉同泰同洋船水手諶世林押
解來潯隨經該道提案訊明緣段乾豐劉同泰均於咸豐八年
承領部帖在吳城鎮開張鹽行代客買賣去年閏八月十七日
洋駁船二隻運鹽到鎮當有商人黃略興曹南山同到段乾豐
行內商議代售船內洋人皮爾生當時並未上岸段乾豐認作
華商運鹽稟知釐局撥鹽七萬餘觔代爲售賣照例完釐二十

一日續到鹽駁船一隻係湖南人郭姓投赴劉同泰行內託令代銷劉同泰亦認作華商運鹽稟知釐局於二十八日撥令行夥劉伊傑打礪胡定環掌秤同到該船撥鹽七十八包因見船內載有洋人詢係費子蓋賓正在疑慮適釐局以係洋人販私飭差諭阻劉同泰當將原鹽包退還費子蓋賓收回鹽包說該行太不公道既買了鹽又來退還並說鹽包扯破短了觔數要罰劉同泰銀三百兩將行夥劉伊傑胡定環扣留在船口說要打經水手諶世林代爲求免是夜費子蓋賓帶領水手多人各持洋槍洋刀到劉同泰行內理論劉同泰同行夥均各害怕躲避洋人散後查點遺失客商寄存銀七十餘兩錢十餘串至諶

世林先經劉伊傑等央託上岸尋找劉同泰告知船上情節尚未同船並未同往滋鬧因路遇差役認係洋船水手拏獲送案劉伊傑胡定環於九月初三日經該洋船由姑山放回請予就案完結分別咨行飭拏等情批據總局司道覈議詳復前來 臣查洋人皮爾生費子蓋賓通呀等各運食鹽私到不准通商之吳城鎮及省河售賣實屬違禁而費子蓋賓因劉同泰退還鹽包輒敢率領多人黑夜赴行滋鬧以致遺失銀錢尤爲兇惡惟各該洋船均已駛赴下游不知去向照會畢理格查拏又稱皆非伊國商人必致弋獲無期自應就案完結鹽行段乾豐劉同泰既據訊明因係華商黃略興等投行稟知釐局撥鹽收釐旋

經釐局諭飭不准代售劉同泰立將鹽包退還嚴與私相買賣串同漁利者不同未便科以違犯之罪應飭准與訊無隨同洋人滋事之水手諶世林一併省釋以免拖累吳城釐局委員已革候補知縣胡心庠初因認爲華商運鹽准令鹽行售賣照例抽釐旋經查係洋人販私立卽飭差諭阻尚非始終迴護惟皮爾生等船均無牌照於未經賣鹽之先並未飭將牌照呈驗以致朦混售銷吳城鎭同知馮詢有地方之責先未查禁失察之咎均所難辭相應請

旨將馮詢胡心庠一併交部議處洋人皮爾生費子蓋賓通呀及華商黃略興曹南山李元興郭姓等容再分別咨行一體嚴

緝務獲按約懲辦以儆效尤理合會同協辦大學士兩江督臣

曾國藩恭摺具奏伏乞　聖鑒訓示謹奏

訪舉賢士以勵風俗摺 同治二年三月二十九日

奏爲訪舉江右賢士以勵風俗恭摺仰祈

聖鑒事竊維彰善癉惡樹之風聲士大夫爲善於家其裨益人心者與賢守令等江右理學盛於北宋淵源宏遠歷代人文蔚起志乘炳然我

朝作育二百餘年名臣接踵故家遺俗歷久弗衰惟軍興以來公私交困士或以謀生爲急謂束躬勵行之道無暇深求民俗波靡相沿成習且淑慝無由旌別罔知爲善之榮至有砥礪廉隅羣笑爲拙者然松柏後彫於歲寒雞鳴不已於風雨獨行特立正不乏人臣隨時察訪如前翰林院修撰劉繹前湖南辰沅道鍾音鴻等皆鄉望懋著人無閒言此則曾經

朝廷擢用之

員無俟臣之贅及茲查有廣豐縣進士鄭維騊立品清粹內行敦篤金谿縣舉人徐仗祖敦尚風節殫心實學廬陵縣廩生王其淦品粹學優通達經濟上饒縣增生候選訓導報捐雙月知府曾守誠居心誠慤植品端方各該紳等或具練達之材或懷堅貞之操幸際

聖主求才若渴立賢無方用敢舉其所知以備 採擇可否仰

懇

天恩俯准將鄭維騊徐仗祖王其淦曾守誠給咨送部帶領引見俾士民有所觀感之處出自 宸裁理合恭摺具陳伏乞

聖鑒訓示謹奏

韓字營血戰解圍摺 同治二年四月初三日

奏爲韓字營血戰解圍大獲全勝恭摺馳陳仰祈 聖鑒事竊
臣於三月二十六日業將韓字營擊退撲營逆匪獲勝情形附陳在案茲據韓進春稟稱三月二十四日辰刻探稱僞堵王黃老虎由祁門界桃墅鎮一路領悍賊十餘萬與許家山陳家嶺等處踞匪合午刻又據探稱黃老虎領數十騎於長濠外山岡窺探指畫而去韓進春飭各營豫爲儆備二十五日巳初對河逆幟傾山倒海而來營官王大魁董得春哨官劉興發等率槍隊六百名憑河扼之天晴水退該逆分路從上下游亂流竟渡其中路欺我軍勢孤遂捲旗冒烟蠭擁而進韓進春見衆寡懸

絕非猛戰不可令收回槍隊讓其過河先調駐紮東路最遠之馬隊與駐紮西路最遠之左右兩營前來助戰旋據飛報馬隊及左右營均被該逆分股圍住過河之逆喊聲震動陵谷韓進春登臺瞭望賊環長濠數帀後隊迤邐四五里蔽山而止因下令軍中曰前左右賊陣皆數重後面稍疏長河阻之退則必敗斂營固守彼此不能相救賊併力破我一營則諸營奪氣亦必敗敗則無一人得脫者賊衆數十倍於我度其精銳亦不過數倍能人知必死各自爲戰以一當十則萬死可以一生於是以長夫火夫站立營牆十營士卒拔隊盡起韓進春親率死士衝其右翼引出西路左右營之兵楊必遇朱其信等統馬隊突圍

出撼其左翼韓鳳飛等以各營大隊直擣中堅槍礮環施墥其前鋒甚多而賊陣屹立不動將士憤極短兵相接人人致死賊乃披靡我軍再接再厲逼至河邊該逆背水死戰我軍復卻適韓進春擊退西路之賊以親兵及左右營馳至東路之賊爲馬隊所逼併歸中路我軍三面夾擊賊遂大潰自相踐踏積屍盈渠自巳至申血戰四時弁勇中有一人殺四五十賊者計陣斬千餘名割取首級五百餘顆淹斃者不可勝數奪獲旗幟百餘面刀矛四百餘件擡礮小槍一百二十五桿我勇陣亡一十三名受傷五十三名據生擒賊供黃老虎以皖浙無糧除破江西以達楚粵更無生路是日統羣逆分五路撲營中路四五萬人

各路每萬餘人婦女輜重皆束裝以待誓不得營不返聞黃老虎已死於陣或曰死者乃僞孝王胡鼎文也未知確否現該逆退至離營三十餘里之楓樹龍一帶等情查該營將士齊心血戰化險爲夷大局賴以保全深堪嘉尚除飭加意嚴防毋任竄越外理合會同協辦大學士兩江督臣曾國藩恭摺由驛六百里馳陳伏乞　聖鑒訓示謹奏

浙師連敗黟縣敗匪片 同日

再繼果營協同浙師攻克黟縣業經臣於三月二十六日奏報在案茲據王沐稟稱三月十九日浙江臬司劉典以黟城敗匪嘯聚羊棧嶺一帶派令黃有功廖渭臣紮石山卡朱明亮紮桃源洞繼果營紮石山卡之右路甫築壘即有數騎賊馳騁營前挑戰王沐傳令各營併力堅築鎮靜以待俄白旗大股逕犯前營並以數小枝牽制各營我軍偃旗息鼓任其沖突察看賊勢稍懈驟出掩之賊倉皇失措而遁王沐揣必復來分兵潛伏營之左右並飛屬黃有功廖渭臣朱明亮接應旋有花旗大股蠭擁而至馬隊當先復向前營劉志友督令各勇靠牆穩打

連放槍礮立殪騎賊四名斃餘賊甚夥賊猶拚力死鬬洋槍傷我勇丁二十餘名陣亡八名適左右伏起抄出賊前朱明亮黃有功廖渭臣馬步亦至賊大驚潰乘勢猛擊斬馘無數是夜營壘粗就探聞古逆由石太調馬步踰羊棧嶺勒令黃村郭村等處踞匪再攻黟祁不許回顧陳逆黃逆率黨數萬分踞二都九都距營不遠二十一日卯刻該逆復分三股撲營王沐即飛屬黃有功廖渭臣向左路朱明亮應之王安敦劉志友出中路王蓴賀心田應之谷進祿禦其右路行里許賊幟蔽空而來約三四萬馬數百四王沐令列陣坐地休息待之移時騎賊領紅旗步賊直取前營劉志友等督開劈山礮並連放擡小槍轟斃騎

賊二大旗賊四餘匪數十賊退弗追慮有伏也已而山谷中出
無數小股更番迭撲其撲右路者亦然皆旋撲旋退忽有藍旗
蜈蚣旗兩大股猛撲右路王安敦從中路橫擊之各營繼進聲
震陵谷賊自相踐踏死者無算其在左路者經黃有功等鏖擊
劉典復令黃少春助之賊遂大潰桂勇與繼果軍前中兩營窮
追及三都山埛伏賊突起朱明亮等督勇衝突劉志友左足王
安敦右鬢均中洋槍猶裹創血戰王沐急令賀心田王蓴由左
路馳入斃騎賊四並其馬賊始大敗歸巢是日陣亡藍翎千總
晏維中外委李金堂沈俊堂劉登樓李玉洪胡錦青等勇丁陣
亡二十七名受傷四十一名賀心田亦受刀傷殺斃悍賊三四

百名生擒六十餘名梟廣賊十二名以祭陣亡將士奪獲金劉
何賴陳黃各偽旗幟及槍礮刀矛無數等情查該營將士齊
心血戰捍衛黟城深堪嘉尚除傷亡勇丁飭局覈給卹養銀兩
外其千總晏維中外委李金堂沈俊堂劉登樓李玉洪胡錦青
力戰捐軀尤堪憫惻合無仰懇
天恩交部從優議卹以慰忠魂理合會同協辦大學士兩江督
臣曾國藩浙江撫臣左宗棠附片馳陳伏乞　聖鑒訓示謹奏

報獲僞孝王屍首片同日

正封摺閒復據韓進春稟稱三月二十七日申刻帶領親兵在濠外巡哨瞥見賊匪數十渡河而來循環游弋騁而追之斬斃四名生擒一名鄧興發廣東潮州人供稱因覓僞孝王胡鼎文屍首而來該將飭於二十五日積屍中逐一辨認有穿藍洋縐短夾襖袖盤金龍者身受刀傷數處反覆諦視曰此僞孝王也二十八日午刻又獲小長髮陳士發一名據供二十五日胡逆誓必破營衝鋒陣殞羣逆尋兩晝夜不獲其屍業將他逆屍首僞爲棺殮運歸金陵賊營縞素示以前屍亦曰此僞孝王也隨將胡逆首級暨陳士發派弁押解前來臣提訊陳士發供奉新

縣人咸豐十一年被擄在胡逆隊內餵馬故常見之胡逆死後羣賊奪氣黃老虎實未身死等語該犯係屬被擄且年僅十五應予免死給其在省貿易之親族領回除將胡逆首級懸竿示衆以昭炯戒外理合附片馳陳伏乞

聖鑒訓示謹奏

浙師掃清黟境摺同治二年四月十二日

奏爲浙師督同繼果營掃清黟境恭摺馳陳仰祈聖鑒事竊

臣業於四月初三日將繼果營協同浙師擊退撲營逆匪獲勝情形附片馳陳在案茲據浙江臬司劉典禀稱黟縣敗匪嘯聚盧村黄村分築營壘意圖久踞三月二十四日該司傳令各營以是夜五更出隊黄少春喩可宗張福齋李艮平劉昌選由左路進黄有功楊芳桂李耀南陳瑞和廖渭臣由中路進王沐朱明亮劉大謨由右路進並飭左路營旗首先進偪引賊歸併一路以便中右兩路繞出抄截二十五日昧爽黄少春等先統所部鼓譟直前時烟霧迷漫山谷莫辨該逆不知我之分軍而進

併力左趨拚死抵禦黃少春揮令士卒施放槍礮立斃悍賊數十名張福齋等分隊踰濠直偪其壘壘內之賊羣以火器環擲我勇冒烟突火極力衝撲破其一壘聚而殲之李艮平復招安一壘於是賊之中路右路悉衆來援李耀南楊芳桂迎頭攔擊斬馘極夥賊猶死鬬適黃有功王沐等兩路之兵繞出其後賊遂驚潰奪路狂奔王沐朱明亮等從後截殺復斃悍賊多名並絢天義古文祐一名黃少春等乘勢追至羊棧嶺該逆憑卡死守黃有功等馳向嶺右擊之賊乃不支紛紛越嶺而遁是日毀平賊壘二十一座殺斃二千餘名招降二百餘名生擒百餘名拔出難民千餘名奪獲旗幟刀矛槍礮無數黟境一律肅清並

據王沐稟報大略相同繼果營陣亡勇丁三名受傷二十三名
探聞敗逆踰嶺石太踞逆扼其歸路約會羣逆改由青陽西竄
等情理合會同協辦大學士兩江督臣曾國藩浙江撫臣左宗
棠恭摺由驛六百里馳陳伏乞　聖鑒訓示謹奏

部署饒防片同日

再鄱境踞逆自三月二十五日經我軍痛剿之後退高沙坂山背時出小隊窺探追之則不戰而退以誘我軍深入又因我軍有投誠免死之示逃出者均資遣回籍遂令悍賊五名詐降求充營勇希圖焚我資糧軍火經韓進春訊出眞情立予正法遣人焚積薪以誘之該逆見烟起果蠭擁而來窺我營不動復狐疑而退智窮力竭將遁矣而石太古賴諸逆復勾楊輔清由建德馳驟而來從石門東趨繞出陶溪渡之南分股西竄號令賊衆曰與其餓死江南不如戰死江西現在東至梘田街西至花橋賊蹤充斥昌江北岸蔓延百里韓進春以饒郡震動移營徐

埠橋以截之段起王德榜派隊哨及梘田街雖小有斬獲然賊勢如長蛇慮其旁襲仍收隊回浮景臣飛飭守備法占雄劉效鵬帶忠勇軍左右營馳赴饒州歸韓進春調遣屈蟠帶平江各營與夏耀藻之仁右營樂平縣孫鑑之民團嚴扼昌江南岸與浮景聯絡王沐之繼果營將抵浮梁席寶田之精毅營已抵臨江計二十前後可至饒防俟兵力較厚飭其會商進剿理合附片馳陳伏乞　聖鑒訓示謹奏

彭澤縣民團與賊堅持片同日

再建德踞匪疊次分擾彭澤九都十二都二十都等處均經民團奮勇擊退擒斬甚多三月二十七日九都團勇大獲勝仗二十九日該逆恨九都之悍遂以大股分三路猛撲民團雖整隊力堵殺賊不少而衆寡懸絕致爲所乘陣亡團勇十餘名退至西河扼守仍逐日與賊相持誓不兩立該縣地瘠民貧城垣破損知縣趙宗耀到任甫經兩月官紳士民能深明大義聯爲一氣衆志成城臣以饒防危急不能分一旅之師助其聲援私衷不勝焦灼惟有先發功牌俾資獎勸許以事竣優請恩獎以荅其同仇敵愾之心除飭趙宗耀再加激勸拊循毋得稍懈外

理合附片馳陳伏乞　聖鑒訓示謹奏

沈文肅公政書卷一終

沈文肅公政書卷二目錄

江西巡撫任內奏摺

請獎南贛等屬勦匪出力人員摺 同治二年四月十五日
官票礙難停止酌擬辦理情形摺 同治二年四月二十九日
繼果營進勦包家堠竄逆獲勝摺 同治二年四月二十九日
廓清鄱境以援都湖片 同日
法國教士抵省折回片 同日
拏辦會匪片 同日
上游穩固摺 同治二年五月十八日
劉典等進紮梘田街片 同日

饒郡練勇出奇獲勝摺　同日

韓軍進逼賊巢獲勝摺　同日

水陸會勦片　同日

籲提洋稅以濟援師摺　同治二年五月二十七日

彙報近日軍情摺　同日

洋稅儘數解營片　同日

請　旨審辦重案幷自請議處摺　同治二年五月二十九日

掃清陶家渡賊壘摺　同治二年六月初五日

攻克石門逆壘摺　同治二年六月二十日

報各路賊情片　同日

教堂案商辦完結摺同日
特參玘隄重案姑息貽患之守令摺同治二年六月二十八日
覆審詐贓釀命重案片同日
湖口連獲勝仗槍傷巨逆摺同治二年七月初二日
報各路軍情片同日
老湘營掃清黟城竄逆摺同日
都湖踞逆遁出江境摺同治二年七月十六日
彭澤肅清請破格獎勵摺同治二年七月二十日
附保候補道孫長紱片同日
陣亡䘏賞先放五成官票摺同治二年七月三十日

江省新漕仍難改徵本色摺同治二年八月二十日
候選道屈蟠請　加恩賜卹片同日
籲懇開缺摺同日
恭謝　天恩摺同治二年九月二十四日
恭報籌防西路情形摺同治二年十月十七日
都司朱洪春立按軍法片同日
李世忠軍餉仍請改撥摺同日
統兵大員積勞身故請從優　賜卹摺同治二年十一月二十日
恭謝　天恩摺同日
籌防東路情形摺同治二年十二月十二日

請　敕總兵江忠朝接統精捷營片同日

取具已革都司輸服供詞定擬具奏摺同治二年十二月二十日

遵　旨酌議並陳近日籌辦情形摺同治三年正月二十日

請　敕福建一體嚴防片同日

髮逆分股內竄截勦獲勝摺同治三年正月二十八日

髮逆闌入腹地請　旨嚴加議處摺同治三年二月十一日

精毅營冒雨血戰克復金谿摺同治三年二月十九日

請　敕鄰省合力防勦片同日

分飭相機扼守分道緊追片同日

沈文肅公政書卷二

江西巡撫任內奏摺

請奬南贛等屬剿匪出力人員摺同治二年四月十五日

奏爲查明南贛甯都等屬節年剿匪出力人員併案籲懇　恩施以昭激勸事竊查咸豐八年二月初四日前撫臣耆齡奏甯都石城先後擊退逆匪一片聲明出力人員擇尤請奬三月初七日奉

硃批知道了欽此咸豐九年三月二十九日前撫臣耆齡奏信豐餘匪截剿淨盡並擊退上猶竄賊一片聲明出力人員另行請奬四月十九日奉

硃批知道了欽此咸豐九年五月二十日前撫臣耆齡奏收復崇義縣城詳細情形一摺聲明出力弁兵紳勇另行請獎六月十三日奉

硃批覽奏已悉欽此咸豐十年二月二十八日前撫臣惲光宸奏南安勦退竄匪全郡肅清一摺三月二十日奉

硃批出力員弁著彙案辦理欽此以上四案均未奏保又咸豐十一年八月初六日奉

上諭毓科奏粵匪股匪先後竄擾江西勦辦獲勝一摺廣西石逆另股由湖南桂陽竄入江西崇義縣經知縣郭宸等帶領兵勇迎敵殺賊百餘復竄大庾之沙村知府王德固等迎擊殲斃

騎馬賊七名步賊四十餘名該逆復由廣東南雄竄入信豐定南等廳縣均卽擊退福建武汀敗匪及郴州另股之賊四五月閒先後竄入江西廣昌南豐等處亦經各州縣隨時擊退又有花旗股匪自新城竄至南城直撲建昌府城署知府黃鳴珂等迎戰各軍勇氣百倍連發大礮共轟殺生擒三四千名賊屍山積賊衆大敗悉奔南城金谿交界之珀玕地方屯踞並於楓山鋪築卡抗拒六月十一日遊擊萬立松等督勇轟破楓山卡斃賊無數賊勢不支竄走湖坊侯選道屈蟠等進剿亦獲大勝珀玕之賊亦經官兵連破賊壘十餘座殺賊一千餘名餘匪向高陂遁走著毓科嚴飭帶兵各員認眞堵剿毋任蔓延在事出力

官紳著准其擇尤酌保等因欽此除建昌等屬經前署撫臣李
桓具奏外其南贛出力人員亦未奏保其餘歷任撫臣批准存
記附案請獎之員弁甚多皆以軍務倥偬未及覈辦歷時愈久
積壓愈多更以人數之繁恐干部詰遷延不果以至於今臣抵
任後疊據各員弁紳民稟催速辦且以
天恩無由下逮於疆吏不無壅遏之疑臣督飭司道詳慎勾稽
奈卷帙繁多非旦夕所能就緒而覈其人數尤易滋過濫之嫌
是以往返行查又淹時日茲據總局司道實力刪減詳請具奏
前來際此逆燄鴟張全賴同仇偕作若人人有軍賞不行之懼
所窒礙於大局者滋多臣謹逐一覈明擇其勞績最著者開列

清單恭呈　御覽其出力稍次者咨部註册以把總外委額外分別拔補籲懇
天恩逾格俯念其係併案彙奬飭部議覆施行理合會同協辦
大學士兩江總督臣曾國藩恭摺具奏伏乞　聖鑒訓示謹奏

官票礙難停止酌擬辦理情形摺同治二年四月二十九日

奏為江省官票礙難停止謹將酌量辦理情形據實具陳仰祈

聖鑒事竊臣接准戶部咨奏令直隸山東河南四川等省應徵

地丁旗租及各關稅課均請自奉

旨之日為始全行停止搭放鈔票改收實銀京外搭放之款除

東南兩河仍舊搭放外其餘無論何省何項應發鈔票一概停

發毋庸補放實銀奉

旨允准通行各省照辦等因查江省向未奉頒寶鈔惟先後由

部咨發官票銀二十萬兩咸豐四年七月起設立寶豐官局司

庫應放兵餉及俸廉等項一律支發八成實銀二成官票營兵

所領官票省營赴局易錢外營向坐營州縣易銀紳民所得官票准其完糧抵捐州縣所收官票准其搭解地丁二成嗣復仿照江蘇清淮糧臺章程議將兵餉照舊搭放其餘俸廉役食雜支各款改搭五成其歷年陣亡官弁兵勇卹賞祭葬等銀遵照部定章程按名先放五成鈔票計自行用以來搭放搭收轆轤周轉官民日久相安庫款亦資展拓茲准前因查各營兵丁應領月餉本屬無多從前銀價甚昂尚可稍資敷衍近則錢貴銀賤仰事俯育已苦無資儻將應搭官票再停則領款愈形短絀夫士飽馬騰方成勁旅飢寒之不卹欲其專心技藝勢有不能文武養廉業經分別減成茲復頓減其半亦不足以示體卹至

於辛工役食資以辦公胥隸類多貧民卹其身家方可責其守法陣亡官紳兵勇應領卹賞祭葬碑價等項業已停放五成實銀若官票概行抹銷則死難子孫毫無所得不足以激勵人心臣督同司道再三商議擬請嗣後江省司道關庫無論何款撥解京餉循照舊章起運實銀不搭官票至本省司庫支收各款仍將官票按成搭放搭收以資周轉寶豐官局事務無多應即裁撤歸司庫照章辦理以節縻費由署藩司孫長紱詳請具奏前來除咨明戶部外理合會同協辦大學士兩江總督臣曾國藩恭摺具陳伏乞

聖鑒訓示謹奏

繼果營進勦包家堰竄逆獲勝摺同治二年四月二十九日

奏爲繼果營進勦包家堰竄逆獲勝情形恭摺馳陳仰祈聖鑒事竊臣於四月十二日將繼果營協同浙師掃清黟境並饒防布置情形馳奏在案該逆右瞰饒州左窺景鎮其中路思由昌江偷渡以撼樂平紛至沓來意圖必逞迨見我軍水陸聯絡布置謹嚴索然氣阻復以由景鎮上達祁門中閲二百里無專防之兵河淺灘高礮船弗能上駛處處策馬可渡乃嗾石太羣逆以數隊出沒黟界牽制劉典一軍以萬餘人從桃樹嶺漆嶺分道潛趨掩我不備初七日已及閃上勒市一帶督糧道段起恐其一越倒湖則江皖藩籬盡撤適繼果營由皖回江檄其進

擊而以景鎮之祥字營爲之後援十三日鄉團失利於京公橋賊遂進踞包家塅十四日王沐抵張村塢十五日寅刻派五成隊由蛟潭挨伏而進至烏坡頭見山徑歧出慮賊抄軍後以中營右後兩哨伏於深林乃飭王尊賀心田爲中路王安敦唐榮貴爲左路黄光楚爲右路望陳家畈火起直前薄之匪衆僅二三千人經我師夾擊翻山而逃墜巖死者無數我師馳抵包家塅該逆不料官軍驟至未及朝食拚死抵禦鏖戰逾時王沐令各勇環放排槍更番輪擊殪賊百餘名賊退安甯嶺負嵎死戰王沐以一枝從右包抄一枝從左截擊自統大隊從中路鼓譟直前賊且卻且拒回戰數次我勇受傷十餘人極力衝突殲其

騎賊乃敗竄嶺外生擒百餘名解散五六百名奪獲牛馬米糧甚夥助勦之團練亦斃騎賊一步賊數十據生擒賊供鄧天侯鄧天福鄧天豫均殞於陣等語查該逆乘虛掩襲蓄計甚狡是日稍有蹉跌則全局瓦解該軍自皖回江披星戴月喘息未定復挫兇鋒深堪嘉尚理合會同協辦大學士兩江督臣曾國藩閩浙總督兼署浙江撫臣左宗棠恭摺由驛六百里馳陳伏乞

聖鑒訓示謹奏

廓清鄱境以援都湖片同日

再蔓延鄱境之逆其竄擾童子渡者疊經參將劉光裕督戰船擊退斃賊不少練勇亦時有斬獲並殪其穿黃馬褂賊目一名道員屈蟠時於凰岡等處換隊過河巡哨打擄之賊斂跡四月二十二日韓進春擊賊於土塘殺賊數十陣亡我勇二名遂進紮土塘二十五日擊賊於小港殺賊數十淹斃百餘我勇受傷數名遂進紮小港賊斂歸陶家渡河北與韓軍隔河相持鄱浮稍鬆而其後股紛竄彭澤湖口都昌離城各二三十里不等彭澤縣趙宗燿募親軍數百督鄉團力拒督臣曾國藩檄道員李榕統鈞字營從東流援之不日可到湖口有兵千八丁義方戰

船護之都昌有勇五百李春培郭子奇黃德凱戰船護之城池可保無虞惟陸兵太單能守而不能戰村莊蹂躪甚慘流離滿野耕刈失時提督江忠義一軍已抵長沙臣咨請其取道袁瑞由九江徑趨湖口然非五月底不能到甘肅臬司劉于潯親督水師已於二十七日到饒席寶田一軍從撫州進以山水漲發師行頗滯浙江臬司劉典報於二十四日拔隊東援計端節以前必皆可入饒境臣通飭各營悉聽劉典調度協心同力刻日進勦廓清鄱境以援都湖不得互相觀望致成持久之勢理合附片馳陳伏乞聖鑒訓示謹奏

法國教士抵省折回片同日

再法國傳教士羅安當於二月初十日由鄂抵潯經臣附片馳陳在案嗣據九江道廷曙稟報該教士由潯搭坐輪船前往安慶於二月二十九日謁見督臣當奉派委遊擊徐士衡護送來江茲據署九江道蔡錦青呈報該教士定於四月初三日起程晉省派委府經歷崔矩同徐士衡護送前進初十日徐士衡來署稟稱該教士現已到省臣飭府縣將城內居民妥爲彈壓再請該教士進城謁見十一日據南昌府知府許本墉面稟昨經委員於城內爲該教士置備公館因再四曉諭居民總不聽從只得派役先於船上妥爲豫備詎去役回稱走近教士船邊卽

有無數百姓斥其不應爲教士辦差擲石打傷該役頭面該役走避上船向教士投訴教士告以此係江西百姓無福付與名片銷差船即下駛百姓復埋怨教民之引誘該教士來省致將薙髮等鋪拆去六間等情隨飭該府趕緊委員前往護送一面訪拏滋事爲首之人並劄九江道查明該教士如復回潯仍將前議條款妥商辦理理合附片馳陳伏乞 聖鑒訓示謹奏

拏辦會匪片 同日

再前據吉安府知府曾省三稟稱永甯永新龍泉等縣連界地方聞有會匪勾結約期舉事人心鼎沸紛紛遷供經臣劄飭龍泉營都司黃慶雲迅統所部由撫回營並經各該縣募勇集團乘匪徒未聚之時嚴密查拏嗣據署永新縣知縣黃汝梅於三月初五日拏獲匪首王敬谷即石角牛一名永甯縣知縣陶繼會於三月初五日拏獲匪首蕭春發呂汶揚二名均據供稱先經從逆自官兵克復城池後逃匿山中本年二月閒約糾同充賊首之永新人何猴子即何矮子戴司馬即戴家森龍泉人楊元帥永甯人周可寅藍老七鍾元林等各自拜會聚衆訂三月

初六日俟何猴子等到甯先赴九堡李嶼地方劫取團勇軍火
即據甯城起事所到之處貼丁日開三字爲號並有六角燈一
盞書普天紅雲等字保家者予以畫蘭一幅懸挂門首當各就
地正法以鎮人心十八日永新縣黃汝梅永新汛把總黃勝桂
探聞匪徒散後復潛聚三縣交界之上下茅坪謝坪燈草隴南
邊羅埠等處遂督帶兵勇購線捘捕二十日抵淵泉地方該匪
揚言俟官兵一過羅埠即三面夾攻該縣等於是夜三更出其
不意馳往燈草隴掩獲本地匪首范花毛子並龍泉拜臺匪徒
范宗祥即曹祥章包盛松二名餘匪星散據范花毛子供稱係
龍泉縣梅坰人李年桂邀伊爲首謂之放臺入會者謂之拜臺

其拜臺時按簿叫名問要父母不要答應有了天父不要父母
又問要兄弟不要答應要兄弟師傅就喜歡稱他是好老若說
要父母就是無用的罵了一頓次夜再講道理拜臺後給予保
家的憑據極窮也要納錢一千零八十文小的左脇毛拔去一
半以爲暗記當將范花毛子先行就地正法二十日在籍補用
都司文電輝拏獲何猴子之弟何老七旋被乘閙自刎二十三
日黃汝梅進棻仕坪諄諭龍泉五井紳耆交送匪犯旋由龍泉
縣狄已礽交到黃巒三鄒朦尾七藍毛二鄒內古四名沿途飭
令紳族出具不敢容留匪徒切結二十八日始回永新四月初
三日戌刻忽有匪徒一二百餘人突至永甯縣城下經代理縣事

孫文銘等督勇追拏旋即四散初四日會集營兵團勇於下六堡山內分路兜拏槍斃匪犯八名捉獲楊喜生楊光發楊春發曾玉古邱龍光等五名於楊喜生身上起獲蓋有僞印洋布一塊據供此名度牒給與拜臺人爲據初三日欲乘虛爲蕭春發報仇不料機關漏洩當將該犯立即梟示該府曾省三恐練勇單薄土匪易於生心復飭五品軍功王子材募壯勇二百人馳赴該縣協拏臣 查該犯等多半係曾經從逆之人其所稱拜臺情狀亦與粵逆彷彿明因鄰氛壓境腹地空虛希圖從中舉事遂爲之應除責成地方官設法挨拏務絕根株以安良善外理合會同協辦大學士兩江督臣曾國藩附片馳奏伏乞 聖鑒

訓示謹奏

上游穩固摺同治二年五月十八日

奏爲僞襄王劉逆乘虛圖越昌江上游以犯婺樂經祥果等營分路截剿連獲勝仗上游穩固恭摺馳陳仰祈聖鑒事竊臣於四月二十九日業將繼果營進剿包家塅獲勝情形具摺馳奏在案該逆敗退安甯嶺外探知官兵雖鋭爲數無多山路歧中有歧勢難處處兼顧襄逆劉官方因嗾羣賊分道疾馳蔓延大湖潘村江村谷源石斛立功街等處數五六萬其前隊已及楊村擄民船百餘將從靑石灘偷渡繞出祁景之後蓋一踰此險不特婺源樂平不可守江皖藩籬盡撤而浙軍後路亦無從收拾矣叚起聞警飭繼果營從淸風橋出祥字營從金家塢出

摧其巨股則零股自退又慮寡不敵衆或有疏失親督鼓湘營新衡營馳往靑石灘南岸之臧家灣以備不虞王文瑞亦自祁門揚隊閃上遙爲祥果兩營聲援初二日祥字營昧爽抵谷源賊正於侈灘紛紛爭渡見我軍驟至退里許列陣我軍分三路逼之猛衝數次賊陣不動劉勝祥知衆寡懸殊難以力敵暗挑奮勇隊由山僻小徑截賊爲兩前後夾擊該逆奪路狂奔我軍追殺二十餘里賊墜巖死者不計其數陣斬千餘名生擒一百八十餘名分別斬釋奪獲黃馬褂二件僞印三十四顆僞照九張騾馬四十餘匹旗幟刀矛槍礟無算敗逆下竄流口初三日復回竄龍潭中洲另股從石斛倉頭抄我後路我軍先占山頭

施放火箭噴筒賊新敗膽怯陣勢遂亂殺死淹斃共數百名生擒七十餘名解散千餘獲馬二十餘匹器械數百件僞印十二顆追二十餘里收隊此祥字營連日戰勝之實在情形也王沐則自守淸風橋老營以防西路分水嶺之警令營官王安敦王萼唐榮貴賀心田督所部向立功街分路抄擊初二日由立功街過白馬港打至江村賊望旗卽走僅追殺數十名探知巨股分踞中冠方村塢初三日寅刻由江村先逼中冠該逆憑卡固守槍礮如雨我軍旋進旋退以勞之少閒猛撲斃賊十餘奪其卡忽大隊賊漫山而下抄我後路對岸賊亦蠭擁至賀心田依卡穩打王萼馳騁而上直前搏戰王安敦潛率鋭卒由山後登

高列隊以分其勢並令前營左哨由左路越嶺策應鏖戰逾時賊卻而復前者二十餘次我軍連開劈山礮擡小槍極力轟擊用子藥至十八石殪賊酋十一名餘匪千餘名賊遁歸方村塢王安敦等乘勝進取賀心田首衝過河賊大驚潰分追數里又擒百餘名奪獲騾馬十三匹陣亡勇丁九名受傷二十餘名此繼果營連日戰勝之實在情形也伏查髮逆圖竄江右以撓全局該逆無計不狡我軍隨處皆瑕仰賴　國家威福將士用命往往轉危爲安實非臣意料所及現據續探劉逆遁出建境劉典已抵景鎮雖黃李古賴等逆蔓延鄱都湖彭勢極鴟張然東路無虞專意西討劉典智勇足備諸將齊心努力必當有以上

慰
宸廑也理合會同協辦大學士兩江督臣曾國藩閩浙總
督兼署浙江撫臣左宗棠恭摺馳奏伏乞
聖鑒訓示謹奏

劉典等進紮梘田街片 同日

再督臣所派鈞字營於四月二十九日抵彭澤五月初五日戰勝於項家山汪家壩斬長髮百餘奪其龍旗知此股爲僞跟王藍逆湖口都昌雖水陸會哨時有斬擒以陸兵單無能摧其巨股督臣以湖口最爲衝要復飭鈞字營移援湖口已於十三日抵湖彭澤賊尚蔓延知縣趙宗耀激勵紳民嬰城固守鄱境之賊復分擾梘田街等處思繞韓進春軍後劉典席寶田等從景鎭趨之賊聞風而遁現劉典等已進紮梘田街等處以陶家渡北岸賊壘甚堅難以力取擬從茅屋嶺繞賊後使之腹背受敵立腳不住臣飭其照所議行矣理合會同協辦大學士兩江督

臣曾國藩閩浙督臣左宗棠附片具陳伏乞　聖鑒訓示謹奏

饒郡練勇出奇獲勝摺 同日

奏爲饒郡練勇乘夜雕剿出奇獲勝恭摺仰祈 聖鑒事竊據署饒州府知府吳秉衡稟稱探聞僞祐王李遠繼率賊衆四千餘人分紮靑田鋪管帶練勇候選訓導李香筠令哨官虞輝南張佑誠王一道洪金謨備漁船四十隻於四月二十一夜戌刻由童子渡駛赴牛台山登岸左袒爲記夜分馳抵靑田鋪李香筠揮令士卒以火箭火彈焚其哨棚守棚之賊倉皇四走我軍乘勢衝入逆酋館中該逆方環列婦女箕踞呼號縱酒爲樂各勇擒而斬之得其黃風帽黃馬褂黃履羣匪驚潰刀斫矛刺紛紛倒地餘登山而遁因於火光中望見我軍只數百人復馳下

希圖圍裹哨長虞池氷魏維新祝達艮汪全勝程桂芳等併力衝殺立殪賊目十餘名賊乃敗竄窮追十餘里沿途斬馘不少直至許田橋始行收隊我勇受傷十名殺斃悍賊三四百名奪獲僞印十顆僞照五張騾二匹馬四匹洋槍五桿小槍二桿旗幟四面刀矛器械百餘件將所斬逆酋首級提示生擒之賊均稱係僞祐王李逆等情並將其首級與供稱認識之被擄難民孫桂林解送前來經臣提訊供亦相符臣查該逆向以黃胡李三人爲一黨自三月二十五日以後所貼僞示便削去胡鼎文僞銜今據各路揭來四月二十二以後僞示尚有祐逆僞銜則死者是否確係李遠繼尚難懸斷惟提驗黃風帽黃馬褂黃履

皆繡金盤龍備極精緻其爲巨逆無疑該郡練勇除分防郡城
外數僅四百能冒險乘夜雕勦殲除巨逆甚屬可嘉除受傷勇
丁飭局覈給養傷銀兩外理合會同協辦大學士兩江督臣曾
國藩恭摺由驛六百里馳陳伏乞　聖鑒訓示謹奏

韓軍進逼賊巢獲勝摺 同日

奏爲韓軍進逼賊巢苦戰獲勝恭摺馳陳仰祈　聖鑒事竊臣

於四月二十九日業將韓軍進紮小港附片馳奏在案茲據韓

進春禀稱四月二十六七等日派隊進攻均有斬獲二十八日

收投誠長髮百餘人該逆固壘深溝我進則伏壘以守我退則

整隊旁抄中隔一河進退殊爲費力因傳令搭造浮橋二十九

日橋成飭中營先鋒營由中路進左右等營由左路進前後等

營由右路進韓進春率親兵押隊並飭忠勇軍接應昧爽我軍

環賊濠而陣施放槍礮該逆扼濠死拒午刻忽見雞公山賊旗

迤邐而出並有賊騎數百從對面山岡馳驟而來韓進春揮令

士卒分頭迎剿韓鳳飛策馬先登手刃騎賊數名各營哨賈勇競進賊之馬隊先遁我軍遂折而東合剿雞公山之賊搏戰逾時該逆槍礮雨集韓鳳飛董得春等冒烟沖突截殺無算賊遂大敗盡縮入巢韓鳳飛下馬躍濠而進諸將從之焚其二壘他壘之賊轟礮拒守韓鳳飛右脅爲洋槍所中裹創血戰尙擊斃數賊忽飛礮復中其心登時殞命該逆乘勢擁出韓進春親統營哨向前立殪騎賊數十名賊乃披靡俄瞰我軍收隊復以馬步數千由左右兩路抄出希圖包裹韓進春督令親軍回擊槍斃黃巾巨逆賊稍卻董得春楊孫發王豐河劉興發等更番奮撲賊遁入壘時已薄暮我軍始各收隊是日陣亡中營營官韓

鳳飛百長李林萬並勇丁七名受傷六十一名殺斃黃巾逆首一名紅衣騎賊數十名割取首級百餘顆焚賊壘二奪獲僞印僞照刀矛槍礮等件不計其數查千總韓鳳飛素以驍勇得名南贛等屬剿匪出力案內業經臣彙摺奏請賞加守備銜現因累次血戰疊挫兇鋒正擬奏懇優獎乃大功垂成中途遽殞曷勝痛悼合無仰懇天恩敕部照守備例從優議卹以慰忠魂除李林萬飭令查明有無官職另行辦理傷亡勇丁飭局發給卹養銀兩外理合會同協辦大學士兩江督臣曾國藩恭摺由驛六百里馳奏伏乞聖鑒訓示謹奏

水陸會剿片 同日

正具摺間據韓進春續報初二日聞饒郡練勇由童子渡出隊傳令各營過湖橋夾擊該逆正與練勇接仗見我軍至便退入營扯去弔橋誘之不出遂各收隊該逆每日以數百人在隔河山上揚旗跳舞初八日丑刻韓進春密派弁勇潛渡伏其山下黎明賊隊屹立山頂我軍以少許渡河誘之賊果乘高衝下伏起賊潰斬十餘名奪大旗二而還初八日探悉堵逆黃老虎由都昌回顧老巢甘肅臬司劉于潯恐韓營孤立以舟師至會商韓進春於初九日進剿辰刻韓進春督韓字各營並忠勇軍渡河劉于潯督江軍水師於小港護之兼令內河水師參將劉光

裕入馬尾港以擣賊後該逆懲於前月二十九之挫沿濠密布
木樁竹簽陸勇正奮力拔毀該逆蠢擁撲出遂隔濠相持互施
槍礮雖斃賊甚多猶抵拒不退適驟雨如注韓進春潛伏數哨
於小港北岸佯令收隊該逆越濠緊追將至河干伏哨四起陸
勇回馬掩殺水師以巨礮連環擊之賊陣大亂拋棄旗械拚死
奔竄水陸各營均斃賊無算是日另股賊萬餘思由章田渡旁
襲亦經劉于潯所派哨官陳得祥等會同信義局團勇水陸夾
攻殪其前鋒始行退竄理合會同兩江督臣曾國藩附片馳陳
伏乞　聖鑒訓示謹奏

籲提洋稅以濟援師摺 同治二年五月二十七日

奏爲籲提洋稅以濟援師恭摺馳陳仰祈　聖鑒事竊九江關洋稅撥解皖浙及江省軍需共銀十五萬兩經臣先後附片奏明在案茲查督臣曾國藩調援江西之江忠義席寶田兩軍月餉約需六萬雖經曾國藩飭兩江總糧臺提款支發惟該糧臺所入儘數解皖猶苦不足何從分潤客兵臣職任封疆豈敢坐視數千里來援之師枵腹從事席寶田一軍先到經署藩司孫長紱竭力挼羅暫支彌月現江忠義前部業已抵省藩庫萬難設措而彭澤湖口都昌乞援之書雪片而至且有紳民來省守候救兵者九江拏獲賊探有黃老虎在都昌打造戰船圖攻潯

郡之供商民爲之震動師行斷不容緩而餉款別無可籌臣只得移請江忠義星速由潯進剿飭善後局勉措六千餘金俾資數日行費飭九江關道於續徵洋稅項下動撥銀三萬兩就近解營並懇

天恩俯准將此後九江關所收洋稅先儘江席兩軍按月解濟由江忠義派員往潯守領其不足者再由善後局籌補均歸兩江總糧臺覈作收放俾不致臨敵飢潰以昭主客之誼而保完善之區理合恭摺馳陳伏乞　聖鑒訓示謹奏

彙報近日軍情摺 同日

奏為彙報近日軍情仰祈聖鑒事竊臣於五月十八日將各營戰狀分摺馳陳在案偽襄王劉逆敗遁出嶺後偽匡王賴逆復由建德南竄逼近鴉橋十二日劉勝祥由鴉橋進遇之於汪村槍礮斃賊甚多賊陣不動俄該逆以馬隊領龍旗廣賊數千猛犯七次我軍亦不動營官鄒興發大呼陷陣賊矛洞入胸腹馬被七創各勇憤極如牆而進礮傷賴逆落馬羣賊護之而逃賊乃大潰擒斬千餘人我勇受傷三十餘名十五日王沐復敗之於分流木塔曹家壩等處追至桃樹店而還陣亡勇丁三名受傷五名浮北稍靖鄱境之賊於石門陶溪渡增壘浚濠為死

守計十五日席寶田營袁家墩以逼之漏二鼓黃老虎親率萬賊突營我軍合力堵禦斃賊三四百名乃退精毅營勇受傷十名十六日劉典約會王德榜進剿崇光渡以扼石門之吭而拊陶溪渡之背殺賊千餘王德榜親兵黃佳祿斬其歙天安陳坤元將逆壘逆館一併掃盡我勇陣亡一名受傷二名該逆遁歸石門十八日席寶田又督精毅仁右等營將陳家嶺踞逆剿洗自十五日以後平江營韓字營忠勇軍饒防練勇江軍及內河水師逐日於陶溪渡挑戰該逆堅伏不出雖礮斃壘賊甚多而我勇受洋槍傷者亦復不少十九日各營會攻陶溪渡黎明各統領登山以望重牆疊濠周十餘里樁籤密布無隙可乘各弁

勇憤極咸請自奮遂三面猛攻槍礮連轟山谷震動弁勇拔樁越濠肉薄以登前者陣殞後者繼進賊勢將潰該逆以騎賊持刀押之死守洋礮洋槍從牆隙打出子如雨點苦攻四時雖斃賊千計而堅壘急切難下我軍乃徐徐收隊冀其跟追與之決戰該逆仍縮伏不出遂各歸營是役席寶田所統精毅營尤爲出力都司蕭萬皋外委劉名高皆以踰牆先登中槍殞命陣亡勇丁十三名受傷一百一十九名劉典所統克勇亦極鋭戰陣亡四名受傷二十餘名他營間有受傷者探聞黃老虎因鄱浮嚴緊未能南竄徽甯糧缺又不願折回復嗾羣逆堅守自赴都昌兼令僞愛王赴湖口均廣收大竹爲紮筏渡湖之計都昌雖

水陸各勇時有斬獲然水勇難於登岸陸勇難於遠出均無能痛加懲創五月十四日在劉芳市擄船數十希圖偷渡經江軍水師副將蔡康業聞信從屏風趕來登時擊退鈞字營到湖口後病勇過多尚未出隊彭澤縣報五月二十日練勇出勦馬路口之賊獲一小勝並補報四月初八日九都之戰陣亡團勇三名團總軍功藍翎府經歷生員朱詠香死之四月二十七日計家橋之戰陣亡團勇十九名團總軍功千總武生袁發魁死之勇單糧絀勢甚危急等情江忠義二十二日到省二十六日由省拔營赴潯其應由彭澤或由都昌會攻俟其到潯後察看情形進取所有力戰陣亡之精毅營都司蕭萬臯外委劉名高彭

澤縣團總府經歷朱詠香千總袁發魁奮勇捐軀深堪憫惻仰懇

天恩俯准敕部從優議卹以慰忠魂理合會同協辦大學士兩江督臣曾國藩閩浙督臣左宗棠恭摺由驛六百里馳陳伏乞

聖鑒訓示謹奏

洋稅儘數解營片 同日

正具摺間承准議政王軍機大臣字寄同治二年五月初六日

奉

上諭曾國藩奏兵事遲鈍由於餉需支絀著沈葆楨於九江洋稅項下每月撥銀三萬兩解皖濟餉等因欽此仰見

聖主軫念東南全局　訓示周詳跪讀之餘莫名欽悚竊臣於三月間准督臣曾國藩函致以江西軍情萬緊急檄鮑超赴援因餉缺未克拔營臣當卽飛飭九江道趕集洋稅六萬金星夜解皖近得曾國藩來信又深以江席兩軍餉無所出焦灼於心在督臣雖謂糧臺誼不容辭然臣熟知牙釐更無餘款是以奏

請將洋稅一項先儘江席兩軍其不足者再由善後局籌補以分督臣之急而衛皖餉之源目下九饒羣盜如毛米珠薪桂防兵索餉急於火煎雖閩浙督臣左宗棠極諒江省苦情派來劉典援師血戰於江轉餉於浙第以本省正雜各款供本省新舊各營實已朝不謀夕臣終不敢稍分畛域上負朝廷惟是洋稅盈絀無常若按照第一結計之則除外國扣款及費用開銷外每月尚不止三萬按照第二結計之又遠不及三萬只得儘數解營缺者再籌彌補至江忠義等皆望餉若渴自宜就近守領毋庸解皖致多周折理合附片馳覆伏乞聖鑒訓示施行謹奏

請　旨審辦重案并自請議處摺同治二年五月二十九日

奏爲丁憂道員稟揭知縣袒匪殺良疑臣徇護應照例迴避請
旨簡派大臣審辦仰祈　聖鑒事竊臣於同治元年三月初一日據南康縣監生張起鳳呈控生員楊詔九職員許高鴻誣逆抄搶一案內有牽涉升任江西督糧道前署南康縣知縣周汝筠袒縱等情當經批司飭署南安府知府楊豫成提案秉公確訊嗣於八月二十一日據署南康縣知縣石昌猷詳稱訪得該縣候選從九許高鴻倚勢害命藉局呑財劣生楊詔九抑勒鄉民恃符武斷請予斥革從嚴審辦當以所敘款跡殊欠明晰飭再研審確情錄供詳候覈奪旋由藩司李桓面呈石昌猷密稟

縷敘許高鴻種種罪狀閱之令人髮指閏八月初六日石昌猷來省謁見復稱許高鴻之圖財害命確有案據且其父呈送忤逆懇求正法非就地懲辦不足以快人心臣當與李桓商酌許高鴻惡貫滿盈法無可貸惟所稟情節殊多牽涉周汝筠之處當咸豐五六年閒江省被擾不堪郡縣望風輒潰而南康巋然獨存周汝筠保障之功不爲不偉若以一時用人不當致遭拖累非所以勸有功是以諭令毋得稍涉株連只將許高鴻從嚴懲辦閏八月二十七日接據石昌猷稟稱許高鴻之父許觀國結求速予正法當卽就地處決等情此臣與李桓當時只憑疾惡如讐之心實不料正印知縣有誣人忤逆情事也至十一月

閒因石昌猷稟周汝鈞幕友范用信飛捐索詐擾累鄉民提省委訊供情互異遂將石昌猷撤任候質十二月初五日據周汝鈞以官類賊害祖逆殺具稟揭前來臣當以石昌猷業已另案撤任誠難保其更無謬妄之處第許觀國之於許高鴻父子天性豈石昌猷所能勒具甘結卽使當時畏刑被勒眼見愛子立被極刑何以絕不具控批飭護贛南道王德固就近提集人證確訊具覆本年二月二十二日始據許觀國同其四子許高深以貪贓害命擅殺無辜具控臣親自提訊許觀國極口呼冤詰以當初何以結求正法據供係熬刑不過詰以何以事逾半年始行出控據供許觀國被押年終始釋許高深來省呈控行至

樟樹鎮被縣役拏獲又經該縣家丁放令逃走其次子三子畏拏避匿無蹤等情臣以許觀國果係甘心具結石昌猷何故將伊管押雖經護贛南道王德固覆稱許觀國在押遣抱赴道求釋稟中歷敘伊子許高鴻惡貫滿盈罪無可逭經伊呈送忤逆請速正法等語臣思在押所遞難保無不實不盡之處當即批飭藩臬兩司劄提石昌猷並全案人證卷宗來省委員審辦原以石昌猷如果有心誣陷不難立予平反雖臣與李桓失察之咎非尋常疏忽可比然以誤聽而釀成枉殺即獲重譴猶歉然於心況敢自護前非終身負疚耶惟許高鴻之是否可殺石昌猷之是否誣殺非訊不明而人證案卷不齊無從定讞南康去

省甚遠提解需時臣既已疏忽於前何敢不詳慎於後乃周汝筠迭次稟催迫不及待且謂臣去歲所參留江補用府經縣丞沈兆祥係伊在南康保奬者皆因伊招忌之故累及在省官員連及南安衆紳重者且遭慘殺輕亦誣受劣名等情伏查此案許高鴻果係枉死既有其父出控卽該道默無一言豈能不爲申理今周汝筠負氣痛詆石昌猷亦極力條辨若不待催提卷宗人證僅以周汝筠所稟爲斷何以箝石昌猷之口而折其心至沈兆祥於咸豐八年帶勇援浙駐紮玉山數月聲名狼藉臣所深知是以於其稟到時卽予罷斥此與周汝筠毫無干涉第以曾經該道信用猶謂臣係有意誣參況許高鴻一案虛實未

明該道既滿腹疑團臣縱不避自行迴護之嫌而承審之司道守令何堪受逢迎上司之謗且覈該道來稟似不將石昌猷立置重典斷難甘心設許高鴻實有應死之辜該道亦將有所藉口臣不得不照例迴避相應據實自陳請

旨簡派大臣來江審辦抑 敕兩江督臣曾國藩就近提訊俾成信讞以釋羣疑至臣與藩司李桓於此等重案先未提省研訊輒聽其就地正法致滋膠葛無論是否誣枉究係異常疏忽

應懇

天恩將臣及藩司李桓先行交部議處以爲辦事粗率者戒理

合恭摺具奏伏乞 聖鑒訓示謹奏

掃清陶家渡賊壘摺 同治二年六月初五日

奏爲饒防水陸各軍連日猛戰掃清陶家渡賊壘恭摺馳陳仰祈聖鑒事竊臣於五月二十七日將各路軍情彙報在案陶家渡踞逆自十九日經我軍大創後增壘浚濠守備益固雖我所不攻之處亦密開礮眼廣釘木樁更樓望樓彌望林立據逃出難民供稱黃老虎由都昌率數萬悍賊折回石門偵我軍攻陶家渡卽襲我營壘各統領會議宜用智取而將士憤塡胸臆誓必力攻遂於二十三日約定留克勇右營於梘田街以備斜坑嶺劉典王德榜親督六成隊赴茅屋嶺紮草營以便進攻陶家渡之北席寶田督中左右後四營並仁右營分伏時山下以

待石門援賊而以四營攻陶家渡之東平江營攻其東南鄱陽紳士徐應台程瑞督團繼之韓字營忠勇軍攻其西南江軍水師出小港內河水師出馬尾港饒州練勇護之二十四日昧爽各軍壓賊濠而陣該逆恃其故智蛇伏牆內環放洋槍子如雨點平江營守備楊旬德都司李棉兆怒不可遏各帶百人首先衝入以火箭噴筒焚其更樓燬木樁十數丈各弁勇從烈焰中狂吼而進精毅營都司艾子德千總周景柏楊能發拔幟大呼手刃兩賊目把總蔣懷清吳楚光外委曾光見守備陳桑林遂越濠入壘搏殺數十人克勇拔取木樁三十餘層副將喻可宗督勇登壘韓字營忠勇軍各逼壘根該逆四面受敵自知必死

負嵎抵拒精毅營都司苂子德千總周景栢中槍殞命平江營外委林貴德爲巨礮所擊腦裂而亡克營副將喻可宗槍傷頭顱親兵擡出濠邊已口不能言猶回頭瞪目視壘氣涌而絕平江營都司李棉兆守備廖壽山胡興發把總余詞華精毅營守備伍得勝王仁安廖功翰陳桑林把總蔣懷清外委曾光見潘天顧韓字營副營官王豐河均受重傷各勇雖破腦穿喉陷胸洞脅前者死後者奮曾不少卻該逆積屍盈壘堅匿如故石門援賊偵我有備亦不敢前日昃士飢始各收隊計克勇陣亡九名受傷六十五名精毅營陣亡七名受傷五十七名平江營陣亡九名受傷四十名韓字營陣亡一名受傷二十餘名忠勇軍

受傷三名雖堅壘未下然該逆膽落矣二十五日申刻忽有騎賊數百帶隊數千至小港北岸揚旗放槍韓進春督隊過河迎剿斃其前鋒數十賊遂驚遁落荒而走我軍乘勢攻壘仍爲礮石所拒而不得進韓進春傳令是夜分伏於賊壘左近山谷閒夜分於各山頭縱火以疑之逆營徹夜燈燭輝煌礮聲不絕而大股已於四更從山僻潛遁留數千死黨踞壘以牽綴我軍辰刻楚軍各營分路追剿截殺無算韓軍及忠勇軍饒州練勇衝入賊壘風迅火發餘逆不支棄巢而遁焚毀賊壘三十餘座奪獲旗械資糧無算統計殺斃淹斃共數千人救出被擄難民數千該逆竄歸石門我軍始各收隊查該逆以進擾江西爲生路

以死守陶家渡爲老巢賴各營協心同力連日猛戰掃盪堅壘

鎮定人心所有調度深合機宜之浙江按察使劉典可否　賞

加布政使銜江西記名道席寶田可否　賞給清字勇號候選

道屈蟠可否　交軍機處記名遇有道員缺出請

旨簡放浙江補用道王德榜可否　交軍機處記名遇有浙江

道員缺出請

旨簡放撫標中軍參將韓進春可否免繳捐復銀兩　賞還花

翎其餘出力員弁兵勇可否容臣擇尤請獎以示鼓勵其陣亡

之花翎浙江候補副將鋒勇巴圖魯喻可宗藍翎游擊銜都司

艾子德藍翎千總周景柏外委林貴德奮勇捐軀尤堪憫惻合

無仰懇
天恩俯准將喻可宗照總兵例　賜卹並　予謚法艾子德照
游擊例周景柏林貴德各照原官從優　賜卹以慰忠魂理合
會同協辦大學士兩江督臣曾國藩閩浙督臣左宗棠恭摺由
驛六百里馳陳伏乞　聖鑒訓示謹奏

攻克石門逆壘摺 同治二年六月二十日

奏爲官軍攻克石門逆壘並請將輕進失利之參將暫行革職留營以觀後效恭摺馳陳仰祈聖鑒事竊臣於六月初五日業將饒防各軍掃清陶家渡情形馳報在案該逆遁歸石門並分紮雞公包等處以扼追師二十八日我軍甫抵洋塘該逆即於西岸列隊抵禦劉典議以精毅營仁右營進剿雞公包以克勇長左營進剿石門距雞公包之賊於二十九日聞風而遁三十日我軍進逼石門知縣楊詠春遊擊劉大謨參將楊在田都司廖渭臣副將楊芳桂由中路進總兵黃少春遊擊李艮平都司劉昌選參將張福齋由右路進道員王德榜副將黃有功從

九聶邦光由左路進昧爽中路先至破其水卡殺賊數十該逆
憑壘死守我勇用劈山礮環攻賊仍負固不出迨火箭射燃賊
棚賊驚亂出壘拚命撐拒適黃少春等從右路包來賊始敗走
猶回撲十餘次花翎都司張亮華怒馬突陣中槍而殞我勇愈
戰愈憤該逆乃合併山後之鐵爐崗據險相持王德榜等由左
路攔頭猛擊該逆三面受敵翻山而遁追殺千餘人將賊壘悉
數平燬劉典以士卒連日血戰收隊量予休息再圖會勦初一
日參將韓進春探聞黃老虎從都昌潛出鐵門遂率韓字營忠
勇軍獨進徑撲鐵門賊陣不動初二日黎明大雨如注該逆冒
雨由謝家灘潛渡我軍倉皇應敵拒之河干驟雨淋溼藥繩礮

械難以施放賊隊洋槍環集我軍僅恃刀矛苦與相持該逆復從上下游分涉而來襲我後路我軍營壘未具前後不能相顧遂致挫退韓進春以親軍數百人斷後賊疑有伏而不敢逼乃收集各隊回紮小港老營該逆見各營官軍屹然山立仍竄歸鐵門義木村等處饒防安堵如常臣查韓進春身爲統領乃恃勝而驕輕進無備致爲所乘若非藉有援師大局何堪設想除嚴飭該將振刷精神力加整頓再行約會進取外相應請

旨將臣標中軍參將韓進春暫行革職留營以觀後效該將係臣專摺所保並請

旨將臣交部議處以爲保舉不實者戒陣亡克勇哨官花翎都

司張亮華血戰捐軀殊堪憫惻仰懇
天恩敕部從優議䘏以慰忠魂理合會同協辦大學士兩江督
臣曾國藩閩浙督臣左宗棠恭摺由驛六百里馳陳伏乞　聖
鑒訓示謹奏

報各路賊情片同日

再該逆自陶家渡石門敗後以饒防未易窺伺乃以僞愛王踞都境僞戚王踞湖境僞跟王踞彭境堵逆佑逆來往於都湖之閒時伏濱水各村擄奪民船編竹作筏希圖偷渡而堵逆之弟黃文丙又嗾譚星劉官方分途窺伺祁西使我首尾不能相顧督糧道段起以桃樹嶺空虛移駐狀元港初七日該逆分股攻桃樹嶺及打杵汊團紳汪爾昌率勇抵禦𩢱賊頗多該逆欺團勇勢單抵死不退適段起督衡勇至桃樹嶺都司郭開連督鼓湘勇至打杵汊會合兜擊賊乃敗潰出嶺其由都湖港汊偷渡者均經副將丁義方蔡康業遊擊楊友勝施從善等水師擊退

燬其所奪之船其零星各股遁出江境爲青陽防兵所敗回竄彭澤駐彭澤之外江戰船調防他處該縣趙宗耀僅以練勇數百嬰城固守臣檄楊友勝分戰船五號以爲之援江忠義李榕於初七初十等日會勦湖口之文橋壘賊堅伏不出未能得手守都昌之水陸各營雖勦時獲勝仗賊兵日益乞援之書雪片而至臣於饒防抽調忠勇軍赴之自吳城下至南康遙望對岸徹夜火光燭天民心震恐經劉于潯飭駐饒之江軍移緩就急沿湖布置大局尚可無礙惟自湖以東延袤數百里焚殺搶掠之慘耳不忍聞被難紳民來省上書促戰殆無虛日而各營奔馳於炎風烈日之中病者十幾六七米珠薪桂餉輒逾期皆緣

臣調度無方致令軍民交困撫衷清夜無地自容該逆以必死之心有間即逞臣惟有諄飭各將領隨時相機辦理以期仰慰宸廑理合會同協辦大學士兩江督臣曾國藩附片馳陳伏乞聖鑒訓示謹奏

教堂案商辦完結摺 同日

奏爲教堂一案經署九江道蔡錦青商辦完結恭摺仰祈　聖
鑒事竊臣承准議政王軍機大臣字寄同治十二年五月十四日
奉
上諭羅安當回潯後作何計議著據實奏聞等因欽此欽遵轉
行在案該教士羅安當於五月初七日回潯經署九江道蔡錦
青邀同商議據稱所改各款均情願遵照辦理惟告示必須刊
貼圖免後患並無他意若巡撫不便出示司道亦可至賠款不
敷更請酌覈等情經總局司道以原發示稿詞多抑勒民怒未
息不便爲教士增怨另擬勸諭示稿交蔡錦青給與閱看該教

士別無異言其賠款又經蔡錦青與之反覆辯論議定前後共銀一萬七千兩稟請由司籌給准予完案前來伏思此案以臣撫馭無方致多膠葛今復糜茲巨款捫心省疚寢饋難安惟所燬教堂由教士領款另向他處購造在教士既感朝廷寬大之意而居民亦庶可從此相安除將所議條款繕具清單恭呈御覽外理合將辦結緣由恭摺馳陳伏乞聖鑒訓示謹奏

特參宂隄重案姑息貽患之守令摺同治二年六月二十八日

奏爲特參辦理疊次宂隄重案姑息貽患之守令應請

旨交部議處恭摺仰祈　聖鑒事竊同治元年江省頻遭水患

據臨江南昌等郡災民控稱緣清江新淦上鄉匪徒疊次宂毀

晏公隄是以清江縣下鄉與豐城南昌等縣大受其害臣當批

飭嚴拏懲辦未據詳覆查清江縣小河界連新淦發源於上數

十里之閣皁山山水從永泰與龍居寺分流而下匯狗頸橋以

歸大河傍小河有老隄曰晏公隄以防山水橫決隄之東爲清

江下鄉迆東爲豐城迆東北爲南昌地勢漸趨漸下數十萬戶

田廬皆恃此隄以爲保障自咸豐四年上鄉刁棍傅存性思擅

一鄉之利藉詞大河倒灌賄買下鄉劣棍范元俊私立合約將晏公隄開一閘口於狗頸橋斷流橫築一隄意謂河水倒灌以狗頸隄禦之山水漲發以晏公閘洩之上鄉可永無水患而此外之受害與否非所計也上年四月間霖雨不止狗頸隄既不足以禦大河漫隄倒灌而入山水暴發亦非晏公閘一口所能旁洩上鄉仍復被水遂集匪徒將晏公隄穵毀數十丈河流山水交注而下勢若建瓴數百里田廬竟成巨浸水退後經府縣勸令下鄉民戶自行修復飭上鄉紳士交出匪犯而上鄉迄未遵照七月間大水復至又將新復之隄穵毀致令上控旋經查隄紳士甘肅臬司劉于潯繪具圖說請勒提主謀之生員傅景

藻教職楊懋忠並已獲要犯楊萬和傅映松先行解省懲辦臣以淫潦爲災沿河田畝受倒灌之害勢所難免然事由天定非人力所能施且較之建瓴下注者輕重迥別若曲防湮水以鄰爲壑擁一鄉之利貽數邑之害豈可姑容嚴飭臨江府單興詩卽日勒令將狗頸橋橫隄全行平毀晏公隄堅築毋庸設閘以復舊制至上鄉居民如能各修各隄亦可自免水患何必損人利已並勒提各要犯解訊去後乃該守一味姑息日事因循而匪徒遂謂官畏民悍本年三月閒陰雨連朝山水河水同時並漲復鳴鑼聚衆將晏公隄穵毀禁之不止請兵拏辦前來臣照會護南贛鎮普承忠帶兵五百名劄劉于潯酌帶礮船前往會

辦旋據督飭接署清江縣事陳紀麟拏獲匪犯傅敏幅劉珍圃楊德修傅昭榮管占元新淦縣程乃文傳到生員段克拔劉曉堂張高載拏獲民人李盛照楊拔羣訊據供稱疊次聚衆穵隄爲首者實係楊萬和傅映松傅敏幅楊德修傅昭榮五人並以放水爲功按田派費肥己而傅景藻楊懋忠爲之主謀本年三月首先鳴鑼聚衆則段幅堂爲首其段克拔劉曉堂張高載劉珍圃管占元李盛照楊拔羣供只隨衆議事並未在場穵毀段幅堂尚未到案傅景藻楊懋忠於獲案後三月十六日聞上鄉復有穵隄之信懇請自往查阻前代理縣張興言信以爲實致令乘閒脫逃該護鎭普承忠與該司劉于潯會稟以狗頸隄雖

經督飭淸淦上鄉團紳平毀晏公隄亦經下鄉首士鳩工修復
惟該犯等目無法紀怙惡不悛非將爲首之楊萬和傅映松傅
敏幅楊德修傅昭榮就地正法示懲則兵退必復萌故智經臣
批飭照辦並將段克拔劉曉堂張高載褫革衣頂與管占元劉
珍圃李盛照楊拔羣暫行監禁俟拏獲傅景藻等再行質辦臣
查楊萬和等疊次岧隄害貽數邑實屬罪無可逭該臨江府單
興詩若於初次滋事之時加以重懲何至釀此巨案前代理淸
江縣事張興言於此等要犯聽其詭詞免脫均屬姑息貽患茲
據藩臬兩司轉據該道揭參會詳請奏前來相應請
旨將臨江府撤任知府單興詩前代理淸江縣事撤任知縣張

興言一併交部議處以儆翫愒而肅吏治除再飭司通飭各屬一體協緝傳景藻楊懋忠段幅堂務獲究辦外謹會同協辦大學士兩江督臣曾國藩恭摺具陳伏乞　聖鑒訓示謹奏

覆審詐贓釀命重案片同日

再同治二年五月初九日准刑部咨臣奏瑞州營已革都司劉青雲詐贓釀命衆供確鑿堅不承招按例具擬奏請定奪一摺奉

旨交議檢查歷年並無辦過斬絞重犯取具衆證情狀奏請擬結成案應令選派幹員再行嚴訊確情務得輸服供詞以成信讞等因具奏奉

旨依議欽此欽遵咨行到臣卽經行司劄委饒州府知府王必達揀發知府柳淵會同南昌府覆審去後茲據該委員等禀稱提到衆證逐一研訊僉供劉青雲詐贓釀命情形如故而劉青

雲堅不成招亦如故查此案前次經臣隔別親提衆口僉同毫無疑義劉青雲自知孽無可逭雖當堂環質無可狡辨只俯首痛哭不吐一詞若因其無供之故量從末減抑或懸案不結不特無以折服屍親之心且恐將來斬絞重囚紛紛效尤殊非

國家辟以止辟之意除飭照例用刑嚴審務得確供外理合附片陳明伏乞

聖鑒訓示謹奏

湖口連獲勝仗槍傷巨逆摺 同治二年七月初二日

奏爲湖口連獲勝仗槍傷巨逆恭摺馳陳仰祈　聖鑒事竊臣於六月二十日業將精捷等營會攻文橋情形附片馳報在案江忠義以該逆伏匿不出調七營進紮堅山逼之黃老虎聞我軍據其形便由都昌之蔡家嶺悉衆來爭十七日江忠義密令各營出六成隊依堅山分道而伏並飭江上喜江忠倬率新左翼隊伍防其由梧桐嶺襲我馬影橋老營一面函商李榕由左路會剿辰刻該逆逼營而陣自河邊至酬山後横亙十餘里望樓鼓鳴伏兵盡出徐士巍范世文徐生德陳正珀出中路王順慶繼之李祥松龍萬貴劉光文曹復勝出左路林志金鄭喬隆

繼之江忠寬李榮發黃仁遺何明立出右路權光燦鄭長希繼之江忠義與陳鳴志率中軍親兵居中策應酣戰兩時斃賊數百名賊不少卻江忠義督同江忠華揮令馬隊直擣中堅黃仁遺李榮發徐德生曹復勝龍萬貴徐士巍張兩翼怒馬大呼而進賊始披靡我軍乘勝追殺三四里該逆復卓旗轉戰權光燦王順慶林志金鄭喬隆陳鳴志縱橫奮擊無不以一當百黃忠勝李光明李士青江忠修鄧在仁黃守和衝入賊陣身受重傷猶復裹創血戰該逆傷亡無算紛紛敗遁薄暮收隊查點勇丁陣亡十八名受傷一百四十一名殺斃賊匪七八百名奪獲器械旗幟甚夥是日李榕分軍援剿亦多斬獲總兵陳由立窮追

遇伏陣亡弁勇五十六員名受傷四十四員名陳由立身自斷後突出重圍所殺過當江忠義以該逆不得逞於前必襲我後當飭堅山各營如賊來犯各自堅守毋輕出戰十九日該逆果以大股伏於張天社酬山一帶而以小股於堅山之前挑戰自辰至午見我軍不動乃以三四千人徑撲新左翼營壘其大股三面合圍堅山各營我軍俟其近濠始放槍礮斃賊千計而賊不退前鋒後勁兩營地尤衝要賊分股牽制各壘悉鋭攻撲兩營逆酋執刀押羣賊蛇行而進反顧卽斬前者斃後者繼有蜈蚣旗十餘桿簇擁一酋身穿灰湖縐短衫吹號麾衆降卒邱福勝指曰此黃老虎也營官黃仁遺調齊槍隊隨所指同時並發

該逆倒地羣賊舁之而遁餘悉鼠竄是日我勇受傷七名訊據逃出老賊供稱黃逆左脇中槍查該逆爲悍賊渠魁既受重創羣逆自必喪膽臣現飭劉典會督饒防各軍步步進逼合力兜勦以期殲除醜類綏靖邊疆仰副

聖主廑念東南之至意除鈞字營陣亡員弁容俟查明另行辦理外理合會同協辦大學士兩江總督臣曾國藩前署廣西提督臣江忠義恭摺由驛六百里馳奏伏乞

聖鑒訓示謹奏

報各路軍情片 同日

再日來悍賊盡趨湖口祐逆李遠繼實未陣斃仍隨黃老虎於文橋以拒江忠義一軍自十九一戰羣逆膽落屢次挑之伏匿不出然總以皖南無糧誓不返顧其留都昌者數雖多而實弱自忠勇軍到防該逆不敢迫城復經江軍水師奪其船牌遊擊施從善帶水勇扮作長髮登岸襲之迭有斬獲道員屈蟠進紮章田渡統水師鄉團雕剿毀其攔路各卡該逆愈遁愈遠而鄱都之路通然蔡家嶺張家嶺蕭家嶺青山橋等處尚堅紮老營悍賊守之以固文橋後路黟境既靖劉典無東顧之憂已約會席寶田顧雲彩韓進春進紮石門梅源橋洋塘等處擬先攻青

山橋擊賊之後其擾彭澤者爲花旗及零星股匪與都湖各逆不相聯絡而焚擄尤甚且日逼城闉惟知縣趙宗耀團勇數百與守偽蔣宏亮戰船數號極力支拄官民效死勿去而疆吏莫展一籌臣實不堪自問耳理合會同協辦大學士兩江督臣曾國藩閩浙督臣左宗棠前署廣西提臣江忠義附片馳陳伏乞

聖鑒訓示謹奏

老湘營掃清黟城竄逆摺 同日

奏爲老湘營掃清黟城竄逆恭摺馳陳仰祈　聖鑒事竊據統帶老湘營贛南道王文瑞稟稱探聞石太踞逆六月十六夜竄至郭村十七日由羊棧嶺竄入黟縣該道以賊多路雜宜乘其喘息未定擊之當會商桂營知府朱明亮均派六成隊以是夜四鼓出西武嶺皖南道葉兆蘭中書吳紹烈親督練總胡學惇以祁門昌勇出虎嶺函屬駐紮九弓橋知府張聲恆駐紮漁亭總兵丁長勝王明輝分道會剿並飭西北兩鄉練勇嚴守各要隘以防建德一路十八日巳刻行距黟城數里各軍畢集望見城上賊旗林立遠近村莊分布賊館二都逆壘尤多皆依官軍

牆濠舊址扼險以守該道令左營同桂勇由左抄襲輔以團練右翼後營由右徑取二都張聲恆繞道襲之該道率前營及各哨隊居中策應部勒甫定城賊傾巢而出我軍環施槍礮鏖戰逾時賊雖少卻猶復拚死抵禦熊常富王開氣等抄過北路從後殺出賊乃驚潰喻勝榮鄧榮達乘勝衝入大小南門撈殺百餘賊當將城池克復喻勝榮知右路賊勢較重馳往應援見賊堅伏濠內槍礮擊之不動乃同丁長勝王明輝等率步隊踰濠攀牆而上立斬悍賊數十名賊遂棄壘而遁鄧榮達熊常富涉過小河截其歸路張聲恆亦至三面兜殺斃賊五六百名忽盧村際村宏村各處踞逆分道上援該道揮令各營整陣以待並

令丁長勝等仍由右路抄擊適賀章彬從左路斜出賊後桂營
馬隊祁門昌勇奮勇齊進賊乃大敗我軍緊追二十餘里沿途
斬馘甚夥是夜軍於黟城計陣亡勇丁一名受傷四五十名殺
賊二千餘名生擒三百四十餘名解散千餘名奪獲騾馬三十
餘匹槍礮旗幟無算十九日約會各軍分路搜殺追出羊棧嶺
十餘里斬其尾隊百餘名餘悉向石太而遁黟境肅清訊據生
擒賊供石太添賊二萬有奇古江二逆商令後至者守城自挑
精悍老賊二萬餘人思竄婺樂等情查古江二逆回竄黟城意
在江境該道王文瑞乘其喘息未定立卽掃盪具見調度有方
理合會同協辦大學士兩江督臣曾國藩閩浙督臣左宗棠恭

摺馳陳伏乞　聖鑒訓示謹奏

都湖踞逆遁出江境摺同治二年七月十六日

奏爲都湖踞逆經各營痛勦遁出江境恭摺仰祈　聖鑒事竊臣於本月初二日將精捷營槍傷虎逆並各路情形分別馳陳在案該逆受創後知我軍必乘勝攻壘各僞王歛衆堅匿壘後而伏精銳於壘左之陳兵馬地方以圖掩襲江忠義會商李榕不抉其伏則壘不可得遂於六月二十八日一軍逼文橋賊壘以疑之一軍斷梧桐嶺賊援悉銳繞車水港疾趨陳兵馬之後層層搜伏而進該逆迸出抵拒酣戰逾時我軍人人自奮賊屍盈野知援絕而潰是夜梧桐嶺太平關之賊冀我軍屢勝無備屯集毛家店花尖山等處思擣軍後以圖一逞二十九日江忠

義督隊迎剿該逆憤極死戰幫辦擬保同知銜知縣張寶鑑見賊陣堅我軍衝數次不動匹馬突進斬騎賊一矛交於胸猶大呼直入死之諸將爭先奮擊而毛家店之賊潰總兵林志金遊擊江忠倬潛出賊館後展旗怒吼而花尖山之賊亦潰羣酋氣奪然猶恃其堅壘重濠聯絡百數十餘里且石太之匪更番疊出擾浮北祁西一帶雖經段起所派各軍分路雕剿每戰必勝該逆以隘口林立防不勝防乃亟肆以罷我是以青山橋上下彭蕭家嶺等處踞逆尙四出剽掠爲儲糧計誓不反顧劉典見病勇漸起約諸軍會剿青山橋本月初一日劉典督所部攻其右席寶田顧雲彩督所部攻其左韓進春站隊於雞公包遏蕭

家嶺援賊適是日巨酋率衆刈稻於彭澤我軍翻山而入餘賊倉皇迎戰左右不相顧而潰斬馘二千有餘方收隊時上下彭之賊率隊來撲劉典顧雲彩擊卻之又斬百餘名是日屈蟠擊賊於段家洲挫其前鋒副前營乘勝猛進爲所包裹都司李棉兆重傷新愈與千總何潤桂怒馬衝突中槍殞命屈蟠大呼馳救各營哨縱橫盪決斃賊無算奈賊數路迸集愈聚愈多衝開一層復裹一層都司張時雨千總李全勝艾平輝李嗣佑林旦福把總屈達宇衝突數十次身中數十創力竭而亡副將李佑厚已革遊擊熊應文都司劉烈均受重傷且戰且退收隊入卡排槍環擊水師以巨礮轟之該逆卻陸勇乘之該逆遂遁初三

夜二鼓江忠義從堅山營俯瞰文橋賊壘火光閃爍異常約李榕五鼓出隊會剿先飭本營各挑奮勇五十名於四鼓潛薄賊壘該逆前隊甫行忽鼓角齊鳴槍礮驟發莫測多少自相踐踏各勇乘勢蹈壘焚殲無算黎明兩軍大隊踵至追過黃沙嶺外十餘里而僞跟王倘以二萬餘衆堅踞上下彭不動初四日席寶田挑奮勇千人顧雲彩挑奮勇二百餘人漏三下銜枚奪隘而入縱火焚之賊夢中驚起冒烈焰駭奔我勇隨手斫殺迎刃而解追奔五里許天曙收隊行至谷口忽見賊隊漫山而來前鋒數十騎迎面突至都司龔繼昌生擒一賊擒而訊之知僞祐王自蕭家嶺率數萬衆奔建德聞我軍毀上下彭逆巢分十餘

支從左路抄出我後都司夏基鴻等急奮力衝出而隘口已爲賊據後路廣福橋賊陣尤厚我軍登岡列隊分起迎敵忽賊衆數千橫衝入谷斷我軍數段夏基鴻等各歛衆爲月陣拒之適大隊馳援廣福橋之賊腹背受敵不戰而潰夏基鴻等知外救至血戰而出短兵相接以一當百賊遂大潰夏基鴻及守備羅福東千總甘瑞福把總蔣懷清均受重傷殺賊二千有餘祐逆向建德而遁是日都湖各隘踞逆均奪路紛竄初六日各營裹糧分路窮追賊無敢回拒者各殲其尾隊而已計前後斬賊萬餘解散脅從並拔出難民數萬陣亡勇丁百餘人受傷二百餘人據生擒賊供該逆初意由鄱浮竄入腹地嗣鄱浮屢撼不動

乃踞濱湖各隘圖乘隙偷渡復經水師梭織巡防於是堅壁儲糧爲固守計以伺我懈比以我軍四面兜勦立腳不住歸路垂斷勢將聚殲乃謀遁回石太再從徽屯以窺婺樂並風聞黃老虎已伏冥誅等情現江忠義擬進紮東流順途清彭澤餘匪劉典已派隊入徽擬出羊棧嶺會擊以清皖境臣查該逆號稱數十萬挾盛氣而至已目無西江迨疊次受創無路逃生又成困獸之鬬我軍聞警卽赴奔馳於炎風烈日之中加以餉絀異常薪桂米珠枵腹從事病者過半醫藥無資統領中如劉典段起皆中暑甚劇輿疾號召臣每得軍報中夜徬徨不知所措手處仰賴 國家威福各將士齊心努力累日血戰遂能摧此巨寇

出斯民於水火之中實非臣從前意料所及前署廣西提督江
忠義運籌決勝身先士卒應如何優予獎勵之處出自
天恩布政使銜浙江按察使劉典可否 頒賜物件布政使銜
江西督糧道段起可否 賞給淸字勇號按察使銜江西記名
道席寶田按察使銜候選道屈蟠可否 賞加布政使銜江西
儘先補用知府王沐可否以道員留江補用記名總兵黃仁遺
可否 交軍機處記名遇有提督缺出請
旨簡放並 頒賜物件記名總兵徐生德可否以提督記名並
簡放總兵實缺總兵銜副將林志金克復蓮塘案內擬保記名
總兵勇號此次可否 賞加提督銜 簡放總兵實缺並 賞

給三代一品封典提督銜記名總兵權光燦可否　交軍機處
記名遇有提督缺出請
旨簡放並　賞給三代一品封典遊擊李榮發克復蓮塘案内
擬保副將此次可否　交軍機處記名遇有總兵缺出請
旨簡放候選知府陳鳴志可否以道員卽選並　賞加鹽運使
銜總兵銜補用副將丁義方升用總兵江西卽補副將蔡康業
江西補用副將顧雲彩參將劉光裕可否　賞給勇號暫革參
將韓進春可否開復原官以副將升用江西補用遊擊劉勝祥
可否以參將留江儘先補用並　賞加副將銜江西補用遊擊
施從善遊擊楊友勝可否以參將留江儘先補用都司郭開連

可否以遊擊儘先選用其餘出力員弁兵勇可否容臣擇尤請
獎以示鼓勵尚有李榕所統一軍應由督臣曾國藩查明請獎
其疊次立功後陣亡之擬保同知銜知縣張寶鑑等殺賊捐軀
尤堪憫惻仰懇
天恩逾格准將張寶鑑照道員例議卹李棉兆張時雨照參將
例何潤桂李全勝照都司例艾平輝李嗣佑林旦福屈達宇各
照本職　敕部分別議卹並懇　恩施准章田渡紳民於殉難
地方建立李棉兆張時雨祠宇同時陣亡各弁勇一併附祀以
揚士氣而慰忠魂除飭該地方官將被難男婦妥爲撫卹並將
善後事宜次第經理外理合會同協辦大學士兩江總督臣曾

國藩閩浙總督臣左宗棠前署廣西提督臣江忠義由驛六百
里恭摺馳陳伏乞　聖鑒訓示謹奏

彭澤肅清請破格奬勵摺 同治二年七月二十日

奏爲彭澤肅清籲懇

天恩准將困守危城之文武破格獎勵以勸將來恭摺仰祈

聖鑒事竊自都湖踞逆遁出江境而彭澤股匪欺我守兵單弱猶肆掠不已本月初七初八等日尚有騎隊陵城均經守城兵勇及礮船擊退初九日探西南路已無賊蹤惟東南遠鄉有餘逆屯聚初十十一等日城勇出隊逼之該逆望旗輒潰殲其尾隊其全股遂從下隅坂遁向建德而去臣查彭澤地勢平衍城隍殘缺議者咸以爲不可守該逆入江號稱數十萬兵力不敷布置致以該縣爲緩圖鈞字營赴援僅駐數日旋移湖口外江

水師復經楚省調去知縣趙宗耀履任甫經逾月乃能激勵鄉
團累獲奇捷迨衆寡不敵糧盡援絕各團挫潰仍收集餘衆效
死勿去蓋空拳赤手支拄五閱月卒使孤城獲全洵屬膽識兼
優心如鐵石可否仰懇
天恩准以知府留江遇缺儘先即補爲守土者勸幫帶贛防右
營水師守備蔣宏亮以數號戰船獨力支持各隘可否以游擊
留江儘先補用彭澤縣汛把總夏得元協心同力晝夜不懈可
否以守備儘先升用　賞戴藍翎其餘在事出力員弁紳民兵
勇可否容臣　擇尤請奬出自　逾格鴻慈理合會同協辦大學
士兩江督臣曾國藩由驛六百里恭摺馳陳伏乞　聖鑒訓示

謹奏

附保候補道孫長紱片同日

再江省屢經兵燹民困財殫籌餉之難匪言可諭自李桓奉
命入陜臣奏請以候補道孫長紱攝理藩篆該署司廉介正直
能耐勤苦臣所深知然尙慮其於江省藩司情形未盡熟悉當
其履任伊始即值邊境戒嚴催餉羽書晨夕絡繹課虛責有無
米何炊幸該署藩司實力實心視公事如家事不動聲色通盤
籌畫措置悉合機宜是以各將領諒其苦誠雖餉缺而軍無怨
讟至一切察吏安民諸政亦綱舉目張此固其分所應爲未便
敍爲功績惟幸值朝廷求賢若渴之際何敢壅於上聞理合
據實附片陳明伏乞聖鑒採擇謹奏

陣亡卹賞先放五成官票摺 同治二年七月三十日

奏爲陣亡卹賞等款循舊先放五成官票以卹難裔而廣 皇仁恭摺仰祈 聖鑒事竊江省軍興以來陣亡官紳兵勇應領卹賞祭葬碑價銀兩均係遵照定章先放五成官票餘五成實銀飭俟庫款充裕再行補領嗣准部咨應發鈔票一概停發臣當以官票與鈔票事同一律一面將江省官票礙難停止情形縷析奏明一面飭俟部議計自准咨停發之日起請領未給之卹款按五成扣算已五萬有餘該難裔咸以衣食無資紛紛具稟扶老攜幼遮道哀號察其情形萬難再緩雖部咨准作捐項在已得五成官票者所欠五成實銀補放無期今准抵捐自宜

樂於從事其未領五成官票者概令全數作捐寡婦孤兒實有未易明言之隱蓋難後別無所恃得官票尚可稍救燃眉若併此無之則死者既効命疆場生者復將塡溝壑即將來獲邀議准而餓莩已無可再生臣不得不仰體　皇仁變通辦理飭司將江省陣亡卹賞祭葬碑價等項無論從前欠發及嗣後奉准議卹一體循照舊章按名放給五成官票其餘五成實銀准其作捐請敘俾難裔獲免流離凍餒以期上慰　慈廑理合恭摺具陳伏乞　聖鑒謹奏

江省新漕仍難改徵本色摺同治二年八月二十日

奏爲熟籌江省新漕仍難改徵本色恭摺馳陳仰祈聖鑒事竊臣接准戶部咨議覆倉場侍郎麒慶等奏請飭令各省將額運米石趕緊運京並御史丁壽昌奏籌備京倉各摺議令本年開徵新漕酌定成數改徵本色體察情形先期奏明辦理又准咨稱現在九洑洲業經克復奏令將本年新漕如何酌徵本色以及起運事宜妥速奏辦各等因查江省漕糧礙難借運輪船及採辦米石運京諸多窒礙情形經臣先後奏明奉旨允准在案茲准前因自應竭力通籌何敢拘泥前奏藉詞推諉伏念漕糧爲天庾正供原應徵收本色惟是行之日久百

弊叢生道光年間浮收者或至二三石以上勒折者或至七八兩之多非盡飽州縣私橐也數千里餽糧經一人必有一人之費需一物必有一物之費踵事遞增遂積重難返有非禁令所能止者自上兌後以至京倉節節取之旗丁旗丁不得不取之州縣州縣乃以旗丁所索並上兌以前一切需費責之於民當時物力之豐民情之厚迴非今日可比然鬧漕之案已層見疊出矣咸豐三年後運道中梗變價充餉較兌軍年分輕減已多自是兵燹連年農民失業花戶不堪差擾以抗納爲常規官吏求免處分以報災爲長策始而官民交困繼而官民相讐窮則變變則通湖北因有折徵之議江省踵而行之固緣民氣未蘇

不得不因時制宜姑就力之所及而利導之也今歲春夏暘雨偶愆災不甚重而各屬米價驟貴至四五兩有奇饒廣以東竝無米可購蓋連年之兵燹耗之水旱耗之蘇皖浙軍營之採辦輪船之販運又耗之無力者朝不謀夕有力者稍能蓄積旣慮資賊又苦題捐雖素稱産米之區絕無蓋藏有事則立匱日來秋稻已穫米價尚三兩上下按漕徵米浮於原折之數已多焉能令其再完運費乎海運雖較省於河運據署九江道蔡錦靑稟稱海船水腳每石約銀一兩江省地非濱海其由內河出江由江達海由天津入京竝製備口袋下河過船入倉挑腳官吏夫役飯食等費必一二倍不止限以成例官無可賠准其實銷

費無從出且各縣倉廒悉燬於賊修復尤難未能隨兌隨收輸將必增苦累分徵本折膠葛滋多滑吏奸胥藉以上下其手此

臣與各司道再四商酌總緣瘡痍未起遽難規復舊章誠恐無益京倉轉慮貽誤京餉合無仰懇

天恩俯准將本年分新漕仍徵折色源源委解以備餉需理合會同協辦大學士兩江督臣曾國藩恭摺由驛五百里馳奏伏

乞

聖鑒謹奏

候選道屈蟠請　加恩賜卹片同日

再據平江營副將李佑厚等稟稱該營統領候選道屈蟠節次剿賊積受暑熱醫藥罔效於八月十四日在防身故等情臣查該道屈蟠以書生從戎累年血戰身先士卒懋著勳勞此次皖逆入江激勵將士以少擊衆竭力掃盪所向無前經臣奏請
賞加布政司銜在案乃大功告成遽爾長逝閱稟之下痛悼殊深該道賦性貞廉家無擔石老母年逾七十一弟素有廢疾一子尚未及丁身後情形極爲可憫相應仰懇
天恩俯准將擬保布政司銜花翎按察司銜利勇巴圖魯候選道屈蟠照布政使軍營立功後病故例　賜卹其老母幼子可

否加恩以慰忠魂之處出自逾格鴻慈除將該營飭歸督糧道段起兼統外理合會同協辦大學士兩江總督臣曾國藩附片具奏伏乞聖鑒謹奏

籲懇開缺摺同日

奏爲微臣假期已滿病勢增劇籲懇
天恩俯准開缺調理以重封疆事竊臣前因病體難支於七月
二十日附驛奏懇 賞假一月俾資調攝奉
旨允准在案臣自拜摺後多方醫治呃逆未見輕減而精神益
倦憊不能自持聞言輒忘徹夜不寐遇事焦灼眩暈逾時醫者
云心血內虧元氣虛耗非寬閒靜養難望速痊伏念臣榕嶠鯫
生衡門駑質仰荷 生成逾格超擢封圻雖頂踵捐糜敢云報
稱況年未盈五十正當致身竭力之時惟是巡撫關係匪輕江
省瘡痍未起雖賊氛暫退而危事殊多帀月以來吏治民情已

恐不無覲望若再以病軀戀棧則貽誤東南全局獲戾滋深再四籌思惟有仰懇天恩俯准將臣江西巡撫開缺迅賜簡放以專責成俾臣得以回籍就醫從容調理幸荷鴻慈垂庇及早就痊即當泥首宮門乞賞差使以期仰報高厚於萬一現在巡撫關防請旨暫交藩司孫長紱護理其藩司印務由孫長紱自行遴員接署臣於二十日拜摺後即將關防委員齎交孫長紱接受任事以免貽誤所有籲請開缺下忱理合恭摺附驛馳陳伏乞聖鑒謹奏

恭謝天恩摺 同治二年九月二十四日

奏爲恭謝
天恩事竊臣欽奉
上諭沈葆楨奏假期已滿病勢增劇懇恩開缺回籍調理一摺沈葆楨自簡任江西巡撫以來察吏安民事事均臻妥協本年髮捻大股竄入江境復能督飭在事員弁兵勇力挫兇鋒現雖賊氛遠遁而一切防守布置均須該撫力爲經畫朝廷正資倚任豈可遽請退休沈葆楨著毋庸開缺賞假四箇月在任安心調理等因欽此伏念臣奉 命撫江瞬將兩載一籌莫展負疚殊深今春逆燄鴟張雖經各將士戮力同心剋期掃盪而邊隅

之被擾實籌備之多疏比以病體難支懇 恩開缺原謂江西繫東南全局巡撫爲封疆大臣非闒茸之才頹廢之軀所能勝任乃蒙 褒嘉逾格 寬予假期聞 命自 天汗顏無地臣惟有趕緊調攝務求及早就痊竭盡愚誠勉圖報効以期上答
高厚生成於萬一所有微臣感激下忱理合繕摺恭謝
天恩伏乞 聖鑒謹奏

恭報籌防西路情形摺同治二年十月十七日

奏爲恭報籌防西路情形仰祈　聖鑒事竊臣於本月初七日

承准議政王軍機大臣字寄同治二年九月二十日奉

上諭惲世臨奏髮逆搶渡沅河竄陷會同綏甯追擊防堵情形

一摺江西爲皖浙金陵諸軍後路東南大局最關緊要江忠義

諸軍已由九江進勦靑陽等處劉典一軍調回浙省饒九兩郡

兵勢已單設李幅猷一股再由楚南竄入江境恐東西兩面防

勦有兼顧不遑之勢著沈葆楨選派得力將士鼓勵鄉團扼要

堵截勿令賊蹤擾及邊境等因欽此仰見

聖主軫念東南全局無微不至查前月准湖南來咨李逆竄入

湘境卽經護撫臣孫長紱調駐防撫州之護贛南鎮總兵普承忠帶兵千人回顧吉安又調赴援靑陽之卽補道席寶田精毅營四千人回顧贛州因西路紛紛告警臣不敢拘泥假期謹於本月初三日力疾視事普承忠已據報到防臣復恭錄

諭旨行催席寶田在案惟該軍遠在皖疆尙無拔營消息適准督臣咨稱本飭各軍進勦石太各軍以病勇過多籲求休息經月卽江忠義席寶田亦經因病請假是精毅營能否西顧尙未易知賊蹤飈忽無常雖崇義縣汪寶樹探稱前隊已入粵西之富川然難保不被擊橫竄比聞皖逆古隆賢投誠石太旌德以次收復浙師亦克昌化是東路較鬆臣飛檄饒防之韓進春一

軍五千餘人便道馳歸贛州該逆如由桂陽上竄則南安當其衝如由桂東下竄則吉安當其衝贛州居中均可相機迎擊皖南受降就緒江忠義席寶田可以次而西先於饒撫分紮以便相機調遣而湖南之酃縣與江西之永甯等縣又有齋匪餘孽聞風思逞吉安府知府曾省三正在飭辦忽丁母憂該郡紳衿耆民紛紛奔省乞留 臣 以居官異於從戎未便強其墨絰莅任檄調熟悉軍務之南安府知府黃鳴珂馳往接署又慮兵力不足檄調在贛多年深得民心之候補道蔡應嵩由粵東折回南贛督辦防堵團練事宜俾迎勦之軍不爲賊所牽制伏惟江右爲東南樞紐因餉絀而兵不得不單兼顧之難深荷 朝廷洞

燭前者東隅未靖西事復棘幾致束手賴 國家威福皖浙軍務日順湘軍亦能與賊堅持江省藉得略爲布置然該逆鋋而走險有閉卽入雖經步步籌畫實則處處空虛臣惟有振刷精神隨時參酌以民力補兵數之闕以吏治爲軍政之根竭盡愚誠期副 高厚生成於萬一合將遵
旨選派緣由由驛五百里馳陳伏乞 聖鑒謹奏

都司朱洪春立按軍法片 同日

再七月閒據防堵都昌之管帶虔字營候補都司朱洪春稟稱初四日據店戶胡同興扭送訛索錢文虔勇一名到營搜出腰牌驗係忠勇軍字樣卽令親兵送歸本營詎料忠勇軍各勇將送去親兵毆傷逃回都司親往該營詢問法守備避匿不面該勇出隊圍殺將都司大腿刺傷並傷虔勇六人又將買米勇丁毆傷搶去銀物焚燬馬房燒傷數人等語又據續稟是日下午忠勇軍蠭聚百餘人將該營軍火局搶劫一空員弁勇夫一併綑綁毆傷夜閒勇丁朱其標長夫鍾春蘭被其捉出南門外殺死分屍拋棄有居民沈傳陸親見等語旋據忠勇軍左營營官

升用守備法占雄右營營官卽選守備劉效鵬會稟初四日辰
巳閒虔字營勇丁將忠勇軍上街買物各勇圍毆叢傷忽朱都
司蕭幫帶督隊來見人則殺各勇忿欲出隊守備等嚴行飭止
水師營遊擊郭子奇向前解勸被虔勇連擲三矛勇丁被戕三
人受傷十有餘人等語所稟情節大相逕庭礙難懸斷當時賊
氛未遠都昌不可無兵然若再滋事端則賊將乘機而入臣將
虔字營調赴洋塘歸參將韓進春管束責成忠勇軍嚴守都昌
縣城一面飭縣據實稟覆並密委候補知縣邵椿齡改裝商賈
訪諸居民適都湖肅清因調該三營旋省聽候查辦嗣經邵椿
齡訪稱七月初四日有忠勇軍勇丁一人到胡同興店換銀爭

價口角虔字營勇遇見不平怒批其頰扭回營中朱洪春卽派親兵送還本營中途撞遇忠勇軍勇丁又將虔字營親兵扭打朱洪春卽帶勇二百餘人前往爭論幫帶藍翎候補外委蕭志勳亦經同往行至東街口忠勇軍亦糾數十人守住西街口法占雄劉效鵬聞知各禁止本營勇丁不許出隊已出西街口之勇寡不敵衆被礮斃一名打傷數名退回所寓廟內虔勇追入又將忠勇軍打死二名受傷數名並將入城解勸之水師營營官郭子奇擲通左臂忠勇軍回擊傷虔勇數名此案實由忠勇軍勇丁換銀爭價彼此互打起釁並非詐錢亦無毆奪銀物焚燬馬棚搶劫藥局及捉殺虔營勇夫拋尸滅跡情事據都昌縣

王肇渭稟驗忠勇軍被戕勇丁熊振彪董開勝羅必勝三名受傷者十三名提訊沈傳陸供稱並無見過南門外捉殺虔勇之事又經南昌府提驗虔字營勇丁四名俱係輕傷並都昌縣紳士稟控虔字營勇丁騷擾各請查辦前來臣查勇丁恃強好勝全藉營官嚴加約束況賊氛伊邇尤宜師克在和朱洪春以管帶武員竟以小忿不顧大局統勇私鬬致斃三命又復多方捏飾希圖諉罪於人非立按軍法必相習成風不足以申紀律臣於訊明後恭請

王命將管帶虔字營候補都司朱洪春綁赴市曹斬首示衆蕭志勳不知諫阻且復隨行法占雄劉效鵬雖禁約勇丁不許出

隊情尚可原惟不能先事防閑致其肇釁均難辭咎姑念其各
有戰守功績應請
旨將藍翎升用守備請補九江後營守備南昌城守營千總法
占雄藍翎即選守備南安營千總劉效鵬藍翎候補外委蕭志
勳均革職留營以觀後效該三營勇丁全數遣撤飭護理饒州
營參將都司銜守備楊錦斌另募衛民軍三營勤加訓練以資
調遣除鈔片咨部外理合附片由驛馳陳伏乞　聖鑒謹奏

李世忠軍餉仍請改撥摺同日

奏爲部撥李世忠軍餉江省萬分無從籌解再籲

天恩敕部仍行改撥仰祈

聖鑒事竊臣前因司庫空虛奉撥

李世忠月餉無款可籌奏請改撥奉

旨戶部速議具奏欽此茲准部咨江省地方安堵李世忠軍營

需餉孔殷所有奉撥該營月餉仍請

旨敕下江西巡撫悉心籌畫委員解赴軍營毋再藉詞推諉等

因查江省爲東南全局樞紐關繫匪輕假如軍食稍充極應添

募重兵先行自顧疆圉乃一聞鄰警輒因無兵可調上累宸

廑實在情形久蒙

聖鑒然以現在兵數覈之每月需餉二十

餘萬本省所得動用者僅有丁漕地既兵燹頻仍臣復催科政拙流亡滿眼蒂欠滋多且京餉出其中協餉出其中即使如額徵收已不敷所出之半況所收祇原額之半也是以奉撥福建雲貴甘肅江北等處之款絲毫未能籌解即如浙江每月奉撥三萬江西東路全賴左宗棠所部各軍爲之屏蔽此次九饒大警極恃浙省援師而今歲除撥洋稅四萬之後至今毫無續解部庫需餉至亟各款皆解不如額固由臣之運籌無術亦緣時勢萬難此皆在 朝廷洞燭之中非臣敢於藉詞推諉者也臣豈不知部臣通盤籌畫百費苦心無如臣智盡力殫計無所出倘祇一味拖緩致誤要需獲咎滋重合無仰懇

天恩逾格俯念江省萬無可籌之款　敕部將李世忠軍餉仍
籌改撥以免貽誤附驛瀝陳伏乞　聖鑒訓示謹奏

統兵大員積勞身故請從優　賜卹摺同治二年十一月二十日

奏爲統兵大員歷著奇功積勞身故恭摺仰祈　聖鑒事竊據卽選道陳鳴志等稟稱前署廣西提督江忠義自靑陽解圍後兩脅氣痛由營來江調治沿途服藥罔效舊傷觸發日下血數升十一月初四日行抵新建縣屬之吳城病故等情臣查江忠義自咸豐三年隨安徽巡撫江忠源轉戰湖北江西安徽等省嗣隨江南提督和春鏖戰廬州桐城之閒疊受重傷屢瀕於死咸豐五年七月丁父憂經和春奏留六年克復廬州始得回籍旋經湖南巡撫駱秉章檄隨候補道劉長佑援江八年江西肅清亘逆石達開將犯楚乃檄江忠義回楚九年石逆瞰楚軍併

力寶慶乘虛犯永州衡州長沙大震江忠義連戰破之賊不敢順流下全楚乃安繼復會戰新甯武岡寶慶等處南援江華永明西顧綏甯靖州東防攸縣醴陵崎嶇戎馬閒席不暇暖所至民懷其德賊避其鋒然而心力俱瘁矣十一年由按察使銜記名道蒙　恩賞二品頂戴署貴州巡撫遭母喪懇請終制欽奉

上諭江忠義瀝陳變服受任禮所未安情詞極爲懇惻不忍盡拂其意勉從所請惟是墨經從戎古有明訓著仍在湖南本籍帶兵剿賊等因欽此是時石逆由粵竄楚號十餘萬江忠義以三千餘衆迭破賊於會同榆樹灣浦市等處賊勢蹙乃結湖北來鳳股匪以撓我軍江忠義急擊之擒斬二萬餘人克來鳳賊

遁入川方石逆擾粤西之慶遠距楚遠甚江忠義策其必假道
楚西入蜀疊請東南防兵迅速西向議者迂之而賊遂越綏甯
而西其生平先識大率類此同治元年黔事亟復援黔七月克
天柱奉
旨署理貴州提督湖南巡撫毛鴻賓奏調移剿粤西克修仁殪
首逆張高友進拔蓮塘統兵旋楚方蓮塘未復時髮逆犯皖南
兩江總督臣曾國藩奏調援皖而毛鴻賓劉長佑奏請留粤十
二月二十五日奉
旨署理廣西提督江忠義因赴粤二年春毛鴻賓以皖賊勢益
張江西危急奏請仍飭由江赴皖署兩廣總督晏端書復奏請

會剿廣東高州踞逆先後均奉

旨准行中道諸將請所向江忠義曰陳金剛雖悍然廣東兵有餘糧他將力能辦之江西餉絀兵單賊入界者已數十萬萬一不支東南全局瓦解吾豈可避難就易貽　朝廷憂且江西吾百戰地父老聞吾旦暮且至延頸以俟何可負耶乃自奏請援江前部道員席寶田先發會戰於陶家渡破賊數十營軍勢乃振六月大軍抵湖口逼賊而營僞堵王黄文金率死黨悉力拒之江忠義令諸將出奇抄擊使無所得食賊以十餘萬衆突營我軍堅持不動伺其懈擊之賊屍枕藉黄文金被重創黄文金者賊中呼黄老虎最狡悍諸僞王所聽命者也既被創羣賊氣

奪遂相率遁江境肅清奉

旨賞穿黃馬褂八月聞靑陽圍急糧絕統兵馳援惟時自東流之張家灘至靑陽城下二百餘里賊營林立聞江忠義至中坂鋪之賊萬餘望旗先潰遂距靑陽城十五里而軍約席寶田先以精毅營由五溪進得大捷賊以精銳趨五溪江忠義統精捷營從茅坦深入鳧水竟渡跋涉泥淖中身先士卒分部攀懸崖出賊後破百餘營靑陽圍解而太平石埭甯國等處踞逆遂定計降自是積受暑溼病甚乃令所部回駐鄱陽縣屬之石門以扁舟就醫江省抵吳城自知不起握諸將手曰君等歸營勿以我爲念我受　恩深重殺賊未盡死不瞑目君等能繼吾志吾

無恨矣問以家事不答而逝年甫三十出師十有二載左目中
槍眇餘創徧體鱗列左腿右膀有數鉛子未出其克復地方安
徽則廬州江西則臨江撫州崇仁新城廣西則修仁蓮塘貴州
則天柱湖北則來鳳湖南則東安宜章桂陽其餘所保全者不
可勝數治軍嚴而有恩自奉儉約至獎勵有功將士不惜重賞
故所向克敵而家無餘資軍暇惟研究圖史於民生利病刻不
去心其將入江也移書於臣曰治賊當清其源使任封疆者勿
以吏治爲緩圖天下廓清可立俟也臣伏念江氏一門疊以忠
節顯江忠義戰功最著今復中道而殞不克竟其才知與不知
同聲嗟悼該署提督本由文員出身可否仰懇

天恩將前署廣西提督江忠義　特贈對品文銜從優　賜卹
並　予謚法將其生平戰績　宣付史館立傳准於江西省城
安徽青陽及本籍地方建立專祠入城治喪以符民望一子孝
詒僅二歲可否　加恩之處出自　逾格鴻慈除函商督臣將
精捷營一軍派員統領外理合會同協辦大學士兩江督臣曾
國藩恭摺附驛馳陳並代呈遺摺伏乞　聖鑒訓示謹奏

恭謝天恩摺同日

奏爲恭謝

天恩瀝陳感懼下忱仰祈聖鑒事竊臣於本月初二日承准

議政王軍機大臣字寄同治二年十月十八日奉

上諭御史華祝三奏撫臣引疾假期將滿請令照舊供職一摺沈葆楨與曾國藩意見不合朝廷早有所聞此奏不爲無因曾

國藩辦理東南軍務需餉孔亟而沈葆楨值地方彫敝之餘心存撫字或致錙緩多而協餉未能如數至用人一項沈葆楨爲

地方大吏甄劾不得不嚴而曾國藩因軍營需才葑菲無棄亦恐有耳目難周之弊該御史所稱此輩一經得志顛倒是非任

意播弄亦所不免在該大臣等事屬因公初非自便其私惟天下事往往以小嫌而誤大局不可不思曾國藩沈葆楨皆賢能卓著公忠體國之臣如果尚有畛域未化各懷意見東南民生何日可甦朝廷尚安望二臣之共濟艱難耶經此次訓諭之後沈葆楨於曾國藩軍營協餉苟可設法即當盡力籌措並著該撫於假滿後即行銷假任事勿稍耽延曾國藩於沈葆楨曾經甄劾前來投効之員亦當留意屏斥裁汰勿開小人倖進之門彼此函商共歸一是以古人廉頗藺相如寇恂賈復爲法同心共事無貽朝廷南顧之憂以全終始而保定名於二臣有厚望焉等因欽此臣長跪三復感極涕零終夜徬徨置身無地伏念

臣至愚極陋渥荷　生成逾格擢任封疆際此時艱不能竭慮殫誠力圖共濟致招物議上累　慈廑乃蒙
聖主曲予優容不加擯斥且　諄諄訓諭寬其既往勉其將來頂踵捐縻豈足云報臣自咸豐五年受
文宗顯皇帝特達之知由御史出守九江即隨督臣辦事頗以迂介爲督臣所許迨後宣防廣信亦由督臣指授方略藉免愆尤奉　命撫江以來一切機宜督臣皆不憚焦勞爲之擘畫閒有臣所未能通曉與夫軍務吏治之不及往返商酌者稍參末議督臣亦不盡以爲非今秋病不能支籲請開缺督臣疊次函問勉以力疾從公督臣於臣當無纖芥督臣之品望學術實一

代偉人臣雖不能則傚頗知嚮往其協餉一事物議紛紜者皆
臣籌濟無方所致臣已於十月初三日力疾視事惟有恪遵
訓諭痛改前愆彼此函商務求一是至於心所未安之故亦不
敢雷同附和上負　朝廷理合恭摺叩謝
天恩並將感懼下忱附驛瀝陳伏乞
皇太后
皇上聖鑒臣不勝惶悚待命之至謹奏

籌防東路情形摺同治二年十二月十二日

奏爲籌防東路情形恭摺馳陳仰祈　聖鑒事竊臣承准議政

王軍機大臣字寄同治二年十一月初四日奉

上諭蘇州克復忠逆帶所部萬餘出胥門由光福靈巖一帶小

路搭橋而去恐復自立一幟據我要隘或竄出重圍紛擾他處

皖南江西頭頭是道沈葆楨飭將弁慎固地方勿令敗匪肆意

闌入又同治二年十一月十四日奉

上諭李鴻章奏據獲賊供稱忠逆踉蹌西走隨行僅兩萬餘人

將赴金陵設法解圍計不得施則挾洪逆並其母妻眷屬由浙

皖交界竄走江閩以尋回粵之路沈葆楨現已力疾視事其於

江省饒信等防經營有素此時尤當嚴密設防不可稍涉疏虞所有江忠義席寶田等軍現在是否尚駐贛饒境內亟應妥籌調度以赴事機又同治二年十一月二十三日奉

上諭李鴻章奏據逆首黃子澄供稱忠逆欲突入金陵將洪秀全之子擁戴出城竄擾江西所供情形雖未必盡屬可信然不可不加意嚴防著沈葆楨飭令江西各軍預爲防範各等因欽此仰見

聖主洞燭幾先綢繆備至查該逆窮無復之必以西江爲竄廣德州尚爲賊踞甯國縣未得守兵一入皖浙之交則饒廣處處當衝指不勝屈幸李幅猷全股殲滅西路鬆勁卽檄韓進春由

贛拔赴樂平如該逆由皖竄饒則以祁門之繼果營爲前部浮梁之長左營景鎮之衡字營祥字營鼓湘營石門之精捷營洋塘之精毅營謝家灘之仁右營應之樂平之平江營韓字營爲其後援如該逆由浙竄信則以樂平之平江營韓字營爲前部各營亦以次應之惟東流建德一帶遍地荆榛無糧可掠且石太尚有守兵似洋塘石門之防較緩而徽南各路處處空虛臣屬統領精毅營之道員席寶田代辦精捷營統領之道員陳鳴志就近相度機宜移師於祁景之閒以聯各軍氣脈第隘口林立地廣兵單冬旱連旬河流枯竭戰船萬難施展陸營就地無米可購軍糧轉運維艱萬一大股傾巢分道而來終有防不勝

防之慮臣飭各府城申嚴守備訓練士卒省城標兵與新招之
衞民軍日夕教演以備不虞理合恭摺馳陳伏乞
皇太后
皇上聖鑒訓示謹奏

請　勅總兵江忠朝接統精捷營片 同日

再江忠義故後臣　飭函請督臣遴員接統其軍茲准函覆江忠義過皖時其族兄藩司江忠濬見其病勢危篤商及替人江忠義以其堂兄總兵江忠朝對臣　詢久與共事之道員席寶田陳鳴志咸稱其智勇足備物望所歸惟聞該總兵曾受重傷不願再作出山之計雖由督臣函屬赴皖未卜能否肯來合無仰懇

天恩俯念江防喫緊大將需才　勅令在籍總兵江忠朝迅速來江接統精捷營以固軍心而一衆志理合附片馳陳伏乞

聖鑒訓示謹奏

取具已革都司輸服供詞定擬具奏摺同治二年十二月二十日

奏爲覆審已革都司詐贓釀命取具輸服供詞定擬具奏仰祈

聖鑒事竊照同治二年五月初九日准刑部咨臣奏瑞州營已

革都司劉青雲詐贓釀命衆供確鑿堅不承招按例具擬奏請

定奪一摺奉

旨交議檢查歷年並無辦過斬絞重犯取具衆證情狀奏請擬

結成案應令選派幹員再行嚴訊確情務得輸服供詞以成信

讞等因具奏奉

旨依議欽此欽遵卽經行司飭提全案人證解省劄委南昌府

知府許本墉會同饒州府知府王必達揀發知府柳淵審辦嗣

據該委員等以提集衆證研訊僉供劉青雲詐贓釀命情形如
故而劉青雲仍堅不承招臬經臣附片奏明刑訊奉
旨刑部知道欽此又經轉行欽遵王必達未及審辦飭赴饒州
府新任柳淵亦委署袁州府篆務出省由司改委候補知府陳
增喬廷槐會審茲據該委員等覆訊議擬解經臬司文輝藩司
孫長紱會審解勘前來臣親提研鞫緣劉青雲籍隸湖南沅陵
縣由軍功保舉都司選授江西瑞州營都司於咸豐十一年正
月初八日到任旋因郡城失守奏參革職與已死高安縣民人
鄭作鑾及其姪鄭克鄭永素不認識是年五月內賊擾高安縣
鄭永與父鄭益成及分居胞叔鄭作鑾先期帶眷遷避鄭克躲

避不及被賊擄去逼令煮飯挑米迨後賊匪逃竄鄭克即於七月十八日乘間逃回鄭永與其父叔鄭益成等亦即搬眷回歸是月二十三日劉青雲尙未交卸都司篆務訪聞鄭克被擄逃回恐有從逆情事派兵熊友等前往查拏並稱鄭克不能拏獲即將其家屬帶營勒交熊友等當即前往因鄭克外出即將其弟鄭永帶營並於二十六日又將鄭克拏獲先後稟經劉青雲飭令看管稱須訊明一併正法鄭克之妻楊氏聞知情急往央親戚監生熊達元設法求救熊達元念及親誼隨於二十七日往託鄭姓姻親已革外委吳松齡探聽有無生路吳松齡亦念親誼即央在劉青雲處辦理筆墨之職員羅廷珍代向劉青雲

求情劉青雲起意索詐當言可以從寬但鄭姓必須認罰經羅廷珍告知吳松齡熊達元轉向鄭姓商議隨有鄭克胞叔鄭作鑾代許出錢二百千文經吳松齡邀同羅廷珍面稟劉青雲不允並稱此案不值一千亦值八百至少須錢五百千文鄭作鑾無奈祇得照高安鄉閒行用七五錢數改作七五錢五百串折實足錢三百七十五千文由鄭作鑾出名書立錢票六張交給吳松齡邀同已革把總程景剛面交劉青雲點收並經鄭作鑾央倩羅廷珍代擬保結將鄭克鄭永保釋事後鄭克謝給羅廷珍錢五千文八月初間鄭克兩次措繳足錢六十千文交與吳松齡轉稟劉青雲飭交錢店涂德盛收入劉青雲帳內並向劉

青雲收回六十千文錢票一張交給鄭克銷燬嗣後鄭永續繳足錢十八千文劉青雲亦交涂德盛收帳因票已逾期繳不如數劉青雲疊次催促鄭克畏懼逃避無蹤二十七日鄭作鑾往向吳松齡程景剛央求轉稟劉青雲寬限劉青雲不依當派兵丁熊鶴齡將鄭作鑾帶赴營中空屋內與兵丁朱鳳林看管勒令繳錢詎鄭作鑾被逼不甘卽於九月初二夜乘熊鶴齡等熟睡用布帶在於屋內橫枋上自縊身死經朱鳳林驚覺喊同熊鶴齡解救無及報知屍兄鄭益成屍姪鄭永往看經團練局紳胡瑞楨鄭樹滋因鄭作鑾死於非命同懷公忿屬令鄭益成赴縣報經前署高安縣知縣陶繼曾稟經前署瑞州府知府陸澄

檄委前署新昌縣知縣徐廷琛馳詣勘驗由府督縣稟經提省飭委前署南昌府王必達提訊劉青雲供詞刁狡堅不承認詐贓並稱係團練局紳候選府經歷縣丞胡瑞楨貢生劉暉舉人鄭樹滋唆噬當經王必達將初審供情詳報一面行提胡瑞楨等解質嗣據高安縣以胡瑞楨劉暉屢傳不到詳經咨革勒拏並據舉人鄭樹滋赴府投質劉暉於被革後亦據自行投到提集訊明惟劉青雲一味狡展堅不出具輸服供詞該前署府王必達旋值卸事該府許本墉回任稟司會同前藩司李桓督同該府許本墉及前署府王必達提集全案人證研訊無異解經

臣親提審訊咨解安慶省經督臣曾國藩發委安慶府知府陳

濬會同廣西候補道勒方錡提訊各供均與江西所訊供詞相符據報吳松齡在懷甯縣管所病故委員驗訊詳報批飭覈入正案辦理並添委署江甯鹽巡道李榕督同候補知縣劉兆彭復審劉青雲始終未吐實供將人卷咨解回江審擬詳辦提訊衆供僉同而劉青雲一味堅執終不出具輸服供詞當據衆證情狀比例問擬解經臣覆審具奏接准部咨檢查歷年並無辦過斬絞重犯取具衆證情狀奏請擬結成案應令遴派幹員再行嚴訊務得輸服供詞以成信讞等因具奏奉

旨依議欽此欽遵茲據該委員等訊擬由司勘轉經臣提審據供前情不諱並據劉青雲供稱前因懼辦重罪堅不承招今不

敢狡賴據實供明等語究詰不移案無遁飾查例載蠹役嚇詐致斃人命不論贓數多寡擬絞監候又奉通行嗣後書差索詐得贓之案但經致斃人命不論贓數多寡於絞監候例上從重加擬絞決又例載抑勒詐索取財者與財人及說事過錢人俱不坐又律載官吏事後受財事不枉斷者准不枉法論不枉法贓折半科罪一兩至一十兩杖七十各等語此案劉青雲於鄭克被擄逃回輒即指爲從逆派兵往拏並將鄭克之弟鄭永一併妄拏赴營看管用言嚇詐直至詐得錢票入手始將鄭克等開釋復因鄭克錢未繳清即將出名書票之鄭作鑾派兵帶營管押勒令繳錢以致鄭作鑾被逼不甘投繯殞命實屬玩法遍

查律例並無營員詐贓釀命作何治罪專條自應比例問擬已革都司劉青雲應請比照蠹役嚇詐致斃人命不論贓數多寡擬絞監候例擬絞監候係都閫大員嚇詐良民致斃較之蠹役詐贓釀命情節尤重應請查照通行加擬絞決事犯在咸豐十一年十月初九日 恩詔以前不准援免羅廷珍聽從說情代擬保結於法無枉惟於事後收受鄭克謝錢五千文亦應照律問擬捐納從九品羅廷珍應請照官吏事後受財事不枉斷者准不枉法論不枉法贓折半科罪一兩至一十兩杖七十無祿人減一等擬杖六十事在 赦前准予援免第行止有虧應請即行革職以示懲儆兵丁熊鶴齡等訊無陵虐情事惟不小心

防範以致鄭作鑾乘閒縊斃亦應比例問擬熊鶴齡朱鳳林應請比照獄囚失予檢點防範致囚自盡者獄卒杖六十律擬杖六十事在　恩詔以前應予援免仍革伍鄭作鑾出票行求係被嚇詐所致應與被詐繳錢之鄭丞等說事之監生熊達元知情之已革把總程景剛說合過錢之外委吳松齡收錢之兵丁涂德盛照例俱免坐罪鄭克被擄逃回例得免議其事後謝給羅廷珍錢文亦罪止擬杖事在　赦前應予援免兵丁熊友等往拏鄭克係奉本官差遣尙無不合應與訊無唆噬之舉人鄭樹滋貢生劉暉及外出未到之候選府經歷縣丞胡瑞楨均免置議原革胡瑞楨劉暉候選府經歷縣丞及貢生應請一併開

復原官衣頂胡瑞稹並免投質以省拖累吳松齡在管病故看役人等訊無陵虐情事應毋庸議劉青雲羅廷珍所得贓錢分別照追給主入官餘存錢票據供燒燬無從追繳除將全案供招咨部外理合恭摺具奏伏乞
聖鑒敕部覈覆施行謹奏

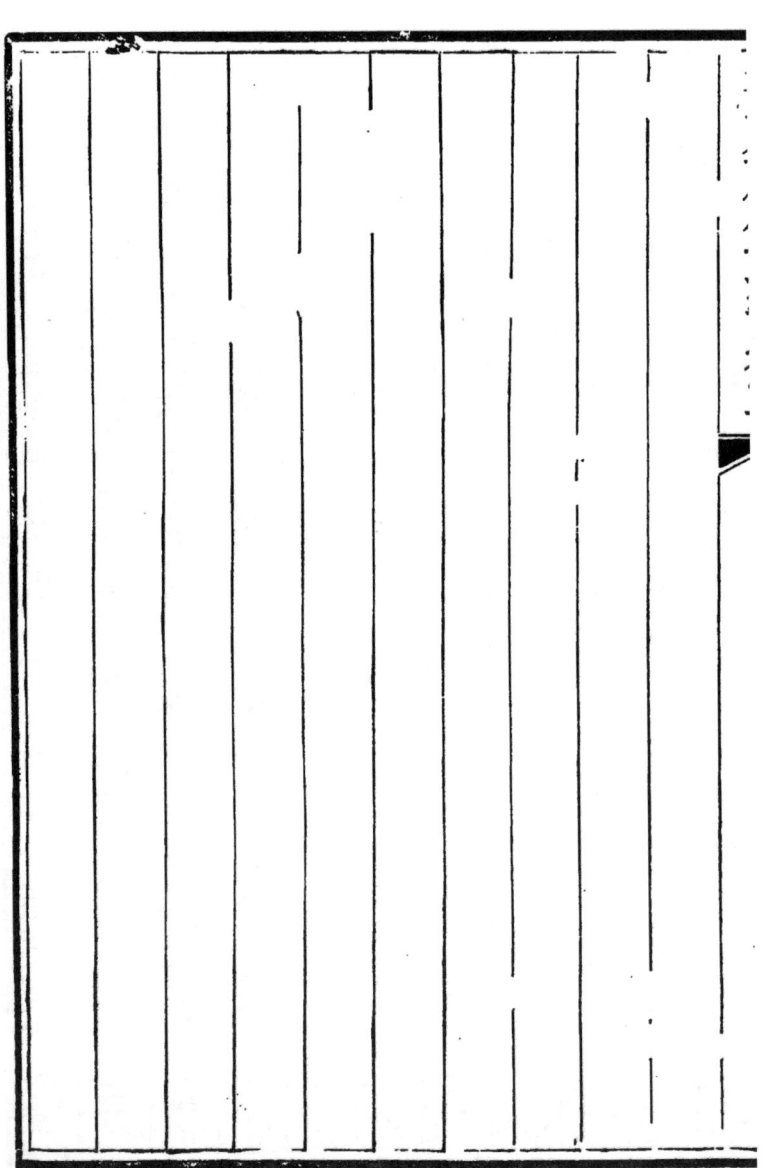

遵　旨酌議並陳近日籌辦情形摺（同治三年正月二十日）

奏為遵
旨酌議並陳近日籌辦情形恭摺仰祈　聖鑒事竊臣於同治
三年正月十五日承准議政王軍機大臣字寄同治三年正月
初二日奉
上諭左宗棠奏曾國藩亟應分兵以取廣德力顧東壩與浙師
聯絡李鴻章亟應由無錫攻宜溧使賊不致由此路鋌走著沈
葆楨悉心商酌謀出萬全江省之防據左宗棠奏以嚴扼昌江
力保上游為主昌江係屬何水著沈葆楨嚴密布置與皖境浙
師相為策應並遵前旨將饒信兩防各軍妥為調度等因欽此

聖主通籌全局詢及芻蕘臣未歷戎行曷知兵要殫愚竭慮反覆再三竊謂取廣德攻溧陽皆老成遠見至當不可易之論兵法曰致人而不致於人又曰攻其所必救賊勢日蹙糧道垂絕只餘廣德一路爲之通氣大師直擣扼其咽喉以剿爲防聲勢百倍溧陽爲忠侍二酋子女玉帛所在急擊之則彼有所牽制既不敢悉銳外竄亦不能全力以衞金陵兩策並行賊將內潰或曰圍師必闕使其致死於我而有橫決之虞何如示以可走之途俾金陵易於收復不知彼非萬無生理何肯輕棄其巢若尚可旁出以擾我完善之區必益固其負嵎之志夫賊固終無不竄之理我雖處處急攻路路設防亦斷不能使其絕無可竄

之路然痛加懲創智窮力竭倉皇奪路而走則追勦截擊我乘其敝彼必潰敗而不能支若門戶洞開整暇而來我且不知所防何從制其死命或曰善攻者攻其所不守溧陽既爲賊所必守宜先易後難不知兵貴攻心彼方震我兵威我席全勝之勢以圖之得則斷其腰膂使首尾不能相顧不得則堅壘與之相持縶忠侍兩逆之足使不得逞日久糧盡雖有智者無能爲之謀矣惟是兵無定形事難遙度閱曾國藩復左宗棠信亦以此議爲然李鴻章身在行閒自當熟察機宜從長擘畫至江省防務以力保上游爲主臣去歲疊次軍報咸持此議惟嚴扼昌江一節則專爲賊出建德言之昌江發源於祁門北境迤南經浮

梁景鎮閘西折從鄱陽城南以達於湖自景鎮下九十里水深灘平戰船可用輔以陸師賊難飛越自景鎮上二百里水淺灘高戰船難施策馬可渡該逆深悉西江地利其來也無不思突犯上游去年劉典王文瑞王沐血戰於休歙黟祁閘遏之下趨而後昌江可恃同治二年十二月三十日准曾國藩咨侍逆持二十日糧由溧陽上竄江西臣計該逆糧寡人多必疾趨稍完之地乃有所掠皖之青建江之彭湖皆遍地榛荊居民以草充食饒州以北暫可無虞卽飭道員席寶田統精毅營道員陳鳴志鄧子垣統精捷營出婺源副將韓進春統韓字營出玉山爲遊擊之師道員張岳齡統平江營守廣豐縣城副將顧雲彩統

仁右營守玉山縣城雨雪載塗軍行極苦仁右平江兩營已報
到防餘亦卽日可達據探賊分六股號三十餘萬從廣德甯國
翻山而行其來甚疾入皖界者初六日至績溪初八日侵及歙
境總兵唐義訓自徽迎剿頗有斬獲入浙界者初四日至昌化
初七日由五都侵及淯安境上初八日副將王開琳以老湘營
由屯溪援徽初九日記名提督黃少春以克勇由餘杭抵嚴惟
曾國藩所派道員毛有銘一軍尙無南渡消息浙疆稍急王開
琳必將回援李世賢黃文金大股均在後路窺我所向伺隙而
來祁景之師未易輕動屯溪無兵塡紮徽南處處空虛臣續飭
席寶田等相機進剿務與徽浙之師聯絡添調守備楊錦斌統

衛民軍赴玉山爲韓進春後應道員王德榜之長左營由浮梁
拔歸信郡署總兵普承忠統贛鎮兵進扼撫州樂平縣孫鑑挑
練丁二千人以保樂平其原紮祁門道員王沐之繼果營原紮
景鎮督糧道段起之衡湘祥字等營皆令兼顧東路仰賴 國
家威福將士用命冀可殄殲羣醜上慰 宸廑所有遵
旨酌議並力保上游情形理合恭摺由驛六百里馳陳伏乞
皇太后
皇上聖鑒謹奏

請敕福建一體嚴防片同日

正繕摺間續據探報初九日總兵唐義訓副將王開琳會剿績溪該逆遁由歙南之深渡過河由大小川繞入四里竄入湻安界當將績溪縣城收復其由昌化湻安而來者掠至遂安境上去開化僅百餘里等語又據探稱此股爲忠逆所部約由浙界入廣信第二股爲侍逆約繞閩界入建昌第三股爲僞小西王約由徽北入湖口第四股爲僞小東王約由徽南入景鎮均會於撫州等語查該逆計窮力竭思爲流寇擊之則分道而竄堵之則翻山而行辦理本屬費手若再蔓延閩界則更勢若燎原應請敕下福建一體加意嚴防以資犄角理合附片馳陳伏

乞

聖鑒訓示謹奏

髮逆分股內竄截剿獲勝摺同治三年正月二十八日

奏爲髮逆分股內竄精毅等營截剿大獲全勝並續籌辦理情形恭摺仰祈

聖鑒事竊臣於本月二十日將各路調派並賊至遂安情形奏明在案該逆從遂安小路冒雪疾走第一股十六日至開化十七日至華埠十八日至玉山界之七都球聞玉山兵單思乘虛撲城十九日直抵距城十里之十七都適仁右營抽隊出哨分伏林中槍礮驟發該逆駭遁斃騎賊五名步賊二十餘名生擒四名是晚韓字營頭二隊至營於城西該逆遂越玉山循北岸趨廣信二十日副將韓進春從沙溪以尾隊進遇賊於板橋埠殺斃十餘名生擒三名該逆遂退是夜由大南

橋竄往廣豐二十一日平江營借練勇出哨於城北五里之乂路頭見賊數百捲旗疾趨殪其前鋒數人遂返走打館於三官殿貓兒山洋口等處蔓延數十餘里其第二股由開化窺婺源十二日精毅營至十六日精捷營至該逆聞婺源有備將由白沙關犯德興二十日精毅營統領道員席寶田率隊馳擊道員陳鳴志鄧子垣以精捷營應之該逆頭隊據梘橋尾隊據歇嶺以中隊由大濟關下橫過泥嶺關翻山而竄席寶田奪隘直入進扼梘橋該逆以有險可恃遂踞大濟關泥嶺關不動副將邊曉堂知縣成定康閔道奪泥嶺關都司金國泰繼之守備魏玉彩張宜道都司屈得茂奪大濟關頭隊中隊之賊遂陷入谷中

與歇嶺路絕乃以悍黨數千向泥嶺關猛撲我勇卻而復前者數次短兵相接殺賊極多我勇亦受傷不少席寶田乃令前隊稍鬆誘之賊果奪路奔逸徑窄溪深我勇沿溪抄殺賊屍塡積水爲不流餘賊遂伏谷中負嵎待援其歇嶺後股犯大濟關魏玉彩屈得茂擊卻之谷內之賊知援絕攀嶺求出冰雪中跌死者無數提督徐生德等復將歇嶺援賊痛勦窮追該逆遁出嶺外自辰至酉血戰竟日精毅營殺賊六千餘人內有桉天義⿰山閒天安擇天義珊天燕叨天福憶天福諸逆目生擒千餘人奪騾馬四百餘匹精捷營殺賊二千餘人生擒四百餘人奪騾馬四十餘匹旗械塡委無從計數陣亡守備龍有勝一名弁勇九名

營官受傷二人哨官受傷十餘人營勇受傷百餘人餘逆從歙嶺翻山竄德興南鄉入玉山界查該逆知江西腹地空虛掩我不備嶺路積雪數尺曾不少阻我軍與之對仗輒以前隊交鋒以後隊旁竄追扼其要害則死中求生拚命決鬬敗又翻山而逃仍繞入腹地我軍無往不成尾追之勢第一股多花旗係廣逆第二股多黃旗係侍逆所部侍逆全股尚未到也現在湻遂一帶源源而來雖欲奮力猛追亦爲所牽制各郡縣請兵請餉羽檄紛馳臣只得飛催衞民軍長左營迅速迎勦再抽調景鎭之祥字營繼之催署總兵普承忠迅至撫州駐守添調廣昌營弁兵協守建昌銅鼓營武甯營弁兵協守臨江然皆人數甚單

恐不足以濟又咨請督臣曾國藩另調一軍守祁門俾繼果營得以回顧本省祁門既爲西江門戶又係督臣糧臺關繫至重飭該營俟接防軍到方可起程藍翎守備龍有勝力戰捐軀殊堪憫惻仰懇
天恩敕部從優議卹以慰忠魂理合恭摺由驛六百里馳陳伏乞
皇太后
皇上聖鑒謹奏

髮逆闌入腹地請旨嚴加議處摺 同治三年二月十一日

奏爲髮逆闌入腹地請

旨將臣交部嚴加議處並各軍截剿獲勝續籌辦理情形恭摺

仰祈

聖鑒事竊臣於同治三年正月二十八日將精毅等營

獲勝情形奏明在案本月初三日承准議政王軍機大臣字寄

同治三年正月二十二日奉

上諭曾國藩奏僞侍王勾結黃文金竄至績溪人衆勢剽意圖

直犯江境沈葆楨所調韓進春五千餘人移防玉山席寶田等

軍萬人移防婺源著實力嚴防務令賊黨不得闌入江境等因

欽此仰見　朝廷軫念東南　宵旰焦勞之至意查該逆第一

股由大南橋竄廣豐其尾隊之在玉山者復經仁右營副將顧雲彩同韓字營頭隊都司董德春等分途追襲擒斬甚夥仁右營陣亡把總李國珍一名勇丁二名各營受傷者數十名近城肅清而被席寶田痛剿之第二股復由德興界之分水嶺入玉韓進春以玉山喫緊由沙溪拔隊進二十三日分三路擊賊於太甲山顧雲彩出東門趨錦雞嶺潛伏以待該逆大隊扼險拒戰以偏師乘虛襲城董德春從中路猛撲該逆死戰不退我軍以左右翼從閒道抄出賊陣漸亂馬隊斜趨其後賊遂大潰其偏師襲城者至錦雞嶺伏發駭走我軍追十餘里日暮收隊陣斬僞王宗李世光題天侯楊富榜游天侯吳友潤博天燕徐勝

寖天燕黃成用漕天福練桂昌各巨逆於屍身搜出僞印殺斃悍賊二千生擒七百餘人救出難民數百奪獲騾馬六十餘匹旗幟不計其數陣亡勇丁數名受傷數十名二十四五兩日韓進春顧雲彩各派隊追勦每日擒斬數百陣亡擬保守禦所千總武生馮點魁及勇丁十餘名該逆忽而蜂屯蟻聚忽而鳥駭獸散被我軍截爲兩段一傍江山境一傍上饒境乘夜竄廣豐與第一股合是時開遂一帶紛傳李世賢等各巨股由績溪涓安跟蹤而上婺源玉山各營皆以大警踵至未敢窮追敗匪遂潛趨廣豐上饒鉛山弋陽貴溪之南鄉蔓延二三百里陸伏以待侍逆之來二十六日平江營道員張岳齡及廣豐縣王恩溥

派隊敗之於廣豐之黃茅嶺二月初三日廣信府鍾世楨派隊敗之於鉛山之安洲渡初六日祥字營參將劉勝祥督同貴溪縣周溯賢所派勇隊大敗之於貴溪之馬安山俘級千計守備段長先礮子穿過咽喉其胸前及兩膊兩腿被十三創猶噴血搏戰殺悍賊數名躍馬衝出該逆乃遁而西頭隊至金谿之蕭公廟爲撫建適中之地並擄至東鄉界上甘肅臬司劉于潯護贛鎮普承忠先後到撫守備頗固建昌僅有兵勇千人該逆必避撫窺建臣飭守備楊錦斌以衛民軍由撫赴建協守幸左宗棠所派黃少春王開琳兩軍已抵滀遂累戰獲勝該逆後股扼不得渡曾國藩所派毛有銘一軍亦抵休甯守徽之總兵唐義

訓續獲勝仗席寶田知前路稍鬆乃星夜冒雨疾馳內援由安
仁向金谿韓進春繼之計霖雨少止必可會戰逆數雖尚八九
萬然裹脅者多悍黨屢敗之餘亦無堅志再得兩次勝仗大局
可以無虞惟廣信及撫建所屬鄉民酷遭蹂躪流離顛沛慘何
可言且探聞賊知大兵緊追其前隊已由瀘溪小路翻山潛入
閩地臣謬膺疆寄屢承
聖主諄諄誡諭不能保全本境復將貽患鄰封調度乖方咎無
可諉應請
旨將臣交部嚴加議處以謝災黎力戰陣亡之把總李國珍擬
保守禦所千總馮點魁仰懇

天恩飭部均照千總例從優議卹以慰忠魂理合恭摺由驛六
百里馳陳伏乞
皇太后
皇上聖鑒訓示謹奏

精毅營冒雨血戰克復金谿摺 同治三年二月十九日

奏爲精毅營冒雨血戰克復金谿恭摺仰祈 聖鑒事竊臣於本月十一日將髮逆入金谿界等情馳陳在案旋據探稱該逆已竄入金谿縣城出示安民希圖踞爲老巢下窺撫州以待侍逆附城數十里村莊賊館彌望連日大雨如注精毅營統領席寶田冒雨疾進初七日由安仁渡河抵鄧家埠初八日抵七星橋初九日抵竹橋去金谿二十二里而軍韓進春劉勝祥未至兵勢單甚席寶田計賊已憑城兼恃其衆我軍深入圍中稍一示弱必爲所乘宜乘其營壘未定猛擊其外使之膽落遂誓師決戰守備魏玉彩屈得茂以兩營攻左路之楊田五里橋知縣

成定康都司舒再元守備陳柏貴以兩營攻右路之斜坊梅坊副將邊曉堂守備張宜道以兩營攻中路之楊芳橋席寶田督都司金國泰守備唐本有以兩營策應左右路之賊不意我軍猝至豕突狼奔我軍縱橫搏擊兩路斬馘各以千計賊望風披靡城外一律肅清中路邊曉堂等由楊芳橋掃盪而入乘勝逼城城中突出悍賊萬餘其鋒甚銳邊曉堂張宜道堅陣相持金國泰唐本有應之進退數十次斃賊極多賊勢不支其大股又從城東繞出張宜道等身先士卒均受矛傷金國泰腹被重創猶大呼陷陣賊爲辟易薄暮雨甚賊乘我軍收隊蠭擁而至邊曉堂唐本有回馬各斬其前鋒數十賊卻忽潛隊依山抄我後

路適舒再元陳柏貴從右路馳至擊走之其大股乃遁入城前後甕賊三千餘人生擒二百餘人奪騾馬三百二十三匹僞印數十顆救出難民甚多陣亡擬保千總張青連擬保把總蘇世揚楊祖志勇丁陣亡八人受傷六十八人金國泰中創甚劇席寶田泣問後事對曰我身經百戰得死　國事榮也以老母爲託耳言終而絕十一日傳訊逃出難民知賊懼將遁席寶田飭全隊攻城署金谿縣知縣徐允倫把總黃連清以兵練副之賊奪門爭出我軍四面截擊斬馘數百自相踐踏死者尤多立將城池收復臣查布政使銜記名道席寶田謀勇兼資軍民愛戴梘橋一戰威聲遠震茲復疾馳數百里冒雨血戰迅復專城大

局保全厥功甚偉應如何　獎勵之處伏候　聖裁其所部將
士奮命爭先可否仰懇
天恩准臣擇尤請獎營官都司金國泰性成忠孝每戰必先遇
士卒有恩死之日所部無不慟哭者該員於攻克陶家渡及都
湖肅清案內經臣彙案擬保儘先參將尚有青陽解圍戰績應
由督臣奏獎計功應保副將合無仰懇　鴻慈逾格敕部將金
國泰照副將例從優議卹　加恩予謚擬保千總張青連擬保
把總蘇世揚楊祖志均請　敕部從優議卹以慰忠魂除將城
池被擾隨同克復之署金谿縣知縣徐允倫遴員摘印接署查
明被擾實在情形分別參辦外理合恭摺由驛六百里馳陳伏

乞
皇太后
皇上聖鑒訓示謹奏

請　敕鄰省合力防剿片同日

再據席寶田稟稱疊訊賊供句容金壇宜興之賊未動溧陽股匪實已悉數上犯侍逆後路僅留僞侍府四練王而已入江者前股爲幼沛王譚逆所統支數甚多實五萬餘人上年隨黃老虎上竄者另有數支附之次股爲僞王宗諸李逆亦分數支實三萬餘人合計約近十萬幸侍逆未至號令不一心志難齊江省兵力漸集大局不致決裂惟是賊數衆多又皆百戰之餘狡而且悍若不遽就殄滅鋌而四散福建廣東湖南必將受其流毒誠恐該逆從前分道西竄各路或多或少情形不同探報傳聞均有未能盡實之處且鄰省習聞官兵常勝以爲不足措意

受害必深請分別奏咨一律嚴防以杜流寇之禍等情臣將各營解到生賊及逃出難民逐一研訊與所稟相符除飛咨各鄰省外理合附片馳陳請

旨敕下福建廣東湖南合力防勦以保全局而拯災黎伏乞

聖鑒訓示謹奏

分飭相機扼守分道緊追片 同日

再沛逆一股自初九之敗知撫州不可犯頭股潛趨建昌甘肅臬司劉于潯飭飛划營進援以衝鋒營護至石門登岸擊賊各有斬獲賊不敢近河飛划營乃泝流竟上十二日駛至萬年橋衛民軍先一日抵建是日擊賊於金竺山廣昌建昌營兵鎮安團勇應之飛划分護橋道亦各有斬獲賊瞰我軍之力護萬年橋也十三日分股繞越上游一股從城南之石頭港口擄民船數十搶渡一股從城東之圭峰渡拆毀民屋搭造浮橋一股仍攻萬年橋使我應接不暇守備楊錦斌以衛民軍馳至港口賊過西岸者已數百人排槍環擊馬隊繼之斃賊百餘餘賊倉皇

上船我軍追之賊棄船鳧水遁中流淹斃得脫者數人而已各勇將奪獲之船橫流竟渡追至十里山叉擒斬數十人其圭峰渡浮橋經營官王耀亮督飛划奮擊儘數轟燬淹斃尤多攻萬年橋者亦經鎮安團勇廣昌營兵擊退斃賊數十各勇共受傷十餘名賊瞰我軍之分扼上游各渡也十四日全力攻萬年橋蟻附而登卡勇不支遂潰楊錦斌聞信馳至賊過橋者已數千洋槍雨集遂分三路接戰王耀亮戰船飛槳直下水陸各勇踴躍用命苦戰逾時斃賊數百賊歛衆扼橋而守一紅衣賊目搴大旗立馬橋頭斷後衆矛擬之不動楊錦斌擊以流星鎚墜馬而死搜獲其印僞紹天義朱義也羣逆遂潰韓進春大隊亦至

賊遂遁入山谷中我勇受傷二十餘名其僞王宗一股尚踞白港蔓延瀘溪卽席寶田痛剿於梘橋頭者也十五日席寶田與劉勝祥分路進剿該逆望見旗幟譁曰精毅營至矣各翻山遁計建郡可以無虞該逆將越新城而西臣檄護贛鎮普承忠由宜黃進廣昌南豐相機扼守飭席寶田督各營分道緊追使無可駐足理合附片陳明伏乞

聖鑒謹奏

沈文肅公政書卷二終

清末民初文獻叢刊

沈文肅公政書

（第二册）

［清］沈葆楨　著

朝華出版社
BLOSSOM PRESS

沈文肅公政書卷三目錄

江西巡撫任內奏摺

江西稅釐仍歸本省經收摺同治三年二月二十六日

迭敗竄建之賊片同日

會剿髮逆摺同治三年三月初九日

精捷營攻克新城摺同治三年三月二十日

髮逆傾巢西竄酌籌辦理情形摺同治三年三月二十五日

縷陳近日軍情摺同治三年四月初七日

報各路軍情摺同治三年四月十三日

收復弋陽片同日

報西路情形片 同日

立解撫州城圍摺 同治三年四月二十五日

賊氛環集建昌片 同日

附報廣信軍情片 同日

長左等營血戰解圍摺 同治三年五月初八日

祥營精毅精捷等營分路敗賊片 同日

奏參提督黃仁遺片 同日

老湘等營疊獲勝仗摺 同治三年五月二十日

圖復崇仁會剿各逆片 同日

江席兩軍會剿崇仁疊勝摺 同治三年六月初八日

恪遵諭旨視賊所向帶兵迎剿片同日
王沐中伏失利請予寬免處分片同日
席寶田暫行革職片同日
水陸各軍掃清貴溪地面賊壘摺同日
克勇會合各軍擊賊疊勝摺同治三年六月二十一日
探聞金谿東鄉被擾片同日
江席兩軍力攻崇仁疊勝摺同日
官軍會剿崇仁掃平賊壘摺同治三年七月初五日
先剿許灣片同日
黃仁遺幷無怨望情事片同治三年七月十二日

籌防東路情形摺 同治三年八月十三日

信防軍情喫緊現籌進勦情形摺 同治三年八月二十七日

廣信地面一律肅清摺 同治三年九月十一日

截追竄逆片 同日

徐生德請假就醫片 同日

黎兆棠母馮氏 優加旌獎片 同日

查明辦理降衆情形摺 同治三年九月十七日

韓營克復雩都摺 同日

探報各路軍情片 同日

席軍翦除湖逆搜獲僞酋摺 同治三年九月二十五日

霆營飛援甯都血戰解圍摺 同日
龍南縣文武紳民請獎片 同日
霆營攻克瑞金賊遁出境摺 同治三年十月初二日
定南廳官紳請獎片 同日
席軍生擒首逆摺 同治三年十月初三日
福建軍情萬緊請令閩浙督臣剋日入閩摺 同治三年十月初六日
訊明首逆供情摺 同治三年十月十三日
訊明逆酋供情摺 同日
籲請歸養摺 同日
洪福瑱就地凌遲處決摺 同治三年十月二十七日

洪仁玕等三犯就地凌遲處死片同日

報獲木質僞璽片同日

籲懇收回　成命摺同日

訊明繼果營營官摺同治三年十一月初四日

已革補用道王沐免予發往軍臺片同日

遵　旨援閩兼防回竄摺同日

恭謝　天恩摺同治三年十一月二十九日

霆營兵不宜分摺同治三年十二月初五日

江西巡撫任內奏摺

江西稅釐仍歸本省經收摺 同治三年二月二十六日

奏爲江右軍務方殷民力已竭仰懇
天恩酌定協皖銀數將茶稅牙釐等款仍歸本省經收以固軍
心而全民命事竊臣查咸豐十年五月初三日經督臣曾國藩
片奏蒙　恩簡署江督與平時事勢不同皖南北均屬殘破之
區蘇常徧地賊氛幾無下手之處請將江西通省牙釐歸臣設
局經收以發征餉等因奉
旨允准在案伏念督臣此舉原謂當日事勢與平時不同不得

不變通辦理而揆諸今日事勢則又與咸豐十年不同臣忝任
封疆安得不再籌變通以期盡利謹爲我
皇上瀝陳之查咸豐十年江西全省肅清蘇皖遍地皆賊督臣
征餉自不能不專責江西今則皖北闔境敉安皖南僅有廣德
未復江蘇之蘇松鎮太氛祲全銷金陵常州功成指日上海殷
富冠絕東南而江西水旱連年橫遭兵燹蘇浙敗逆死中求生
今春以來入境殆將十萬忠侍堵輔各巨逆咸思接踵而至闔
地無糧可擄彼卽欲竄楚粵亦必借徑廣饒勝則盤踞城池敗
亦竄越山谷前此老巢可戀小挫卽復東歸今則破釜沈舟雖
死絕無返顧此賊勢之不同者也咸豐十年督臣未離江境征

兵可兼防兵之用本省勇數寥寥取給錢漕雖蒂欠已多尚堪敷衍今則督臣去江遠甚而督臣所部猛將精兵又去督臣遠甚猝然聞警雖欲捲甲疾趨鞭長莫及且前敵撤動中賊牽制之計全局皆翻咸豐十一年李秀成直入長驅幾於蹂躪通省前車可鑒能勿寒心是以護撫臣李桓募繼果營二千人臣到任後募韓字營五千餘人添募繼果營一千餘人移調精捷營精毅營萬有餘人各府募守勇五百人猶尚顧此失彼疲於奔命然勇數則倍蓰於昔矣夫蘇浙肅清羣逆鋌走固無一時盡殲之理亦斷不能使其絕無可竄之路所望要地均有重兵步步截殺使無可擄脅無可占據日蹙日減以至於無否則死灰

復然大局何堪設想今春復飭未到任之贛南道王文瑞募湘勇四千各府州縣報募勇守城者或千餘人或數百人絡繹不絕將嚴其失守之罪不得不予以可守之資此兵數之不同者也咸豐十年以前江西連歲豐稔蘇浙路梗長江未有通商之議富商巨賈咸出其途故團練不患無資勸捐亦易集事今則水旱屢告農鮮蓋藏長江通商海道暢行大賈盡趨滬漢團務捐務動輒窒礙民窮財盡丁漕兩款徵解不前而京餉出其中協餉出其中兵餉勇餉均出其中閩警以來各郡縣之募勇者均請留用正款靳之則城邑不保何有丁漕許之而庫藏空虛何從挹注此民力之不同者也夫以事勢不同如此但袖手坐

視不思變通江省糜爛不堪閩粵兩楚亦將波及縱蘇浙肅清
東南大局其可問乎
聖主痌瘝在抱出師命將備極焦勞蘇皖之民咸出水火而登
衽席臣雖奉職無狀何敢坐視江右既登衽席之民淪入水火
乎夫使能以江西之餉全力供督臣之兵以督臣之兵全力顧
江西之地豈不甚善而勢各有所不能者力各有所不逮也江
西爲督臣兼轄省分臣何敢稍分畛域然如湖南廣西等省皆
總督兼轄省分其不能協濟者無論已能協濟者亦每月數萬
金而止何者各有應守之地不敢自荒也即牙釐茶稅等事亦
歸本省自辦何者各有應盡之職不敢自曠也如謂將將不得

其人兵勇亦同虛設理財不得其道釐稅適以病民是則撫臣失職督臣當劾而去之不當遙爲之謀令其安坐伴食也方今各營枕戈殺賊懸釜待炊薪桂米珠深虞譁潰合無仰懇
天恩俯念江右生靈無以自存之苦察臣萬不得已之私准將茶稅牙釐等款仍歸江西本省經收支用其督臣征餉酌量江省力所能及者　欽派每月協濟數萬金俾征防兩無貽誤如
臣議窒礙難行應請
旨一面敕下部臣通盤籌畫准臣暫於江西牙釐茶稅項下分提其半以濟急需而搘危局臣欽奉　諴諭勉以和衷非敢復蹈前愆自干罪戾然事勢至此猶引避嫌怨任其顛危則上負

朝廷下負百姓獲咎滋重理合由驛六百里恭摺瀝陳伏乞

皇太后

皇上聖鑒臣不勝惶悚待命之至謹奏

迭敗竄建之賊片 同日

再竄建之賊自十四日敗後潛踞城東二十里之小嶺韓進春偕建昌兵勇分路擊之各擒斬數百追至洪門山賊遁踞黃源村乘夜由硝石上游渡河繞竄新豐上塘等處去建城五十里十六日韓進春剿賊於上塘小有斬獲楊錦斌剿賊於新豐毀其浮橋深入伏中爲所抄襲奮力突圍而去六品軍功馬兵吳定邦力戰陣亡都司劉玉和受傷甚重勇丁陣亡者十三人受傷者數十餘人十七日賊逼城南韓進春擊卻之十八日該逆悉銳三萬餘人犯精毅營席寶田令各營掩旗息鼓散伏左右密約韓進春劉勝祥分路擣虛該逆先犯中前後三營四面伏

起縱橫盪決呼聲動天殺賊二千有奇該逆猶回旗猛撲者數次而韓進春劉勝祥已將賊館節節掃蕩旁抄而出賊大驚潰追奔四十里十九日韓進春進紮上湖營壘甫定賊乘夜涉河撲營半濟我軍擊之殪其前鋒遂遁二十日賊退兜港去建城九十里蔓延於新城南豐各鄉而前旗已入廣昌界矣訊據賊供該逆注意撫建今屢撼不動思由甯都竄贛州得署贛南道蔡應嵩署甯都州郭毓龍報已添招勁勇布置城守席寶田統劉勝祥向南豐留韓進春於上湖以杜回竄陣亡之六品軍功南昌城守營馬兵吳定邦可否仰懇

天恩照外委例賜卹以慰忠魂理合附片馳陳伏乞　聖鑒謹

奏

日會剿髮逆摺 同治三年三月初九日

奏爲髮逆竄踞南豐蔓延新城等處現飭各營會剿恭摺馳陳

仰祈

聖鑒事竊臣於同治三年二月二十六日將擊退竄建髮逆情形附陳在案續據探報該逆意在併力攻建分支襲宜黃以擾腹地十八日受大創知建城不可撼河西賊館既破宜黃之路亦隔僞沛王遂於十九日潛隊竄擾南豐縣城僞天將譚福以悍黨萬人築堅壘於城之西北爲固守計僞王宗一股於新城各鄉肆行擄掠僞天將林正揚一股犯廣昌界二十日韓進春劉勝祥派隊追之斬馘甚夥二十一日席寶田劉勝祥拔營進建昌府董敬宣派訓導龔榮即選同知張澐帶練數百

爲之嚮導適賊攻三都前翰林院編修吳嘉賓督團力戰衆寡不敵力竭被害賊遂猛撲宜黃一路卡隘聞大兵至乃退二十二日席寶田劉勝祥營於百花亭距南豐城二十里韓進春營於其右之謝坊二十三日韓進春由右路進踏毀包坊李坊賊館截殺二百餘賊追逼城根劉勝祥破其左路山卡與精毅營擒斬各以百計斃逆目金天福一名該逆退伏城中我軍以大雨收隊二十四日席寶田劉勝祥會商必先平城外賊壘城乃可圖辰刻雨止遂分路進攻沛逆譚逆於去城十里之蘿蒲洲迎敵猛撲祥字營數次我軍屹立不動賊氣稍阻祥字營遊擊張集雲都司江宗艮直擣賊壁精毅營遊擊張宜道等分支旁

襲賊敗依壘而陣環攻移時祥字營都司朱勝祥等以火彈火箭奮擊火發賊亂前鋒卓旗衝入沛逆棄黃馬褂風帽踉蹌入城毀北門逆壘四座譚逆負創而西祥字營都司鄒興發等乘勝偪之精毅營遊擊張宜道等繼之鏖戰時許城西逆壘齊潰我軍縱橫截殺附近逆館望風駭遁入城路絕鳧水欲渡河流盛漲淹溺無算僞天將譚福爲祥字營千總曾佐朝所殺河東之賊由上游淺灘渡河東門亦出賊數千馳援均爲精毅營總兵邊曉堂等擊退沛逆復自北門出大隊回撲我軍合隊蹙之祥字營擬保把總黃永全袁正泰衝入城門大礮洞胸而殞該逆復匿城中我軍以天晚收隊計殺賊三千有奇溺斃千數生

擒七百餘名得騾馬百餘匹陣亡勇丁五名受傷九十餘名二十五日韓進春進紮離城五里之樟樹下以牽制城賊席寶田擬先清河東賊館以孤城賊之勢連日雨甚河漲浮橋難成犯廣昌界之林正揚一股爲團練所扼聞二十四日之挫亦復折回本月初一日稍霽會隊攻城槍礮環施該逆堅匿不出初二以後復大雨如注矣臣以皖浙防兵既集調回精捷營繼果營合勦先除腹心之疾乃能專顧門戶該二營起程後聞杭城克復餘逆肆竄臣擬飭繼果營仍折回婺源嗣報該營已抵東鄉則去婺已遠去建甚近計浙河水發戰船得力後股亦未能遠進只得先其所急令精捷營進新城繼果營進南豐與席寶田

等合力夾剿以期迅速會殲毋貽鄰疆之患水師統領臬司劉于潯副將孫昌國均派飛划上駛護贛鎮普承忠爲撫民所留與劉于潯各派員抽隊前進計日內可陸續到齊必開大仗容再探明戰狀續報內閣侍讀銜前翰林院編修吳嘉賓一腔熱血至老不衰銜鬚授命殊堪憫惻可否仰懇

天恩敕部加等議卹准於殉難地方建立祠宇以慰忠魂祥字營擬保把總黃永全袁正泰並懇　敕部照把總例從優議卹除將城池被擾之南豐縣知縣莫廷蕃先行遴員摘印接署飭查被擾實在情形嚴行參辦外理合恭摺由驛六百里馳陳伏

乞

皇太后

皇上聖鑒訓示謹奏

精捷營攻克新城摺同治三年三月二十日

奏爲精捷營攻克新城並各軍合圍南豐情形恭摺仰祈聖鑒事竊臣於本月初九日將髮逆竄踞南豐蔓延新城等情馳陳在案賊之至新城也署知縣唐先霖到任甫經旬日城垣塌損未及修築該令集團迎剿小有斬獲而另股已由間道犯縣城該令斂團入城賊多兵單初二日向城南塌處猛攻聯丁兵役陣亡數人受傷十數人遂被闖入該令及把總劉興榮退守皮家源初五日精捷營提督黃仁遺徐生德由資溪進遇賊於張司嶺斬百餘人而還初七日道員陳鳴志鄧子垣統諸營六成隊並唐先霖所集鄉團攻東門外之南山亭賊悉銳來拒盪

決數次擬保遊擊權光輝都司蕭五恩守備謝雲漢裹創血戰殺賊甚多花翎都司邱采芹藍翎守備谷開文殞於陣勇丁陣亡二十一名受傷七十八名初九日提督黃仁遺徐生德總兵王順慶李祥松參將王政坤冒雨由張司嶺進紮大漢嶺陳鳴志鄧子垣統各營隊護之賊蠭擁來爭殲其前鋒二三百名後者遂退然大雨如注旋築旋圮竭一夜之力達旦營成望見將軍殿後雙峯聳出踞其巔可以俯視一切然去賊已近進紮艮難初十夜總兵鄭長來徐艮壞銜枚整隊挾鍬鋤而進各營以五成隊護之雨聲竟夜壘成而賊不覺巳刻修濠未畢賊隊麕集橫亙二十餘里陳鳴志鄧子垣飭各營堅壁以守俟其近壘

擊之以中軍江忠珀率所部策應賊恃其衆每攻一營輒環集三面鄭長來一營則四面皆賊連轟巨礮斃其猛撲者七八十人賊卻而復集提督黃仁遺憤極開柵率所部出賊屢卻屢前鏖戰三時其氣稍阻王順慶江忠珀潛從左路徐艮堜潛從右路突出賊後鄧善居王政坤徐生德李祥松龍萬貴李魁聯同時開柵迸出羣逆膽落奪路紛逃自相蹂踐我軍縱橫盪決勇氣百倍斃賊四千餘人生擒七十餘人奪軍械甚夥勇丁陣亡者十三人受傷者二十餘人據逃出難民供賊有他竄之勢是夜四鼓唐先霖及衆官紳領團丁爲導我軍冒雨疾進五鼓逼近賊壘及東北兩門已聞人聲洶洶黃仁遺等遂由城南缺處

登城署知縣唐先霖等繼之該逆不知所爲且戰且走劉光文等由北城衝入把總劉興榮等繼之城賊壘賊一時俱潰或走新豐橋或凫水向西南路而竄踐死溺死者不可勝計當將新城克復殺賊二千餘人生擒八百餘人拔出難民千餘人奪騾馬百餘匹我勇亦陣亡五十餘名受傷七十餘名十三日各營追賊於樟村十四日追賊於苦林橋均有斬獲該逆遂越邱家隘入福建之建甯縣境此江忠義舊部之精捷營克復新城實在情形也其踞南豐者恃東岸賊壘爲之犄角初五日劉干潯派飛划營到遂護精毅祥字衛民等軍陸續東渡韓字營仍紮西岸初六夜天雨晦冥該逆以二百餘人悄襲韓字右營邏者

覺之各營屏息以待俟其越濠聚而殲之城根大隊知前匪事敗而退初八日劉于潯所派黃名揚等普承忠所派吳邦樞等以小隊誘賊於城西伏兵伺擊斬馘甚夥初九日天晴席寶田飭東岸各營分三路進總兵邊曉堂等擊賊於八都墟賊潰節節掃蕩而前守備楊錦斌擊賊於后竹賊亦潰追至大洋源斬其僞倍天侯張在明橋背太坪埰之賊見我軍至依壘而陣遊擊魏玉彩等各率所部由左路進參將劉勝祥率所部由右路進遊擊王耀亮督戰船以巨礮轟擊賊勢不支敗向水南楓嶺一路與僞天將林正揚合力以拒劉勝祥留一營陣於橋背以遏城逆席寶田親統各營合擊之羣逆棄壘狂奔林正揚以騎

賊百餘步賊數百殿後回撲數四藍翎千總韓孝忠左腕中創猶怒馬而進哨長蔣懷清以洋槍擊林正揚墜馬羣賊擁之易馬而遁步賊數百靡有孑遺追至劉家灣賊斷橋而去敗賊不得入城而城賊爲戰船所扼不得東援乃出悍逆萬餘圖撲城西營壘韓進春率各營及劉千濤普承忠奮勇隊迎擊之盪決數十次殺賊六七百名擬保遊擊董德春把總廖衍栢葉隆仁裹創血戰賊不能支遂潰入城韓字營把總王豐河中礮殞命勇丁陣亡六名祥字營陣亡把總陳耀林六品軍功隊目蔣慶安各營受傷弁勇共六七十名十一日祥字營衞民軍築壘於橋背街城賊出爭精毅營護之水師溯流而上斃賊甚夥十二

日韓進春移兩營於偏左漸爲長圍之勢城逆悉銳猛撲韓進春以先鋒營中營爲正兵迎敵自率親兵營馬隊策應而以前營左營副左營爲奇兵左右抄出普承春胡迪堂等又由韓軍壘後繞出賊陣大亂斬馘無算追至賊下而還是日劉勝祥聞林正揚尚據城南五十里之丹陽墟派馬隊追之殲其尾股該逆遂入建甯縣境席寶田以東路已固悍逆屢犯城西十四日仍統隊西渡聯韓營作長濠以困之此合圍南豐之實在情形也臣查精捷營獨力克復新城厥功甚偉記名提督黃仁遺徐生德摧鋒陷陣驍勇絕倫係一品大員應如何獎勵之處非臣所敢擅擬伏候　宸裁按察使銜卽選道陳鳴志儘先選用道

鄧子垣調度有方可否以道員留江遇缺即補其餘出力鎮將
弁勇可否容臣擇尤請獎出自 逾格鴻慈署新城縣知縣唐
先霖到任甫經旬日城池塌損歷任具報有案致被闖入情有
可原事後會督紳團弁勇隨同克復尚知愧奮可否功過相抵
免其置議之處候
旨遵行力戰陣亡之都司邱釆芹守備谷開文把總王豐河陳
耀林仰懇
天恩敕部從優議卹六品軍功隊目蔣慶安仰懇 敕部照外
委例議卹以慰忠魂理合恭摺由驛六百里馳陳伏乞
皇太后

皇上聖鑒訓示謹奏

髮逆傾巢西竄酌籌辦理情形摺 同治三年三月二十五日

奏爲髮逆傾巢西竄續入江境酌籌辦理情形恭摺仰祈　聖
鑒事竊臣　於本月二十日將克復新城圍困南豐等情馳陳在
案新城克後僞王宗一股蔓延於邵武府屬之建甯泰甯兩縣
地面去江境均不過百餘里南豐屢經各營力攻大礮環轟仍
復負嵎不出該逆忍死以待者無非恃後股之必來杭餘既已
肅清是固意中之事然心腹之疾不去則門戶之守必不堅且
徽浙重兵聯絡布置如尚不能阻遏則賊勢之大可知亦斷非
江省酌分一二營所能濟事儻新南之逆回擾撫建卽糜爛不
堪是以飭精捷繼果兩營毋分畛域緊追僞王宗一股飭精毅

韓字祥字衛民軍四營猛攻南豐務期及早殲除然後悉銳而東方有把握乃檄書甫發而廣饒警報雪片而來該逆初八日至昌化十二日至績溪兩縣風馳極爲剽銳可饒可廣防不勝防正値春耕農民失望臣不敢堅持前議飭精毅精捷繼果三營東馳仍以韓字祥字衛民軍三營留圍南豐計此檄甫經到營而二十日陳炳文汪海洋等逆已及德興之海口矣十七日李世賢黃文金等逆已及休甯之巖市矣江省軍務實有進退維谷之勢臣只得嚴催各軍迅速拔營探賊所向穩紮穩打以消其剽銳之氣飛催浙江臬司劉典吉南贛甯道王文瑞各統新募楚勇星夜來江其接統精捷營之總兵江忠朝已報起程

日期茲准湖南撫臣來咨復以舊傷觸發中止合無仰懇
天恩敕下湖南巡撫催令該總兵迅速醫調稍愈即行來江接
統以資得力現在餉款奇絀而兵力實萬分不敷只得令席寶
田添招二千五百人以便調遣理合恭摺由驛六百里馳陳伏
乞
皇太后
皇上聖鑒訓示謹奏

縷陳近日軍情摺同治三年四月初七日

奏爲縷陳近日軍情恭摺仰祈　聖鑒事竊臣於三月二十五日將髮逆續入江境情形馳陳在案嗣據探報該逆頭股麕聚德興之海口曾門等處堅築營壘搭造浮橋二十六日撲小港樂平縣孫鑑督勇扼河岸紳團輔之內河水師統領孫昌國檄參將劉光裕助之礮斃多賊乃退二十七日續獲小勝二十八日悍賊蟻集分路撲營其勢甚盛孫鑑提七成隊出營決戰團丁六千人半出迎敵半伏叢莽閒劉光裕以礮船分布南岸該逆吶喊而來聲振山谷見我軍屹立不動氣稍沮適風力猛盛水陸憑上風以槍礮擊之伏兵乘風縱火羣逆駭退刀矛繼

進殺賊數百救出被擄難民甚多三十日卯刻該逆繞從牛頭灘擇淺而渡孫鑑聞警馳至該逆望見半渡折回截殺其尾隊數十奪馬數匹午刻該逆分十餘股林立河干我軍隔河相持槍礮互轟斃賊不少而孫鑑左手亦受槍傷忽上流竹筏十餘飛駛而下礮船溯流奮擊盡奪其筏悍賊咸沒於水次日水陸各勇復將其曹門林河浮橋盡行拆毀雨甚水漲該逆以樂平猝不可渡乃分股趨黃柏塘逼近弋陽地界而海口等處之逆壘則仍盤踞如故其第二股由歙南趨華埠二十四日圍副將戴奉聘營適管帶長左營道員王德榜之前隊至入營共守二十五日王德榜以後隊進援至七都球賊已布滿山谷乃退駐

玉山城外二十六日黎明副將顧雲彩雕勦於七渡橋小有斬獲午刻撲城礮斃其逆目二名悍逆百餘名乃退二十八日王德榜擊賊於七里街亦有斬獲該逆麕聚於上玉交界之沙溪希圖南竄廣豐道員張岳齡派隊擊之於軍家渡殺斃淹斃甚多該逆仍退沙溪北岸此東路情形也南豐踞逆負嵎如故二十二日精捷營逼城築壘城中出悍賊萬餘撲之提督徐生德總兵李榮發等悉力相持進退數十次總兵曹復勝哨長鄧在高裹創血戰韓進春督隊助之均殺賊甚夥乃遁入城其小股之梟水犯繼果營者亦敗而退二十五日精毅營繼果營拔赴東防該逆出撲祥字營受創而退二十六日城逆傾巢出撲精

毅營苦戰數時回合百餘次營官邊曉堂周家良陳柏貴委員曾策均受礮傷殺賊盈千賊猶不退韓進春馳援分路齊力痛勦更番疊戰賊拚死回撲見我軍無隙可入乃潰入城精毅營陣亡擬保千總王貴發一名勇丁六名受傷百二十一名韓字營陣亡二名受傷二十四名是日竄建甯之僞王宗出窺廣昌犯尖峯隘欲爲南豐聲援知縣彭芝都司于宣督兵練擊之遁向石城甯化交界之分水坳而去席寶田恐韓進春勢單未敢猝拔乃令祥字營衞民軍移紮兜港以通建昌爲可進可退地步仍以精毅韓字兩營留攻南豐此西路情形也記名總兵江忠朝於本月初三日抵省初六日馳赴安仁所屬鄧家埠行營

接統軍事贛南道王文瑞已抵袁州派隊進扼永豐准督臣曾

國藩來咨已檄提督鮑超援江閩浙督臣左宗棠檄湘克等營

跟蹤追勦副將劉明珍統安武軍四營已抵玉山惟聞甯國等

處後股絡繹而至援軍恐爲所牽制耳所有精毅營三月二十

六日陣亡之擬保千總王貴發並韓字營三月初九日受傷旋

卽身故之擬保把總廖衍柏仰懇

天恩敕部照陣亡例從優議卹以慰忠魂理合恭摺由驛六百

里馳陳伏乞

皇太后

皇上聖鑒訓示謹奏

報各路軍情摺 同治三年四月十三日

奏爲報明玉山解圍樂平肅清並各路軍情仰祈 聖鑒事竊
臣於本月初七日業將近日軍情馳陳在案嗣據報稱三月二十九日閩浙督臣左宗棠派援之安武軍副將劉明珍擊賊於十七都長左營道員王德榜擊賊於鳳凰山均獲全勝三十日副將顧雲彩抽八成隊署玉山縣章澂以義勇五百民團千人繼之會於距城五里之東津橋鏖戰兩時顧雲彩陣斬僞珊天福傅永珊僞報天義謝源恩等賊始稍却營官顧文福曾光榮從旁包抄章澂揮練勇四面追殺有穿黃龍馬褂騎賊落荒而走數面蜈蚣旗護之顧文福擊以洋槍應聲墮馬賊陣大亂追

奔二十餘里王德榜從十里山分勦劉明珍從螺絲山分勦合計各營斃賊三千有奇城圍遂解我軍陣亡哨官六品軍功何啓昆團紳副貢黃夢槐二名其副將戴奉聘等堅守華埠營盤賊以萬衆環攻三晝夜知窮力竭而退該營亦拔隊跟追至玉王德榜劉明珍遂統隊疾趨廣信此玉山解圍情形也香屯林河曹門一帶逆壘疊經內河水師及樂平練勇所挫遂於初一日夜遁初二日黎明樂平縣孫鑑督勇追及於德興之黃柏園斃賊三百餘名我軍陣亡哨官一名勇八名受傷三十餘名各路鄉團助之窮追二十餘里又殺賊七八百名生擒五十餘名救出難民三百餘名德興亦無賊蹤此樂平練勇會同水師鄉

團保全本境並肅清鄰境情形也德樂旣靖賊遂由戚公鎭方
家墩分竄弋貴弋陽縣葉琳貴溪縣周溯賢均嬰城待援初四
日弋陽團合精捷營道員陳鳴志鄧子垣聞信倍道疾趨初五
日亥刻提督黃仁遣徐生德總兵鄭喬隆李榮發入貴溪城賊
隊去城僅二十里矣初六日賊以萬餘衆三面撲城我軍掩旗
息鼓賊遂傅堞槍礮猝發斃其前鋒百餘驚阻而退於離城五
里外之騎龍山背築壘夜四鼓哨長羅福隆率廣勇二百餘人
銜枚潛進各營以二成隊應之該逆倉皇失措棄壘遁歸弋陽
自弋陽團合上遊文報不通探聞沙溪之賊已分路南渡從上
饒縣屬之上瀘坂至鉛山縣屬之湖坊陳坊遍地賊蹤然廣信

廣豐必無他慮惟弋陽勇僅五百城大而低勢殊岌岌又聞該逆已從黃沙港過河繼果營道員王沐紮營於貴溪之南岸以備之臣查兵數賊數多寡懸殊所賴各保要區使之無可依據玉山樂平均當賊衝一則力戰却敵一則保護全境兼援鄰封均屬著有微勞除副將戴奉聘劉明珍所部應由左宗棠請獎外其按察使銜浙江補用道王德榜可否 賞加布政使銜副將顧雲彩可否 交軍機處記名遇有總兵缺出請
旨簡放擬保花翎儘先都司顧文福可否免補遊擊以參將補用擬保花翎留江補用遊擊曾光榮可否 賞給勇號藍翎運同銜升用知府候補同知直隸州署玉山縣事章徵可否以知

府留江補用　賞換花翎副將銜儘先參將劉光裕可否以副
將儘先補用並　賞加總兵銜擬保藍翎升用同知樂平縣知
縣孫鑑可否　賞換花翎並加知府銜五品銜卽選知縣余汝
霖可否以同知儘先卽選並　賞戴藍翎分發安徽候補縣丞
徐預猷分發安徽候補府經歷彭達可否以知縣仍留安徽儘
先補用並　賞戴藍翎五品銜候選縣丞孫福寶可否以知縣
儘先卽選並　賞戴藍翎其餘出力員弁勇丁可否由臣擇尤
請獎之處出自　逾格鴻慈其陣亡之團紳副貢黃夢槐哨官
六品軍功何啓昆仰懇
天恩敕部照外委例議卹以慰忠魂理合由驛六百里馳陳伏

乞

皇太后

皇上聖鑒訓示謹奏

收復弋陽片 同日

正繕摺間續據報稱本月初四日午刻賊數千人直撲弋陽之小北門城上施放槍礮擊斃數十人水師輔之賊稍卻另股數千繞撲東門軍功吳金鼇燃大礮轟斃黃衣賊目一人餘賊數十人我勇亦傷亡數人忽山後突出黑旗悍賊萬餘蟻附城下外委劉步瀛以洋槍奮擊連斃數賊忽吳金鼇中槍殞命署知縣葉琳馳往救護親兵葉步蟾葉秋先力戰遇害逆賊蠭擁攀援而上葉琳受傷墜馬勇丁背負出城礮船向前接應遂赴西鄉招集潰勇外委劉步瀛率衆巷戰陷入重圍存亡未卜初九日精捷營道員陳鳴志鄧子垣督隊馳赴弋陽該逆大隊業已

過河以悍賊千餘拒我於離城十里之連湖坂相持良久適大雨如注我軍佯爲收隊之狀賊遂退去提督徐生德等捲旗疾趨城賊驚駭競趨浮橋人擠橋斷溺死甚衆不及渡者均被我勇擒斬遂督同將弋陽城池收復除再飭總局司道查明該縣被擾情形有無捏飾並外委劉步瀛實在下落分別辦理外所有此次出力之精捷營弁勇可否附入克復新城案內一併請

獎之處出自

天恩合再附片馳陳伏乞　聖鑒訓示謹奏

報西路情形片同日

再南豐踞逆以祥衞兩營移紮兜港本月初五日逆衆分撲韓席兩營席寶田韓進春奮擊卻之殺賊千餘名我軍陣亡十名受傷數十名初七日席營回紮百花亭卽令祥衞兩營先行回顧建昌其僞王宗一股復由閩境回竄新城之樟村僞天將林正揚一股竄入甯都州界合將西路情形附片陳明伏乞聖鑒訓示謹奏

立解撫州城圍摺同治三年四月二十五日

奏爲侍逆突犯撫州陸師固守水師血戰立解城圍恭摺仰祈

聖鑒事竊臣於本月十三日將各路軍情馳陳在案自弋陽復後該逆蟻聚弋貴之南鄉十一日繼果營擊之於馬鞍山鏖戰逾時殺悍賊五六百名賊越溪而遁我師乘勝窮追日暮收隊另股賊分路抄至守備彭稱發陷陣身被數十創猶手刃兩賊而殞千總賀長發方柏順把總趙洪勝徐友勝帥鳳亓外委龍日勝田開勝力戰死之陣亡勇丁四十三名受傷五十三名各營哨更番回撲殪其先鋒騎賊賊卻戌刻始收隊歸營自是賊不敢迫南岸然尚出沒於盛源洞等處以牽制我軍而侍逆悍

股十五日越金谿犯許灣爲劉于潯戰船所擊不得渡十六日寅刻犯撫州之河東灣劉于潯飭右後飛划三營從上擊下衝鋒營從千金坡橫擊之賊用洋礮抵拒互有殺傷巳刻大股猛撲東門外之文昌橋營官黃名揚胡廸堂施從善轟大礮奮擊萬立松以舟師助之羣子雨落斃賊無算賊奔入民房倚牆自護從牆隙施放洋槍劉于潯派保南營登岸拆牆賊無所藏身乃退少頃復集輪番誘戰見星未巳夜半戰愈酣悍逆各頂木板護以溼絮呼噪而前後面洋礮子如飛蝗黃名揚踞橋上礮臺施從善等守卡屏息以待俟其切近排礮驟發殲之後隊悍賊拚死徑撲卡門胡廸堂中礮殞命哨官黃國棟傅成龍程光

富等均受重傷先後陣亡勇丁數十名黃名揚以火包連環擲
下焚斃溺斃無數萬立松李春培及帶韓字營礮船曾天發等
督舟師環擊燕毅郭子奇以旱隊助之護贛南鎭普承忠撫州
府吳祖昌等督兵勇於城上連轟巨礮至十七日寅刻賊始計
窮而遁十八日子刻復突起攻橋環喊城中内應以亂軍心劉
于潯飭列陣以待不許輕易放礮該逆撲至橋邊火彈槍礮並
舉斃賊極多羣酋負創憒極領悍黨一擁而上黃名揚將藥桶
推下燒死悍酋數十羣賊駭走戰船及城上巨礮環施斃賊尤
衆賊繞至千金坡偷渡水師上駛奪其牌筏數十架長梯數十
條賊遁許灣十九日李春培等擊之於許灣斷其浮橋賊遁金

谿大路而去繼果營精捷營亦先後馳至撫城可以無虞是役守兵二千狂寇數萬危城獲保水師之力爲多而力扼文昌橋之將弁尤爲不避艱險布政使銜署甘肅按察使劉于潯調度有方膽識鎮靜應如何獎勵伏候

宸裁留江儘先補用參將施從善留江儘先補用遊擊黃名揚可否均以副將留江儘先補用並

賞給勇號護贛南鎮總兵南昌協副將普承忠可否交軍機處記名遇有總兵缺出請

旨簡放其餘出力文武員弁勇丁可否由臣擇尤請獎之處出自

逾格鴻慈其陣亡將士尤堪憫惻仰懇

天恩敕部將留江儘先參將胡廸堂照副將例議䘏都司銜守

備彭稱發照都司例議卹千總賀長發方柏順把總趙洪勝徐友勝帥鳳元外委龍日勝田開勝從優議卹以慰忠魂理合由驛六百里馳陳伏乞

皇太后

皇上聖鑒訓示謹奏

賊分竄集建昌片同時

再精毅營自初七日回紮百花亭去南豐已二十里席寶田以韓營勢孤賊必猛撲初八日寅刻派隊馳伏韓營之左辰刻賊果傾巢擁至直偪濠邊韓進春鳴鼓整隊而出精毅營徑抄賊後奮力夾攻斷賊數段斬馘千餘賊大潰我軍追至城下精毅營守備楊明發千總李典發奪門而入韓字營親兵陳得珠馬隊曾芳漢攀堞而登均中槍殞命環攻逾時該逆堅匿不出乃斂隊而退席寶田得賊南渡信河之信拔回建昌韓字營移紮高嶺以杜其下竄宜黄之路十二日賊擾西鄉署知縣譚澧紳士饒世德以聯丁擊走之十四日賊至樟樹下焚燒民房韓進

春擊走之其僞王宗一股由新城瀘溪入金谿界以會侍逆林正揚一股爲石城甯都兵勇所扼折而西趨又爲瑞金雩都興國兵練所擊復南入福建之甯化界侍逆自撫州敗後循河而南以窺建昌陳炳文尙在弋貴之南鄉汪海洋於陳坊湖坊堅築營壘擄糧熬硝尾隊出沒於弋鉛交界之黃沙港王德榜敗之十八日賊由青沙灣過河攻赭亭山堡鄉民據堡死守王德榜援之殺賊千計北岸肅清而金壇句容竄匪復至德興之海口矣賊氛環集計日內建昌必有數次惡戰也王文瑞現紮永豐劉典已抵袁州不日可到省城所有精毅營陣亡之都司銜守備楊明發靑陽解圍案內擬保遊擊克復金谿計功應保參

將守備衛千總李典發靑陽案內擬保都司克復金谿計功應保遊擊可否仰懇
天恩敕部將楊明發照參將例議卹李典發照遊擊例議卹以慰忠魂理合附片馳陳伏乞　聖鑒訓示謹奏

附報廣信軍情片同日

再自弋陽被擾後廣信文報不通者累日茲據報稱該逆竄聚沙溪思由靈溪橋口突犯廣信兩次乘夜搶渡三次搭造浮橋均經水師擊退廣信府鍾世楨派副將哈必發以旱勇輔之賊遂改圖南渡四月初一日道員張岳齡督勇馳至葉家灘賊過浮橋者已千餘人參將毛全陞遊擊黃菊亮奮力猛衝賊退趨浮橋橋斷溺死無算參將唐訓利等復將龔家渡浮橋拆毁賊鳧水逃命漂沒殆半忽對岸村中湧出悍賊洋礮子落如雨毛全陞左手打斷守備唐光曜以礮船破賊卡上駛合力鏖戰殺賊甚夥勇丁亦有傷亡相持兩日賊以船筏搶渡者十數次均

經擊退而河水日涸賊旗漸趨下遊縣亙數十里處處策馬可渡張岳齡以城池喫緊乃回顧廣豐鍾世楨於北岸派隊雕勦時有斬獲初三日道員王德榜副將劉明珍擊賊於五村橋大獲全勝賊以郡城無可窺伺乃盡數南渡向廣豐初四日王德榜張岳齡並廣豐練勇邀擊之靑荆山石灰嶺初五日追擊之於洋口鎭均擒斬甚多賊遂下竄結壘於鉛山之湖坊陳坊廣信廣豐兩城幸保無恙除道員王德榜甫於玉山解圍案內請獎並副將劉明珍應由左宗棠擬保外按察使銜江西即補道廣信府知府鍾世楨可否　賞加布政使銜候選道張岳齡可否以道員留於江西補用其餘出力員弁勇丁可否由臣擇尤

保奬之處出自逾格鴻慈又臣接淮精捷營統領江忠朝函稱初九日克復弋陽署知縣葉琳署外委劉步瀛均帶重傷隨同出力臣查此次弋陽被擾勇僅五百傷亡至百有餘人可謂力竭劉步瀛陷入重圍奮力殺出被賊斫去一手葉琳腿亦受傷醫治數日即親歷行間隨同克復責以守禦之無術罪實難辭而諒其衆寡之懸殊情猶可恕可否請將署弋陽縣事試用知縣葉琳署弋陽汛外委事興安汛外委劉步瀛革職暫行留任以觀後效之處出自

天恩理合附片馳陳伏乞　聖鑒訓示謹奏

長左等營血戰解圍摺 同治三年五月初八日

奏爲長左等營連日血戰解圍殲賊恭摺仰祈聖鑒事竊臣於四月二十五日業將各路軍情馳陳在案茲據報稱僞烈王林彩新一股由德興之海口內犯樂平縣孫鑑敗之於楓源該逆遂趨方家墩長左營王德榜於四月二十二日由河口拔赴弋陽賫糧軍火陸運不便而水運爲黃沙港賊卡所阻乃令主簿劉廷選師船護之王德榜列陣北岸以待午刻抵黃沙港該逆伏卡開礟王德榜調集槍隊連環轟擊忽港內衝出賊船十餘隻洋槍洋礟子如雨點劉廷選等催船猛進焚燬其船該逆棄船鳧水淹斃甚衆卡賊爲北岸槍隊所擊立腳不住退紮山

頭水陸逐於是夜三鼓抵弋二十五日林逆由方家墩突犯弋陽衆尙數萬王德榜捲旗息鼓寂若無人該逆望見無備猝逼城根槍礮驟發羣醜駭散伏匿濠邊墟墓之閒王德榜留四成隊同知縣葉琳守城自督總兵蕭得龍等分兩翼而出內河水師劉世玉汪懷俊河鎭水師劉廷選平江水師吳佑翱等沿河轟擊酣戰數時擒獲泠天燕鄭定懷泳天安張得福僞丞相吳得斌甓賊三千餘名生擒百餘名解散難民數千奪馬五十五匹該逆竄踞湖西二十六日寅刻王德榜督隊出大雨如注黎明抵湖西捉曉汲者數人訊供賊猶睡熟我軍悄然以進入館卽殺一村既盡復進一村賊覺狂走散擲金銀衣物餌我追師

王德榜傳令猛進逼之於小河殺斃淹斃無數河流盡赤又追及於青板橋人擠橋斷落後者皆伏地受縛前隊擁大轎一乘有龍袍龍靴巨逆棄轎而逃亂刃交下莫詳其僞號也餘逆從埠前街後嶺散竄人馬踐屍而還百姓在山上觀戰無不稱快斃賊萬計生擒數百奪獲騾馬五百餘匹拔出婦女幼孩二千名是夜探知該逆潛聚楊家坂五洋店等處思渡河而南與黃沙港賊合王德榜於五鼓親督各營全隊進河鎮內河平江師船及興安武生蔡廷龍團勇輔之南岸搭浮橋甫半賊未及渡王德榜分三路環攻王德權蕭得龍怒馬直入逆勢不支忽對岸黃沙港踞逆從上游用竹筏小船飛渡悍逆千餘來援卽以

船筏接遞北岸之賊王德榜令李運龍以親兵抵住援賊飭麥錦鑾催進師船胡傳釗等衝以馬隊王德權等截其一股圍而殲之南岸浮橋行將成矣劉廷選等師船開礮轟擊該逆轉入山岡立將浮橋拆毀船筏焚盡賊目拍馬大呼曰生路絕矣尚不拚死一戰耶羣逆響應鋭不可當千總陳宗祥見賊勢猛遲迴不進王德榜斬之以徇鏖戰三時囘合數十次該逆智窮力盡相率躍入水中死者無算解散尤多擄生擒賊供林彩新亦沒於水弁勇陣亡九名受傷十二名查烈逆率黨數萬由婺源德興直犯弋陽希圖南竄歸併前股各營將士連日血戰力解城圍殄滅巨股除閩浙督標各營應由左宗棠查明請獎外按

察使銜浙江儘先補用道王德榜身先士卒調度有方前於玉
山解圍案內擬保布政使銜此次應如何獎勵之處恭候　宸
裁花翎參將劉世玉可否以副將儘先選用並　賞加勇號花
翎遊擊汪懷俊可否以參將儘先選用並　賞加副將銜留江
補用主簿劉廷選可否以府經仍留江西補用並　賞戴藍翎
守備銜拔補千總吳佑翺可否以守備儘先選用並　賞戴藍
翎興安縣武生蔡廷龍可否以把總拔補並　賞戴藍翎其餘
出力文武員弁勇丁可否由臣等擇尤保獎之處出自
天恩理合會同協辦大學士兩江督臣曾國藩閩浙督臣左宗
棠兵部右侍郎臣彭玉麟恭摺由驛六百里馳陳伏乞

皇太后
皇上聖鑒訓示謹奏

祥營精毅精捷等營分路敗賊片 同日

再侍逆自撫州敗後沿河上竄四月十九晚襲據建昌之萬年橋二十日辰刻擁衆數萬逼祥營而陣劉勝祥偃旗以待席寶田先以四營伏左路山下頃刻賊向祥營攻撲劉勝祥督令士卒環施槍礮斃賊甚多並斃白衣賊目一名賊卻適左路之伏突起祥字營亦自內擊出賊潰我軍掩殺四五百名其分支攻襲北門亦經董敬宣等率兵勇擊退而賊之大陣猶堅立田隴精毅營負山陣於左祥字營依河陣於右賊向前猛撲我軍俟其稍近以劈山礮轟之死傷無算乃斂向河干劉勝祥席寶田復由左右分路夾擊截賊數段縱橫盪決賊勢不支斂踞橋卡

或由橋之上下鳧水而逃精毅營藍翎外委孟春新六品軍功唐占春楊啓信彭得意劉茂盛祥字營藍翎都司范得旺外委周連勝劉友林劉嘉裕搶奪橋卡中傷殞命藍翎千總周之星唐啓大卓旗繼進都司陳柏貴舒再元鄒興發遊擊張集雲各率所部攻克橋之頭卡該逆縮入中卡死拒洋槍如雨席寶田等乃收隊還該逆以建昌不可撼二十四日在鬪口伏牛等處搭造浮橋經席寶田劉勝祥派隊截擊詎該逆以萬餘人由萬年橋擁至牽掣我軍遂由下游西渡於二十五二十六等日分竄宜黃崇仁五月初三日總兵江忠朝以情捷營跟追敗之於崇仁城外六里之咸家汊殺賊六七百人雨甚收隊席寶田調

韓字營回守建昌自與劉勝祥統隊由上頓渡繼進劉典二十七日抵臨江該郡官紳乞留遂飭各營駐紮臨江自行馳抵省城與臣會商一切王文瑞仍駐永豐贛臨河道甚長戰船尚嫌單薄適兵部右侍郎彭玉麟派提督喻俊明總兵張錦芳來援遂跟䑸上駛劉于潯亦添派戰船駛赴樟樹一帶河水甚漲西岸可以無虞惟該逆不得西渡難保無下趨之意省城除標兵餘丁外並無一勇臣檄護九江鎮萬泰督同都司王定國所部千餘兵來省以顧根本重地咨請督臣酌派數營接防湖口並飛咨提督鮑超兼程來援現在汪海洋陳炳文兩股仍在廣信南界林正揚一股尚在甯化地面南豐據逆時擾各鄉均經韓

字營擊退除查明宜黃崇仁被擾詳細情形再行具奏外相應

仰懇

天恩敕部將陣亡之都司范得旺照都司例外委孟春新周連勝劉友林劉嘉裕六品軍功唐占春楊啓信彭得意劉茂盛照外委例均從優議卹以慰忠魂理合會同協辦大學士兩江督臣曾國藩閩浙督臣左宗棠兵部右侍郎臣彭玉麟附片馳陳

伏乞　聖鑒訓示謹奏

奏參提督黃仁遺片同日

再准統領精捷營總兵江忠朝咨稱該營自江忠義故後軍無統帥將多驕蹇道員陳鳴志鄧子垣權難相轄不能不委曲含容營中相習成風遂至漫無紀律怨毒之聲盈於道路揆厥由來實緣一二大員自恃官階不受約束又思藉故離營希冀自成一隊江忠朝抵營之後剴切曉諭申明舊章並告以但警將來不咎既往各將官亦漸知斂跡競業從公惟管帶前鋒營記名提督黃仁遺驕妄特甚不思改悔前於江忠義初沒即在南昌娶妾嗣後屢次請假江忠朝以軍務喫緊一人開端則各思效尤未經允准新城之役經臣飭局發銀二千兩犒賞該軍出

力弁勇黃仁遺倡言該營必須分銀千兩陳鳴志鄧子垣以此言難服衆心將此項銀兩移交江忠朝分發江忠朝屢經勸諭黃仁遺猶復堅執前說四月十八日自貴溪拔營該營勇丁李大旗攜帶婦女經鄧子垣查出面交究辦黃仁遺旋將李大旗縱放又該營勇丁李得貴強保臨川縣令拏獲之游勇咆哮肆橫黃仁遺亦漫不查究去冬今春又將該營得力哨官及老勇遣回以致營務減色尤可異者該營抵撫江忠朝特派親兵隊長江忠仁執持令箭稽查城門該營勇丁不穿號褂恃強闖入與親兵扭毆並將令箭折斷適江忠朝自營入城目擊情形飭令捆拏懲辦該勇登時逃逸黃仁遺旋即來謁口出狂言江忠

朝示以折斷令箭黃仁遺謾罵不顧昂然而去隨將前鋒營營官闞防遣人呈繳前來查黃仁遺臨陣奮勇是其所長而縱容勇丁陵侮同儕本其錮習江忠義在日亦稱其爲匹夫之勇非統衆之才錄其微長終不假以重任該提督始隨安徽巡撫江忠源爲勇丁繼隨四川藩司江忠濬爲哨長嗣隨江忠義爲營官洊升今職江忠朝曾四次攝統此軍今各將弁均遵號令而黃仁遺乃狂妄有加若不示以薄懲則該鎮徒擁統領之名營規終無整肅之日請將該提督奏參等因臣查黃仁遺由勇丁洊升提督受 恩深重宜如何申明紀律爲各營表率乃竟縱勇擾民違犯將令殊屬膽大妄爲江忠朝公正和平粹然儒者

氣象斷不致有所挾私相應請
旨將記名提督黃仁遺即行革職勒令在營効力不准向他處
投効以肅軍令而儆效尤除咨江忠朝將滋事折令之勇丁嚴
拏究辦外理合會同協辦大學士兩江督臣曾國藩閩浙督臣
左宗棠兵部右侍郎臣彭玉麟附片馳陳伏乞　聖鑒訓示謹
奏

老湘等營疊獲勝仗摺（同治三年五月二十日）

奏爲老湘等營疊獲勝仗恭摺仰祈　聖鑒事竊臣於五月初八日業將各路軍情馳陳在案汪海洋陳炳文盤踞陳坊湖坊蔓延火田畈等處五月初三日王德榜派隊放哨於童家村遇賊接仗殺斃百餘名生擒二十四名初七夜復挑奮勇直逼賊館施放噴筒火箭並令劉世玉劉廷選吳佑翱各帶水師馳赴黃沙港開放大礮賊中人聲鼎沸驚惶殊甚初八日老湘營總兵王開琳探聞陳湖兩坊踞逆於初七夜竄向上清宮康逆留悍黨萬餘於火田畈一帶爲斷後計王開琳當派壯勇各帶旗幟同河口汎把總楊映春文童方川率紅橋窰山團丁由楊雞

嶺出湖坊搜剿而下約會王德榜從弋陽對岸出珠樹腦攻荷包塘王開琳親統各營自河口拔赴脩文鋪是夜三更羅瑞山喩勝榮王福昌丁長勝康榮詔莫坤和王德權分三路而進黑夜喊殺該逆驚走當將港南賊館一律掃平餘匪遁入火田畈隔岸壘卡天色向曙我軍行過汪二渡見該逆蟻聚卡內前後左右賊館遍樹旗幟康榮詔羅瑞山方友才督隊猛撲該逆憑卡死守施放洋礮我軍以劈山礮轟之互有傷亡各勇奮不顧身一擁而入斃悍逆一百餘名其壘內之賊猶負固不動王開琳揮令各營進拔濠樁賊營洋礮子如雨點我軍陣亡一十餘名絕不少卻以火彈拋入賊壘火發賊潰立平逆壘八座該逆

竄踞山巔整隊抵禦康榮詔羅瑞山王福昌等身先士卒直前猛擊該逆拚死拒戰各館賊並由左右抄出王開琳分兩翼迎敵自督親兵居中策應擒斬甚夥忽右路之賊繞出黃沙港圍裹而來適總兵龔隆貴興安圍紳蔡廷龍水師鄭光耀劉世玉劉廷選吳佑鄖從青沙灣馳至水陸夾擊賊乃大潰我軍追殺七八里康榮詔追及寶峯該逆猶回撲數次百長淩洪江身受重傷裹創血戰賊翻山而遁是日該軍陣亡勇丁二十二名受傷二十九名斃賊二千餘名生擒三百五十餘名奪獲騾馬軍械無算荷包塘之賊見王德榜至隔澗而陣王德榜飭蕭得龍李運勝呂永貴等由上灘跴過畦金城鍾元興等搶過石橋王

德榜以中軍繼進極力衝殺斃賊數百名生擒四十五名奪獲騾馬十餘匹其分踞柜子峯盛源洞者初九日竄距貴溪城十餘里南鄉居民扶老攜幼哭聲盈路總兵孫昌國一面分飭礮船接渡難民一面抽派水勇會同總兵戴奉聘六成早隊及該縣周瀰賢練勇四百敗之於張家橋十一日又敗之五里亭現在鉛山境內一律肅清惟貴溪之盛源洞等處賊尚未退除飭在防諸軍極力掃盪外理合會同協辦大學士兩江督臣曾國藩閩浙督臣左宗棠兵部右侍郎臣彭玉麟恭摺由驛六百里馳陳伏乞
皇太后

皇上聖鑒訓示謹奏

圖復崇仁會剿各逆片

再由上淸宮西竄之賊初九日前隊逼金谿之五里橋署知縣張漢督同團紳劉彝等各帶練勇分路堵截該逆退距城三十里之蕉村一帶其另股於十四日擾及楊貴林東鄉縣李興謨令團紳徐飛鵬等於是夜四鼓率勇潛赴該處分駐山坳天明一擁而出齊聲喊殺該逆倉皇失措棄館而遁殺斃僞應天侯黃飛虎獲其盤金龍袍並斃餘賊數名生擒五名林正揚一股四月二十六日由甯化福村回竄石城之豐山該縣曾繼勳會同千總刁振聲擊退之陣亡兵練九名受傷十七名該逆仍踞福村僞王宗一股除與侍逆合隊外餘匪復由甯化之安遠司

初五初六等日竄近廣昌東南邊界知縣彭芝飭巡檢胡誠志督同局紳湯和羹等於初七日赴守唐坊該逆旋由車口茱萸隘直撲該處南口我勇奮力迎擊生擒僞天安周永全僞天信周永盛暨散賊劉阿四等七名該逆遂退池源山背村中負嵎不出現侍逆大股仍踞崇仁康聽等逆則在貴溪之南金瀘之北劉典以贛河盛漲兼有彭玉麟水師可恃王文瑞分紮永豐樂安西路可無他慮商同江忠朝席寶田先行圖復崇仁而檄王開琳王德榜會剿康逆聽逆探聞鮑超初六日由蕪湖周寬世初十日由祁門先後拔營雨多路阻月底方可抵江護九江鎮萬泰及都司王定國已統標兵抵省理合會同協辦大學士

兩江督臣曾國藩閩浙督臣左宗棠兵部右侍郎臣彭玉麟附

片馳陳伏乞　聖鑒訓示謹奏

江席兩軍會剿崇仁疊勝摺 同治三年六月初八日

奏為江席兩軍會剿崇仁疊獲勝仗恭摺仰祈 聖鑒事竊臣於五月二十日業將各路軍情馳陳在案續據報稱五月十八日席寶田由潘橋軍三山廟二十日江忠朝由長岡圩軍花橋距崇仁十餘里該縣兩城夾峙中隔小河通以黃金橋橋之北為官城橋之南為民城該逆分據兩城城外賊館林立聲勢甚盛二十一日昧爽江忠朝出左路從河之下游進席寶田出右路從河之上游進席軍抵潭湖伏賊突起羅章才周家樑蘇元章分投痛剿邊曉堂舒再元陳柏貴抄出賊後席寶田魏玉彩屈得茂龔繼昌踵至殺賊四五百名而左路尚未見一賊江忠

朝知其將誘我趨援右路以伏賊襲我軍後也飭各營越嶺而進果見賊幟如林我軍槍礮齊施該逆死傷相繼屹立不動花翎遊擊雷昌年怒馬陷陣力竭陣亡各勇乘勢衝入斬黃衣騎賊一賊卻鄭喬隆鄭長來曹復勝追之沿途殲斃數百賊退過田隴忽左路村中白旗蠢擁而來黃仁遺李榮發橫出截擊洋槍如雨藍翎守備鄧在佐死之陣亡勇丁八名我勇憤極爭奮徐艮墺龍萬貴捲旗斜抄賊勢不支遂與右路之賊均縮入官城其民城之賊隔河列隊搖旗喊殺陳鳴志鄧子垣徐生德邊曉堂陳柏貴舒再元等以劈山礮轟之傷斃無數亦退歸民城江忠朝席寶田收隊誘之行不二里回見民城據逆分股由黃

金橋竄入官城我軍嚴陣以待該逆果由東西北三門擁出席軍擊其西同合十餘次賊愈聚愈衆分路包抄藍翎守備黎祖魁藍翎千總朱得英中傷殞命羅章才周家樑韓孝忠裹創血戰唐本有魏玉彩蘇元章龔繼昌邊曉堂陳柏貴斜擊之西門之賊潰江軍擊其東江上喜黃仁遺江忠珀衝入賊陣盡力斫殺東門之賊亦潰徐生德鄧善企馳至北門手刃賊目侍逆死黨猶於城北抗拒並以騎賊百餘循城而西希圖抄襲兩軍悉鋭擊之乃遁入城我勇追逼城根始行收隊是日江軍陣亡勇丁一十八名受傷三十四名擊斃頂天燕龔逆僞十三檢點陳逆僞將軍楊逆鄧逆並步騎賊千二三百名席軍陣亡勇丁九

名受傷五十八名斃賊千六七百名二十四二十五等日江忠朝席寶田進紮距城四里屢挑該逆不出二十七日辰刻徽兩侍逆率二萬餘衆以兩支牽制精毅營以兩支從左路猛攻精捷新左前鋒兩營王政坤黃仁遺等憑壘堅守江忠朝飭李祥松鄭喬隆江上喜徐亘壧江忠珀徐生德李榮發陳鳴志曹復勝分路迎剿席寶田飭邊曉堂陳柏貴熊應文舒再元周家櫟龔繼昌蔣懷清依壘列陣自率羅章才魏玉彩屈得茂蘇元章馳援李祥松鄭喬隆衝入賊隊賊卻復前者數次江上喜鄧善富由後抄出徐士貴卷旗疾趨直搗中堅遂解新左營之圍江忠珀槍斃騎賊二名江上喜復率新左翼橫抄徐士貴匹馬衝

鋒中傷而殞各勇繼之立解前鋒營之圍徐生德李榮發與右
路之賊鏖戰逾時馬被槍傷徒步衝突適羅章才魏玉彩至督
隊猛轟賊死亡相繼勢遂披靡詎侍逆復率大隊衝來蘇元章
率隊斜出席寶田督成定康屈得茂衝入大雨如注槍礮盡溼
賊恃洋槍傷我勇多名藍翎守備顏昌順葉時成藍翎守備銜
千總首成喜藍翎千總曹啟發藍翎把總馬青祥外委唐必華
文得升歐文盛死之李魁連劉德富蔣艮春張達貴沈名高劉
能用王來欽歐福朝劉光才李福初唐春林劉高發陳伯鈺均
受重傷刀矛相接絕不回顧一騎賊督隊指揮蘇元章斃之羣
賊氣奪紛紛敗遁我軍乘勝猛追該逆退據附城卡內是日江

軍受傷勇丁一百五十九名陣亡一十七名席軍陣亡勇丁七
名受傷一百九名共殺賊千三四百名奪獲龍鳳蜈蚣大旗五
十餘面除飭乘勝進攻速復城池外查徐士貴青陽解圍案內
擬保遊擊克復新城弋陽計功應保副將葉時成首成喜青陽
解圍案內均擬保都司克復金谿新城計功均應保遊擊仰懇
天恩敕部將徐士貴照副將葉時成首成喜照遊擊各陣亡例
議卹花翎遊擊雷昌年藍翎守備黎祖魁鄧在佐顏昌順藍翎
千總朱得英曹啟發藍翎把總馬青祥外委唐必華文得升歐
文盛並懇　敕部從優議卹以慰忠魂理合會同協辦大學士
兩江督臣曾國藩閩浙督臣左宗棠兵部右侍郎臣彭玉麟恭

摺由驛六百里馳陳伏乞

皇太后

皇上聖鑒訓示謹奏

恪遵　諭旨視賊所向帶兵迎剿片　同日

再臣承准議政王軍機大臣字寄同治三年五月十二日奉
上諭惲世臨奏江西贛東廣撫建三郡已被賊闌入無險可扼獨贛江尚可憑河設守力保贛西七郡惲世臨前飭王文瑞劉典兩軍分防該處現經沈葆楨將劉典調赴省城恐賊乘虛竄渡收拾愈難請仍令劉典扼守臨江與王文瑞及水師聯絡布置所籌不爲無見惟贛江以東賊氛甚熾省城防範不可稍鬆沈葆楨將劉典一軍調回自係爲回顧根本起見但贛江一帶防兵單薄應否添派勁兵駐紮仍著沈葆楨酌量調派劉典抵省後卽當視賊所向帶兵迎剿不得株守省垣等因欽此查臣

前調劉典晉省原以江右兵力聚於南豐侍康聽等逆夾信河兩岸而下可撫可建亦可徑襲省門劉典本左宗棠援江之師臣接左宗棠來函以劉典勇僅三千且新集之卒難以獨當一面須在章門訓練俟調合舊部乃可進剿適值章門空虛故促其東行期於兩得而侍逆已從撫建中間偷渡橫竄崇宜劉典過臨江爲官民所留遂駐兵臨郡臣改調萬泰來省合計額兵餘丁三千餘人僅敷守堞守門及月城礮臺之用此外主客各勇皆飭赴前敵不敢存擁兵自衛之意然因根本重地守備單薄臣未便出省督戰軍情瞬息萬變往返數百里請示必誤機宜諸將老於戎行較臣多所閱歷故一切進止常令就近察看

情形會商而行未敢動輒遙制現在劉典進紮樂安之弓背墟王文瑞進紮樂安之太平墟皆逼近崇仁已在贛河之東二百餘里劉典王文瑞非不知悍逆數十萬進戰甚危臨江吉安有城分守甚易然坐視民之焚溺心既有所不忍欲長爲畫江固守之計勢亦有所不能何者贛江之長幾及千里沿岸控扼無此兵力春夏盛漲水師可用入秋水落處處淺灘而贛江不足恃矣且信撫均有河道該逆繞越上游卽策馬可渡南贛所屬大略相同春夏所可恃者亦僅吉臨以下耳且江席兩軍逼城而營恃逆以兩次受創嗾悍黨十餘萬希圖一逞尚恃劉典王文瑞遙爲聲援若令回紮吉臨大局立卽決裂其餘前敵各營

均難調赴散地主客兵餉毫無所出贛江以西除各郡縣截留地丁募勇守城輔以團練外實難再行添募勁旅前者劉典請咨調醴陵各營進紮袁臨之閒惲世臨以防兵單薄爲辭可知時勢各有所難臣之不能使劉典王文瑞舍前敵而專顧楚南門戶猶惲世臨不能抽醴陵之戍以兼顧袁臨也江右將領籍隸楚南者十蓋八九斷無樂於驅賊入湘之理日內提督鮑超亦繞赴瑞臨進規崇仁以取迎頭之勢目前贛西似可無慮賊情叵測非臣之愚所能豫知當其甫棄舊巢人人皆以流寇目之故賊所至之地或斂兵以待其自去賊所未至之地咸惴惴有以鄰爲壑之虞惟左宗棠貽臣書曰假令金陵速克或別是

一局否則必以西江爲窟穴與金陵相首尾等語今合前後賊勢觀之賊之受創入閩也充斥汀州所屬閩地險瘠非所樂居然由汀而潮咫尺耳卽由汀而贛以達桂陽桂東亦復不遠且可直下吉臨潮贛均無重兵乃該逆兩股觀望徘徊仍先後回竄江右恃逆力攻撫建不下橫竄崇宜此時新淦樂安均未有兵儘可直逼贛江乃該逆不過崇宜一步現在東西兩路大有築長圍以困撫建之勢知左宗棠料敵之審迴異尋常也撫建雖危城幸存四鄉蹂躪不堪言狀來省乞援者文武則羽書雪片紳民則環訴輿前臣愧恨之餘批答筆不能下斷無因其已被闌入視同破甑置之不顧之理惟有恪遵

諭旨激勵諸將視賊所向帶兵迎剿不得株守以期稍慰　宸

廑理合附片覆陳伏乞　聖鑒訓示謹奏

王沐中伏失利請予寬免處分片同日

再上清宮之賊大股竄入金谿黃通山自附城各鄉打館至於許灣叉分股從瀘溪繞至新城界上劉于潯派師船扼紮許灣五月二十夜施從善挑奮勇百人赴蕭公廟潛劫賊營施從善大呼搶入縱火焚燒破其一壘餘壘之賊悉遁河水消退師船駛回撫州二十六一日金谿紳士赴繼果營請援二十二子刻王沐出隊千六百人黎明行距許灣四五里之斜頭丁姓詎康逆擁二萬餘衆乘夜分伏各村我軍猛進遂入伏中該逆蠭擁而至分路猛撲王沐揮令將士連轟槍礮該逆愈聚愈衆打開一層又裹一層花翎參將劉志友花翎遊擊銜都司方桂蘭藍翎

守備尹秀南補用守備劉長勝千總邱喜柏沈發堂把總黃國順趙清賢萬桂齋吳禮發潘玉成外委孟得勝鍾細帆王桂林何得勝李萬勝馮雲輝張得標陳得勝楊宗發龍茂勝劉楨祥等拚死決鬬殺出重圍中傷殞命各勇乘勢衝出且戰且退斬騎賊十餘步賊百餘至下馬山劉于潯派熊得勝等馳至合力抵禦復斃先鋒悍賊數名賊乃退是日繼果營勇丁陣亡八十七名受傷七十四名二十九日河水盛漲劉于潯親督師船擊之於許灣斃賊無算奪船十數號鳧水逃命者淹死尤衆其僞王宗李逆餘黨盤踞廣昌之池源山五月十一日巡檢胡誠志把總陳朝聘擊之轟斃賊目二名該逆頭隊十二日竄蘇溪十

三日知縣彭芝同都司于宣敗之胡誠志又敗之於池源擒賊目陳巳善等斬之林正揚一股踞甯化之福村十五日石城縣會繼勳乘夜攻之斬馘七名生擒一名奪大旗三面陣亡團勇七名受傷十一名該逆遂相率下竄與南豐賊合侍逆以崇仁圍急嗾南豐宜黃悍逆由上頓渡過河而東聲言攻撫州以斷江席兩軍糧道劉于潯派隊馳至過河之賊已數百名浮橋將成矣總兵胡占魁副將施從善許成化都司熊得勝奮勇衝殺賊驚潰斬斃溺斃無算僞順天幅黃光明猶率悍黨力拒胡占魁親擒之並捉悍逆十三名救出難民七八百名該逆仍踞河西金谿之賊復分踞東鄉各村王德榜現紮安仁之鄧埠王開

琳由弋陽西下周寬世本月初一日由省拔赴進賢約期會剿

伏查統領繼果營道員王沐中伏失利咎無可辭惟賊勢浩大擁兵觀望者易於藉口該道尚稱敢戰此次蹉跌實衆寡不敵所致相應仰懇

天恩逾格准予寬免處分以觀後效所有陣亡之花翎參將劉志友花翎遊擊銜都司方桂蘭藍翎守備尹秀南補用守備劉長勝千總邱喜柏沈發堂把總黃國順趙清賢萬桂齋吳禮發潘玉成外委孟得勝鍾細帆王桂林何得勝李萬勝馮雲輝張得標楊宗發陳得勝龍茂勝劉楨祥力戰捐軀殊堪憫惻應請

敕部從優議卹以慰忠魂理合會同協辦大學士兩江督臣曾

國藩閩浙督臣左宗棠兵部右侍郎臣彭玉麟附片馳陳伏乞
聖鑒訓示謹奏

席寶田暫行革職片同日

再臣承准議政王軍機大臣字寄同治三年五月初十日奉
上諭官軍圍攻南豐追至城下守備楊明發等奪門而入攀堞
而登均經中槍殞命該縣城池未能即復是否後隊不克繼進
以致未能得手等因欽此當經飭查去後茲據席寶田稟稱南
豐城堅賊衆三月二十六四月初五等日會合各軍猛戰之後
乘勢合圍賊已坐困詎後股踵至渡過信河席寶田因建昌緊
急四月初七日移紮百花亭當以韓營勢孤恐賊來犯初八日
寅刻派隊馳伏韓營之左辰刻賊果傾巢而來兩軍齊起殺賊
賊潰韓軍由右路該營由左路如牆而進直偪城根楊明發等

中槍殞命各勇猶奮不顧身盡力轟擊城上槍礮如雨又被傷亡數十人阻不能進以致未能得手並非後隊不繼惟身膺統領受任無功請從嚴參辦以勵諸將等情臣查南豐之圍席寶田爲各營領袖未能出奇制勝速復城池不無應得之咎相應

請

旨將該臬司暫行革職責令立功自贖至臣濫竊疆寄調度乖舛致撫建各屬生靈慘遭塗炭上累　宸廑厥咎尤重相應請

旨將臣從重治罪以昭炯戒謹附片馳陳伏乞　聖鑒訓示不

勝惶悚待命之至謹奏

水陸各軍掃淸貴溪地面賊壘摺 同日

奏爲水陸各軍掃淸貴溪地面賊壘恭摺仰祈　聖鑒事竊貴溪盛源洞等處之賊分踞小港一帶築壘修卡圖困孤城五月十二夜孫昌國飭礮船駛赴黃土墩並派水勇會同戴奉聘早隊及貴溪縣周瑚賢練勇渡河前進乘夜鳴號放礮該逆倉皇失措頭隊卽竄向上淸宮其張家橋嚴魚橋踞逆亦各駭散暗中猝遇自相殘殺不少十三夜孫昌國派隊數十復赴黃土墩燃更香數百枝於山谷閒該逆以爲我軍復出是路也整隊對香火猛施槍礮水陸各勇已由上坊渡過河至陳家嶺仙人橋聞黃土墩一帶礮聲遂乘虛撲卡而入擒斬甚多黃土墩之賊

亦潰十八日孫昌國親督礮船由小港駛抵坡岡遇賊開礮轟擊賊匿不出適陸師由石前挂榜山沖至會合搜殺賊退丁家橋二十日盛源洞之賊因官軍連日攻擊又聞王德榜全軍由弋陽拔下在於樟槎袁家壩趕造浮橋孫昌國戴奉聘及貴溪縣典史黃啟元當卽各統所部分路而進斬賊尾隊數百人賊退鷹潭二十一日孫昌國又赴鷹潭擊之賊退羅田岡上及鄧家埠等處王德榜進紮安仁二十二日令戴奉聘駐鷹潭出六成隊約會孫昌國以水勇登陸助之一面飭蕭得龍呂永貴攻羅田李運勝黎榮鈞何秀清攻岡上鍾元興李運龍搜殺各村館賊該逆彼此不能相顧戴奉聘孫昌國適從白鷺港猛攻直

前各營乘勢掩殺斃賊四百餘名戴奉聘等遂軍於楊四池王德榜於是夜四鼓親統各營三成隊並胡傳釗鍾世禄馬隊由安仁南渡孫昌國亦駛赴鄧家埠小河以備攔截二十三日昧爽陸師齊隊於楊四池王德榜令王德權蕭得龍呂永貴戴奉聘李運勝何秀清鍾元興分三路進勦王德榜督同胡傳釗等居中策應並以安仁團勇百四十名嚮導詎鄧家埠踞逆先於二十二夜搭造浮橋陸續奔竄見我軍至紛紛搶渡橋忽漂散淹斃無數未渡之賊經王德權蕭得龍等三面環攻及孫昌國水師轟擊共斃五百餘名解散尤夥貴溪賊壘一律肅清除戴奉聘所部應由左宗棠查明請獎外所有尤爲出力之提督銜

記名總兵孫昌國可否　交軍機處記名遇有提督缺出請
旨簡放現報丁憂之本任貴溪縣新授吉安府知府周溯賢可否俟服闋後以道員仍歸江西補用花翎道銜江西儘先補用知府王德權可否以道員仍留江西儘先補用其餘出力員弁勇丁可否容臣擇尤彙案請獎出自
逾格鴻施理合會同協辦大學士兩江督臣曾國藩閩浙督臣左宗棠兵部右侍郎臣彭玉麟恭摺馳陳伏乞
皇太后
皇上聖鑒訓示謹奏

克勇會合各軍擊賊疊勝摺 同治三年六月二十一日

奏爲克勇會合精毅祥字等軍擊賊疊勝恭摺馳陳仰祈 聖鑒事竊據報稱僞老王宗李元茂糾合南豐股逆下竄盤據鐵子嶺一帶爲崇逆聲援初四日擾及蓮塘去弓背墟軍營八里劉典擊之退夏坊袁家山初六日劉典令劉勝祥等攻袁家山劉大謨等攻夏坊自率陳鴻藻等防鐵子嶺共斃賊三百餘名生擒四十餘名並斃其瑗天燕趙志篤其分據羅陂者初六日圖犯席營席寶田掩殺二百餘名生擒十三名初七日昧爽劉典督劉勝祥等三路並進行抵馬坪該逆萬餘由李村擁至我軍猛施槍礮鏖戰逾時賊皃水遁我軍乘勝追殺賊由鐵子嶺

抄來郭立本擊卻之殺斃溺斃共五百餘名解散千餘名奪獲騾馬二十餘匹當將李村賊館掃平據生擒賊供該逆議於初十日來撲弓背墟營壘劉典約席寶田夾擊是日席軍至而賊不果來遂會議進勦十一日劉典出桃嶺抵袁家山該逆列陣以待劉敬廷首先衝陣該逆死拒分股從右路抄出劉大謨鍾九如楊懷瑾佘佑民佘濃升劉倬雲擊敗右路乘勢直前破其重卡賊遁追殺及河水爲之赤下竄一股經陳鴻藻曾傑山文首南戴雲輝等截殺無一脫者正在斂隊張坊之賊隔河列陣搖旗喊殺李光瑩郭立本鄒長發袁鳴盛杜雲驤楊開甲唐少溪以劈山礮轟之斃龍旗賊目一羣賊二百餘名賊乃遁席寶

田出鐵子嶺之左賊據嶺而陳陳柏貴屈得茂氂賊數十於山腰賊少卻席寶田令親兵從嶺側卷旗而上陳柏貴等督隊猛進賊敗據嶺後時邊曉堂唐本有襲據嶺右山岡悍賊數千突從山背來犯我軍擊卻之邊曉堂乘勝下撲其館唐本有率中軍橫過鐵子嶺後賊驚潰陳柏貴屈得茂跟蹤緊追蘇元章蔣懷清率隊抄出王學開唐湘輝裹創力戰前後夾擊殺賊甚夥劉勝祥出鐵子嶺之右甫抵嶺下賊分股迎敵劉勝祥令鄒興發劉承汲繞其左張集雲江宗艮姜秀瀾居中拒戰自統蔣大周張世俊吳世修楊夢龍出右路橫擊並分隊環列山頭四面策應布置甫定賊即向前猛撲劉勝祥督同張集雲蔣大周等

猛施槍礮賊恃洋槍盡力轟擊鄒興發劉承汲馳至賊館縱火焚燒賊見火起乃遁劉勝祥追之及河而復是日克勇陣亡九名受傷四十八名斃賊千餘名席軍受傷勇丁十八名斃賊千餘名生擒八十餘名祥營受傷勇丁三名斃賊四百餘名生擒十餘名鐵子嶺一帶賊館一律肅清除移飭相機勦辦外理合會同協辦大學士兩江督臣曾國藩閩浙督臣左宗棠兵部右侍郎臣彭玉麟恭摺馳陳伏乞

皇太后

皇上聖鑒訓示謹奏

探聞金谿東鄉被擾片 同日

再探聞金谿東鄉城池業經被擾初一日王德榜由馬岡嶺渡河行抵梅坑橋遇賊數百擒斬過半追至河坊館賊驚惶出走沿途掃蕩共平逆館十二處殺賊四百餘名生擒僞天燕黃正魁等初十日周寬世由進賢移紮將軍嶺十二日午後派隊赴東鄉城邊踩看地勢四山賊旗突出周寬世分三路迎敵賊卻城賊復傾巢出戰周寬世奮擊退之詎該逆從斜谷衝出一股攻撲營壘周寬世督勇回援各營見周寬世至開門夾擊賊退入營甫定復悉鋭來犯我軍憑壘堅守該逆徹夜環攻昧爽周寬世乘其懈擊之賊遂潰散追殺數里斃賊三百餘名勇丁陣

亡三十餘名受傷一百餘名其臨崇交界上頓渡之賊憑河築壘胡占魁施從善與之堅持初四夜劉于潯添派水陸哨隊暨撫防練勇助之並約會王沐普承忠馳往接應初五日陸師抵上頓渡該逆列隊河干張金榜奮勇前驅王沐普承忠吳邦樞揭鴻升熊克勝熊得勝郭子奇分路猛進賊縮入壘專以洋槍抵禦我軍亦分伏民房穴牆放礮斃賊百餘名張金耀以飛划繞撲賊壘賊潛從下游涉淺逼奪划船許成化派隊搶護張金耀飛槳而上會合轟擊賊計阻而遁上頓渡一帶肅清初七夜王沐聞許灣踞逆謀將渡河督隊伏於木瓜橋五鼓乘其半渡擊之賊遁初十夜探該逆仍圖過許灣搶割田禾劉于潯令蔡

康業萬立松率師船士駛胡占魁施從善等沿河迎擊王沐曾承忠亦陣於千金陂對岸十一日黎明蔡康業等抵流坊遇賊各發巨礮環轟該逆不支乃以另股繞赴河東灣圖犯文昌橋劉于潯令黃名揚王耀亮回援斃頭旗悍賊數名乃退現王開琳王德榜已移駐七星橋與周寬世合圖東鄉俟東鄉克後即乘勝規復金谿除飭局查明金谿東鄉被擾情形並文武下落外理合會同協辦大學士兩江督臣曾國藩閩浙督臣左宗棠兵部右侍郎臣彭玉麟附片馳陳伏乞聖鑒訓示謹奏

江席兩軍力攻崇仁疊勝摺同日

奏爲江席兩軍力攻崇仁血戰疊勝恭摺仰祈聖鑒事竊臣沈葆楨於六月初八日業將各路軍情馳陳在案續據報稱侍逆盤踞崇仁五月三十六月初一等日挑之不出初二夜賊於附城偷築六壘初三日江忠朝席寶田攻之賊憑壘死守城逆以大股循河而下希圖抄襲江忠朝抽隊截擊賊退民城初四日江忠朝席寶田復攻其壘熊應文舒再元策馬直前各營繼進正在猛撲城賊分門抄出江軍擊其左徐艮壞鄭長來直擣中堅賊施洋槍子如雨點鄭長來裹創血戰徐生德江忠珀率隊抄之前股賊敗後股接戰陳鳴志鄧善居鄭喬隆與之回合

十餘次賊不少卻鄭喬隆怒馬刃悍賊數名左足被創黃仁遺王高來曹復勝衝入賊陣江忠朝飭鄧子垣徐生德分路繞擊後股之賊亦敗另股由河干潛出李祥松馳往截擊坐馬中槍徒步衝突賊不得前王政坤鄧善富率兩營助之賊分枝相拒鄧在倫李榮發督隊橫抄河干賊潰而前股敗賊又復回戰我軍合力蹙之所殺不可勝計騎賊二百餘拚死來援王高來劉長珀譚茂高夏春實陳先昭江凱旋戴學義楊觀寶均中槍傷江忠朝督鄧善燮李昌連江忠倬以劈山礮轟之斃十餘騎左路之賊遂縮入城席軍擊其右蔣懷清陳柏貴首先陷陣盡力斫殺龔繼昌蘇元章張兩翼繼進賊退據高阜我軍襲其後賊

屍山積遂棄高阜退阻泥淹而陳我軍據高阜對施槍礮相去僅二三十步閒以矢石忽侍逆大股向熊應文猛撲熊應文唐本有力戰卻之席寶田督親兵轟劈山礮視僞侍府賊旗所向擊之斃一賊復一賊搴旗死拒有一旗更至數十賊者羅章才設伏以待屈得茂誘令深入伏兵突起殪其前鋒時城中又出悍黨數千蔣懷清陳柏貴龔繼昌蘇元章屈得茂分隊截擊殺賊數百何東山呂光榮蔣桂元力戰死之郭時早劉庚煥蔣建勝均受重傷向國琛王貴德率槍隊繞出賊後奮勇齊轟賊驚潰熊應文唐本有向前猛擊邊曉堂周家樑魏玉彩抄偪城根右路之賊亦縮入城是日江軍陣亡勇丁十一名受傷者一百

一十名席軍陣亡勇丁十九名受傷四百餘名共斃賊四千餘名擄生擒賊供侍逆右臂受傷所斃賊目不少初七日昧爽江忠朝分令各營進取賊壘圍攻逾時城賊復分出應援江忠朝督黃仁遺徐生德鄧善居牽制壘賊而令徐艮璈江忠珀陳鳴志曹復勝擊右路王政坤江上喜李祥松鄧子垣擊左路徐艮璈江忠珀卷旗疾趨曹復勝等繼之賊屹立不動王政坤江上喜陳於高阜鄧子垣李祥松分伏伺之該逆以前隊拒戰分股由後包抄李祥松等突起迎擊賊少卻江忠朝當飭李榮發徐生德分投應援李榮發怒馬馳至斬執旗賊一與王政坤等併力掃蕩左路之賊潰徐生德馳赴右路攔腰截殺江忠珀等乘

勢衝突右路之賊亦潰時壘賊潛從壘後斜出江忠朝督黃仁
遺江忠倬鄧善居擊之不得與城賊合詎右路復出大股糾集
敗賊分路來犯適席寶田派邊曉堂龔繼昌周家樑陳柏貴熊
應文屈得茂魏玉彩羅章才蘇元章蔣懷清舒再元等馳至兩
軍合剿賊乃大敗追至城下始行收隊是日江軍陣亡勇丁八
名受傷哨官徐士林唐占彪徐士安三名勇丁七十一名斃賊
二千餘名除飭乘勝進攻速復城池外所有陣亡之藍翎把總
何東山呂光榮藍翎外委蔣桂元相應仰懇
天恩敕部從優議卹以慰忠魂理合會同協辦大學士兩江督
臣曾國藩閩浙督臣左宗棠兵部右侍郎臣彭玉麟恭摺由驛

六百里馳奏伏乞

皇太后

皇上聖鑒訓示謹奏

官軍會剿崇仁掃平賊壘摺同治三年七月初五日

奏爲官軍會剿崇仁掃平賊壘恭摺仰祈　聖鑒事竊臣於六月二十一日業將各路軍情會摺馳陳在案續據報稱六月十二夜崇仁股逆繞由左港過河圖襲精捷營軍後江忠朝飭徐生德等乘夜馳往黎明掩入各村併力搜殺逼之於河槍斃溺斃數百名援賊麕集對岸徐生德以馬隊陳高阜步隊伏林中午後騎賊涉淺而渡餘賊搶近河干何應祺等礮斃騎賊並悍酋數十名賊退十六日城中出數萬賊來犯江忠朝席寶田各派六成隊擊之鏖戰竟日斃賊千七百餘名是夜賊於城外添築七壘十七日江忠朝席寶田督隊進攻賊陳嶺上轟礮抵拒

江軍擊其左鄧在倫鄧善燮斬大旗賊乘勢衝上鄧善富江上
喜李榮發王政坤領隊飛登奪據其嶺蕭高發田榮顯鄧新維
徐士蛟溫克裕郭昌武陳明勤裹創血戰鄧子垣等分路猛撲
賊於嶺下回拒黃仁遺等環擲火彈燒斃無算左路之賊潰席
軍擊其右羅章才等擒斬悍酋並餘賊三百餘名唐本有陳柏
貴橫出夾擊賊梟水遁我軍追之賊以另股抄襲我後唐本有
等分投迎擊席寶田以親兵助之賊敗侍逆復集悍黨來戰羅
章才王學開彭英華向國義陶梧華蕭元陞張正祥易光輝賴
克升蔣元魁劉得護均受重傷李發祥卿忠林死之席寶田調
集劈山礮左右環攻韓孝忠怒馬陷陣縱橫盪決右路之賊亦

潰江軍勇丁陣亡九名受傷六十九名席軍勇丁陣亡八名受
傷一百六十餘名共斃賊二千餘名生擒二十七名解散千餘
名是晚探聞該逆繞竄潘橋秀才埠一帶劉典以江席兩軍後
路堪虞派文首南戴雲輝陳鴻藻劉勝祥由公坡馳赴席營協
勦十八日城逆傾巢而出攻撲席軍前鋒營花籬木樁頃刻拔
盡陶正玉等憑壘堅守以劈山礮擡槍小槍連環轟擊該逆前
隊傷亡後股繼進龔繼昌周家樑從左右山坡飛馬馳至將賊
衝爲數段陶正玉等開門出戰賊退對面山岡席寶田督同劉
勝祥陳鴻藻等分路齊進賊首尾不能相顧奪路狂奔方賊之
犯右路也江忠朝知賊必伏左路乘閒襲我飭各營嚴防遙爲

席軍聲援部勒甫定賊果突起鄧子垣等擊敗之擒斬無數是日席軍受傷哨官童有春唐三友胡交春朱明登舒培發五名陣亡勇丁三名受傷五十七名江忠朝於是夜四鼓傳令各營襲攻賊壘並約會席寶田率隊夾擊鼓角一聲左路黃仁遺鄧善燮撲過賊濠斬關而入江忠珀等繼之遇賊卽斫立將賊壘三座踏平各路伏兵爭出賊翻山而走我軍乘勢破賊卡十餘處天色向曙城賊又出萬餘由西門抄至我軍據嶺而陳賊趨繞嶺側張安南曹仕廷力戰死之王高來劉能用陳志美劉賢季李宏恭楊官寶楊通接何得貴李德華傳求盛朱榮首王全福陳周達中槍猶奮力衝殺李祥松徐生德徐艮堿連環轟礮

擊中僞王宗李元茂左肩餘賊應聲而仆賊乃敗退右路魏玉彩龔繼昌匹馬當先進逼賊壘賊施洋槍死拒劉勝祥蘇元章屈得茂唐本有冒煙衝入立平四壘忽馬步賊數千從林間突出唐本有熊應文斜刺而入文首南陳鴻藻邊曉堂陳柏貴劉建業督隊繼進賊勢披靡劉勝祥徑搗附城賊壘魏玉彩屈得茂龔繼昌蘇元章周家樑席啟星韓孝忠助之併力環攻賊負牆拒戰正在相持侍逆復率悍黨數千來援張宜敏何啟山劉其華力戰陣亡唐本有等分軍縱擊侍逆乃退是日江軍勇丁陣亡二十名受傷二百二十名席軍勇丁陣亡四名受傷六十二名祥營勇丁受傷四十餘名共斃賊二千餘名生擒十餘名

除飭乘勝進攻外所有陣亡藍翎都司何啟山藍翎守備張宜敏藍翎千總張安南藍翎把總李發祥藍翎外委曹仕廷外委卿忠林劉其華相應仰懇
天恩敕部從優議䘏以慰忠魂理合會同協辦大學士兩江督臣曾國藩閩浙督臣左宗棠兵部右侍郎臣彭玉麟恭摺由驛六百里馳奏伏乞
皇太后
皇上聖鑒訓示再此摺由臣沈葆楨主稿合併陳明謹奏

先勦許灣片 同日

再鮑超於六月十七日由豐城拔赴橋東適花旗股匪從南豐閼道來援崇仁繞犯秀才埠鮑超擊之擒斬數百名賊遁歸崇仁王開琳王德榜均於二十一日移駐老虎岡距東鄉城十里甫經築壘城賊卽繞出左右山背另以馬步千餘出中路挑戰王開琳督親兵禦之相持竟日賊乃退傍晚山背之賊忽鼓譟出負擋牌數百面撲營王福昌莫坤和丁長勝環轟槍礮斃賊二百餘名賊拚死衝入營門丁長勝身中矛傷督令士卒極力痛殺賊卻復前者數次夜半猶四面環攻王開琳令康榮詔龔隆貴領槍隊馳往羅瑞山喩勝榮方友才抄出賊後王福昌莫

坤和丁長勝乘勢殺出賊棄擋牌而遁我軍追殺里許復斃賊二百餘名王德榜探知賊至飭哈必發王松泉張金榜伏於蕭得龍戴奉聘黎榮鈞等營之前並令李運勝以奮勇三百人由何村斜刺而入部勒甫定賊從蕭得龍等壘後繞出哈必發突起擊之賊敗掩殺二百餘名生擒九名李運勝抄至城根途遇敗賊斬馘尤夥老湘營勇丁陣亡二名受傷二十一名金谿踞逆擾及南城北鄉大路游一帶十七日韓進春令董德春等帶隊進剿賊聞風先遁是晚董德春等軍於界山青麻探聞僞朝將黃逆率黨數千復由大路游竄近曾家李家等村董德春四更出隊三面圍攻賊驚潰追殺百餘名生擒六名勇丁受傷三

名探聞康逆聚悍黨於許灣爲崇仁聲援臣檄鮑超由撫州先
剿許灣調王沐移紮崇仁豐城之交以固江席兩軍後路理合
會同協辦大學士兩江督臣曾國藩閩浙督臣左宗棠兵部右
侍郎臣彭玉麟附片馳陳伏乞
聖鑒訓示謹奏

黃仁遺並無怨望情事片 同治三年七月廿二日

再臣沈葆楨欽奉

上諭沈葆楨奏請將驕妄之記名提督革職留營等語記名提督黃仁遺徇庇滋事勇丁屢次違犯將令且於謁見江忠朝時肆行謾罵不顧而去實屬膽大妄爲姑念該提督平日臨陣尚屬奮勇著從寬卽行革職仍勒令在江忠朝軍營効力以觀後效其滋事勇丁仍著嚴拏懲辦以肅軍律等因欽此欽遵轉行去後茲准江忠朝咨稱折斷令箭之勇丁伍太勝攜帶婦女之李大旗均經黃仁遺拏獲正法在臨川縣强保遊勇之王必魁亦經黃仁遺革伍割耳遊營示衆黃仁遺被參之後深知愧悔

東勇整隊均極認眞此次逼城而軍身當前敵衝鋒陷陣所向披靡並無怨望情事請予覆奏前來臣覆查無異理合會同協辦大學士兩江督臣曾國藩閩浙督臣左宗棠兵部右侍郎臣彭玉麟附片馳陳伏乞 聖鑒訓示謹奏

籌防東路情形摺同治三年八月廿三日

奏爲籌防東路情形恭摺仰祈　聖鑒事竊江省自撫建各屬疊遭蹂躪各軍累月血戰苦與相持值金陵大功告成甚慮湖州堵輔各酋無可返顧勢將接踵而至江省應接不暇大局幾不堪設想幸提臣鮑超許灣一戰摧强寇十數萬軍威大振羣逆膽寒各城因而次第克復又經鮑超收降陳炳文六七萬衆疊克金谿南豐新城賊燄頓衰乃相率西遁當時湖州尚未蠢動自應席全勝之勢期於殲盡以免貽患鄰封是以臣楊岳斌親督各軍極力跟追並飭江忠朝王文瑞等繞赴上游以杜其竄楚竄粵之路嗣閩浙督臣左宗棠以湖州賊勢日蹙調回王

開琳一軍紮開化之馬金王德榜一軍紮婺源之江灣以備兜擊臣沈葆楨旋據各路探報湖州於七月二十六日克復乃商請鮑超暫駐建昌從緩西行飛咨臣楊岳斌妥籌兼顧繼准左宗棠咨已嚴飭各軍分路追勦務將此股肅清惟賊悍且多隘口林立廣饒防兵單薄大屬可虞臣沈葆楨飛調席寶田韓進春由南豐馳赴安仁視賊所向合力迎勦並飭劉于潯將駐防豐城之戰船泝守昌江平江水師駛回廣信以收夾擊之效乃發劄後疊據席寶田韓進春稟報已拔隊西馳能否折而東趨自應由臣楊岳斌察看西路情形酌量辦理且續據探報賊已棄廣德越甯國分道並進各軍往返千里終慮緩不濟急茲准

鮑超函開擬由撫州至東鄉探明賊蹤進勦復准劉典咨開已於八月初五日由甯都拔營前赴婺源得此兩軍東路可恃無恐除飛催幫辦臣劉典提臣鮑超迅速前進相機迎勦外謹將籌防東路情形會同協辦大學士兩江督臣曾國藩閩浙督臣左宗棠兵部右侍郎臣彭玉麟恭摺由驛六百里馳奏伏乞

皇太后

皇上聖鑒訓示謹奏

信防軍情喫緊現籌進勦情形摺同治三年八月二十七日

奏爲信防軍情喫緊現籌進勦情形恭摺仰祈聖鑒事竊臣等於本月十三日業將籌防東路情形會摺馳陳在案提臣鮑超本擬由東鄉前進嗣聞該逆爲徽軍所擊遁湻安境上復爲浙軍所擊又折入徽鮑超慮饒景兵單且天氣漸寒軍士思晉省製備衣履鮑超適亦感冒遂來省就醫擬由省門以出饒景茲據報稱該逆已從開化之華埠闌入江境二十二日至徐村喬村距玉山縣城僅三四十里鮑超以該逆仍循侍逆康逆故道入江必由撫建而西句結前股蔓延爲患若不及早撲滅不特西江糜爛卽東南大局深恐復形決裂因定於本月二十九

日力疾啟行出貴溪金谿之閒確探賊蹤迎頭兜擊劉典由撫州來省與臣沈葆楨商議一切先於本月二十四日起程其所部士卒逕由東鄉進發已抵貴溪現在信郡及玉廣兩城均有守兵尚可自固再得鮑超劉典兩軍趕到冀得合力殲盡上慰

宸廑除再確探情形續行具奏外謹會同協辦大學士兩江督臣曾國藩閩浙督臣左宗棠兵部右侍郎臣彭玉麟恭摺由驛六百里馳奏伏乞

皇太后

皇上聖鑒訓示謹奏

廣信地面一律肅清摺同治三年九月十一日

奏爲東路主客各軍窮追痛剿廣信地面一律肅清恭摺仰祈

聖鑒事竊臣於八月二十七日業將信防喫緊情形會摺馳陳在案續據報稱賊踞玉山之喬村徐村等處綿亙數十里二十三日黎明林珠督清勇陳開楚等督仁右營齊抵喬村殺賊百餘名乘勝衝至徐村殲斃僞禮王生擒僞天將鄭得志賊由貢口渡河而遁我軍躡蹤緊追淹斃殺斃無算至童子嶺賊忽回顧陳開楚林珠等急擊之僞丞相馬勝祥方七耳以五百餘人降餘賊竄太平橋繞江山界以出廣豐是日仁右營勇丁受傷十三名共擒長髮二十餘名解散難民三百餘名二十四日辰

刻顧雲彩親統仁右營會林珠擊賊於廣豐之施村斃黃馬褂賊目一羣賊百餘賊陣仍屹立不動曾光榮吳有愛何明德怒馬陷陣均中槍傷何明德登時殞命顧文福陳開楚伍必煥各以精鋭抄出其後賊乃大潰是日仁右營勇丁陣亡二十五名受傷七十七名清勇及玉山縣親兵受傷四名共斃賊千餘名生擒二百餘名救出難民數百名二十五日寅刻顧雲彩追至六都賊望旗而潰沿途砍殺賊屍枕藉至五都逼諸河截其尾隊悉數斬之張岳齡探聞賊至玉山派李佑厚扼大南橋賊繞由施村排山竄縣東之杉溪張岳齡督七成隊以興字營弁勇謝榮勝等嚮導分路前進二十五日卯刻單綏福行近杉溪該

逆正由浮橋過河單綏福開礮轟擊都司吳得意張斐文怒馬衝入裹創血戰賊卻突出花旗百餘騎拚死搏鬭敗賊因復回撲我軍以劈山礮環擊逾時蕭賞謙從街後抄來黃儲寶從河邊截出斫斃渾天侯賴德元並賊目多名單綏福領隊猛進縱橫盪決賊大亂李佑厚乘之有數十騎擁一逆酋奪路狂奔李佑厚令槍礮隊曰視吾洋槍所向同時並發逆酋及其親騎人馬俱斃檢屍旁黃包袱得其黃緞繡龍袍韡風帽全套並僞印二顆一刊御賜統領南方主帥一刊昭王黃文英各字樣羣賊驚惶失措紛紛投水其沿河下竄者經單綏福蕭賞謙兩岸圍殲無一得脫張岳齡乘勝馳赴五都二十三都一帶沿途追殺

復斃兩廣老賊全天義雱天安等數十名是日我軍受傷勇丁二十三名斃賊千餘名生擒三百餘名奪獲賊馬五十三匹洋槍洋礮一百餘桿此仁右營平江營及清勇在玉廣界上擊賊疊勝之實在情形也王德榜王開琳劉明珍由浙掃蕩入江八月二十二日王德榜王開琳擊賊於七都球殺廣賊九百餘名二十三日劉明珍擊賊於草坪收降二萬餘人王開琳擊賊於茅畈生擒四百餘名收降九百餘名王德榜擊賊於大橋殺二百餘名賊退江玉交界之新塘邊王德榜逼賊館而軍是夜僞天神黃福泰僞天義詹福龍陸義泛僞天福丁天福劉三元李金星以六千人降二十五日劉明珍進勦玉山之八都斬馘甚

夥王德榜進斵新塘邊壁陣相持有二酋穿黃馬褂者降卒指曰此洪福瑱之堂兄洪元珍李遠繼之姪李金信也戴奉聘蕭得龍縱馬斬之王德權李運勝左右包抄斃賊千餘名生擒五十三名奪獲騾馬二百七十餘匹僞印八十三顆王開琳於二十四日拔抵廣豐乘夜出隊將及五都髮探回報花旗羣賊正擁僞幼主而行王開琳馳出賊前賊以洋槍隊死拒我勇傷三十餘人都司謝吉祥死之丁長勝羅瑞山郭德馨莫坤和方友才魏友盛等身先士卒斬悍賊數百人賊卻復前者數次俄礮斃僞尊王劉逆賊潰是日老湘營斃賊千餘名生擒四百餘名奪獲騾馬五十餘匹二十六日安武軍追賊於溪邊沙頭等處

均有斬獲王開琳馳抵鐵山賊造飯未熟焚村而遁截殺百餘名是夜王開琳飭朱義和李林魁督奮勇八百餘人疾進大隊繼之五鼓近上瀘畈探稱前股已去後股打館對河朱義和等分隊從上下游潛渡中路留勇數人隔河鳴號賊倉皇出走截殺四五百名追至谷口憑險回拒陣亡勇丁一名受傷十餘名我軍奮擊又斃賊百餘名該逆且戰且走至鉛山界天色平明登山望我軍人少復拚死返撲忽見大隊馳至鬨然而散沿途復斃賊數百名有廣賊數十陷入谷中伏地受刃此長左老湘安武各軍在玉廣饒鉛界上擊賊獲勝之實在情形也提督黃少春統克勇疾馳與王德榜及劉明珍所部之喬中岳等二十

七日會於河口知賊之必趨湖坊也二十八日黄少春帶降人吳定邦以河口汛把總楊映春爲嚮導出走馬畈王德榜出修文埠喬中岳出柴家埠抵湖坊該逆望見吳定邦旗幟知投誠之可免死也僞王宗譚乾元譚慶元譚文元譚士元譚環天安張先發珪天福曹天樂疇天燕張光明等以三千餘人降僞天將吳紹全以八百餘人降黄少春令曰眞降者左袒擊賊譚乾元等倒戈衝殺賊敗入村中戴奉聘喬中岳亦各有受降遂分三路進擊殺悍賊千餘名李運勝生擒僞譽王李瑞生據降人指稱該逆爲李遠繼之兄洪秀全訓蒙時所授讀者也洪福瑱棄黄風帽黄馬褂與羣逆攀崖而遁馬匹器械沿途塡委是夜我

軍追及於距陳坊十里之荒山將士於山下藉草而臥該逆號哭之聲遍於巖谷黎明復翻山以出二十九日黃少春王德榜擊之於陳坊沿途斬馘不可勝數王德榜受降三千餘人此克勇長左安武各軍在鉛山界剿撫並用之實在情形也查前准左宗棠咨僞昭王黃文英業經浙軍擊斃此次平江營所殺是否確係黃文英抑係他逆襲其僞號殊難懸揣惟提驗袍韡風帽繡金盤龍備極精緻而統領南方主帥僞印尤非尋常僞酋所有其爲巨逆無疑現在廣信所屬一律肅清主客各軍奮擊窮追不遺餘力仰賴　國家威福東路化險爲夷除克勇老湘營閩浙督標虎勇安武等軍應由左宗棠查明請獎外其尤爲

出力之布政使銜浙江記名道王德榜應如何獎勵之處出自
宸裁留江補用道張岳齡可否　賞加按察使銜記名總兵顧
雲彩可否以提督記名　簡放記名總兵李佑厚可否　賞給
勇號副將李運勝可否以總兵記名　簡放副將銜參將林珠
可否以副將仍留江西補用其餘出力員弁兵勇可否由臣擇
尤請獎之處出自
逾格天恩陣亡花翎都司何明德都司謝吉祥伏懇　敕部從
優議卹以慰忠魂理合會同協辦大學士兩江督臣曾國藩閩
浙督臣左宗棠兵部右侍郎臣彭玉麟恭摺由驛六百里馳奏
伏乞

皇太后

皇上聖鑒訓示謹奏

截追竄逆片　同日

再准劉典咨稱探報僞幼主洪福瑱僞祐王李遠繼均薙髮扮作難民率餘黨由陳坊過高岡竄花橋分兩股一由雲際關出光澤境一由茶山出瀘溪境彷照官兵模樣百姓莫知其爲賊該營派往横板橋坐探委員馬振鸞遇諸塗相去數武始覺之與親兵陶仁傑手刃四賊各受傷殞命劉倬雲聞信截之於北案降其尾股三百餘人各營追至冷水坑該逆晝不落村莊夜用香火照行並無停趾崇山峻嶺絕少人烟我軍糧盡而返等情席寶田聞賊之出瀘溪也截之於珀玗而其入光澤者復由杉關出飛鳶鮑超馳赴南豐截之竊計殘匪數千避兵而行不

循蹊徑力求追合前股其氣衰竭無足重輕惟瑞金自七月二十七日經汀州鎮總兵關鎮國解圍後旋被汪海洋丁太陽所踞攻破民寨數處聚糧煎硝其勢復熾逮李世賢挫於南安其分擾興國信豐會昌龍南崇義各界之賊亦經官紳兵練先後合力擊退相率入粵汪海洋勢難孤立行將遁矣乃聞湖逆西來李世賢解南雄之圍分股回竄其竄龍南者二十三日犯洒源堡我勇受傷甚多退守縣城二十四日犯水西團首武生廖龍飛民人廖玉珍力戰死之嗣知縣蔣如琳督同各紳大集鄉團敗之於犁頭嘴殺斃溺斃五六百名生擒四十餘名又敗之於里仁堡殺斃百餘名生擒二十餘名該逆遁向定南其竄會

昌耆二十三日知縣洪贊善飭代理把總邱廷貴勦於板坑都司崔騰芳從九章騰蛟會之殺賊三百餘名生擒十五名救出難民六百餘名斬其僞天將羅林生該逆遁向瑞金而瑞金丁逆亦竄甯都之黃石罐江口等處二十六日委員馬榮甲督團勇扼守溪岸苦與相持賴永福馬成香繞渡上游擊之斬賊百餘賊遁歸瑞林寨韓進春馳至賊遁雩都之銀坑二十八日分犯興國之上下謝雩都之仙霞觀均經團勇擊退殺賊各數十我勇亦傷亡數人二十九日賊全力撲仙霞觀團勇不支退回雩都縣城接准鮑超函開如南豐截之不及卽由甯都馳赴瑞金臣查東路肅清我軍可以專注西路鮑超謀勇爲羣逆所震

懾統其全部西向必能殲除羣醜上慰　宸廑所有陣亡之擬
保從九文童馬振鸞可否　敕部照從九例議卹武生廖龍飛
可否照外委例議卹出自　逾格鴻慈理合會同協辦大學士
兩江督臣曾國藩閩浙督臣左宗棠兵部右侍郎臣彭玉麟附
片馳陳伏乞　聖鑒訓示謹奏

徐生德請假就醫片同日

再准江忠朝咨營務處記名提督徐生德八月十四日在南安打仗身中數槍因恐震動軍心忍痛立馬匿傷督戰槍子深入要害事後雖經割出而元氣虧損時復昏迷遍訪名醫咸稱危險南安舖戶稀少藥物全無請予奏明給假赴贛就醫等情臣查該提督徐生德天性忠勇疊著戰功茲因要害中槍驟難醫治相應仰懇

天恩准予賞假兩箇月赴贛就醫一俟醫痊即行飭令赴營効力以示體卹理合會同協辦大學士兩江督臣曾國藩閩浙督臣左宗棠兵部右侍郎臣彭玉麟附片馳奏伏乞聖鑒訓示

謹奏

黎兆棠母馮氏　優加旌獎片 同日

再准江忠朝咨稱南安郡城自咸豐年閒疊遭寇亂城中瓦礫僅存戶不滿百本年八月初十日賊由南雄繞竄水城與南安郡城僅隔一河相望才數十步城中鐵字等軍先經署知府黎兆棠派防各隘存郡勇丁不敷守禦忠朝在楊柳坑聞報懸賞勵士漏夜兼程深慮赴援不及次午抵郡見悍賊數千已結筏渡河而城內軍民鎮定如常心竊異之訪之紳衿父老僉稱黎兆棠之母馮氏迎養在署賊至時黎兆棠一面布置城守一面派親丁護送其母出城馮氏叱之曰汝能報　國我復何惜今日正當舉家與城存亡以固人心作士氣耳黎兆棠遂與同城

官紳立軍令狀誓以死守賊陵城黎兆棠親率鄉兵猛擊馮氏出簪珥犒士人人感奮賊退後忠朝詢知其守節撫孤備嘗艱苦黎兆棠居官政績得力於母教者爲多恭讀乾隆四十五年

上諭尙書畢沅之母張氏教子有方能爲國宣勤

賞給張氏經訓克家扁額今黎兆棠之母馮氏身處危城誓死勿去人心爭奮大局幸全求諸歷代巾幗名臣亦難數覯伏念

朝廷激揚忠義以勸有功凡在行閒莫不榮膺　懋賞矧奇節出自閨闥尤爲冠絕一時忠朝雖以武功起家凡於忠孝節義之事可以維人心厚風俗者概不忍聽其湮沒請予奏獎前來

臣覆加查訪馮氏深明大義人無閒言而江忠朝自掩其血戰

之功以求發人潛德皆　熙朝之盛事未敢壅於　上聞可否
仰懇
天恩將黎兆棠之母馮氏　優加旌獎以勵風化之處出自
宸裁理合會同協辦大學士兩江督臣曾國藩閩浙督臣左宗
棠兵部右侍郎臣彭玉麟附片馳奏伏乞　聖鑒訓示謹奏

查明辦理降衆情形摺 同治三年九月十七日

奏爲查明辦理降衆情形恭摺覆陳仰祈　聖鑒事竊照同治

三年八月初七日奉

上諭陳炳文率衆求撫自係懾於軍威勉思效順惟黨衆有六

萬餘人洋槍隊七千餘人爲數太多安置遣散均不易辦楊岳

斌當督飭鮑超察看眞僞妥籌辦理現在辦理情形及汪海洋

譚逆李逆蹤跡卽著會合沈葆楨具奏等因欽此遵查陳炳文

等降衆前經鮑超挑選精鋭洋礮隊千八百人分立三營以陳

炳文張學明陶金會將之嗣因張學明陶金會未能約束頗涉

騷擾復將其所部裁撤以張學明陶金會隸於陳炳文充作哨

官爲啟化副中營隨同殺賊自効陳炳文等感　朝廷寬大之
恩尚知奮勉圖功並無反側其餘六萬餘衆均經鮑超陸續儘
數遣散據撫州建昌等府稟報均各安靜回籍亦無騷擾情事
足慰　宸廑至汪海洋現仍盤踞瑞金鮑超已由甯都進勦其
僞幼沛王譚逆已與侍逆併歸一股出沒於江廣之交目下饒
信撫建均無他虞臣等檄東路各軍馳赴吉安相機進取以杜
下竄之勢而成合勦之局理合會同協辦大學士兩江督臣曾
國藩閩浙督臣左宗棠兵部右侍郎臣彭玉麟恭摺馳奏伏乞
皇太后
皇上聖鑒訓示謹奏

韓營克復雩都摺同日

奏爲韓營克復雩都恭摺仰祈聖鑒事竊臣於九月十一日業將各路軍情馳陳在案續據報稱僞天將丁太陽八月二十九日攻陷雩都三十日擾及贛縣之添子墟一帶爲隘背小嶺等鄉團勇所挫救出難民數百名奪獲米糧無數韓進春聞雩城被擾督隊疾馳至水頭敗其斷後之賊初二日抵離城二十里之新墟山勢掩映林木茂密我軍揆伏而進谷中突出悍賊千餘董德春蔣連發擊之曾天發魏高勝楊孫發曾炳榮分路抄出賊驚遁入城韓進春乘勢掃清北鄉賊館築壘新墟初三日卯刻令先鋒營前營抽隊踩勘戰地中左右三營分路接應

抵離城五里許悍賊數千嚴陣以待見我軍少蠭擁爭出猛衝數次不動乃佯與我相持潛將馬隊數百盤山徑而入適我左營接應之兵由此徑而出薄之於險該逆人馬辟易跌斃懸崖者無數魏高勝乘勝踵追遂出賊後該逆腹背受敵尚勉強分頭支拄中右二營踵至賊乃狂奔丁逆自率精銳護之入城我軍仰攻洋槍雨集陣亡三名受傷十餘名是夜城中火光燭天訊據生擒賊供丁逆圖由贛縣興國邊界疾趨吉安而鄉團盤獲奸細搜出丁逆致康逆僞文適與之合韓進春親統四營於初五日移軍李四廟截之丁逆率悍黨力爭韓進春令陽顯彬等以五成隊憑險迎敵餘皆趕築營壘余福興槍斃賊目各勇

亦斃賊不少鏖戰二時我軍營壘粗就丁逆見天險已失𢿆然
而返楊必遇領馬隊猛追斬擒甚夥是夜韓進春傳令各營沿
山徧燒號火不時開礮以擾之初六日寅刻約新墟各營攻東
北兩門韓進春督李四廟各營攻西門小西門代理雩都縣知
縣鄒汝銓把總鍾榮陞與雩都贛縣興國附近團紳各以田勇
助戰該逆出西北兩門分路迎拒槍礮斃賊甚多抵死不退韓
進春令親軍馬隊由楊梅垇潛襲其後西門之賊驚潰不得入
城城賊心慌頓開南門涉河而遁北門之賊遂亦狂奔當將縣
城克復我軍追抵河干賊溺斃不少獲老長髮二百餘名奪騾
馬十三匹旗幟槍礮三百餘件城中又搜獲餘匪五百餘名該

逆竄向禾豐會天發等躡蹤緊追沿途斬馘無算至離城三十
里之下堡始行收隊臣查丁太陽爲著名悍逆其蟠踞雩都也
希圖乘虛潛窺吉安擾我善地臣檄精毅平江仁右鼓湘等勇
並防撫之贛兵由東路馳赴吉安一時皆未能趕到仰賴國
家威福幸得化險爲夷所有尤爲出力之升用副將撫標中軍
參將韓進春可否以總兵記名簡放其餘出力員弁紳勇可
否容臣擇尤請奬出自逾格鴻施理合會同協辦大學士兩
江督臣曾國藩閩浙督臣左宗棠兵部右侍郎臣彭玉麟恭摺
由驛六百里馳陳伏乞
皇太后

皇上聖鑒訓示謹奏

探報各路軍情片 同日

再據統領浙江質字營溫處道魏喻義稟稱湖逆由陳坊分兩股一由大路向雲際關一由小路向大呂口計洪福瑱馬隊尚多必出大路因督隊疾進八月二十九夜亥刻抵雲際關悍賊千餘扼關迎戰我軍環施槍礮鏖戰二時斃賊極多賊猶恃險堅拒逮開放西瓜礮始相率驚潰分路抄擊收降三千餘人斬賊目數十餘賊數百等情又據廣昌縣彭芝等稟稱湖逆竄逼東境精毅營躡蹤緊追沿途痛剿殲戮無算該逆全數越唐坊入石城境席寶田復督隊前進等情又據署贛南道蔡應嵩轉據會昌縣洪贊善等稟稱會昌練勇會同瑞金縣董錫圭所募

潮勇並各鄉團勇九月初七日辰刻克復瑞金縣城等情旋准
鮑超函開初九日巳刻抵廣昌正擬由石城進剿瑞金忽報康
逆圍甯都甚急遂連夜拔營飭馳百二十里限初十日趕至甯
都逮行抵距甯都五十里之池埠遇賊探隊圍而獲之供稱瑞
金石城界上甯都城外已無賊蹤康逆到處勾添賊黨希圖接
應湖逆盤踞對河之東山壩角篩港石港五厚渡蓮湖等處去
我營七八里十餘里不等我軍今夜五鼓出隊黎明定開大仗
務將該逆一律殲除等因臣查建昌地面業已肅清康逆憚鮑
超威名棄瑞金之守解甯都之圍悉銳來拒以期洪福瑱之倖
脫但使該逆肯拚死決戰俾鮑超得以盡其所長則大局可從

此底定也除探明戰狀再行飛報外理合會同協辦大學士兩
江督臣曾國藩閩浙督臣左宗棠兵部右侍郎臣彭玉麟附片
馳陳伏乞　聖鑒訓示謹奏

席軍剿除湖逆擒獲僞酋摺同治三年九月二十五日

奏爲席軍剿除湖逆擒獲僞酋恭摺仰祈聖鑒事竊臣於九月十七日業將精毅營進剿湖逆大概情形附陳在案茲據席寶田稟稱湖逆由陳坊分股黃文英率六七千人向光澤洪仁玕挾幼逆率四五千人向瀘溪九月初四日會於新城向横村而遁初五日席寶田馳抵新城令謝蘭階率六營前驅自統六營繼進賊晝夜不停趾所至一餐卽行我軍亦舍輜重輕裝而進晝夜緊追初九日辰刻始及之於廣昌之唐坊賊列隊死拒襲繼昌踰嶺抄之斬悍酋數名殺斃生擒各數百名奪騾馬二十餘匹巳刻謝蘭階等又及之於白水嶺賊扼嶺死戰我勇傷

七十餘人陳柏貴等拚力奮擊賊潰墜崖死者不可勝計殺斃生擒又各數百名奪騾馬百餘匹席寶田至傳餐畢令衆將曰不擒幼逆毋得收隊疾馳三十餘里入夜及之於楊家牌村落縣亙賊倦甚蟻聚爲炊烟火相望唐本有周家良繞伏其前劉建業李逢祥伏其右魏玉彩屈得茂伏其左陳柏貴蘇元章龔繼昌韓孝忠謝先植等分布山坳鼓角一聲縱兵鏖擊賊驚惶失措悍黨數千擁幼逆遁踞古嶺危崖壁立界廣昌石城之交上下二十餘里賊憑險堅拒漏四下月已西沈夏基鴻廖生達斬關而入力戰死之陳柏貴王學開均受槍傷各勇憤不可當賊棄嶺遁狂奔數里人馬擁擠不前我軍乘之急賊呼曰必死

矣盍決戰我軍少阻席寶田斬退者以徇弁勇爭奮賊屍塡山
腰自相踐踏而遁至嶺下喘不能行席寶田揮大隊逼之僞酋
自知其萬無生理也揮死黨四散踰山越澗而逸不令成隊使
我軍莫知所追席寶田令各營分隊搜勦自率輕騎疾進生擒
洪秀全之弟僞干王洪仁玕黃文金之弟僞昭王黃文英斬僞
鳳王賓天義瑜天義忠誠朝將李逆朱逆等酋初十日巳刻至
高田墟詢據寨民僉稱賊竄闖界不滿千人矣復先後生擒僞
天將天義天安天豫百餘名僞御林軍及老廣賊七八百名羣
賊千餘名殺斃三千餘名解散數千名奪騾馬六七百匹洋槍
八九百枝而我軍人不釋甲馬不解鞍者蓋五晝夜矣十一日

席寶田令謝蘭階向閩界追剿又搜擒四五百人追抵距甯化城二十餘里之盌窰山已星散無可蹤跡乃收隊還據所擒賊供漏網之酋惟僞主將羅逆王逆而已幼逆實未入閩境也十二日各營搜獲幼逆左右僞侍御各列王數十百名並幼逆所乘馬數匹廝養卒數名石城縣曾繼勳亦督鄉團搜獲洪秀全之兄僞卹王洪仁政即前與韋志俊據湖北省城之洪國宗也席寶田提訊羣酋咸稱佑逆李遠繼已殞於陣至幼逆洪福瑱或謂死於亂軍或稱自經山僻搜查各處荒谷縊死之賊不少未得其屍逐檢所俘十餘歲孩童與所供狀貌均不相類請將黃文英洪仁玕洪仁政等解省確訊前來臣查幼逆親黨護從

悉數就擒僅一黃口小兒何能獨脫惟必須有實在下落方釋
羣疑至僞昭王黃文英前准左宗棠咨業經浙軍擊斃嗣據張
岳齡稟報黃文英斃於廣豐將其僞印等件解省呈驗經臣奏
明在案此次席軍所擒是否確係黃文英亦須研訊明確以昭
覈實第此股悍賊拚死疾馳思勾合汪李等逆蔓延爲害席寶
田披星戴月盡力猛追奔馳數百里苦戰五晝夜翦除殆盡殊
屬異常勤奮可否仰懇
天恩准予開復降補知府處分仍以按察使記名 簡放 賞
還布政使銜勇號所部將士可否容臣擇尤請奬之處出自
逾格鴻施陣亡花翎遊擊夏基鴻藍翎外委廖生達伏懇 敕

部從優議卹以慰忠魂除飭遴委幹員將黃文英洪仁玕洪仁
政等解省詳訊另奏請
旨定奪並分飭各營縣再行認眞搜查外理合會同協辦大學
士兩江督臣曾國藩閩浙督臣左宗棠兵部右侍郎臣彭玉麟
恭摺由驛六百里馳奏伏乞
皇太后
皇上聖鑒訓示謹奏

霆營飛援甯都血戰解圍摺 同日

奏爲霆營飛援甯都血戰解圍恭摺仰祈 聖鑒事竊臣於本月十七日將霆營馳抵池埠情形附陳在案茲准鮑超咨稱初十日在池埠齊隊連夜築壘飛函繞道知會甯都州數次均不得達續獲賊探供稱汪海洋悍黨十數萬許灣敗散後僅賸四五萬竄伏瑞金迨李世賢入粵所部三江兩湖賊衆不願西行陸續有三萬餘衆回投康逆又截留丁太陽所部數千人湖州逃匪亦有潛入其中者遂復猖獗現留二萬餘衆攻甯都汪海洋自率精銳悉數內犯賊館聯絡四十餘里等語是夜三鼓署參將石玉署知州郭毓龍專勇混出賊營稟稱初八初九等日

悍逆數萬晝夜猛攻該營州督同賴永福馬成香及各文武紳民誓以死守斃賊千餘我勇傷亡亦以百計勢甚危急等情十一日黎明該逆以我軍倍道而來營壘未固將乘我之乏也由左路出萬餘人繞過新五營營後三里右路出二萬餘人壓副五營及啟化仁春各營而陣長十餘里中路之賊前隊數十層迫老五營後隊林立山岡瞭望無閒鮑超親帶各將領登山規畫令譚勝達曹志忠孫開華鄧訓誥李文益陣左路岡阜周鵬舉鄭德亮陣營後山頂熊高望江自康陣於山後以防伏賊唐仁廉黎光照曾成武吳雲集洪容海蕭榮貴胡良作羅文宓鄒連陞陳炳文陣右路岡阜馮標萬守根應之劉順隆王衍慶羅

運昌黃海清唐發陣於田壠楊友益應之周有勝史宗興楊德珍段福婁雲慶鄧雲貴胡達尊陣於中路張九林應之蕭連貴馬勝泰陣於河干布置甫定賊拚死衝突洋礮洋槍子如雨點鮑超領馬步各軍五路齊進連環轟擊敗其前隊後股層層抵拒勢如潮湧譚勝達鄧訓誥孫開華曹志忠李文益等盡力斫殺左路之賊潰唐仁廉洪容海胡艮作鄒連陞蕭榮貴羅文宓吳雲集曾成武陳炳文馮標等擊退右路躡蹤緊追悍賊數千忽從林閒突出鄭德亮周鵬舉迎頭擊之賊卻適熊高望江自康領馬隊攔腰殺出劉順隆王衍慶黃海清羅運昌等馳過田壠抄擊其後右路之賊亦潰中路賊數尤衆周有勝史宗興楊

德珍段福直搗中堅婁雲慶鄧雲貴胡達尊等馬隊橫截其右蕭連貴馬勝泰馬隊循河衝出十盪十決賊乃不支我軍追至山下圍殺方酣聲震巖谷忽另股從山巔壓下拚命搏鬬適譚勝達等乘勝馳至襲據山巔斷其歸路賊大潰我軍追殺四十餘里當將吳口渡張連湖坑山港烏林壩沙字營夏村連湖劉方坳李沅村大路口一帶賊巢悉數踏平積屍盈野是夜就賊館因糧而食休息片時五鼓復督隊前進十二日辰刻抵甯都州城平城外數十壘立解城圍石玉賴永福馬成香郭爲蕃馬榮甲等各領兵練隨同追勦距城三十餘里始行收隊兩日計陣亡牟占魁洪龍海曹志本洪鄺海鍾世名張明坤譚尙德杜

賢才楊國友高凱風等十員勇丁陣亡受傷二百餘名斃賊萬
數千名生擒二千三百餘名內僞朝將王金瑞僞主將蕭國有
中天安施榮化金天豫洪星元成天福張學禮奉天安高德華
驍天燕瞿雲傑朝天豫謝玉龍等賊目一百二十四名均於軍
前正法咨會前來臣查康逆收合餘燼爲困獸之鬬回撲甯都
圖犯撫建其鋒甚銳鮑超以萬餘衆疊摧巨敵立解重圍固全
腹地屏蔽大局誠非淺鮮應如何　加恩逾格奬勵之處出自
宸裁所部將領員弁勇丁應請　敕下曾國藩查明優保以作
士氣其固守危城尤爲出力之署甯都州事捐升知府郭毓龍
可否以道員留江補用代理參將花翎都司銜甯都營守備石

玉可否以遊擊留江儘先補用　賞加副將銜藍翎都司銜儘先守備賴永福可否以遊擊留江儘先補用　賞換花翎藍翎守備銜儘先千總馬成香可否以都司留江儘先補用　賞換花翎候選知縣分缺先用縣丞郭爲蕃可否以知州卽選　賞戴花翎藍翎已革玉山縣知縣馬榮甲可否俟錢糧處分開復後　賞換花翎其餘官紳勇練可否容臣擇尤請獎出自　逾格鴻施陣亡花翎遊擊牟占魁安徽卽補都司洪龍海花翎都司曹志本藍翎都司洪潮海都司銜藍翎守備鍾世名藍翎守備張明坤藍翎把總譚尚德藍翎外委杜賢才楊國友儘先外委高凱風仰懇

天恩敕部從優議卹以慰忠魂理合會同協辦大學士兩江督
臣曾國藩閩浙督臣左宗棠兵部右侍郎臣彭玉麟恭摺由驛
六百里馳奏伏乞
皇太后
皇上聖鑒訓示謹奏

龍南縣文武紳民請獎片 同日

再據署龍南縣知縣蔣如琳等稟稱南雄之賊犯龍南之洒源堡等處經團勇擊敗後八月二十四夜後隊大股復竄揷株坳背另股擾及龍口距城均十餘里蔣如琳令外委羅玉雲紮揷株坳嶺左守備范應龍紮西門河干縣丞蔣煥雲紮先農壇紳首廖光瀾赴龍口自統勁勇並整武軍扼犁頭嘴二十五日卯刻該逆由揷株坳嶺巔蜂擁而下羅玉雲俟其行近山腰開轟槍礮該逆冒突煙火拚命下趨羅玉雲督各勇衝上截殺斃賊數十名賊恃洋槍堅拒我勇陣亡五六名范應龍望見賊勢兇猛過橋助戰該逆斜趨水西由犁頭嘴渡河蔣如琳搶赴河干

斬登岸之賊數百名半濟者槍斃溺斃不計其數該逆後隊乃由下游偷渡范應龍繞出東門過河迎頭截擊蔣如琳橫截其腰蔣煥雲追躡其尾將賊截作兩段我軍槍礮猛轟賊應聲而仆籐牌短刀層層繼進斃賊五六百名北門守垛各勇亦齊聲吶喊賊隊散亂奪路狂奔有騎賊三圍而殺之得其印一刊陵天侯朱常陵一刊僞天燕陳斗垣一刊葳天侯何花桂各字樣生擒僞承委楊玉壽僞金軍師章有僞穆王蘇喜僞軍帥俞如江並長髮二百餘名救出難民二三百名共獲僞印十二顆僞照四張騾馬十二匹洋槍五枝鬭刀十餘柄旗幟不計其數餘逆竄向定南廳境而去查該縣文武紳民同心殺賊疊保危城

洵堪嘉尙所有尤爲出力之署龍南縣事留江遇缺卽補同知直隸州蔣如琳可否賞戴花翎藍翎儘先守備龍南汛把總范應龍可否賞換花翎其餘出力員弁紳勇可否容臣擇尤請奬之處出自逾格鴻慈除再飭令確探嚴防外理合會同協辦大學士兩江督臣曾國藩閩浙督臣左宗棠兵部右侍郎臣彭玉麟附片陳明伏乞聖鑒訓示謹奏

霆營攻克瑞金賊遁出境摺 同治三年十月初二日

奏爲霆營攻克瑞金賊遁出境恭摺仰祈 聖鑒事竊臣於九月二十五日業將甯都解圍情形馳陳在案茲准鮑超咨稱該逆自甯都敗後回踞瑞金鮑超率師連日追剿沿途擒斬極多九月十五日令知縣董錫圭巡檢童塏把總劉榮貴外委王國賢帶兵練嚮導午刻抵瑞金北城下該逆前股入城密布垛口拚力死守後股背城而陣鮑超督各軍三路猛擊以馬隊由兩旁林開抄出縱橫盪決城外之賊大潰城賊驚惶失措開西南門遁我軍由東北門入當將縣城克復城外賊館賊卡賊壘一律踏平追至距城三十餘里之壆田直達閩界我軍連日勞乏

始行收隊回縣稍爲休息計三日生擒殺斃長髮共五六千人乞降解散者不計其數餘賊由武平山路潛遁已知會閩省防軍一體截勦等因咨會前來臣查鮑超統師入江冒暑血戰平許灣七十餘壘攻克金谿瀘溪南豐新城力解甯都重圍剷平瑞金踞逆東南大局深資保障臣詰訊僞干王洪仁玕賊中所最憚者何人據供文則曾國藩武則鮑超洵不愧中興名將現在悍寇屛跡全省將次肅清應如何　優加恩獎之處伏候

宸裁其所部將領員弁兵勇可否　敕下曾國藩破格請獎之處出自

天恩臣惟有嚴飭各屬加意嚴防以杜回竄仰副

聖主綏靖東南之至意理合會同協辦大學士兩江督臣曾國藩閩浙督臣左宗棠兵部右侍郎臣彭玉麟恭摺由驛六百里馳奏伏乞

皇太后

皇上聖鑒訓示謹奏

定南廳官紳請獎片 同日

再據署定南廳同知竇鴻儀稟稱八月二十三日南雄之賊由烏徑闌入廳境偪下歷營城二十四二十五等日擾及半徑廟前岡等處二十六日黎明悍賊數千馳據東門外山岡竇鴻儀催調兵勇厚集東門避難鄉民無論婦孺莫不登陴協守該逆分隊千餘直薄城下竇鴻儀督令聯施槍礮轟斃數賊賊猶猛攻堅持逾時乃退紮山背竇鴻儀慮其乘夜襲我也選精壯二百四十人縋西城而下分伏林閒初鼓賊果出竇鴻儀挑敢戰之士二百六十人縋城迎敵賊向前猛撲斃我勇二人我勇稍御城上鼓角一聲伏兵突起前後夾擊斬長髮數名賊陣散亂

奪路狂奔墜崖死者數十落水淹斃不計其數二十七日該逆退黃沙口竇鴻儀以賊衆勇單令局紳持諭赴鄉集團助戰二十九日黎明伯洪堡紳首林英華及横岡堡熱水張姓陳坑陳袁等姓各帶團丁距賊營半里許搖旗挑戰竇鴻儀派隊猛進擊其後賊分頭迎拒林英華斬遺天福呂馥喜紳首黃光鑫斬瑚天義顧成祖城勇斬瑚天安陳義拚力夾攻賊潰有二百餘賊陷於淖圍而殲之賊退天花寺是日我勇陣亡六名受傷二十七名殺賊三百餘名生擒五十餘名賊婦三名救出難民無數奪偽照三張偽印三顆三十日該逆進擾大竹園是晚横岡營都司姚元盛四路設伏飛函知會竇鴻儀訂期進剿竇鴻儀

令把總黃梅魁九月初一日寅刻督隊前進賊斫樹焚燒光明
如晝見我軍至列陣而前我軍奮勇齊轟賊不動姚元盛揮令
伏兵四起各堡團勇同時雲集賊乃大潰我軍沿途追殺賊屍
枕籍生擒七十餘名當賊之據天花寺也各處鄉團見賊之强
頗有顧慮竇鴻儀姚元盛各以兵勇助之三十等日横岡大石
伯洪下歴四堡李楊張廖劉曾繆鄭蕭謝陳等姓大集各於黄
塘曾坑小磜一帶會合勦洗疊獲勝仗武生龍雲章力戰死之
我勇陣亡十餘名受傷三十餘名共斃僞天燕天福天豫天義
天安天侯朝將尚書丞相承宣檢點等逆酋多名長髮數百名
救出被擄難民數百名獲遷天燕嚴加興遡天福曾明桂桃天

豫陳言噯天義蔣壹和柃天安吳李仔淦天侯朱榮朝將鄧城承宣丞相袁得勝檢點謝永勝僞尚書典糧各僞印圖記三十六顆僞照二十張僞官名册五本僞詔僞諭等件騾馬二百餘匹旗幟五十九面餘逆向廣東和平而遁該廳境內一律肅清等情臣查該廳官紳同心殺賊力保危城洵堪嘉尚所有尤爲出力之署定南廳事同知銜捐升知縣候補布理問賓鴻儀可否賞戴花翎署橫岡營都司花翎儘先都司姚元盛可否以遊擊留江儘先補用其餘官紳弁勇可否容臣擇尤請奬出自逾格鴻施陣亡武生龍雲章仰懇

天恩敕部照外委例從優議卹以慰忠魂理合會同協辦大學

士兩江督臣曾國藩閩浙督臣左宗棠兵部右侍郎臣彭玉麟

附片馳陳伏乞　聖鑒訓示謹奏

席軍生擒首逆摺同治三年十月初三日

奏爲席軍生擒首逆恭摺馳陳仰祈聖鑒事竊臣於九月二十五日業將精毅營追勦湖逆情形馳陳在案續據席寶田禀稱九月十三日在高田獲僞尊王劉慶漢蓋與林鳳翔李開防擾亂直隸河南山東等處漏網巨兇也幼逆遁湖州以洪仁玕爲正軍師該逆副之就擒時受傷甚重未便稽誅發石城縣訊供後卽凌遲處死席寶田以幼逆之尚無蹤跡也十六日移駐石城派謝蘭階唐家桐分帶小隊會同石城縣曾繼勳四山搜捕二十五日遊擊周家良得之荒谷並得李秀成次子李其祥請將洪福瑱解省確訊並將該逆親書供單呈送前來竊念洪

福瑱黃口小兒無足介意惟洪秀全竊號十有餘歲流毒十有餘省遺孽猶在則神奸巨慝倚其名號足以揮召羣兇臣詰洪仁玕以由浙入江意將何往據供定議從撫建合康侍等逆出湖北會石達開陳玉成餘黨踞荆襄以窺長安不料汪海洋李世賢業經官軍勦遁是以尋蹤西行等語臣查李世賢已入南雄復回龍定擊退後又由粵境東趨汪海洋回犯甯都追偪入武平又折窺汀界湖北之賊亦舍英霍而入廣濟無非思得幼逆妄冀死灰復燃如其遁出鄰封雖一時稽誅尚可合力兜圍使之終就羅網儻窮餓荒谷以死抑斃於亂兵之中則未能明正典刑將倡亂之莠民與逋誅之餘匪處處得而僞託以搖惑

人心當幼逆遁至廣昌去康逆已鬧不容髮幸席寶田晝夜窮
勦迫至石城鮑超援甯都克瑞金使康逆無可容足而幼逆輾
轉荒谷十有餘日不爲餓莩卒就生擒此皆
列聖在
天之靈與
皇太后
皇上威福所致東南大局從此底定矣所有尤爲出力之擬請
開復記名按察使席寶田應如何　優加恩獎之處出自　宸
裁藍翎同知銜卽選知縣謝蘭階儘先選用知縣陳寶箴可否
免選本班均以同知直隸州知州不論雙單月卽選並　賞戴

花翎花翎參將銜儘先補用遊擊龔繼昌屈得茂該二員靑陽
解圍案內均擬保以參將儘先補用並加副將銜此次可否免
補參將均以副將儘先補用並　賞加勇號花翎儘先補用遊
擊魏玉彩周家艮該二員靑陽解圍案內均擬請以參將儘先
補用並加副將銜此次可否免補參將均以副將儘先補用並
賞加勇號花翎儘先補用都司陳柏貴靑陽解圍案內擬保以
遊擊儘先補用加參將銜此次可否免補遊擊以參將儘先補
用並　賞加副將銜儘先補用守備唐本有靑陽解圍案內擬
保都司儘先補用此次可否免補都司以遊擊儘先補用並
賞加參將銜藍翎不論雙單月遇缺儘先前選訓導唐家桐可

否免選本班以知縣留江補用藍翎同知銜署石城縣事准補
永甯縣知縣曾繼勳可否以直隸州知州升用並 賞換花翎
其餘出力員弁勇丁可否容臣擇尤請奬出自 逾格鴻施洪
福瑱應否檻送到京李其祥年僅四歲應否飭令解省牢固監
禁俟十一歲時照例辦理均請
旨遵行除將洪福瑱親筆供單與石城縣錄呈劉慶漢口供咨
送軍機處備覈並俟洪福瑱解到詳訊另奏請
旨定奪外理合會同協辦大學士兩江督臣曾國藩閩浙督臣
左宗棠兵部右侍郎臣彭玉麟恭摺由驛八百里馳陳伏乞
皇太后

皇上聖鑒訓示謹奏

福建軍情萬緊請令閩浙督臣剋日入閩摺同治三年十月初六日

奏爲福建軍情萬緊懇恩敕令左宗棠移節入閩以扶危局恭摺馳陳仰祈聖鑒事竊臣本月初五日接據會辦汀邵營務候選道陳景曾稟稱粵逆回竄汀界九月初十日臬司張運蘭全師失利遂陷武平是時瑞金踞逆盡數下竄粵之大埔嘉應閩之永定均各先期失守龍巖繼之全局震動請咨鮑超派軍應援等情臣以鮑超駐師瑞金去閩較近劉典本有援閩之議當卽咨商請其相機辦理旋復接准徐宗幹及閩省紳士飛函以該逆九月十二日陷龍巖十四日陷漳州張運蘭存亡莫卜統帥無人徐宗幹擬出省調度而省防單薄人心驚惶不得

不暫留坐鎮等因臣查該逆爲尋幼逆蹤跡而東惟已連陷堅城難保不意圖久踞漳郡去省僅六百餘里地勢平衍無險可憑且慮其窮無復之結連海寇以爲退步則濱海數省復須在在設防徐宗幹坐鎮省垣前敵諸軍誠恐無所統攝帶兵出省根本重地又慮過於空虛臣桑梓關情際此存亡危急之秋不得不爲億萬生靈請命現在全浙肅清邊防鞏固可否仰懇

天恩敕令閩浙督臣左宗棠剋日入閩督辦以慰民望而固軍心理合恭摺馳奏伏乞

皇太后

皇上聖鑒訓示謹奏

訊明首逆供情摺同治三年十月十三日

奏爲訊明首逆供情恭摺仰祈聖鑒事竊臣於本月初三日業將精毅營生擒首逆情形馳陳在案初五日據席寶田派訓導唐家桐等將洪福瑱護解到省臣親提研鞫據供原名洪天貴嗣稱洪天貴福襲僞號後所刻僞璽橫書眞主二字故誤傳爲洪福瑱係洪秀全長子母賴氏己酉年生於廣東原籍今歲四月十九日洪秀全伏冥誅二十四日該逆遂襲僞號所供日期尚沿僞朔實則洪秀全死於四月二十九日該逆竊號於五月五日也大兵下金陵該逆逃僞忠王府李秀成等護之從城缺出得出者千餘人至廣德州僅數百人乃與黃文金等謀西

竄冀合康侍諸逆以圖再逞沿途瀕危者屢均以羣逆死救得脫至石城之楊家牌爲官軍夜襲乃紛然獸散各不相顧該逆過橋護從尚數十人追者至驚墮馬下羣逆挾之踰嶺同十餘人擠入深坑中官兵一一縛之該逆伏暗中獨免乃潛入荒山中蟠伏四日飢甚有白衣人與以餅受之遂不見又兩日乃下山詐稱湖北人張姓入唐姓民家爲之割禾者四日唐姓人令薙髮促之歸輾轉道中兩日茫然不知所往乃就擒臣察看該逆頂髮翦斷僅留數寸目望視口操粵音於僞宮中瑣屑謬妄之狀言之甚悉其爲僞孽無疑除將臣及南昌府許本墉所訊供詞並護解委員沿途收其自寫筆跡咨送軍機處備覈外理

合會同協辦大學士兩江總督臣曾國藩閩浙督臣左宗棠兵
部右侍郎臣彭玉麟恭摺由驛六百里馳陳伏乞
皇太后
皇上聖鑒訓示謹奏

訊明逆酋供情摺同日

奏爲訊明逆酋供情恭摺仰祈　聖鑒事竊臣　於九月二十五日業將精毅營生擒逆酋情形馳陳在案茲據席寶田將僞干王洪仁玕僞卹王洪仁政僞昭王黃文英派員解省並在營訊取各供錄送前來臣　發交南昌府許本墉覆訊後當卽親提隔別研鞫均各供認不諱中間情節覈與席寶田許本墉所呈供單大概相同亦時有互異洪仁政蠢然一物於賊中情形不甚了了黃文英貌甚英鷙質之干逆卹逆均稱確係其人當時浙中及廣豐誤報陣斃者實緣得其僞印之故其言洪逆內政之昏亂各酋擁兵自衛之情形頗有條理洪仁玕則老奸巨猾眞

羣兇渠魁洪秀全謀叛之萌該逆實慫恿之己未而後僞政歸其掌握流毒江浙幾無孑遺雖覈其所言一味夸張悖誕而賊中事蹟則顛末甚詳所有該逆等應如何辦理之處相應請
旨遵行除將各該逆節次供詞暨洪仁玕親筆供單同所作詩句並簽駁李秀成口供原本咨送軍機處備覈外理合會同協辦大學士兩江督臣曾國藩閩浙督臣左宗棠兵部右侍郎臣彭玉麟恭摺由驛六百里馳奏伏乞
皇太后
皇上聖鑒訓示謹奏

籲請歸養摺同日

奏爲瀝陳下忱懇恩歸養事竊臣於咸豐九年在廣饒九南道任内以親老丁單詳由前撫臣耆齡奏請回籍侍養沐
文宗顯皇帝錫類之仁准予開缺到籍後簡放吉南贛甯道
繼派幫辦江西全省團練瀝情呼籲均荷曲全高天厚
地之恩隕身難報
聖主御極召臣馳赴曾國藩軍營是時江浙淪胥幾無完土
臣父母責臣以致身之義不許再辭勉効馳驅愴然就道中途
拜撫江之命自知非才力所及而時事孔棘未敢自陳當即
恭摺謝恩並奏明俟金陵成功大憝就戮容臣再申前請幸

蒙　優答刻骨難忘伏念臣父年七十有八臣母年七十有一素體非健去日苦多今歲疊接家書臣父於七月得脾泄之證幸調治漸愈臣母自春閒舊恙舉發誤服祛風之劑致手足麻木動履維艱飲食罕進夜不成寐臣睽違溫凊於今三年回首家山夢魂飛越而當時髮逆西竄羣盜如毛江右情形危若累卵何敢以庭闈私戀上瀆　宸聽比者仰賴　國家威福金陵光復大難削平洪福瑱弭首就擒海內同聲快慰而敗逆深入閩境連陷漳龍各郡縣省城震動人心搖搖臣父母衰病之餘何堪聞此奇警倚閭之望不知正復何如臣數日以來寢饋俱廢夙疾增劇心煩意亂罔識所爲伏惟我

皇上孝治之隆光被四表凡有血氣悉在　陶治之中合無仰
懇　天眷照臨察臣下私　准予開缺回籍侍養俾臣父母得
以永戴　生成浹髓淪肌曷其有極謹具摺附驛馳陳伏乞
皇太后
皇上聖鑒臣不勝惶悚待命之至謹奏

洪福瑱就地凌遲處決摺同治三年十月二十七日

奏爲逆首洪福瑱遵

旨就地凌遲處決恭摺仰祈　聖鑒事竊臣欽奉

上諭沈葆楨奏官軍生擒首逆一摺幼逆洪福瑱雖係洪秀泉之子而幺麿小醜漏網餘生亦不值檻送京師著沈葆楨卽將洪福瑱在江西省城凌遲處死等因欽此臣因在闈辦理監臨事務謹於十月二十日委藩司孫長紱恭請

王命並飭臬司文輝會同督糧道段起鹽法道吳集禧署臣標中軍參將榮翰將該逆洪福瑱綁赴市曹凌遲處死以快人心理合會同協辦大學士兩江督臣曾國藩閩浙督臣左宗棠兵

部右侍郎臣彭玉麟恭摺由驛六百里馳奏伏乞

皇太后

皇上聖鑒訓示謹奏

洪仁玕等三犯就地凌遲處死片同日

再臣欽奉

上諭沈葆楨奏拏獲兇悍逆首請旨辦理一摺著即將洪仁玕洪仁政黃文英三犯就地凌遲處死等因欽此遵即委令按察使文輝會同署撫標中軍參將滎翰於十月二十五日將洪仁玕洪仁政黃文英綁赴市曹凌遲處死以快人心理合會同協辦大學士兩江督臣曾國藩閩浙督臣左宗棠兵部右侍郎臣彭玉麟附片馳陳伏乞

聖鑒謹奏

報獲木質偽璽片 同日

再據席寶田稟前獲洪福瑱時詢以偽璽何在據稱玉刻偽璽並未帶出金陵至廣德時另刻木質偽璽係交親信賊目背負現已不知所往旋查該賊目已經營中擒獲提訊供稱九月初九夜被俘之時即已拋棄山谷席寶田隨派弁勇及石城縣差役押同該犯前往尋覓十月初五日於廣石交界民家得該逆木質大小偽璽各一方所刻皆違悖字樣稟送呈驗前來除發善後局存儲外理合會同協辦大學士兩江督臣曾國藩閩浙督臣左宗棠兵部右侍郎臣彭玉麟附片陳明伏乞聖鑒謹奏

籲懇收回　成命摺　同日

奏爲欽奉　恩綸瀝陳悚愧下忱籲懇　逾格鴻慈收回　成
命以安臣心恭摺仰祈　聖鑒事竊臣於本月二十日伏讀
上諭沈葆楨著加恩賞給一等輕車都尉世職並賞給頭品頂
戴等因欽此自　天聞　命無地容身在　君父之恩有加而
無已然臣子自問必求其所安伏念臣以告養道員　簡授巡
撫不次之擢曠代所稀祗以時事孔艱未敢固讓而智力淺短
奉職無狀至今耿耿於中茲以大憝就擒　天施下逮凡此
異數皆統兵大臣親歷行閒十餘年身經數百餘戰所不敢希
冀者臣何人斯乃安坐得之臣抵任時江西闔境肅清以臣籌

備無方致遭蹂躪疊請嚴加議處從重治罪皆蒙　恩貸下私
慚感刻弗去懷今與蘇皖浙之全省淪胥疆臣闢草披荆光復
舊物者一體論功自顧駑庸何以堪此當賊氛四逼臣未出省
門一步並以韜略不如諸將一切調度未敢遙制悉令前敵統
兵大員相機辦理血戰累月僅足相持又經曾國藩左宗棠不
分畛域分以不貲之餉濟以決勝之師轉危爲安庶有今日而
主客諸將奔馳於炎風烈日之中晝夜不得休息弁勇傷病殆
半裹創血戰扶疾以行且餉輒逾期師無宿飽病者缺醫藥亡
者遲斂葬其被擾各郡縣百姓焚殺之酷流亡之慘目不忍覩
耳不忍聞稍爲完善之區又皆竭其脂膏以充兵餉然而主客

各軍及閩省紳商士庶猶能仰體 國家德意奮勉圖功輸將恐後者或諒臣限於才力所不及尚無因以爲利之心故也今死傷未收流亡滿野欠餉動逾百萬賑卹莫展一籌臣貪天之功因人之力先膺 上賞縱軍民退無後言臣已滋愧况絜長較短人孰無情方今悍賊尚據鄰封時時有回竄之虞萬一軍民稍有違心所關大局殊非淺鮮雖 朝廷賞罰自有權衡非顓蒙所能窺測然 天無私覆凡臣子心所未安之故均許委曲自陳於 君父之前臣非敢飾謙讓之虛文早邀 聖明洞鑒合無仰懇 鴻慈逾格俯念臣爲大局起見 恩准收回成命俾軍民得以共諒臣心 高厚生成永戴無極冒昧瀆陳

伏乞
皇太后
皇上聖鑒訓示臣不勝惶恐待命之至謹奏

訊明繼果營營官摺 同治三年十一月初四日

奏爲原參之繼果營營官遵

旨訊明恭摺仰祈　聖鑒事竊臣欽奉

上諭楊岳斌沈葆楨奏江西補用道王沐經楊岳斌派令自撫州移軍秀才埠並赴樂安一帶截剿節節逗遛所部勇丁沿途騷擾嗣經撤去統帶抗不移交其營官運同銜知縣王安敦遊擊賀長春唐榮貴縱容勇丁索餉滋鬧王沐著即革職從重發往軍臺効力贖罪不准藉端奏留王安敦賀長春唐榮貴著一併革職交楊岳斌沈葆楨提訊縱勇確情從嚴懲辦等因欽此楊岳斌業經請假回籍臣沈葆楨遵卽劄飭總局司道將王安

敦等嚴訊去後茲據提訊王安敦賀長春唐榮貴供稱革員等於本年六月閒隨同統領王沐在撫州防勦二十五日奉楊岳斌劄飭移紮豐城之秀才埠以固江忠朝席寶田後路遵於二十七日拔營二十九日抵豐城之荀笏墟七月初一日王沐率營哨各官徧行察看因秀才埠距崇仁縣城六十里相去太遠難以接應且地勢空闊四面受敵不若黃柏界有險可憑爲該逆竄秀才埠要路去崇仁才三十里聲勢聯絡履勘後隨卽紮營稟奉楊岳斌批飭仍遵前劄辦理王沐卽於初四日由黃柏界折回秀才埠中閒往返請示竊期於軍事有益並非敢沿途逗遛是時聽逆踞金谿康逆踞許灣侍逆分踞崇宜擁衆各十

數萬幸鮑超以二萬餘人苦戰獲勝殺賊萬計損傷士卒亦以千計設使康逆先行西趨繼果營勇數不過三千病者幾半無險可憑一有蹉跌大局何堪設想王沐之屢請濟師職是之故至崇仁復後七月十四日未刻卽奉楊岳斌劄調前往崇仁駐守十五日正行抵距城二十五里之滸源經劉典檄飭赴贛王沐當卽飛稟請示暫駐以待十六日楊岳斌飭令改赴廣昌十七日由滸源拔營十八日抵武家圩計行七十里又奉楊岳斌面諭回守宜黃實因賊勢無常軍行亦難豫定並非無故遷延至秀才埠被賊焚擄一空該營至日居民始稍稍歸來値有兩勇夫搬取門扉王安敦查獲當卽正法梟示所過之地多被賊

擾荒涼寂寞巷無居人各勇丁欲求茶水亦不可得何堪再擾
惟撫州拔營時病勇極多且有路斃者其中因病落後間有借
歇民家王沐必派弁勇接護到營不任久駐七月二十五日楊
岳斌飭將王沐撤去統領二十六日總兵劉祥勝到營統領維
時王安敦臥病牀蓐劉祥勝會經目視二十七日賀長春等奉
王沐嚴諭刻日造册送交點驗各勇聞知紛紛以欠餉太久一
旦更換統領向誰索取請將欠餉給清再歸接統王安敦等反
覆開導堅不信從比王沐具稟到臣經臣嚴切批飭王沐復督
同王安敦等再三勸戒許以歸劉祥勝接統後王沐暫駐營中
俟照數給清然後離營無如各勇終懷疑慮窮詰其故僉稱離

鄉千里歷盡艱危欠餉既多父母妻子飢寒難免今聞要到甘肅離家愈遠言歸愈難現在祇求清餉歸家另謀生業如接統後不顧前往則違犯軍令罪更難辭此當日未能移交實在情形並非敢於違抗也統領王沐亟思回籍守制以軍事孔棘未蒙允准此次奉撤實所甘心革員等猶留營官感激不暇豈有縱勇抗拒之理且革員等十生九死倖得功名豈不知不歸接統難逃參辦無如各勇念切歸家心不可轉剴切曉諭聲淚俱下不能强使信從此則才力不及罪無可逭至縱勇滋鬧歃血盟誓實無其事等語再三窮詰矢口不移錄敘供摺呈送前來

臣查繼果營自撫州拔隊既多病勇落後則騷擾已非無因該

營官等防範不周無從解免嗣因更易統帥輒生疑慮該營官
等不能設法開導尤屬咎無可辭惟訊無縱勇滋鬧及有心抗
拒情事尚可曲原現該營勇丁均經該營官等妥爲遣散安靜
回籍可否仰懇
天恩俯准將已革運同銜知縣王安敦已革遊擊賀長春唐榮
貴業經革職免其治罪之處出自　逾格鴻施理合會同協辦
大學士兩江督臣曾國藩閩浙督臣左宗棠兵部右侍郎臣彭
玉麟恭摺馳奏伏乞
皇太后
皇上聖鑒訓示謹奏

已革補用道王沐免予發往軍臺片同日

再已革留江補用道王沐於奉撤統領之際不能妥爲交卸實屬咎無可辭惟去歲皖南之役各路援軍未集賊已深逼婺源該道以孤軍首當其衝三戰皆捷劉典到後合力奮擊皖南轉危爲安而浙江江西亦藉資保障當時非此軍血戰大局已不堪設想臣不敢繩其一眚掩其全功該革員前以在營丁憂哀求回籍守制臣因軍事孔亟附片奏留今竄豸未安倉皇遣戍察其情狀極可矜憐茲幸賴天威江境肅清大憝就戮可否仰懇皇上推恩錫類法外施仁俯准將已革留江補用道王沐

免子發往軍臺効力俾得囘籍終制出自

逾格鴻慈理合會

同協辦大學士兩江督臣曾國藩閩浙督臣左宗棠兵部右侍郎臣彭玉麟附片具陳伏乞

聖鑒訓示謹奏

遵旨援閩兼防回竄摺同日

奏爲遵

旨援閩兼防回竄恭摺仰祈

聖鑒事竊臣承准議政王軍機

大臣字寄同治三年十月十六日奉

上諭瑞金踞匪已全數下竄正可騰出兵力赴閩會勦江省防務仍著沈葆楨妥籌兼顧勿令回竄等因欽此查臣前聞漳龍之警當卽咨商劉典鮑超相機進援並飭韓進春劉勝祥由會昌察看賊勢毋分畛域就近進規武平在案現據探稱武平業經閩粤各軍克復疊獲奸細訊據供稱康逆不願入粤有回江西過年之語然閩省軍情如此其急臣何敢只圖自顧漠不關

心劉典所部八千人已陸續行抵甯化日內卽可進駐汀州鮑
超奉
旨賞假回籍臣恭錄
上諭咨催接統之提督宋國永婁雲慶迅速入閩記名臬司王
德榜經左宗棠委署福建臬司臣飭其將在江所部之長左副
左等營一併帶往以厚兵力其贛南道王文瑞一軍奉
旨調令赴粤查粤境已全數肅清王文瑞業赴本任有地方關
稅之責未便遠離其統領浙江老湘營之總兵王開琳尙駐贛
州王文瑞之姪也臣飭王文瑞將所部付與兼統合力援閩各
軍入閩後江省兵勢較單臣咨請周寬世由信豐進紮長甯飭

張岳齡由龍泉進駐會昌以固南贛門戶韓進春移駐瑞金劉
勝祥移駐廣昌與石城之席寶田互相聯絡以固撫建門戶並
飭各營察看賊勢隨時相機辦理是否有當理合會同協辦大
學士兩江督臣曾國藩閩浙督臣左宗棠兵部右侍郎臣彭玉
麟恭摺由驛五百里馳陳伏乞
皇太后
皇上聖鑒訓示謹奏

恭謝　天恩摺同治三年十二月二十九日

奏爲恭謝

天恩事竊臣欽奉

上諭沈葆楨著毋庸開缺賞給伊父母人蔘六兩交該撫祗領用資調攝等因欽此當即恭設香案望　闕叩頭祗領訖伏念

臣幸逢　泰運承乏豫章徒曠晨昏奚裨　山海比因雙親衰病拜疏陳情迺蒙　俯鑒臣衷渥邀

帝賚捧　朶雲而頂禮盥薇露以披　函分藥籠之上精作蘭陔之珍膳邂逅得三年之艾益勵丹心顯揚蒙一字之　褒敢忘遠志椿萱拜　賜歡顏永戴於千秋桑梓傳觀　孝治聿光

夫四表臣惟有勉效厥職無忝所生以期仰答　錫類鴻慈於

萬一所有微臣感激下忱理合具摺恭謝

天恩伏乞　聖鑒謹奏

霆營兵不宜分摺 同治三年十二月初五日

奏爲甘肅福建軍情均極喫緊霆營兵不宜分敬陳管見仰祈
聖鑒事竊臣准提督鮑超咨奉
上諭准假兩月假滿後出關勦賊以所籌分勇增兵協餉各事
宜請臣切實代奏等因伏惟行兵莫先乎審敵用人必盡其所
長臣查回部自唐迄今千有餘年雄視西域種類流入中土與
華民雜居雖數百年不改其俗其天性之悍鷙生聚之蕃衍心
志之齊一迥非他部之比關外平沙廣漠敵騎雨驟風馳以十
數營步卒當之勇者無所施其銳謀者無所售其巧雖勁必折
其惟堂堂之陣正正之旗馬隊車營相輔而行始克有濟此用

衆之地也汪海洋李世賢鬼蜮伎倆變態萬端其羽翼尚十餘萬皆百戰之餘懷必死之志閩粵土匪從而附之閩地山重水複千蹊萬徑此擊彼竄防不勝防稍涉大意便墮術中其必將識士意士識將心呼吸相通首尾相顧始克有濟此用奇之地也鮑超之治軍也算定後戰度不中不發雖倉猝遇敵必深溝固壘偵探四出務得賊情躬率諸將親觀戰地凡敵營之前後左右山川向背徑途紆折瞭然於心歸詢諸將之願戰者飭取軍令狀乃於廳事畫地爲賊壘令諸將各以所派進兵路徑次第按行使人人如虜在目中次日乃決戰號令一出悄然無聲勇者不得獨進怯者不得獨退奇正分合使萬衆如一身稍有

卻者雖鎮將立按軍法身臨前敵將士能否一一周知故措置營哨各官必稱其職以爲室家近則有所戀欲人人有致死之心故不甚用土人親故多則有所恃欲人人有畏罪之心故不甚用鄉人其戰必克楚軍見而信之其罰必行楚軍習而安之故樂用楚人此鮑超一軍之實在情形也前者鮑超到省臣與往返熟商竊以西陲如此其急宜統全部西行再於川省添調額兵甘省多購良馬方可獨當一面謀出萬全誠以此軍繫天下之望必不容使少有蹉跌者也迨接閩中軍報林文察陣歿漳州劉典先勝後挫退守連城閩事大棘江防亦警東南之禍仍未有艾竊以霆軍遠征何如近剿但將康侍諸逆殲盡先紓

朝廷南顧之憂乃以天下全力肅清西陲剿撫兼施自然就範然欲近剿康侍亦須霆營全部兵力方能摧陷廓清非酌抽十數營所能竣事且恐新舊交接之際將領兩不相下彼此去就之際士卒互有違心人數驟分軍容頓改也詢鮑超來咨之意第以勢須兼顧姑作調停實則出關必得二萬人方能確有把握臣愚以爲與其兼顧而兩無足恃何如專顧而必有所成現鮑超以窀穸未安幸蒙　賞假無論出關入閩均必先行回籍合無仰懇

天恩俯念閩疆萬緊　敕鮑超假滿後仍即兼程由江入閩其全部先由宋國永婁雲慶會統赴汀以慰民望鄂省軍情稍緩

僧格林沁忠勇謀略卓越羣倫關外情形尤所諳悉如可出關督辦必奏膚公由豫赴甘取途較捷閩省肅淸後黨楚豫捻匪尚熾鮑超亦可就近移師如以回疆所繫匪輕非鮑超迅卽出關不可應請敕鮑超全統所部前往俾得盡其所長並懇俯如所請敕下各省寬籌餉項源源接濟專委任以責成功臣前以江省軍餉萬分難支裁撤精捷繼果仁右鼓湘等營兵力立形單薄霆營拔後必須另募勁旅以固邊防其霆營入江以來欠餉約三十萬尙須分月淸理俾資行費總之早奏一路蕩平之績卽早釋一分宵旰之勞除將鮑超原咨抄呈御覽外理合恭摺由驛六百里馳陳伏乞

皇太后

皇上聖鑒訓示狂瞽之見冒昧干瀆不勝惶悚待命之至謹奏

沈文肅公政書卷三終

沈文肅公政書卷四目錄

總理福建船政奏摺
船政任事日期摺同治六年六月十七日
察看福州海口船隖大概情形摺同治六年八月初八日
洋將到閩摺同治六年九月初十日
洋將購器雇工詳悉情形摺同治六年九月二十三日
船政創始需才摺同日
李慶霖留局差遣片同日
造船開工日期併船廠情形摺同治七年正月初九日
據情代奏謝恩摺同治七年三月二十九日

江岸坍塌謹陳籌堵情形摺 同治七年閏四月二十五日
機器到工已齊并船廠現在情形摺 同治七年六月二十三日
運木到工船身告成並鐵廠教造起限情形摺 同治七年十二月二十六日
第一號輪船下水並續辦各情形摺 同治八年五月十二日
輪船監駛入津靜候派驗摺 同治八年八月二十六日
二號輪船下水並續造情形摺 同治八年十一月十二日
船政漸著成效懇擇尤獎勵摺 同治九年二月初十日
三號輪船下水並續造情形摺 同治九年五月十四日
請 簡派輪船統領摺 同治九年八月初七日

船政任事日期摺同治十一年十二月十五日
七號八號輪船出洋並以次下水酌改船式各情摺同治十二年正月二十七日
船政經費支絀摺同日
輪船弁兵專習槍礮片同日
船政物料仍免納稅釐片同日
續陳各船工程並挑驗匠徒試令自造摺同治十二年六月二十日
統領隨時操演片同日
續陳輪船工程並練船經歷南北洋各情形摺同治十二年七月二十四日

船工將竣謹籌善後事宜摺 同治十二年十月十八日

船政教導功成籲懇獎勵摺 同日

閩廠輪船續行興造片 同治十三年七月　日

擬購挖土機船鐵脅新式輪機片 同治十三年十二月初一日

船政需費萬緊海關無款可撥請撥四成洋稅摺 光緒元年六月　日

會籌船政替人候　旨盤交遵赴新任摺 光緒元年八月初八日

船政需人甚急請　派重臣接辦摺 光緒元年八月十八日

船政欠款飭閩海補解足額以後六成洋稅先儘按月解濟摺 光緒元年八月二十九日

報赴新任起程日期摺光緒元 九月 日

沈文肅公政書卷四

總理福建船政奏摺

船政任事日期摺同治六年六月十七日

奏爲恭謝

天恩馳報任事日期兼瀝下忱仰祈聖鑒事竊臣於同治五

年十一月初一日奉

上諭左宗棠奏請派重臣總理船政一摺沈葆楨著總司其事

並准其專摺奏事先刻木質關防印用一切應辦事宜並需用

經費均著英桂吳棠徐宗幹妥爲經理仍隨時與沈葆楨會商

不可稍有延誤等因欽此臣自渥荷生成優予終制從未敢

一入官署左宗棠奉　命西征倉卒見訪堅以船政相屬臣知事在必行自顧材非其任面辭者四函辭者三呈辭者再且徇本籍士民之意聯名籲留左宗棠暫緩去任原以創造輪船關係至鉅非其人莫能勝也乃蒙

聖主特達之知采及菲材畀以重寄始飭會辦繼令專司且感且懼至於涕零早夜徬徨寢食幾廢誠以臣之材望迥非左宗棠之比而所處之地又各不同故也洋人之性善疑非其素所信服之人動生猜忌日意格德克碑久隸左宗棠麾下其公忠果毅親見之而習知之固宜爲之盡力臣於二將無一面之識其難一也輪船經費與別項軍需不同稍不應手便礙大局從

前所估祇屬大概數月以來核計應辦工程應發款項便有從
前未經議及者出款稍溢便苦不敷至於成船之後一船又有
一船之經費非放開眼界通盤籌畫雖竭帑藏不足以供之臣
以迂拙之才處桑梓嫌疑之地其難二也紳受治於官者也爲
所治者忽然與之並列其勢必爭咸豐年間設團練大臣選巨
紳之有鄉望者爲之然獲咎者往往而有未見成功者蓋互相
推諉則事不行互執己見則事又不行搆隙甚微頓成冰炭雖
封疆大吏均公忠體國而權勢所在媒孽者多下至胥隸皆足
以簸弄是非其難三也官之於民有分以相臨故威則知懲恩
則知勸紳與士民等耳不任事猶可也任事則親故滿前恩威

俱窒所求不遂謗讟橫生臣自束髮受書及宦成歸里頗不見惡於鄉黨乃奉　命之日薦書盈篋戶爲之穿舌敝脣焦立成怨府匿名揭帖倡自官場寖爲風俗輒思搖撼大局以快其志於臣何所加損然而人心世道之憂也其難四也欲速則不成惜費則不成其理顯而易見然費數百萬帑金責效於五六年之後人人以利藪相窺一處脂膏便思自潤先飽私囊貽笑遠人非以法痛繩之卽轉相彷效其難五也外國可法之事無多而製器之工實臻神妙其人非有聰明絕異之質但此精益求精密益加密不以見難自阻不以小得自足此意正自可師內地工匠專以偷工減料爲能其用意卽已迥別故不患洋人教

導之不力而患內地工匠向學之不殷非峻法以驅之重賞以
誘之不足以破除其相沿之痼習其難六也日意格德克碑功
成之日既獲厚利又得重名名利所歸妒之者衆求分其利求
毀其名皆在意料之中稍涉游移則前功盡棄左宗棠威望足
以鎮之非臣之所及也其難七也具此七難何敢輕率從事惟
念殷憂啟　聖時事多艱
皇太后
皇上旦旰食宵衣焦勞宵夜若爲臣子者狃於避謗遠罪之私
智何以上答　君父而自立於天地之閒是以再四躊躇欲辭
不敢討惟有毀譽聽之人禍福聽之天竭盡愚誠冀報　高厚

鴻慈於萬一臣所深恃者
諭旨諄切知自强之道斷自 宸衷以萬不得已之苦心創百世利賴之盛舉必不爲浮說所搖但願共事者體 朝廷之心以爲心勿以事屬創行而生畏難之見勿以議非己出而存隔膜之思則大功之成拭目可俟矣船廠根本在於學堂臣訪聞所派教習咸能認眞講授生徒英敏勤愼者亦多其頑梗鈍拙者隨時去之有蒸蒸日上之勢惟馬尾船廠洋樓一切工程去城較遠監工員紳呼應不靈匠役不無延緩臣函囑前署藩司船政提調周開錫先行親赴工所催督一次現在工程亦漸有端緒可以無誤事機周開錫一腔血誠不避嫌怨視公事如家

事爲船政中必不可少之人現在病已就痊與臣常川住局可以隨時相與講明而切究之閒日意格已將機器購齊料理下船約計七月閒可到福建候補道船政提調胡光墉將左宗棠餉事安置妥帖亦可來閩臣於本月十六日釋服十七日往晤福州將軍臣英桂閩浙總督臣吳棠福建巡撫臣李福泰後即駕輪船駛至馬尾工次恭設香案望闕叩謝

天恩敬謹任事遵

旨刊刻木質關防文曰總理船政關防卽日開用一切辦理情形容俟詳細察核會商隨時奏請聖裁所有任事日期並感懽下忱理合先行由驛馳陳伏乞

皇太后
皇上聖鑒訓示謹奏

察看福州海口船隖大概情形摺 同治六年八月初八日

奏爲察看福州海口及船隖大概情形恭摺具陳仰祈 聖鑒事竊臣於六月十七日馳赴馬尾莅事業經奏明在案隨接見在事員紳咨詢一切並駕輪船周覽上下形勢知馬尾一區上抵省垣南臺水程四十里下抵五虎門海口水程八十里有奇自五虎門而上黄埔壺江雙龜金牌館頭亭頭閩安皆形勢之區而金牌爲最要自閩安而上洋嶼與羅星塔烏龍江林浦皆形勢之區而羅星塔爲最要馬尾地隸閩縣踞羅星塔之上流三江交匯中閒港汊旁通長樂福淸連江等縣重山環抱層層鎖鑰當候潮盛漲海門以上島嶼皆浮潮歸而後洲渚礁沙縈迴

畢露所以數十年來外國輪船夾板船常泊海口非土人及久住口岸之洋人引港不能自達省城道光末年地方大吏籌備海防但載石鑿舟以塞林浦上流竟割重重天險而棄之臣詢之海濱土人至今猶共以爲非策也船塢在馬尾山麓地曰中岐但就其一方地勢而言大江在前迤南而下羣峯西拱狀若匡牀中間坦處舊本村田去年購買歸官始圈爲船塢計地周圍四百五十丈有奇客冬以來招集民夫窪者平之低者壘之慮田土之積弱難勝也沿塢密釘木樁以固之慮海潮溪汎之不時驟至也沿塢各增五尺以防之塢外三面環以深濠既藉通運載之船亦可瀉積淤之水塢內濱江者爲船槽若鐵廠輪

廠機器之廠斲木之廠架木之棧房皆參列其後餘尚有從前未經商定之件宜俟洋將到閩續行分別籌商措置隖外之東池北爲臣及辦事各員紳公所外列外國匠房三十間周以甎垣如鱗之次外國匠房之左爲法國學堂後綴生徒下處三十間其制略如匠房之式又左爲英國學堂其生徒下處同之下近江滸則煤廠在焉上倚山麓則中國匠房在焉循麓再上山之左肋可以眺遠臣飭前駐楚軍五百人因地築壘不特可攬船廠全局沿江上下數十里風帆沙鳥如在几前稍下則監督日意格所居也在臣公所之右者有外國醫生寓樓匠首寓樓其與日意格山樓對峙者則副監督德克碑之屋下爲官道將

抵江岸劃爲官街以便民閒貿易一切土木或已經完工或已有三四分至八九分不等辰下畚鍤雨集斤斧雲從計日課功屈指可數此船隖內外之大概情形也臣又維船政根本在於學堂因於六月十九日就馬尾甄別法學藝童隨及英學藝童旣因其勤惰分別升降復定章程每日常課外令讀

聖諭廣訓孝經兼習論策以明義理其續招入局者先扃門考校擇其文理明通尤擇其姿質純厚者以待敘補蓋欲習技藝不能不藉聰明之士而天下往往愚魯者尚循規矩聰明之士非範以中正必易入奇衺今日之事以中國之心思通外國之技巧可也以外國之習氣變中國之性情不可也且浮澆險薄

之子必無持久之功他日於天文算法等事安能精益求精密益求密謹始愼微之方所以不能不講也採辦一節似易實難不患美材之難求而患人心之苟且向來官場氣習以浮冒搪塞爲能船政之興尤視爲利藪去年以來承辦銅鐵木料煤炭者非無其人然用商賈有時擾累之弊甚於官司用官司有時侵漁之端甚於商賈馴至劣幕奸胥交通市儈鬼蜮叢生是以民閒置貨尙有精良一屬公家便多贋鼎明知國帑之當重竟敢於糜國帑明知要工之不可誤竟敢於誤要工言之實堪痛恨臣邇又聞向來外國船材煤炭多運自緬甸暹羅現雖遣員先於近處採辦搜巖他日恐仍不免取材荒裔重洋遼迥更防

不勝防任非其人糜費雖多仍歸無用擬乘此發令之初明罰勅法以警其餘人心畏法而後弊竇可除良材畢至也至船廠之興固須收羅工匠輪船下水則舵工水勇缺一不行非徒習慣風濤尤須熟精槍礮蓋 國家之創造輪船譬諸千金買駿倘衝鋒陷陣不持寸鐵雖有千里之馬安足成功現在洋匠尚未至閩船成尚需時日擬先調閩中舊撤礮船十隻添練水勇二三百名未成船以前藉以巡緝近洋成船以後卽可擐甲登舟駕輕就熟此臣近日考校學堂分飭採辦及招募水勇之情形也至製造工程俟日意格等分載工匠輪機到廠後再行具

奏除繪圖咨呈軍機處總理衙門外理合先將大概情形謹會

同一等恪靖伯陝甘總督臣左宗棠福州將軍臣英桂閩浙總督臣吳棠福建巡撫臣李福泰恭摺由驛具奏以聞伏乞

皇太后

皇上聖鑒訓示遵行謹奏

洋將到閩摺 同治六年九月初十日

奏爲洋將到閩恭摺馳陳仰祈聖鑒事竊臣於本年八月初八日業將船隝大概情形奏明在案玆九月初九日洋將日意格帶同洋員洋匠十二人女眷四口幼孩一口乘輪船駛至馬尾其機器各件據稱兩月一起分作三起由夾板船裝運來閩以後陸續可到至所有船槽鐵廠一應如何興造之處俟其詳晰具稟再行隨時奏聞理合先將洋將到閩日期會同一等恪靖伯陝甘總督臣左宗棠福州將軍署閩浙總督臣英桂閩浙總督臣吳棠福建巡撫臣李福泰合詞恭摺由驛四百里具奏伏乞

皇太后

皇上聖鑒訓示謹奏

洋將購器雇工詳悉情形摺 同治六年九月二十三日

奏爲謹將洋將購器雇工詳悉情形恭摺仰祈 聖鑒事竊臣於九月初十日業將洋將日意格到閩日期奏明在案茲據日意格稟稱該洋將去年十一月二十二日由香港西旋十二月二十七日抵國卽日向該國水師兵部尙書稟明中國委造輪船情由該尙書以未奉 天朝

諭旨令該洋將暫緩雇工一面行文該國留駐香港之水師提督確查五月初四日該提督覆稱此事已奉

俞旨並 簡派大臣督辦且以該洋將並德克碑等効勞中國有年此次剙造輪船尤裨實用等語該國尙書乃許雇定工匠

七月二十日該洋將即乘輪船起程九月初九日抵福州馬尾前約往返以六箇月爲期現逾原限實因輾轉行查所致並非無故稽延至原約採辦各廠器具及輪機洋鐵等項共重九百八十七噸今多備一千餘噸所有價銀以及包紮保險尙屬敷用惟水脚不敷船中所用星宿盤量天尺水氣表之類亦已購齊該洋將先於六月十四日派夾板船一號由該國載船廠器具並鐵二百五十餘噸八月十八日又派夾板船一號載鐵廠一半器具並鐵二百餘噸十月初又派夾板船一號載鐵廠一半器具並輪機兩副尙有輪機兩副十二月初亦可開船惟夾板之捷不及輪船每次約須五箇月爲期鐵船槽長三十丈闊

十五丈可以進修二千五百噸之輪船工匠原約共三十七人現由該洋將帶來匠首五匠人七另有醫官一總監工一看鐵監工一駕船教習一下月可到餘則皆於明年正月由德克碑帶來又稱本年六月二十四日經該國主傳詢中國造船情形諭令用心辦理旋飭該國各部行文留駐香港之水師提督隨事照料各等情據此臣維該洋將此次遠涉數萬里風濤購器募工均已就緒現在征衣甫卸卽躬督中外工匠日在船隝將應辦工程妥速布置一面趕造船身以便輪機到時卽可配製洵屬踴躍從公深堪嘉尚除將日意格原稟抄呈軍機處總理衙門備查外謹將所有購器雇工詳悉情形會同一等恪靖伯

陝甘總督臣左宗棠福州將軍署閩浙總督臣英桂閩浙總督臣吳棠福建巡撫臣李福泰合詞由驛四百里具奏伏乞

皇太后

皇上聖鑒訓示遵行謹奏

船政創始需才摺 同日

奏爲船政創始在在需才宜固人心以全大局恭摺瀝陳仰祈
聖鑒事竊惟爲政在人古有明訓事關創始尤藉羣策羣力以
相與有成況駑鈍如臣若非廣益集思何以上承 朝廷付畀
之重前者渥荷
天恩以署藩司周開錫補用道胡光墉交臣差遣員以周開錫
器局宏敞志慮忠純且藩司爲度支總匯衙門呼應較捷胡光
墉素爲洋人所信才具優長內外兼資俾臣得所藉手是以左
宗棠與臣會商派周開錫胡光墉爲提調又奏請以廣東補用
道葉文瀾等一併交臣差遣得

旨允行知　朝廷所以爲船政謀者至深且遠臣方幸協力同
心衆擎易舉乃督臣吳棠到後晤將軍臣英桂卽有船政未必
成雖成亦何益之語嘗以總理衙門公信示臣謂臣曰此慮我
等用錢失當也臣逐加披閱只囑將所辦情形隨時函致並無
涉及惜費一語臣知督臣胸有成見然尚冀各行其是彼此兩
不相妨詎意周開錫爲匿名揭帖所牽涉者督臣吳棠明知其
誣以業經病痊之員諭令續假另委藩司葉文瀾爲訟棍陳永
祿所翻控督臣吳棠明知其誣以業經咨結之案任聽狡展致
滋拖累周開錫爲各員領袖且甚有功於閩省葉文瀾亦於諸
紳中工程較熟官職較崇當局者先懷潔身之思共事者遂有

波及之懼胡光墉在浙堅辭提調屢展行期難保非以憂讒畏
譏之情致有觀望徘徊之意伏維　國家之任事以人人之慮
事以心若人人自危將事事皆廢
聖主至誠所感洋將効順日意格自入閩以來殫精竭思孜孜
焉如治其家事如能和衷共濟臣當決其有成倘人各有心不
特事廢半途抑將爲遠人所笑且船政之設雖由總理衙門王
大臣及左宗棠奏請而自强之道實斷自　宸衷爲臣子者宜
何如激發天良以副　宵旰勤求之望臣官非言責分屬部民
苟非船政所關雖桑梓情殷斷不敢妄參末議至船政係臣專
責死生以之與其終誤　國家百身莫贖何如傾竭愚戇以自

嗚於　君父之前合無仰懇
天恩諄諭周開錫終始其事專意從公毋畏浮言輒萌退志
飭督撫臣將葉文瀾被控之案秉公斷結並　飭下浙江巡撫
催胡光墉即日前來俾臣　獲收指臂之助不勝急切待命之至
伏乞
皇太后
皇上聖鑒訓示遵行謹奏

李慶霖留局差遣片同日

再伏讀本年八月二十日

上諭吳棠奏甄別知府請旨革職等語延平府知府李慶霖著

名巧猾專事趨承著卽行革職勒令回籍等因欽此是時李慶

霖正隨臣課督廠工欽奉前因理應飭卽交卸經手事件以便

具報起程俾免逗遛之咎惟閱原參摺內稱李慶霖到任未久

卽夤緣爲通商局員又兼爲船政局員督臣所謂趨承者當卽

指此查李慶霖以咸豐年閒入通商局至今已十有餘年自船

政議興左宗棠以其熟悉洋情委辦購地設廠等事去年十二

月部咨飭赴延平府新任復經兼署督臣英桂護撫臣周開錫

以通商船政均極緊要接辦乏人會商奏調來省是其入局之始皆在延平府未到任以前此後則爲地擇人藉資熟手何得以奏調有案責其貪緣縱使李慶霖極善趨承豈左宗棠英桂周開錫等均甘受其籠絡且延平府地方安靜通商局事事掣肘均在 聖明洞鑒之中豈善於趨承者轉舍所甘而就所苦又原摺內稱其在船政局則向督臣言該局紳董主持委員無權又言洋人日意格不知何日能來督臣所謂巧猾者當即指此查臣原係本省紳士船政爲臣專責臣自當一力主持至日意格之來本難定期縱有此言亦非取巧乃臣面詰李慶霖則據稱謁撫臣時曾問及船政謹陳大概情形至謁督臣時從未

垂詢何由妄對臣未任船政以前與李慶霖向無一面之識其
先後入局則左宗棠英桂周開錫所委臣無所用其迴護地方
官之賢否非臣所能周知封疆大吏之黜陟尤非臣所得干預
督臣勒令回籍之請原以預杜留局之階臣且自處危疑何敢
更存偏袒惟船政濟否關係匪輕人無卻顧之心而後事有告
成之日李慶霖在局襄辦已閱年餘勞瘁不辭並無劣蹟若聽
其負屈以去此後何以用人臣顧惜身家坐視事之頹廢不特
終蹈罪戾即此心何以上對朝廷合無仰懇
天恩俯念船政需人准將李慶霖留局差遣如能著有成效由
臣奏請開復倘始勤終怠即當奏請加等治罪斷不敢稍事優

容是否有當理合附片陳明伏乞

皇太后

皇上聖鑒訓示謹奏

造船開工日期併船廠情形摺同治七年正月初九日

奏爲報明造船開工日期併將船廠一切情形恭摺具陳仰祈

聖鑒事竊臣於同治六年九月二十三日業將洋將購器雇工

到閩詳悉情形奏明在案十月十二日總監工達士博鐵山煤

山監工都逢英文教習嘉樂爾醫官尉達樂等到臣隨時犒勞

安置該洋員等靡不感戴

皇仁臣一面與日意格熟籌應辦

事宜並飭各員紳鳩工庀材務期妥速以便開工日意格先令

木匠將從前所葢棧房按段編門平鋪地板令畫匠繪一百五

十四馬力船式於地板之上分行布線細如繭絲凡船身所有

關筍銜接處莫不有圖各不相混曲直尺寸誌以洋字令中國

木匠一一辨識俾按圖仿造可以不煩言而解又於船隖之右臨江口岸創造船臺其造之之法先用木椿長二三丈餘者以雲梯懸七百斤鐵椎數十人挽繩擊下之與地平而止星羅碁布以固其基復將大木縱橫壓於木椿之上以取其平乃鱗疊巨材鈐以長四尺方圍四寸之鐵釘使黏合無間其底寬二丈五尺以次遞銳及其巔僅五尺厚一尺三四寸不等正視之若堵牆旁視之如累塔是爲一疊自外而內以次漸高凡爲疊五十有五前疊高一尺六寸五分積至末疊則一丈六尺五寸將來船成入水順推而下勢若建瓴可不重煩人力每疊相去三尺有奇統計全臺長二十有四丈自江中遙望之若岡巒迆邐

而來中間貫以巨梁支側柱無數使互相撐拄深固不搖然後可鋪板其巔以造船底自去年九月中旬而後匠作百餘人斧斤無間至十二月初五日第一座船臺始竣其餘三座今年秋冬當陸續告成然而船之所可貴者在機機之所從出者在廠鐵廠關係既重工費益繁方日意格之未來也其監工俄羅斯人貝錦達壘土於隝之中央形如半月議以船臺鐵廠參列其中嗣達士博以火患難防宜離不宜合於是復召工填土期於一律坦平劃前右方百餘丈之地爲船臺四劃後左方百餘丈之地爲鐵廠五其一曰鐵廠其二曰水缸廠其三曰打鐵廠其四曰鑄鐵廠其五曰合攏鐵器廠廠界既定乃於壘牆之地各

開溝徑二十丈廣六尺深五尺恐其積水難消也每溝之旁各開一井以洩之溝底編釘亘椿留徑尺出地面填以碎石擣之成屑使與椿齊其上築以石灰再聯疊方石交互鈐束以爲基址然後可施甎甓梁柱天寒霜肅衆杵爭鳴邪許之聲聞於數里此未造船以前挪立船臺並量度鐵廠基址之情形也去年十一月十八日頭起夾板船運火鋸鑽鐵機劈鐵機礪輪洋秤等物並大小鐵片鐵條二百五十餘噸到船高器重數百人運二十餘日始畢有一器以五十餘人舁之而揮汗如雨者所購木料除暹羅以急於運米無船可裝外餘則花旂木及香港所購之暹羅木先後附舶而來雖輪機未齊而船臺已成船材漸

集可造船身遂擇於十二月二十四日親率在事員紳並日意
格達士博等祭告 天后出赴船塢偕提調官周開錫夏獻綸
與諸員匠共捧龍骨安上船臺又到鐵廠親自拽繩下石均奠
以牲醴以昭愼重禮畢召中外員匠敬宣
皇上德意勗以黽勉圖功我 國家懋賞懋官有逾常格聞者
皆歡聲雷動手舞足蹈出自至情臣 偕提調官舉爵挈觴勞之
以酒而退此當日船身開工並鐵廠經始之情形也日意格以
造船之樞紐不在運鑿揮椎而在畫圖定式非心通其理所學
仍屬皮毛中國匠人多目不知書且各事其事恐他日船成未
必能悉全船之窾要故特開畫館二處擇聰穎少年通繪事者

教之一學船圖一學機器圖庶久久貫通不至逐末遺本又以船臺船身所需鐵葉釘鐶甚夥萬難待鐵廠之成不得不先蓋兩區俾隨時打造於是有小鐵廠之設春閒多雨恐停工廢日不得不先事圖維於是有附近船臺搭蓋板棚之舉擣和石灰鎚鑿石版恐其散漫無稽致滋偷惰於是有附近外國棧房搭蓋板棚之舉此隨時相機酌量辦理之情形也臣維輪船之制雖屬奇刱而詳察洋匠所造絫黍皆依準繩苟竭中國之聰明諒不難於取法惟是工煩費重厥有數難海濱土狹水寬列數千萬斤之機器於一隅已不勝爲患若機器一動飈馳霆擊尤慮內重外輕必周圍累巨石爲隄方臻鞏固而各廠急需之石

招匠廣採方日不暇給石隄所需更難計數不得不俟諸春末夏初去年十二月二十五日以風怒潮激衝齧隄根致崩坍十數丈牽倒棧房五分之一聲震如雷現搶護之以亘樁大局尚無妨礙然一勞永逸則石隄終非可緩之圖而石匠往往居奇冀徼高價縱之則玩急之則逃不得不略示羈縻爲招徠地步此需石之難也鐵廠初基取材最鉅尙有柁廠模廠纜廠等十餘處梁棟大必數圍近水之區萬難中選深巖邃谷輦致一枝費既不貲動淹旬月取之立竭而待之甚殷此需木之難也廠地本屬村田恆虞水潦每有營造必增土五尺方樹屋基而所填之土稍乾則尺寸頓減須添填兩三次乃得其平以錢購土

竟至十數里內無可購者此需土之難也中外工匠言語未通目擊手畫事多隔閡稍習其言語者又染於積習輒思因緣爲奸且藉以陵其儕伍外國匠人以精勤自喜彼則以偷減爲能巡察稍疏作輟任意督責少過怨謗叢生此需匠之難也要工所係臣不敢浪費以縻帑金亦何敢惜費以誤大局不敢作威以失衆望亦何敢姑息以媚俗情所幸我

皇上至誠格 天自去年九月以來雨少晴多旣無損於農田而趨事赴功得以日新月異日意格達士博實心實力事事務求精詳又執法嚴明絕不徇庇其下如監工貝錦達辦事遲緩匠首布愛德負氣陵人皆立與驅斥所以洋員洋匠咸恪遵約

束盡心教導不致滋生事端在事員紳仰體　宵旰之勤沐雨
櫛風昕宵匪閼　天心若此人心若此庶幾可望有成謹將造
船興工日期並一切情形會同一等恪靖伯陝甘總督臣左宗
棠福州將軍署閩浙總督臣英桂閩浙總督臣吳棠福建巡撫
臣李福泰合詞由驛四百里具奏伏乞
皇太后
皇上聖鑒訓示遵行謹奏

據情代奏謝恩摺同治七年三月二十九日

奏爲據情代奏恭謝

天恩仰祈聖鑒事竊臣據船政正監督日意格稟稱比奉恭錄

諭旨行知謹悉同治七年二月初二日奉

上諭沈葆楨另片奏請將洋將奬勵等語日意格等自應量予

恩施正監督日意格著賞加提督銜並賞戴花翎副監督德克碑著賞戴花翎總監工達士博著賞加三品銜等因欽此欽遵跪誦之下感激難名竊維外裔末員馳驅中土戎行幸厠天寵躬膺奬功叨金珮之頒作鎭許銅符之授每撫衷而負

疚思奮力以趨公邇因船政開工海壖興役重膺委任方慚作楫非材幸與經營竊喜運斤有藉三年趼踵兩度滄溟度地甫竣募工畢集數月以來規模粗具方將慎之又慎精益求精用壯横海之威永廣梯航之利迺微勞纔効 溫旨旋頒既 畀崇銜復 加翠飾德克碑泰西採幹同承 寵錫彰纓達士博末技褒勞亦荷 榮加新秩 九重異數四海稱榮頂踵捐縻詎足報稱惟有勉鞭駑鈍力效奔馳俾鉅工早蕆利涉同歡以上副 聖朝開物成務之至意所有感激下忱謹懇代奏前來臣 勵其益加奮勉以迓 逾格恩施合將日意格等感激下忱謹會同一等恪靖伯陝甘總督臣左宗棠福州將軍兼署閩浙

總督臣英桂調任廣東巡撫福建巡撫臣李福泰合詞恭摺代

奏伏乞

皇太后

皇上聖鑒謹奏

江岸坍塌謹陳籌堵情形摺同治七年閏四月二十五日

奏爲江岸坍塌逼近船臺謹陳籌堵情形並請
旨飭部嚴加議處恭摺仰祈　聖鑒事竊臣於本年三月
二十九日業將德克碑到工及船廠現在情形奏明在案入夏
以來雨水漸晴方督中外匠作趕造船身以待機器一面建銅
鐵各廠詎閏月十九日海潮初落西南風驟來逆浪旁衝深齧
岸址二更以後船臺前右橫四十丈直十丈之江岸塌入水中
臣率在事員紳夫役人等馳赴搶護奈水勢迅急上實下虛遠
者已臥波心近者土紋冰裂雖沿江一帶前已遍釘巨樁而根
柢受傷樁亦隨流而靡百端設法補救無從只得將岸傍堆積

羣材拖運中閒以防漂溺船臺本近水濱岸址愈低潮痕漸及因於船臺前添釘巨椿三層以禦目前之急大局尚無妨礙然土性既爲水所剋土日剋則水日驕欲固土必先敵水臣前此即思沿江盡砌石岸以敵洪濤因工繁費鉅需石甚夥非曠日持久不能成功且恐岸址未堅驟加石隄不免下輕上重是以姑俟緩圖今受病既深則病源不可不塞蓋船塢地本洲田港汊糾紛窪處皆爛泥所積去歲塡平浦漵又於平地增高五尺望之坦然而客土與原土燥溼不相能非多歷歲時未能黏合無間邇來每有營造患土力之不勝則密釘巨椿以實之釘椿之地實而旁土爲椿所逼雖日溢一黍無迹可見而外既無所

鈐束內逼則外傾前者全隖環以深濠可通潮汐爲便於運致材木然土性必乾而始凝置土水中水愈通土將愈弱此病源之在內者也隖之上流五里地名下洲角十數年前水心漲一沙洲下接中岐江分爲兩江水爲洲頭所激橫出東西然後折而南下東出者遂以隖口爲衝途兼以今春洲尾之在中岐者沙痕漸長彼嬴則此絀隖前港底愈深衝流愈迅臣與日意格及諸員紳乘小舟從上流詳察水勢試以木屑數十石傾入水中木屑逐水斜行恰抵隖岸而止當是時也潮迴風定波浪無聲衝激之狀猶灼然可見倘夏秋之閒海颱一作驚濤怒雨傾江倒海而來撮壞懸流愈不相敵此病源之在外者也夫內外

之病源如此非石岸必不爲功然非先導水勢使之旁流石與水已相搏其閒岸亦不能遽就臣愧憤之下博訪周諮咸謂上流當衝之處宜以數巨艦滿載大石鑿沈水中以殺其怒再廣伐竹箭斜插淺流處所順迴瀾之勢引之西行隝不當衝江流自緩然後依勢築捍水短壩於外更緊靠江岸樹椿爲幹壘石爲隄以垂久遠斯外患可平依山另開數小溝以洩諸路內積之水將環隝長濠一律填塞不致往來潮汐漸漬四旁逕之又久土性乾凝而後內患可息臣曩者亦慮水勢西趨則隝前淤塞不便舟行長濠既填則盤運路遠既而思之隝外之水倂力而西對岸之沙洲必日侵日削輪船仍可暢行不過船臺去水

稍遥成船之時下水多費人力隖内之長濠盡塞不過小舟不能出入多用人夫然地基鞏固較之日惴惴焉以横決爲憂者相去懸絶兩害相形則取其輕此臣籌堵内外之大概也惟是

臣躬膺鉅任不能先事豫防咎無可諉合無仰懇

天恩將臣交部嚴加議處以爲不愼所事者戒謹將籌堵情形由驛四百里馳奏伏乞

皇太后

皇上訓示遵行不勝戰慄屏營之至謹奏

機器到工已齊并船廠現在情形摺 同治七年六月二十三日

奏爲機器到工已齊并將船廠現在情形恭摺具陳仰祈 聖鑒事竊臣於本年正月初五日業將洋將日意格等所購第一起機器到工奏明在案四月十六日復由外國馬梨阿勒各三丁船運到第二起機器其中最鉅者爲鐵廠水筒二口每口各廣數十圍高近一尋輪船之水缸次之餘爲鐵廠一半器具殊形詭狀非安頓如法關捩咸張無從稱名指類當時分派員紳督率人夫移頓二十餘日之久始獲竣事五月十九日第三起機器復由外國夾板船運到船名曰法彼爾士較第一二起之船大倍之據日意格稱中所載除鐵條七千四百二十九條鐵

片鐵釘大礮洋灰等項數百件不計外凡爲機器者五百六十有三最重者二萬餘觔餘或萬餘觔七八千觔三四千觔不等自五月末旬之初勇丁數百人揮汗炎風烈日之中併力搬運及今一月尚未蕆事六月十七日第四起機器復到船名曰汪德乃木所載皆輪船機器計重百有二萬四千八百觔計件三萬五千有奇當令抛泊江中先將稍輕者用兵船剝載入廠其餘重大者俟第三起搬竣再行部署而當時羅列岸旁分頭起運者則有曰安迷喇係運花旂木板之船有曰悅諾花思得係運喰叻長短雜木之船有曰西洞係運船槽木料之船外尚有臺灣運木運煤之船厦門運甎之船附近運沙運石運土之民

船分載竹梢捍護江岸之小船搬移杉木儲蓋各廠之排船而木簰小舠不與焉沿江埠頭星羅碁布無隙可容故日役千夫難以剋期告畢論閩省夏秋之間颱颶常作機器重船皆涉數萬里而來倘因風浪疏虞停工待器勢必遷延時日今各起陸續到齊但費安置之力大廠一成便可專心製造故中外員匠咸鼓舞赴功以爲鉅工之成愈有把握也船隖地基舊坍之處

臣恐其復有橫決自閏月末旬之初卽派弁入山採伐竹箭數萬分插沿江淺流處所從前潮汐爲西南風所激洶湧隖前者現十滅其四五上流衝口前擬巨艦載石沈之水中無如旋渦屈注萬馬奔馳千石之舟無從下椗現於水中樹木爲柵壘石

爲壩力遏怒流因江底向多爛泥泥弱石强須漸實漸加一時未能遽就環隝長濠當一律盡填惟左近一帶工作繁興需土匪易而小溝未開倘遇陰雨無從疏洩因於左側濠口當衝之處先封塞以杜近患再行施工現在急流漸緩果經秋颸安堵如故潮頭盡折而西以後水落霜寒石塘方可興役此船隝地基之情形也船廠以內已成者曰轉鋸廠安十五匹馬力水缸於中中爲鋸輪者三一曰大直鋸一曰小直鋸一曰圓鋸外爲礪輪者一爲鑽機者一爲車牀者二爲鉗牀者三十有五缸中湯氣既升大小鐵輪互相牽引各機一時並發雷動飈馳除零星鎅鑿鑢削不計外尚有重機未曾排比妥帖者難以枚舉四

起機器既齊從前房屋不足容之復搭瓦房三十餘間曰大機器之所輪船水缸凹凸累砢高若重樓關竅相通盈千累百其已成者自外洋轉運皆拆解而來入廠後必費數月釘鈴紐合之工方可適用因於製作之處建瓦亭一區名曰水缸之廠外國鑄器皆先有鐵模始必刻木爲範不溢累黍後乃搗炭和沙與土即其空隙塡之脫胎而出再灌鐵汁其閒鐵模乃就刻模者以遲而成功鑄模者以速而見效遲速既殊不得淆雜於是分建二區一曰木模之廠一曰鑄鐵之廠風雨鍼寒暑表皆輪船必需其製法則鈎心鬬角其器具或牛毛繭絲當其游思無閃炫於日光則目神散有所隔蔽則目力窮其造作之所塞向

關牖陰陽向背調度必有洋人辰下業已完工可以董率匠徒排列鏤刻因名之曰鐘表之廠西人鎚鐵小者需人力大者賴懸機懸機之器或隆然而高或呀然而深重皆數千觔森挺槎枒目前大廠未成已須工作非夏屋不能容於是復有暫搭之鎚鐵廠其與鐵廠隣者曰銅廠地雖稍狹制亦如之鐵銅水缸等廠鎔鍊火鑪甚夥扇韛爲煩西法取風地中不勞人力先周各廠甃甎爲隧斜引旁通礱石葢之鋪土地平而翕張之鐵機繫於鋸廠　万窨氣輪一動彈指閒數百步外鑪火併熾力倍風箱若是者名曰風洞銅鐵重器自彼移此皆需百十人因捌拽車以便挪動然恐溼土埋輪因處處削木爲道凸其兩旁中

平如砥俾易推行若是者名曰木轍從前畫館之設寄於棧房現在堆積充牣不能不另葢一區於是復有繪事之廠采辦銅鐵煤炭木料石灰繩纜等件分道而來連艑累舸量移上岸非分儲之不可而收積材木之地非潮水可通不但出運爲難亦慮久而枯朽於是隖外南側旣建一區曰廣儲之廠又於隖北里許濱江淺港圍數百丈以鱗疊巨材上接山坳駐兵守之曰儲材之廠廠內除轉移執事外隨同洋人學習者若鋸木之匠造船之匠冷鐵之匠鑄鐵之匠刻模之匠鑄銅之匠水缸之匠反沙之匠車牀之匠鉗牀之匠其因營造各廠而招者若斲木之匠版築之匠鎚石之匠攻皮之匠共二三千人五方雜處漫

無統紀易滋事端棲息無從亦難號召於是隖外復建二所居之在左者曰東考工所在右者曰西考工所皆以員紳統之早出暮歸乃無紊亂據日意格前稱華匠與洋匠器用不同言語不通事事隔閡況素諳繩墨者類皆中年以往心氣耗散往往不能探賾通微請各廠分招十五以上十八以下有膂力悟性者或十餘人或數十人俾易教導名曰藝徒現所招已及百餘又不能無以鈐束之於是復有藝圃之設各廠事務猥煩委派員紳近增至百餘曉鐘出隖躬率工作指揮奔走見星始歸饋饁在道每遇暴風驟雨借葢無從不能不少築數閒以資憩息於是復有隖內官廳之設傭工雜作是有健丁日每八九百人

非以兵法部勒則散而難稽呼而不應於是每十人以什長一人束之每五什長以隊長一人束之特派勤能之武弁統焉然必寢息有所竈厠有所稽查有所因傍山結壘略如營房是爲健丁營之設凡此者數月以來已皆趕辦計可先後告竣其餘若鍊鐵鑪甎片之窰燒煤骨之窰鍜蜃灰之窰以及浸木甎槽等處或纔興工或纔擇地經營之後當更陸續奏聞此船隖內外之情形也鐵廠地基去冬以來開土釘樁以及嵌塡石屑石灰皆已就緒應行補苴者亦屬無幾惟所需堅甎方石厰數甚鉅合計五廠需甎數百萬方需石則自長二丈三尺六寸至一尺二寸五分者計十萬有奇堅甎以海船運於下游數目旣多

非數百起不能盡之石質粗重運載更難即源源到工但移一石非數人不可況刓方琢平勢難用驟際此盛夏酷暑石上如沃熱湯凡椎鑿者下蒸上曝敲火生光膚焦肉泡故雖監工日號迄今牆基未就廠內橫梁需堅木一百五六十根每根長須七丈二尺有奇圍圓八尺以上近地搜採無此巨材現飭員往暹羅三馬丹吻嘮呷等處覓購窮海帆檣往來第憑風汛更非刻日可期所幸機器已齊幷有現成輪軸倘船材該備年底船身可就尚易圖成惟撕輪之方總俟營構齊全方有眉目此大鐵廠之情形也洋將德克碑自到工以來覩隝內運載之艱願往南洋訪購載貨夾板船已附搭輪船前往安南各國兩月以

後方得回閩理合附陳今先將機器到齊日期幷船隖一切情形謹會同一等恪靖伯陝甘總督臣左宗棠福州將軍兼署閩浙總督臣英桂福建巡撫臣卞寶第合詞恭摺謹由驛四百里具奏伏乞
皇太后
皇上聖鑒訓示謹奏

遲木到工船身告成並鐵廠教造起限情形摺 同治七年十二月二十六日

奏為謹將遲木陸續到工第一號船身告成第二號船身經始並鐵廠教造起限情形恭摺具陳仰祈 聖鑒事竊臣於同治七年九月初五日業將第一起遲木到廠召匠趕工情形奏明在案當時所到之木僅有五百餘節匠作雲集斤斧繁興直至十月中旬而續到木船尚無確耗臣不勝焦灼只得一面派員赴廈門洋人船隝購致曲木四十一片直木一百二十九根以添船脅一面派員赴香港洋人船隝購致桅板七十片以為船旁雖俱陸續到工而撮壤涓流隨到隨盡十月二十一日第二

起船麻勒阿立三丁到據日意格報稱內載曲木二百七十餘節方木一百九十餘根楢板三百六十餘片二十七日第三起船安密喇到據報內載曲木一千二百二十餘節方木二百二十餘根楢板一百九十餘片船材既足添募省外各匠加緊課功所有船脅底骨灰絲縫節均一律完竣內骨既成旋封外板分段嵌鑲鱗次而上逐日增高惟尾脅之際骨節窪隆相去數尺封釘匪易於是該洋匠等刱設木氣筒一座長約三丈有奇承以臥架筒之首尾各戴鐵笠旁結板棚安置湯鑪一具湯鍋之側綴以銅管通於氣筒入巨板於筒中鐍固鐵笠閉氣而蒸之歷兩時許便柔軔如牛皮然後以釘尾脅曲折隨心不煩繩

刨辰下外板既封內板亦齊船身木工計已集事此後分鈴鐵葉安頓鐵脅橫梁須加一月之功布置輪機包裹銅片以及油漆妝飾等事須加兩三月之功再得一月試演駕駛便可展輪出洋十二月初九日第四起船悅諾花思得到據報內載曲直木一千七百五十六節十三日第五起船巴奴格到據報內載楢木八百零四根竊思前此因木料費手致船工稽遲若必俟第一號船工盡完始將第二號開造未免曠日糜費因先於隝中預疊第二號船臺可造八十匹馬力者現在四船接續而到木料既不止供一船之需因一面飭趕第一號未竟之工一面飭將第二號龍骨鏈刨鋪排擇於本月二十七日興工該洋匠

等樣板已成中國匠人卽其分注尺寸施之斧鋸駕輕就熟尤易就緒鐵廠本年以來疊石築甎牆基已就惟梁柱瑰材苦難覓購前日意格擬用鐵柱已試鑄一根費重工遲告齊不易現擬仍參用外洋大木而運道險遠總須來年方可節次到工查合同內載五年限期以鐵廠開廠之日爲始今經費如此其絀成廠又如此其難爲日愈多則需費愈鉅所幸前者暫搭各廠可以次第興工現在暫搭打鐵之廠則船上鐵軸鐵脅俱能打造暫搭鑄鐵之廠則大而銙柱小而齒輪俱可成功地窨烟鑪亦尚適用玆據日意格稟稱所有五年之限請以明年正月爲始察看省外各匠日與洋人共事口講手畫頗能心通其意惟

輪機之分度水氣之升合非日久融會貫通莫能盡探底蘊耳
合將暹木陸續到工第一號船身告成第二號船身經始併鐵
廠起限教造情形會同一等恪靖伯陝甘總督臣左宗棠福州
將軍臣文煜閩浙總督臣英桂福建巡撫臣卞寶第合詞恭摺
由驛四百里具奏伏乞
皇太后
皇上聖鑒訓示謹奏

第一號輪船下水並續辦各情形摺同治八年五月十二日

奏爲第一號輪船下水並續辦各情形恭摺具陳仰祈　聖鑒事竊臣於七年十二月二十六日業將船政一切工程奏明在案本年正月起廣召艌鑽各匠黏灰穿孔塞罅漏釘鐵匠打鑲鐵梁鐵脅鐵條等件兩月之久始行蕆事三月初旬船匠始得刋雕梁座鬭攏機器車治舵桅鐵匠拆移輪機水缸等件上船配合偏嵌泡釘螺餅兼製銅管氣筒尾輪鐵輥等事如是者復一月有奇四月以後船內之匠則造艙堵戰杆桅架椗車舨板等件船外之匠則趕包龍骨銅皮分造重輞凹槽下水托輞等件內外完備乃加堊洋油聯鈴銅板如是者復二十日有奇四

月之杪日意格稟稱船上大小工程一切告竣請期下水臣飭監工員紳覆驗無異因諏五月初一日乘午潮漲滿縱船入江先期一日用巨鑊煑牛膏豕脂胰皂油等物數十斛灌入船底凹槽凝厚寸許將船臺初疊之木節節掇下另墊木楔使船身低倚兩旁托架跗蕚相銜留船旁撐柱數十根以支之屆期臣躬率提調周開錫及各員紳致祭　天后江神土神船神向午潮平日意格督匠作人等盡拔撐柱將船頭所銜木楔衆斧齊敲使船勢全力趨下再將船頭托輣鋸斷鋸甫過半船砉然自行一瞬之閒離岸數十丈船上人乘勢下椗拋泊江心萬斛艨艟自陸入水徽波不濺江岸無聲中外歡呼詫爲神助辰下方

升桅竿繫帆纜安牀爨添旗幟製號衣整礮械以備出港適提調道員胡光墉同管駕官副將銜遊擊貝錦泉續募通曉輪機之中國舵工水手八十餘人到工伏念新船如生馬非銜轡均調恐不相習且一律用中國人駕駛初試風濤尤當愼益加愼因飭該管駕等就船上加緊練習由近漸遠七月間當可逕出大洋駛赴津門請

旨簡派大臣勘驗此第一號下水之情形也第二號之船自開工以來匠作等駕輕就熟工程較速現邊板已封三分之一再有兩三月亦可下水第三號船臺底椿俱如法釘齊全架一成便可興造木料一節日意格所購者年內已到五起業經臣等

奏明在案本年二月初十日第六起報到二月二十八日第七起報到三月初十日第八起報到三月二十九日第九起報到四月十二日第十起報到凡五起計統裝曲直木及楢板六萬六千六百四十六幅地去年委員劉國泰往南洋所辦者於二月十七日報到船名曰法蘇甲里凡載楢木鐵抄打馬輣轆武結嘜嘟峇蚋等木一千八百四十餘節石來板二千七百八十餘片其中可供鐵廠橫梁之用者不少目下良材麕至船工自易圖成惟機器之出專由鐵廠閩省春夏陰雨連綿版築不易監工員紳披蓑荷笠號召泥滓之中數月以來甎垣石檻石簷一律完竣楶梲宗桷亦皆裁量如式而鑄匠方趕造各種船上

器具未遑兼鑄鐵柱是以棟宇未得觀成現首船下水鑄工稍
鬆當飭刻期趕辦鐵廠告竣便可講求輪機關竅輪機之巧能
應手得心船事乃中邊俱徹也前派總監工道員葉文瀾赴暹
羅采辦桅木據報於三月初一日安抵嗆叻派遊擊吳世忠舉
人蔣錫璠等先赴暹羅葉文瀾先將嗆叻所辦木料雇船起運
亦於四月初六日前赴暹羅矣第一號船擬名曰萬年清第二
號船擬名曰湄雲暫資號召應俟抵津勘驗再懇
恩旨寵錫嘉名以光海宇其萬年清謹委遊擊貝錦泉管駕湄
雲謹委遊擊吳世忠管駕貝錦泉原駕之華福寶委都司銜貝
珊泉管駕以專責成合將第一號輪船下水日期併第二號第

三號工程以及采辦暹木營造鐵廠遴委管駕各情形謹會同

一等恪靖伯陝甘總督臣左宗棠福州將軍臣文煜閩浙總督

臣英桂福建巡撫臣卞寶第合詞恭摺由驛四百里具奏伏乞

皇太后

皇上聖鑒訓示謹奏

輪船監駛入津靜候派驗摺 同治八年八月二十六日

奏爲第一號輪船試演漸熟專員監駛入津靜候 派驗恭摺
具陳伏祈 聖鑒事竊臣於本年三月二十五日因船工將成
請
旨飭調前臺澎道吳大廷來閩督同管駕官赴津請驗五月十
二日復將第一號新船下水及一切工程奏明在案維時船上
機器滊鑪銅輪各大宗雖已如法安置而零星大小器具爲開
駛所必需者尚難數計下水之後臣一面飭管駕官貝錦泉督
率目兵駐紮船上練習駕駛操演礮械以臻純熟一面飭日意
格催中外匠作逐件製造大自桅舵烟筒煤艙舢板小至明窗

水管繩纜欄梯精自舵表氣表遠鏡號鐘麤至帆旗衣裝牀爨倚几計兩月有餘大致完備八月之初日意格先同各洋匠等在隝前升火試輪以覘靈鈍八月十三日候補同知黃維煊會同遊擊貝錦泉等駛出閩安館頭壺江等處二十日申刻臣親督日意格暨各員紳將領登舟出港向晚寄椗熨斗內洋二十一日丑刻東北風大作潮聲甚壯逆風衝潮徑出大洋以試輪機之堅脆駕駛之巧拙星月在天一望無際銀濤萬疊起落如山臣不勝眩暈而在事人等皆動合自然隨於大洋中飭將船上巨礮周迴轟放察看船身似尚牢固輪機似尚輕靈掌舵管輪礮手水手人等亦尚進退合度由正東轉向福甯洋面繞南

菱北菱各島而歸謹按部頒營造尺核計船身長二十三丈八尺有奇廣二丈七尺八寸有奇船頭高二丈六尺一寸有奇船尾高二丈三尺三寸有奇其蝨水也虛船則船頭五尺五寸有奇船尾八尺四寸有奇重船則船頭一丈二尺六寸有奇船尾一丈四尺五寸有奇其任重也除滊鑪機器官艙煤艙外可裝貨七十萬斤煤艙兩所可裝煤二十五萬餘斤煤艙之閒爲前後滊鑪兩座前鑪火門五高一丈六寸有奇深九尺九寸有奇廣一丈五尺七寸有奇後鑪火門四高深均如前鑪廣一丈二尺五寸有奇鑪後機器承之器高一丈二尺有奇座廣九尺有奇長一丈有奇火炎湯沸蒸氣盤鬱匣中船尾暗輪每一時轉

九千三百六十餘遍其出也逆風逆水一時行七十里而遙逮乘風潮折回一時行九十里而近以風平浪靜計之蓋閱一時以八十里爲準云輪機船身旣已并試駕駛亦漸純熟可以遠出重洋前臺灣道吳大廷先於七月十一日病痊遵旨到閩謹擇八月二十六日展輪北上駛赴津門合無仰懇天恩於該船到津之日　簡派大臣勘驗所有未能如法之處恭候
旨下再行督飭中外員匠歷心研究損過就中庶幾獲所遵循漸臻完善至船中妝飾仰體我
皇上崇儉之意務求樸固不敢稍涉浮華伏祈　寵錫嘉名以

光
落
宇其船身機器瀛鑪之式恭繪總圖呈送軍機處以備
御覽至船骨機關鑪竅條目孔繁俟更細意講求分圖貼說彙
帙進呈除將管駕官以下銜名并酌擬月給薪糧數目造册咨
部外謹會同一等恪靖伯陝甘總督臣左宗棠福州將軍臣文
煜閩浙總督臣英桂福建巡撫臣卞寶第恭摺具奏伏乞
皇太后
皇上聖鑒訓示謹奏

二號輪船下水並續造情形摺 同治八年十一月十二日

奏爲第二號輪船下水並續造第三號第四號各情形恭摺具陳仰祈

聖鑒事竊船廠本年八月閒第一號輪船北上之後第二號船身鑽艙各工已有三分之二輪機汽鑪俱安排妥帖計船上大端所短者惟鐵脅鐵梁及桅舵戰坪等件一經完竣以常法論之便可入江嗣據日意格議稱前者第一號輪船下水之後尚需兩三月之久始能出洋者以一切零星器械未全工匠在船操作手足難展登降殊煩致稽時日此次當移後工爲前工卽在架上安置各件器具然後下水試輪少加修飾便可出洋演駕當時在事員紳分廠催趲中外匠作工程習熟不

及兩月之久大自桅舵舢板鐵櫃烟筒小至滊管水筒欄梯釘鎖粗自布帆鐵纜油繩轆轤精至向盤時表遠鏡湯鍼一律完備因擇十一月初四日乘午潮入江屆期臣祗告 天后江神土神旋赴船上勘驗已畢該工匠等如法推船下架自在游行毫無窒礙次日在塢前江面升火試輪輪機亦稱靈便適該船之管駕官遊擊吳世忠到閩派令駐船監製旗幟號衣髹漆內外船板檢點軍火礮械申定號令章程月終當出大洋駕駛第三號之船亦於初四日安放龍骨其船脅數百幅前兩月閒分工繩削業已告齊辰下均已一律鬭合年底可上旁舨第四號現方添築船臺臺工一畢便擇日安放龍骨開造船身今將第

二號輪船下水暨第三號第四號經始情形謹會同一等恪靖伯陝甘總督臣左宗棠福州將軍臣文煜閩浙總督臣英桂福建巡撫臣卞寶第恭摺具奏伏乞

皇太后

皇上聖鑒謹奏

船政漸著成效懇擇尤獎勵摺 同治九年二月初十日

奏爲船政漸著成效懇侯輪機創造就緒 恩准將中外出力人員擇尤獎勵以資鼓舞恭摺籲陳仰祈 聖鑒事竊臣於同治八年十一月十一日續將第二號輪船下水情形奏明在案十二月初七日前任臺灣道吳大廷督駕萬年清駛回工次仰賴

聖主福庇海若効靈風靜波恬人人額慶初九日第二號湄雲器具告備管駕官遊擊吳世忠調度水手人等整理旗幟礮械申明約束申刻臣率同監督日意格及各員紳將領登舟出洋是晚寄椗媽祖澳初十日黎明遥望大洋展輪而出水天無際

午後同舵拂福甯左界繞南茭北茭各島揚帆而歸臣親在洋面細察掌舵管輪礮手水手人等俱能操縱如意船身尙稱牢固輪機亦頗輕靈二十七日日意格偕吳世忠又駛至福安於洋面較羅盤之有無參差本年正月初四日駛回工次本月初五日載采辦京米委員前赴臺灣購米俟購有成數飭萬年清前往裝運臣查外洋船式與中國迥不相同船身固以木料爲大宗而銅鐵零星器具名目繁多雖洋人亦未易悉數創始之艱難非語言所能罄今兩船就緒歷試外洋第三號之船四月可以下水第四號亦刻日興工此製造之漸著成效也有船不能駕駛與無船同曩者官私均購有輪船因駕駛未得其人卒

之呼應不靈臂難使指興事以來招中國素習洋船之人爲管駕官當其任者皆有奮於功名之念不敢惟利是視而以効命聖主爲榮龍窟蛟門無異輕車熟路此駕駛之漸著成效也惟前此四號輪機係購自外洋若中國鼓鑄無成則買櫝還珠教者學者均難逃其責現在打鑄銅鐵流鑪各廠兩年以來所造廠中應用大小機器及船上所需雜件不下萬計去冬之杪起造一百五十匹輪機先由畫廠繪圖以定其廣次由模廠刻木以肖其形然後照模逐件錘鑄刮摩鬬合成副臣嘗細詢駐廠員紳工匠人等俱以爲頗有把握如果鑄造成功與購自外洋者合轍可否籲懇

天恩將出力之中外文武員弁工匠人等容臣擇尤請奬以資鼓舞而收後效出自逾格鴻慈理合會同一等恪靖伯陝甘總督臣左宗棠福州將軍臣文煜閩浙總督臣英桂福建巡撫臣卞寶第恭摺由驛具陳伏乞
皇太后
皇上聖鑒訓示謹奏

三號輪船下水並續造情形摺 同治九年五月十四日

奏爲第三號輪船下水並續造第四號情形恭摺具陳仰祈
聖鑒事竊臣於本年二月初九日業將第二號船成出洋隨卽前往臺灣情形奏明在案第三號龍骨船脅去冬卽已安排當時正在趲辦第二號出洋事宜僅一面分工繩削新正以後始得督率工匠畢力其閒四月下旬據監督及在事員紳等稟稱外而鑽艌內而輪機一律齊備可以下水臣謹擇五月初一日巳刻祭告 天后江神土神乘潮縱江推移如法所有桅柁篷鈎舢板已先期製造可以隨時安置船上應需者惟零星器具以及刮摩髹漆門艙牀爨等事一經就緒便可出港試輪臣竊

維船成之後以駕駛爲急務年來招中國之素習洋船者充管駕官固操縱合法而出自學堂者則未敢信其能否成材必親試之風濤乃足以覘其膽智否卽實心講究譬之談兵紙上臨陣不免張皇去年派員到香港南洋各處購致夾板輪船以資藝童練習無如願售者皆朽窳之餘不適於用購歸修整價又不貲遂作罷議而登舟練習之事終不可以久延辰下第三號八十四馬力輪船告成其式本屬戰艦利於巡洋擬以學堂上等藝童移處其中飭洋員教其駕駛由海口而近洋由近洋而遠洋凡水火之分度礁沙之夷險風信之徵驗桅柁之將迎皆令卽所習聞者印之實境熟極巧生今日聚之一船之中他日

可分爲數船之用隨後新舊相參踐更遞換冀可漸收實效第四號係一百五十匹馬力龍骨業已安置船脅鬭合亦已過半南洋木料陸續到工匠作漸皆熟手當易蕆功茲謹將三號擬名福星四號擬名伏波以資號召當否之處伏候 聖裁合將第三號下水暨第四號製造情形謹會同一等恪靖伯陝甘總督臣左宗棠福州將軍臣文煜閩浙總督兼理福建巡撫臣英桂合詞恭摺具奏伏乞

皇太后

皇上聖鑒謹奏

請　簡派輪船統領摺 同治九年八月初七日

奏爲籲請　簡派輪船統領以資訓練而靖海疆恭摺具陳仰祈　聖鑒事臣維輪船之設其利較戰船數倍其難亦較戰船數倍戰船伍符尺籍恆取土著之人一入標營便知定分層層鈐轄安於固然輪船則博采廣搜不拘成格耐風濤者未必習輪機習輪機者未必精駕駛其出色當行之技雖籍隸閩廣江浙大半久於洋船之中且有生長南洋眷屬未入內地者其天性誠篤心地明粹者固不乏人而漸染既深習氣難除者亦復不少且平日等夷相視去就自由繩以營規幾不解爲何故此約束之難也兵船恃槍礮爲聲威槍礮生疏非特不能命中利

器與空手同且臨敵倉皇將有自焚之患戰船可就地操演近日輪船所用槍礮多於後膛安放子藥非海外絕島試之則恐傷人此操演之難也輪船號數漸多不能不分布各口平日各不相聞臨時各不相習雖有事調合一處而聲氣隔閡號令參差此稽查聯絡之難也具此數難寄諸疆臣則職守所羈無從歷風濤以兼顧責之駕弁則勢分相埒無從聯指臂以和衷合無仰懇

天恩簡派熟悉海疆忠勇素著之大員一人以為統領俾訓之禮義以生其忠　君愛　國之心練其技能以壯其敵愾同仇之志庶幾南北一氣寰海鏡清矣愚昧之見是否有當伏候

宸裁謹會同一等恪靖伯陝甘總督臣左宗棠福州將軍臣文煜閩浙總督兼署福建巡撫臣英桂由驛四百里具奏伏乞

皇太后

皇上聖鑒訓示謹奏

船政任事日期摺同治十一年十二月十五日

奏爲恭謝

天恩馳報任事日期仰祈　聖鑒事竊臣於同治九年十月二十三日奉

上諭沈葆楨現丁父憂懇請簡員接辦本應俯如所請惟船政緊要未便遽易生手著百日後仍照常經理等因欽此又於九年十一月十二日奉

上諭沈葆楨陳情終制原出至誠惟辦理船政仍可素服從事著遵前旨毋再固辭等因欽此又於十年二月初九日奉

上諭文煜等奏沈葆楨百日孝後患病未能赴工現工程喫緊

著趕緊調理一俟病痊迅速赴工等因欽此又於十年四月二十二日奉

上諭文煜等另片奏船政大臣因病不能赴工請旨遵行沈葆楨著服闋後再行赴工以副委任等因欽此伏念臣才識庸愚疊蒙 覆幬三年曠職

聖人鑒讀禮之忱九譯輸誠 盛世重濟川之業敢辭艱鉅勉効涓埃臣於本年十二月十二日釋服十五日赴工恭設香案望 闕叩謝

天恩敬謹任事一切情形容俟詳細察看會商將軍督撫臣續行具奏所有任事日期並感激下忱理合先行由驛馳陳伏乞

皇太后
皇上聖鑒訓示謹奏

七號八號輪船出洋並以次下水酌改船式各情摺同治十二年正月二十七日

奏爲第七號第八號輪船出洋第十號第十一號輪船下水並第十二號酌改船式各情形恭摺具陳仰祈聖鑒事竊閩廠七號八號九號輪船下水並十號十一號輪船起工業經督撫臣節次奏明在案比據提調夏獻綸稟稱第七號之揚武第八號之飛雲先後竣工出洋試演計順風順水揚武一時約行百里飛雲一時約行八十里輪機靈捷礮位精良第九號之靖遠工尚未畢再需三四箇月方可出洋第十號之振威十一年十一月十一日下水第十一號之濟安十二月初四日下水船身

既竣水缸汽鑪機器等事飭令次第安排第十二號於九月二十二日安上龍骨目下船脅甫齊正在封釘艙板等語臣 視事後察看飛雲工堅料實與萬年清伏波安瀾相伯仲而兵船之用則以揚武爲長鑪座輪機僅與水面相平烟筒三節可以隨意升降利於避礮本船配大礮十有三尊利於攻敵馬力加多行駛尤速然而造船之費購礮之費薪糧之費煤炭軍火之費則不啻倍於飛雲矣揚武所用多英國之前膛礮摧堅及遠迴異尋常而靈巧則不如飛雲所用之布國後膛礮蓋前膛礮築藥裝子洗礮均須人出艙外身當礮口既慮敵礮見傷又防餘藥遺患後膛礮則裝放之時敵人無從望見而內膛螺絲中有

無渣滓黏滯從後窺之便一目了然惟打放數十次之後卽須暫停否則恐其熱而炸裂蓋靈巧與堅實互有短長在熟知其性者舍所短而用所長庶幾收其利不受其害第十二號輪船擬名永保馬力百五十四本與飛雲一律辦理而養船經費支絀異常臣擬令監督日意格仿照外洋商船規制將房艙移建上層俾中艙底艙地位寬闊多裝貨物以便招商試行領運不苛繩以成法冀收效於將來如荷 恩俞請將第十三十四十五等號輪船一體改造廣閭閻之生計節 國家之度支然此第屬一時權宜若經費漸裕仍當仰體我

皇上力圖自強之意講求兵船新法以固疆圉而壯聲威臣愚

昧之見是否有當謹會同陝甘總督一等恪靖伯臣左宗棠閩
浙總督兼署福州將軍臣李鶴年福建巡撫臣王凱泰恭摺由
驛四百里具陳伏乞
皇上聖鑒訓示謹奏

船政經費支絀摺 同日

奏爲覆陳船政經費支絀情形仰祈 聖鑒事竊臣鶴年臣凱泰於同治十一年十二月二十日准戶部咨本部議覆陝甘總督左宗棠奏閩省輪船經費不敷請於該省應解甘餉內酌撥一摺閩省造船經費前據英桂等奏每月牽算不過四萬兩留撥閩海關銀五萬兩已屬寬爲籌備究竟大小船隻每隻需銀若干每月經費實需若干並造成後管駕員弁薪費若干請飭下福州將軍閩浙總督福建巡撫核實估計奏報到日再由臣等酌核等因奉

旨依議欽此查左宗棠之議立船政也中國無一人曾身歷其

事者不得不問諸洋將其約自鐵廠開工之日起立限五年成船一十六號估費三百萬兩雖中外員匠有生熟巧拙之殊銅鐵木料有貴賤之異零星物件外國取諸市肆而皆足中國非一一本廠自造卽購諸重洋然所估之數尙不甚相遠至以結款四十萬兩爲購器募匠買地建廠之需則昔之所估與今之所費大相懸絕專就建廠而論一椽未立一瓦未覆第購民田釘木樁培山土地基甫固而所費已不貲矣蓋洋將所見者外國已成之廠而未見當日經營締造之艱難所以臣葆楨初次任事時卽有應辦工程應發款項多從前未經議及之奏也原議鑄鐵爲一廠打鐵爲一廠模子爲一廠水缸兼打銅爲一廠

輪機兼合攏爲一廠合共五廠後增拉鐵搥鐵鐘表帆纜火艈舢板六廠而打鐵輪機鐘表又各有分廠計船臺三座船亭五座船槽一座外凡爲廠一十有四原議學堂兩所後添繪事院駕駛學堂管輪學堂藝圃四所臣葆楨察看其均係不容已之需懍遵我

皇上勉爲其難毋得瞻前顧後之

旨不追繩其原估之疏漏而務責其全局之必成所有添設緣由均經奏明在案雖於同治八年正月初一日起限實則十年秋閒廠工始畢購器建廠費百餘萬此結款不敷挪用月款之實在情形也添廠則添機器添匠丁並添工費原議監督暨洋

員匠三十八員名月薪費銀八千九百七十八兩嗣增拉鐵揺鐵洋匠銀四百兩監造工程洋匠銀五百兩駕駛管輪教習銀七百五十兩教造船上鐘表洋匠銀四百四十兩德克碑教練公費銀五十兩各洋匠夜課藝徒讀書銀二百兩洋匠禮拜加工夜作加工銀六七百兩不等中國匠丁人數亦逐廠隨之而增原議兩學堂藝童六十人今則藝童藝徒合三百餘人始也月給贍銀四兩學業日進則贍銀日增其自南洋來通外國語言文字略知機器之學者贍銀月數十金此月款始而充裕繼而支絀之實在情形也成船日多票稅日絀十一年所入票稅僅七萬兩按月勻算得五千餘兩就分撥各省後目下閩省存

船計之揚武薪費月番銀三千二百五十兩萬年淸飛雲船月二千一百二十六兩五錢建威練船月一千四百八兩四錢鎭海水師船月六百四十八兩八錢共番銀九千五百六十兩二錢折紋銀八千六百九十一兩九分一釐而煤炭之費修理之費不與焉且分撥各省輪船均須在閩教練數月此數月之薪費不得不出於閩此養船經費不敷因而挪用月款致月款愈絀之實在情形也每船工料價銀若干驟難一一釐析臣等謹就每月額定經費計之洋員匠薪費約一萬二千兩監工員紳薪水暨書役工伙約一千二百餘兩各匠工食約一萬一千五十餘兩健丁運夫排工口糧約四千三百九十餘兩藝童贍銀

約八百八十餘兩藝徒辛工約八百一十兩零通事辛工約九十兩各船薪費八千六百九十一兩零共三萬九千餘兩而歷年採辦大小料件勻月牽算數與相當蓋每月實不敷銀二萬餘兩合無仰懇

天恩准自本年正月爲始每月添撥銀二萬兩臣等再行極力撙節以收垂成之功俟限滿洋將撤回此二萬之款卽行停撥

臣等愚昧之見是否有當謹會同陝甘總督一等恪靖伯臣左

宗棠合詞由驛四百里具陳伏維

皇上聖鑒訓示飭部議覆施行謹奏

輪船弁兵專習槍礮片 同日

再臣於邸抄中伏讀同治十一年八月二十二日

上諭水師所用本以施柁放礮爲優劣何得藉口演習弓箭致開陸居之漸所有長江水師及江蘇新改之外海內洋內河水師均著專習槍礮毋得再習弓箭等因欽此查輪船與長江水師事同一律所有船上之官弁兵勇應懇

天恩准其免習弓箭俾專心訓練槍礮精益求精是否有當伏乞

皇上聖鑒訓示施行謹奏

船政物料仍免納稅釐片同日

再淮江西撫臣劉坤一咨開同治十一年八月二十九日奉

上諭劉坤一奏近年來各省興辦善後工程及造船修隄需用木植物料甚多出外購買之員因有免完釐捐印照其跟丁船戶紛紛夾帶私貨乘機闖關不候稽查借詞津貼運費抗不完納釐稅並有不肖委員轉爲庇護卡員亦或瞻徇情面勉强放行流弊日滋請飭停止發給印照等語似此情形恐不獨江西一省爲然著各直省督撫嚴查卽行禁止不得發給免完釐稅印照等因欽此臣等伏查船政需用各項料件向係遴委妥員親赴各處採辦並給發免稅印照逐一塡明件數以杜弊端從

無敢不候稽查夾帶私貨者欽奉前因自應遵照辦理惟現在
輪船經費支絀異常若完一項稅釐即多一項經費合無仰懇
皇上俯念船政係欽奉
特旨興辦事件與尋常善後工程不同且船政所需經由洋稅
關者多過內地釐卡者百不及一通商條約外國師船駛入中
國修理船隻不納各項稅餉即洋商船用雜物各口皆准免稅
倘外藩邀 寬大之典而 天朝軍國重事反不得與之一例
辦理恐於政體有妨若新關免稅而內地完釐則事涉兩歧所
得不過錐刀之末恭繹
諭旨似爲嚴杜夾帶私貨而言並非於工程中之物料計較釐

稅竊思印照旣逐一塡明件數倘有夾帶一經查驗便水落石
出臣等當嚴飭採辦委員及限丁船戶人等每過關卡靜候查
驗放行倘有夾帶營私各項情弊察出立予盡法究辦其船政
物料伏乞
天恩仍予免納稅釐以資撙節是否有當恭候　聖裁謹合詞
附片陳明伏乞
皇上聖鑒訓示謹奏

續陳各船工程並挑驗匠徒試令自造摺同治十二年六月二十日

奏爲續陳各船工程並挑驗匠徒試令放手自造情形仰祈
聖鑒事竊臣於本年正月二十七日業將第七號第八號輪船出洋第十號第十一號輪船下水第十二號酌改船式各情形
奏明在案二月第九號靖遠工竣以留閩補用千總鄭漁管駕二十八日試洋順風順水約每時可行七十里輪機靈捷完好惟礮位向外國定製往返數萬里未克如期而來耳第十號振威閏六月工亦可竣以留閩補用千總羅昌智管駕擇吉試洋第十一號濟安七月底可以竣工第十二號永保閏六月可以下水該船之水缸機器車軸等項均於船臺上安置妥帖下水

後兩箇月卽可出洋第十三號於二月初三日安上龍骨船身已得過半工程第十四號於六月初九日安上龍骨船脅尙未就緒此近日各船工程之實在情形也自增月款二萬之後臣得以廣購木料南風司令暹羅仰光所產絡繹而來將來十二號下水十五號卽可安上龍骨雖成船未能適符限期而逾期計不甚遠然當時創始之意不重在造而重在學臣與監督日意格約限滿之日洋匠必盡數遣散不得以船工未畢酌留數人如中國匠徒實能按圖仿造雖輪船未盡下水卽爲教導功成獎勵優加犒金如數必不負其苦心倘洋匠西歸中國匠徒仍復茫然就令如數成船究於中國何益則調度無方教導不

力臣與該監督均難辭其咎該監督請六月自模廠始挑選匠徒之聰穎者逐加驗試洋匠頭授之以圖令其放手自造是後洋匠均不入廠俟其自造模成察看脗合與否稍有絲毫未協再爲詳說窾竅令其改造試之又試至再至三務期盡其技能而止模廠既畢他廠繼之臣以其所議尚屬責實飭令次第舉行毋令中國匠徒得以附會塞責愚昧之見是否有當謹會同陝甘總督一等恪靖伯臣左宗棠福州將軍臣文煜閩浙總督臣李鶴年福建巡撫臣王凱泰恭摺由驛四百里具陳伏乞

皇上聖鑒訓示謹奏

統領隨時操演片同日

再輪船之設必聲勢聯絡如身使臂如臂使指倉卒徵召方足以資敵愾前以養船經費支絀署督臣文煜等奏請分撥各省奉

旨允行計誠出於萬不得已第仍須於分撥之地力籌聯絡之方雖各省大吏可以督其勤加操演而有事合之一處各不相習甚慮驅策不靈臣與統領臣羅大春熟商若俟其來閩修船順便閱操則曠日太久且有本省自有船隝可修不必定歸閩廠者若紛紛召之而至則於其本省巡洋捕盜諸務窒礙殊多計不如統領躬任其勞隨時周歷各口校閱凡遇統領出洋將

赴某省先期由驛咨會某省督撫惟海道瞬息可達驛遞有時
遲延或統領船來而督撫之行知未到則由統領知照海關道
即時校閱其船上有練兵者亦一體操演所需子藥等項統由
各該省應付爲統領者不敢以遠涉風濤爲憚而封疆大吏自
必以不分畛域爲心臣 愚昧之見是否有當謹合詞附片陳明
伏乞
皇上聖鑒訓示謹奏

續陳輪船工程並練船經歷南北洋各情形摺（同治十二年七月二十四日）

奏爲續陳輪船工程並練船經歷南北洋各情形仰祈　聖鑒事竊臣於本年六月二十日業將第九號輪船試洋第十三號第十四號輪船起工並中國匠徒放手試造情形奏明在案閏六月十八日第十二號永保船身灰艌鑽孔鑲鈴船內艙堵輪機水缸船底銅片各工告備臣謹致祭　天后江神土神船神將船推送下水其桅杆烟筒煤艙銅管並帆纜等工八月閒可以蕆事該船寬長及齧水尺寸與伏波安瀾等船一律惟船面前後增設艙房則仿照商船程式耳永保下水騰出船臺飭匠

修理完固卽於二十四日安上第十五號龍骨二十五日第十號之振威工竣監督日意格親帶出洋展輪而出展輪而入洋面則息火張帆將船左右折轉而行約計其適中者每時行七十里輪機靈捷與靖遠同第十一號之濟安工亦垂竣臣擬調管駕飛雲之湄洲營遊擊吳世忠於引 見後回工管駕其原帶分撥山東之飛雲查有久充該船大副之都司銜林文和水務諳練心地樸誠兼通英語堪以接管此各輪船續辦工程之實在情形也其建威練船去年乘風北駛歷浙江上海燕臺天津至牛莊始折而南本年二月教習洋員德勒塞駕船南行先厦門次香港次新加坡次檳榔嶼六月始回工次計四閱月除

各馬頭停泊外實在洋面七十五日海天蕩漾有數日不見遠山者有島嶼縈迴沙線交錯駛船曲折而進者去時教習躬督駕駛各練童逐段謄注日記量習日度星度按圖體認期於精熟歸時則各童自行輪班駕駛教習將其日記予細勘對至於颱颶大作巨浪如山顛簸震撼之交默察其手足之便利如何神色之鎮定如何以分其優劣其駕駛心細膽大者則粵童張成呂翰爲之冠其精於算法量天尺之學者則閩童劉步蟾林泰曾蔣超英爲之冠 臣 謹拔張成呂翰管駕閩省原購之海東雲長勝兩輪船使獨當一面以觀後效此教練駕駛之實在情形也限期瞬屆 臣 惟有力催洋員洋匠認眞教導中國匠徒刻

意講求以冀上副　聖懷於萬一愚昧之見是否有當理合會同陝甘總督一等恪靖伯臣左宗棠福州將軍臣文煜閩浙總督臣李鶴年福建巡撫臣王凱泰恭摺由驛四百里具陳伏乞

皇上聖鑒訓示謹奏

船工將竣謹籌善後事宜摺同治十二年十月十八日

奏爲船工將竣謹籌善後事宜請

旨定奪事竊惟船政之設原約造百五十匹馬力輪船十一隻八十匹馬力輪船五隻嗣督臣英桂議改第七號爲二百五十匹馬力據該監督估計工料繁鉅較百五十匹馬力增一倍有零請以一號抵作兩號經臣文煜等奏明在案共應大小成船一十五隻除第十號以上業經迭次奏明出洋外本年八月初六日第十一號之濟安試洋八月二十八日第十二號之永保試洋均一時以七十里爲率輪機之靈捷船身之堅固與安瀾等船大略相同九月十九日第十三號之海鏡下水計年內可

以出洋第十四號輪船年內亦可下水惟第十五號須待明春然中國匠徒能放手自造與遣散洋匠兩無妨礙此船工將竣之實在情形也此後如爲節省經費起見則停止造船除修船養船而外一切皆可節省惟既絕難續不免盡棄前功而鵲巢鳩居異族之垂涎尤爲可慮若歲仍造船兩號則已成之緒不致中乖而洋人辛工歲可省十餘萬然中國員匠能就已成之緒而熟之斷不能拓未竟之緒而精之雖則歲告成船究竟毫無進境與我

皇上力圖自强之

旨迴不侔矣臣竊以爲欲日起而有功在循序而漸進將窺其

精微之奧宜置之莊嶽之閒前學堂習法國語言文字者也當選其學生之天資穎異學有根柢者仍赴法國深究其造船之方及其推陳出新之理後學堂習英國語言文字者也當選其學生之天資穎異學有根柢者仍赴英國深究其駛船之方及其練兵制勝之理速則三年遲則五年必事半而功倍蓋以升堂者求其入室異於不得其門者矣其學生中有學問優長而身體荏弱不勝入廠上船之任者應令在學堂接充教習俾指授後進天文地輿算學等書三年五年後有由外國學成而歸者則以學堂後進之可造者補之斯人才源源而來　朝廷不乏之於用惟合之遞年成船二隻所費甚鉅本年所加月款二萬

可省而原定月款五萬必不能省也限期瞬屆應如何辦理之
處敢懇
皇上飭下各衙門速議具奏倘以前赴外國學習爲可行則數
萬里長途驟試者不無疑懼臣奉
旨後尚須與日意格及生童人等堅明約束詳議章程必事事
得理之所安而後人人於心有所恃臣不揣冒昧謹會同一等
恪靖伯陝甘總督臣左宗棠福州將軍臣文煜閩浙總督臣李
鶴年福建巡撫臣王凱泰恭摺附驛馳陳伏乞
皇上聖鑒訓示謹奏

船政教導功成籲懇獎勵摺同日

奏爲船政教導功成籲懇

天恩將出力之洋員匠併案獎勵并速籌犒銀回費俾得如期

遣散以昭大信而杜虚糜事竊臣於同治九年二月閒奏請俟

輪機創造就緒懇將中外出力人員擇尤獎勵奉

旨允准在案嗣臣以丁憂交卸致未舉行自本年六月起該監

督日意格逐廠考校挑出中國工匠藝徒之精熟技藝通曉圖

説者爲正匠頭次者爲副匠頭洋師付與全圖即不復入廠一

任中國匠頭督率中國匠徒放手自造並令前學堂之學生繪

事院之畫童分廠監之數月以來驗其工程均能一一脗合此

教導製造之成效也後學堂學生既習天文地輿算法就船教練俾試風濤出洋兩次而後教習挑學生二名令自行駕駛當颷颶猝起巨浪如山之時徐覘其膽識現保堪勝駕駛者已十餘人管輪學生凡新造之輪船機器皆所經手合攏分派各船管車者已十四名此教導駕駛之成效也伏惟船政祇自强之一道而創始較他務爲獨難當一簣之甫施詎成山之敢望或以洋人祕其要領弗輕傳授爲疑或以中國狃於見聞無可攀躋爲慮仰賴　乾綱在握翊贊僉同既歷久而弗渝遂觀成之有日雖精益求精密益求密尚有待於將來而步能亦步趨能亦趨已幸償夫始願想重譯爭效所長之意正　中朝有善必

錄之科玆據日意格將出力之洋員洋匠開單請獎前來臣逐
加檢核尚無冒濫謹將原單抄呈　御覽俟
旨遵行監督日意格始終是事經營調度極費苦心力任其難
厥功最偉德克碑自同治九年二月後前赴甘肅臣左宗棠另
有差使惟經始之時度地計功購料雇匠馳驅襄事亦未便沒
其微勞應如何分別獎勵俾昭激勸之處出自　宸裁至合同
內約明五年限滿中國員匠能自監造駕駛應加獎兩監督各
銀二萬四千兩加獎外國員匠銀六萬兩又約明五年工竣每
名另給辛工兩月并匀給回費三百七十八兩照現在洋員匠
名數科算統共犒賞辛工回費需銀十五萬兩有奇合無仰懇

天恩飭部速即籌撥銀十五萬兩俾得於限內及時遣散不致
坐食虛糜其中國出力之員弁工匠可否容臣一體併案保奬
以資鼓舞而責後效出自逾格　鴻慈理合會同一等恪靖伯
陝甘總督臣左宗棠福州將軍臣文煜閩浙總督臣李鶴年福
建巡撫臣王凱泰恭摺由驛四百里馳陳伏乞
皇上聖鑒訓示謹奏

閩廠輪船續行興造片同治十三年七月　日

再閩廠計成輪船十有五號除鎮海一號駐天津湄雲一號駐牛莊海鏡一號歸招商局駕駛外祇餘十有二船辰下海防喫緊揚武飛雲安瀾靖遠振威伏波皆兵船也前囑日意格向赫德借海關之淩風輪船已到臣擬派此六號常駐澎湖隨之練習合操陣式福星一號駐臺北萬年清一號擬駐廈門濟安一號擬駐福州以固門戶倘嫌單薄永保琛航大雅三船本商船也現派迎淮軍並裝運礮械軍火往來南北殊少曠時此閩局諸船分派之情形也而滬船之到閩者現祇測海一船僅供閩滬遞通消息臺灣遠隔內地防務文書刻不容緩就眼前輪船

計之實覺不敷周轉臣計現在廠中百五十匹馬力之輪機水
缸已成兩副所運外洋木料聞亦陸續歸來因未奉
諭旨不敢擅自興工工匠人等祇令製造備用器具幷修理舊
船若爲省費起見尙須酌量遣撤惟該工匠等學習多時造輪
之法已皆諳悉聚之數年散之一旦不免另圖生計他日重新
招募殊恐生疏而已便之水缸機器已購之木料將俱置諸無
用之區實則暗中糜費似不如仍此成局接續興工在匠作等
駕輕就熟當易告成而廠中多造一船卽愈精一船之功海防
多得一船卽多收一船之效況由熟生巧由舊悟新卽鐵甲船
之法亦可由此肇端購致者權操於人何如製造者權操諸已

除出洋學習一節仍候會議復奏請
旨遵行外合懇
天恩准將閩廠輪船續行興造以利海防臣等愚昧之見是否
有當謹會同協辦大學士陝甘總督臣左宗棠附片陳明伏乞
皇上聖鑒訓示遵行謹奏

沈文肅公政書卷四

擬購挖土機船鐵脅新式輪機片同治十三年十二月初一日

再船工現已續辦臣等查應亟購備者尚有三端一曰大挖土機船一曰船上鐵脅一曰新式輪機船廠江濱年來泥沙日淤雖用挖土機船設法開濬無如地寬器小旋挖旋積倘江流日淺新船下水無由廠地便因而廢聞外國有極大挖土機船計一點鐘可挖土五十方尺當人工一千餘擔之多果得此船刷除積淤廠地乃可無虞此挖土機船之購所以不容緩也船脅必需天然彎木內地無之向運諸暹羅仰光等處聞該處近來此木亦少所以西洋挪易鐵脅以濟其窮閩廠前者皆用木脅邇來十六號開工木脅大形竭蹶勉强湊集尚不敷一船之用

後繼尤難非亦改鐵脅不爲功惟此項工程本廠匠徒未曾素習不得不取式於外洋此鐵脅之購所以又不容緩也舊式輪機用煤過費外國近又刱新式臥機以爲兵船取其機器與水面平可以避礮也刱新式立機以爲商船取其機器所佔艙位無多可多裝客貨也煤較省而機較靈非各購一副而來俾匠徒仿造則巧拙懸殊造船之功亦難於精進此新式輪機之購所以又不容緩也惟此三項之費自定購以及保險包紮護送合攏計非二三十萬金不可使惜一時之勞費誤後日之遠圖因小失大又非良策臣等再四思維似難中輟合無仰懇

天恩俯准乘此防務已鬆飭日意格先赴廈門打電線出洋採

悉三項實價然後令其歸國先辦大挖土機船一隻迅駛來工以保廠地一面在法國定造鐵船脅全副帶匠一二人前來鬭合並教匠徒打造約限一年成功而歸一面往英國定造新式臥機立機各一副帶匠二三人前來合攏並教匠徒鑄造亦約限一年成功而歸鐵脅必取法國者以閩船皆法匠所造其尺寸乃符新機必取英國者以英船向稱堅緻其制度無弊也至議定製鐵甲船未知底細下手殊難亦擬令日意格順途細訪詳悉開單寄歸以便他日斟酌舉辦可否之處謹會同大學士陝甘總督臣左宗棠附片陳明伏乞

皇上聖鑒訓示遵行謹奏

船政需費萬緊海關無款可撥請撥四成洋稅摺 光緒元年六月日

奏爲船政需費萬緊海關六成無款可撥籲懇
天恩俯念事關自强大局准撥四成洋稅以濟燃眉恭摺瀝陳
仰祈 聖鑒事竊臣於同治十三年八月初二日奉
上諭閩廠准續行興造得力兵船以資利用等因欽此遵卽分途趕辦木煤銅鐵等料加緊課工詎九月以後海關以六成入不敷出遂將船政月款停解經臣奏懇 飭部將閩海關續款改撥原定船政經費仍按月撥解並聲明短解之款於臺防經費項下暫行挪墊在案旋經部議請

旨飭下福州將軍迅將輪船經費在六成項下按月如數撥解以顧要工上年短解二十餘萬亦卽隨時補解以清移撥之款

奏

旨依議欽此臣伏讀之下感極涕零敢不黽勉圖功以上副

朝廷自强之至意乃每月函催三四次臣文煜極力挪湊閱時三箇月分爲四次僅解十萬兩至去年十月而止臣之奏

命巡臺也以船政本臣所辦故未設後路糧臺凡臺灣應由內地采購之件兌發之款卽以船政局員兼理近者臺防餉源日絀不特萬難再事挪墊而采購之件兌發之款必逐漸清償春季尚可向銀號錢莊籌措指茶季關款坐扣今則茶季最旺之

月失信於人人亦咸知船政此後無可指之款雖欲不失信而不可得而籌措之路絕矣入夏南風司令去年定辦各料絡繹到工此時雖欠解之四十萬兩源源而來亦僅足敷周轉斷不能稍有贏餘昨准臣文煜覆書閩海關歲徵銀約二百三十萬六成約銀百四十萬奉提京餉五十七萬

萬年吉地十萬應解部庫墊款十三萬有奇陝西出關餉運十萬福廈司稅辛俸十二萬部庫加平飯銀匯費撥補常稅支銷等項十三萬有奇此必不可緩者約銀百一十六萬所存僅二十四萬應勻撥輪船經費六十萬雷正綰餉二十四萬奉省捕盜餉二萬計不敷銀六十二萬即使將二十四萬全數解歸船

政亦所短甚鉅惟四成項下可餘四十萬原奉部文不准截留第船政要需斷難貽誤應請將所餘四成儘數撥抵不敷者仍由六成勻撥方有實濟函商會奏前來臣四顧茫然深虞決裂臣即不顧大局擅議停工而已定之料已用之工當刻日清償亦須鉅款況宵旰焦勞惓惓南顧而臣子只圖自便棄垂成之緒墮未竟之功清夜捫心何以上對君父惟有仰懇天恩逾格俯念事關自强大局准將閩海關所餘四成洋稅儘數撥抵船費不足者再由六成勻撥俾符原數以濟要工明知不准截留四成部臣特爲海防護惜命脈第船政與海防相表裏若船政半途而廢則海防並無一簣之基不得不竭其狂

愚冒昧干瀆謹會同大學士一等伯陝甘總督臣左宗棠福州將軍臣文煜閩浙總督臣李鶴年福建巡撫臣王凱泰合詞恭摺馳陳伏乞
皇太后
皇上聖鑒訓示遵行不勝惶悚待命之至謹奏

會籌船政替人候　旨盤交遵赴新任摺光緒元年八月初八日

奏爲會籌船政替人候

旨盤交遵赴新任恭摺馳陳仰祈　聖鑒事竊臣於本年八月

初一日承准軍機大臣密寄七月十四日奉

上諭臺郡事宜漸次就緒沈葆楨交代淸楚卽行前赴新任籌

辦海防毋庸來京陛見等因欽此伏念臣以樗朽之質膺艱鉅

之投疊奉　恩綸自容無地瀝情上籲　慰勉有加尙冀瞻覲

天顏面申忱悃抑或　機宜密授得所遵循茲奉前因仰思

宵旰焦勞何敢更爲再三之瀆計惟有遵

旨速赴新任竭蹶襄事以待　朝廷徐擇賢能而區區下私所

不能釋然者則以船政一端刱之甚難墮之甚易名則爲觀成之有日實不過一簣之始基倘非精益求精恐前此數百萬帑金盡歸虛擲得其人則恢之彌廣日進無疆失其人雖欲循前軌而守成規有所不可得臣在臺時已與臣凱泰昕夕晤商十餘次自七月二十一日奏報起程後二十二日開駛是晚寄椗澎湖二十三日登岸查閱礮臺工程甫及七成修築尚均牢固閱畢起椗二十四日到工將積牘稍事清釐二十七日到省與臣文煜臣鶴年晤商船政交代咸以爲無逾於前署廣東巡撫現任福建按察司郭嵩燾者詢謀僉同與臣凱泰所見若合符節郭嵩燾學問經濟十倍於臣人人知之而忠愛肫摯之忱

尤臣久所佩服日來虛已苦心以講求洋務所見益深惟船政
責重緒繁且時有關涉中外事件必躬親諦審以威望坐鎮其
閩臬司礙難兼顧合無仰懇
天恩逾格俯念船政關海防大局可否　准將郭嵩燾臬司開
缺　賞給卿銜督理船政俾得專摺奏事以肅中外之觀聽而
期呼應之靈通　一面飭各廠員紳將現存物料敍造簡明清
册並將臣經手未完事件及採辦欠發款項逐一清查開具節
略如奏
俞旨即可以次點交愚昧之見深恐無當謹會同大學士陝甘
總督臣左宗棠福州將軍臣文煜閩浙總督臣李鶴年福建巡

撫臣王凱泰恭摺由驛六百里馳陳伏乞

皇太后

皇上聖鑒訓示不勝惶悚待命之至謹奏

船政需人甚急請　派重臣接辦摺光緒元年八月十八日

奏爲船政需人甚急改請　欽派重臣接辦並懇　飭由海道

南來俾臣得以迅速盤交遵

旨赴任恭摺馳陳仰祈　聖鑒事竊臣於本月初八日業將船

政請　派郭嵩燾接辦緣由奏明在案初九日准大學士直隸

總督李鴻章密咨知郭嵩燾日奉出使英國之　命勢不能爲

船政中止而船政關係海防根柢斷不容不愼擇其人非無熟

悉工程結實可靠者然能恪守成法恐未能式廓前規且當經

費支絀動輒掣肘之時非有卓絕之才識老成之資望能於萬

難中出新意以經緯之者不足爲　國家肇持久之基而收自

強之效臣思維再四計惟有北洋幫辦大臣丁日昌果毅精明
不避嫌怨近日講求洋務罕出其右者可否仰懇　聖恩准派
丁日昌督辦船政該大臣必能恢此遠謨爲南北洋生色臣因
陋就簡負疚於心者有年亦急待丁日昌之精思密慮補臣之
闕至北洋幫辦原係鉅任然李鴻章莅事日久綱舉目張似可
無煩藉助且天津與福建雖遠隔數千里而海道五六日可通
船政如得其人南北洋均藉以聯氣脈是於幫辦之任正相成
而不相妨近聞丁日昌因病思歸想水土異宜所致閩粵接壤
冷煖差同該大臣亦可藉是調攝其躬爲　國家更膺非常之
任冒昧之見是否有當謹會同大學士陝甘總督臣左宗棠福

州將軍臣文煜閩浙總督臣李鶴年福建巡撫臣王凱泰恭摺
由輪船駛赴天津發驛六百里馳遞如蒙 俞允應請 飭下
丁日昌即坐遞摺輪船由海道來閩俾臣 得以迅速盤交即赴
新任伏乞
皇太后
皇上聖鑒訓示不勝惶悚待命之至謹奏

船政欠款飭閩海補解足額以後六成洋稅先儘按月解濟摺光緒元年八月二十九日

奏爲船政欠款懇恩飭閩海關查照部議補籌足額以後六成洋稅先儘船政按月解濟勿因他款挪動以固海防之基恭摺馳陳仰祈聖鑒事竊臣准戶部咨本部會同總理衙門議覆船廠經費不敷請撥用四成洋稅一摺奉旨依議欽此查原奏以製造輪船與海防相爲維繫既據該大臣稱用款艱難應即准如所請將四成項下餘銀四十萬兩儘數撥歸船政將七月以後續徵四成洋稅提撥四十萬兩解還部庫以清界限嗣後船政經費仍遵原定章程由閩海關六成

項下每月撥解銀五萬兩以符奏案等因旋准福州將軍臣文煜咨稱七月以前存銀堪以查照部案撥解輪船經費者僅只十五萬兩並飭隨文咨解前來伏念船政月款自去年九月停解今年四月以後陸續彌補二十萬兩僅敷去年十二月而止茲遵撥四成十五萬兩亦僅敷今年三月而止而船政懸款如日意格采辦之鐵脅全副新式輪機兩副挖土大機船一號半價十餘萬元南洋采辦木料未到者又十餘萬元挪用巡臺經費逐月補還外尚十餘萬兩如果部撥六月以前四成之四十萬兩儘歸船政閩海關固當遵照部議提七月以後四成四十萬兩補解部庫今六月以前存銀僅十五萬兩則是舊存之二

十五萬兩業經先期解部自當提七月以後之四十萬兩以十五萬兩補解部庫而以二十五萬兩交還船政方與部議相符而船政自本年五月至八月款項始有著落大局不致決裂其九月以後既照原定章程於六成項下每月撥解五萬兩應懇飭下閩海關先儘船政籌解所餘再撥京協各餉庶幾月款不至子虛接辦者方得所藉手臣交卸在即而嘵嘵不已於 君父之前者誠以海防始基不容中廢按月有款而後可次第責其成功區區下私是否有當謹會同大學士陝甘總督臣左宗棠福州將軍臣文煜閩浙總督臣李鶴年福建巡撫臣王凱泰恭摺附輪船至滬發驛六百里馳陳伏乞

皇太后
皇上聖鑒訓示不勝戰慄屏營之至謹奏

報赴新任起程日期摺光緒元年九月二十八日

奏爲遵

旨卽赴新任恭摺馳報起程日期仰祈聖鑒事竊臣承准軍

機大臣字寄光緒元年九月初二日奉

上諭船政事宜沈葆楨卽交李鶴年等暫行兼顧督率道員吳

仲翔一手經理俟丁日昌到閩後再行交代並著沈葆楨卽起

程前赴兩江新任等因欽此仰見

聖主愼重海防之至意循誦再四感悚交幷伏念船政經費萬

難經臣疊次縷陳在案吳仲翔工程熟悉廉正樸誠任怨任勞

此臣所素信者倘費無所出課虛責有不特非一道員所能爲

力卽丁日昌到閩後亦斷不能以空拳赤手從事其閒兩江責
重事繁　宵旰憂勤惓惓南顧臣何敢藉船政籌款爲口實稍
事遷延惟是事關自强中外屬耳目焉若半途而廢則大局全
隳伏懇
天恩飭下將軍督撫臣設法支持視如家事舊欠者彌補足額
按月者解濟如期俾丁日昌得以展其所長補臣積年固陋之
愆曷勝幸甚臣擬於十月初一日乘輪船由海道入江遵
旨赴任合將起程日期由驛五百里馳報以冀上慰　慈廑伏
乞
皇太后

皇上聖鑒訓示謹奏

沈文肅公政書卷四終

清末民初文獻叢刊

沈文肅公政書

（第三册）

［清］沈葆楨　著

朝華出版社
BLOSSOM PRESS

沈文肅公政書卷五目錄

福建臺灣奏摺

請卹陳一鶴等片同日

遵旨籌商摺同日

覆議海洋水師片同日

請建明延平王祠摺同日

請加封嘉義城隍神摺同日

補請義民潘綿等卹典片同日

請獎開山首先出力人員摺同日

請獎提督唐定奎片同日

請獎洋將博郎等片同日

請琅𤩝築城設官摺同治十三年十二月二十三日

淮軍員弁請卹片光緒元年正月三十日
商辦獅頭社番摺光緒元年二月十七日
遊擊王開俊請卹片同日
請調段起充營務處片同日
報明南路勦番情形摺光緒元年三月十三日
北路中路開山情形摺同日
請封蘇澳海神摺同日
報明臺郡城工完竣片同日
千總李長興正法片同日
臺北員弁請卹片同日

淮軍攻破內外獅頭社摺 光緒元年四月二十三月

裝送王開俊忠骸片 同日

周維先等請卹片 同日

提督羅大春請假片 同日

美德蘭等請　賞寶星片 同日

番社就撫布置情形摺 光緒元年五月二十三日

北路中路情形片 同日

搜獲布袋嘴土匪正法片 同日

籲辭江督摺 同日

臺地無庸另派大員片 同日

臺南撫番就緒淮軍陸續凱撤摺光緒元年六月十八日
臺北擬建一府三縣摺同日
臺北議購開煤機器片同日
請改駐南北路同知片同日
報提督王德成病故片同日
催劉璈赴臺片同日
請改臺地營制摺光緒元年七月初八日
歲科兩試請歸巡撫片同日
唐守贊等請卹片同日
駱春澤請卹片同日

報胡國恆等病故片 同日

呂耀景等請卹片 同日

報淮軍全數凱撤摺 光緒元年七月二十一日

安平海神請加封號摺 同日

謝授江督 恩摺 同日

提督羅大春請開缺片 同日

李際泰等請卹片 同日

吳鼎夔等請卹片 同日

段起帶赴江南片 光緒元年八月初八日

請獎勦番開山出力人員摺 光緒元年九月二十八日

沈文肅公政書卷五

福建臺灣奏摺

請移駐巡撫摺同治十三年十一月十五日

奏爲臺地善後勢當漸圖番境開荒事關刱始請

旨移駐巡撫以專責成以經久遠事竊臣等於十月二十七日

將收囘草房營地各情形奏明在案因思洋務稍鬆卽善後不

容稍緩惟此次之善後與往時不同臺地之所謂善後卽臺地

之所謂刱始也善後難以刱始爲善後則尤難臣等曩爲海防

孔亟一面撫番一面開路以絕彼族覬覦之心以消目前肘腋

之患囿未遑爲經久之謀數月以來南北諸路縋幽鑿險斬棘

披荊雖各著成效卑南歧萊各處雖分列軍屯祇有端倪尚無綱紀若不從此悉心籌畫詳定規模路非不已開也謂一開之不復塞則不敢知番非不已撫也謂一撫之不復疑則不敢必何則臺地延袤千有餘里官吏所治祇濱海平原三分之一餘皆番社耳　國家並育番黎但令薄輸土貢永禁侵陵意至厚也而奸民積匪久已越界潛蹤驅番佔地而成窟穴則有官未開而民先開者入山既深人迹罕到野番穴處涵育孳生則有番已開而民未開者疊巘外包平埔中擴麀豕遊竄草木蒙茸地廣番稀棄而弗處則有民未開而番亦未開者是但言開山而山之不同已若此生番種類數十大概有三牡丹等社恃其

悍暴刦殺爲生罔不畏死若是者曰兇番卑南埔裏一帶居近
漢民略通人性若是者曰良番臺北斗史等社雕題剺面向不
外通屯聚無常種落難悉獵人如獸雖社番亦懼之若是者曰
王字兇番是但言撫番而番之不同又若此夫務開山而不先
撫番則開山無從下手欲撫番而不先開山則撫番仍屬空談
今欲開山則曰屯兵衞曰刊林木曰焚草萊曰通水道曰定壤
則曰招墾戶曰給牛種曰立村堡曰設隘碉曰致工商曰設官
吏曰建城郭曰設郵驛曰置廨署此數者孰非開山之後必須
遞辦者今欲撫番則曰選土目曰查番戶曰定番業曰通語言
曰禁仇殺曰教耕稼曰修道塗曰給茶鹽曰易冠服曰設番學

曰變風俗此數者又孰非撫番之時必須竝行者雖然此第言後山耳其繁重已若此山前之入版圖也百有餘年一切規制何嘗具備就目前之積弊而論班兵之惰窳也蠹役之盤踞也土匪之橫恣也民俗之慆淫也海防陸守之俱虛也械鬬紮厝之迭見也學術之不明庠序以容豪猾禁令之不守烟賭以爲饔飧官斯土者非無振作有爲正己率屬之員始苦於事權之牽制繼苦於毀譽之混淆救過不遑計功何自使不力加整頓一洗浮澆但以目下山前之規模推而爲他日山後之風氣雖多一新闢之區適多一藏奸之藪臣等竊以爲未可也嘗綜前後山之幅員計之可建郡者三可建縣者有十數固非一府所

能轄欲別建一省又苦器局之未成而閩省向需臺米接濟臺
餉向由省城轉輸彼此相依不能離而爲二環海口岸處處宜
防洋族教堂漸漸分布居民向有漳籍泉籍粵籍之分番族又
有生番熟番屯番之異氣類既殊撫馭匪易況以剏始之事爲
善後之謀徒靜鎮之非宜欲循例而無自使臣持節可暫而不
可常欲責效於崇朝兵民有五日京兆之見倘逾時而久駐文
武有兩姑爲婦之難臣等再四思維宜仿江蘇巡撫分駐蘇州
之例移福建巡撫駐臺而後一舉而數善備何以言之鎮道雖
有專責事必稟承督撫而行重洋遠隔文報稽延率意徑行又
嫌專擅駐巡撫則有事可以立斷其便一鎮治兵道治民本兩

相輔也轉兩相妨職分不相統攝意見不免參差上各有所疑下各有所恃不賢者以爲推卸地步其賢者亦時時存形迹於其閒駐巡撫則統屬文武權歸一尊鎭道不敢不各修所職其便二鎭道有節制文武之責而無遴選文武之權文官之貪廉武弁之勇怯督撫所聞與鎭道所見時或互異駐臺則不待采訪而耳目能周黜陟可以立定其便三城社之巨姦民閒之冤抑覩聞親切法令易行公道速伸人心帖服其便四臺民烟癮本多臺兵爲甚海疆營制久壞臺兵爲尤艮以弁兵由督撫提標抽取而來各有恃其本帥之見鎭將設法羈縻只求其不生意外之事是以比戶窩賭如賈之於市農之於田有巡撫則考

察無所瞻徇訓練乃有實際其便五福建地瘠民貧州縣率多虧累恆視臺地爲調劑之區不肖者骫法取盈往往不免有巡撫以臨之貪黷之風得以漸戢其便六向來臺員不得志於鎭道及其內渡每造蜚語中傷之鎭道或時爲所挾有巡撫則此技悉窮其便七臺民遊惰可惡而戇直實可憐所以常聞蠢動者始由官以吏役爲爪牙吏役以民爲魚肉繼則民以官爲仇讐詞訟不清而械鬬紮厝之端起奸宄得志而豎旗聚衆之勢成有巡撫則能頂拔亂本而塞禍源其便八況開地伊始地殊勢異成法難拘可以因心裁酌其便九新建郡邑驟立營堡無地不需人才丞倅將領可以隨時劄調其便十設官分職有宜

經久者有屬權宜者隨事增革不至廩食之虛糜其便十有一開煤鍊鐵有第資民力者有宜參用洋機者就近察勘可以擇地而興利其便十有二夫以臺地向稱饒沃久爲他族所垂涎今雖外患暫平旁人仍眈眈相視未雨綢繆之計正在斯時而山前山後其當變革者其當剏建者非十數年不能成功而化番爲民尤非漸漬優柔不能渾然無閒與其苟且倉皇徒滋流弊不如先得一主持大局者事事得以綱舉目張爲我 國家億萬年之計況年來洋務日密偏重在於東南臺灣海外孤懸七省以爲門戶其關係非輕欲固地險在得民心欲得民心先修吏治營政而整頓吏治營政之權操於督撫總督兼轄浙江

移駐不如巡撫之便臣等明知地屬封疆事關更制非部民屬吏所應越陳而夙夜深思爲臺民計爲閩省計爲沿海籌防計有不得不出於此者敢不據實上聞以爲芻蕘之獻謹將全臺善後情形及請移駐巡撫緣由恭摺由輪船到滬付驛六百里馳奏伏乞
皇上聖鑒訓示遵行謹奏

南北路開山並擬布置琅璚旂後各情形摺同治十三年十二月初一日

奏爲南路開山已抵卑南北路開山已抵歧萊並擬布置琅璚旂後各情形恭摺馳陳仰祈聖鑒事竊臣等於十一月十五日將臺地善後事宜及請移駐巡撫緣由奏明在案而於南北兩路撫番開路情形未遑詳述茲疊據報稱南路一帶自九月開袁聞柝率綏靖一軍越崑崙坳而東張其光隨派副將李光領前隊繼之十月初一日李營至坳東袁聞柝乃得拔營前進初七日至諸也葛社自崑崙坳至諸也葛計程不過數十里而荒險異常上崖懸升下壑智墜山皆北向日光不到古木慘碧

陰風怒號勇丁相顧失色不能不中途暫駐以待後隊之來當袁聞柝駐營諸也葛之日正張其光在內埔辦理兇番之時內社地有老鴉石者崑崙坳之西境也初八日張其光左營有勇丁五人暮經該處草閒突起數番截殺何禮一名槍傷譚大一名旋經都司張欣守備周恩培等派隊追趕該番逃散無蹤隨傳內社頭人陳汝玉查係七家蛋社兇番正在勒限緝辦二十四日參將周善初出哨雙溪路見無首勇丁橫臥血地方深疑駭旋見兇番多人執械向山坡狂竄揮勇追之適周恩培出哨橫截坡前槍斃其一兜擒其三餘悉散走訊供被殺者曰拉立被擒者曰亞利目曰蘇拉曰白牛俱為陳阿修社番即割路旁

勇丁之首者譚大何禮之死亦該番糾同七家蛋社所爲不諱張其光卽將三人就地正法以快人心二十日都司張朝光率兩哨營於大石巖都司張天德亦率隊至諸也葛袁聞柝乃得拔營前赴卑南諸也葛以下地略平坦但榛蕪未翦焚萊伐木頗費人功而該丞粲夜露宿空山感受瘴癘染病甚重臣等聞信卽委候補通判鮑復康馳往暫領其軍俾歸郡醫治未至而該丞已輿疾率旅徑抵卑南張天德一軍亦已趨紮大貓狸與之犄角辰下卑南一路業已開通其崑崙左近雖有兇番出沒已分別懲儆諒無敢生心惟山道險遠糧運殊艱而卑南一帶海口當此東北風司令波濤拍岸倒捲如壁船隻不能攏泊現

聞袁聞柝病體漸輕飽復康亦已到軍自內埔至卑南均已派營分布聲勢尚能聯絡此南路近日開山之情形也臺北一帶疊准提臣羅大春函稱自九月十八日派都司陳光華爲首隊守備李英千總王得凱爲次隊遊擊李得升爲三隊前赴新城別派軍功陳輝煌率兩哨前赴大清水溪再派總兵戴德祥分三哨填紮大南澳分二哨前紮大濁水溪時正風雨連山諸軍阻不能進二十五日天晴陳輝煌先至大濁水溪旋有兇番抗拒經兵勇擊斃二人隨即獸散李得升李英陳光華等踵至會勘形勢近溪荒壤周圍約寬數十里惟地皆沙石不及大南澳之膏腴溪岸南北約距三十餘丈波流陡急副將周維先等連

日趕造正河支河木橋各一條工程既竣各軍乃得越溪而前自大濁水溪以往前者曰小清水溪後者曰大清水溪十月初八日陳光華一營進紮小清水陳輝煌等進紮大清水隨有新城通事李阿隆等帶大魯閣番目十二人來迎願爲嚮導陳輝煌李英王得凱等各軍遂於十三日抵新城十四日李得升所部亦至均營於新城河東時又有符吻豆𠾃等社番目來迎均各分別賞犒我軍遂趨紮歧萊花蓮港之北此地蓋後山橫走秀姑巒之道也自蘇澳至新城計山路二萬七千餘丈自新城至花蓮港計平路九千餘丈統計二百里有奇而沿途碉堡除蘇澳至大南澳已設者不計外應添建十有二處均已興工惟

大南澳至大濁水溪一帶兇番充斥狙殺行人因於大南澳山腰再闢一路旁通新城一以避海濱懸崖之險一以塞兇番歧出之途經派千總馮安國帶勇往辦涉溪五重方闢地十餘里十一月十一十三等日勇丁正在開路突有兇番千餘分段埋伏放槍我兵竭力抵敵經守備黃朋厚等擊斃四人始退是日我兵陣亡者四人受傷者十八人十五日行至一崇山之麓我兵正在峽中開鑿忽聞槍聲四起抵禦兩時之久兇番愈多黃朋厚馮安國料該番等傾社而至社中必空分隊繞擣果有草寮數百間其無人惟見新舊髑髏每寮或數十顆百餘顆不等穢臭難聞旋乘暮風縱火焚寮十數間陣番始散是日計亡兵

勇四名重傷者二十名而哨長祝榮山胸受槍傷頗重其駐濁水溪之勇數十人由小南澳運糧而歸亦於十三日路過石壁突遇兇番蜂擁包鈔陣亡者二名被迫落海者四名重傷者一名經守備朱榮彪馳隊赴救始各駭散而十五日五里亭地面復報稱兇番殺斃民人二名羅大春以番族肆擾難疏隄防惟山場遼闊營勇不敷分布飛函商請添兵前來臣等即飭駐彰化之宣義左右兩軍赴之想日內可到至新城歧萊一帶應如何設立營汛建造墩臺俟羅大春親至相度再籌布置此北路近日開山之情形也至瑯璚一帶臣等復派淮軍兩營紮統領埔王開俊一營紮風港據報十月三十日有日本輪船一隻泊

龜山下隨有五人登岸周覽舊營時許始歸十一月十一日復有輪船一隻泊淸港口隨有西洋人五名登岸經前臺灣鎭曾元福軍功汪兆榮阻詰據稱係瞀文國人查西洋向無此國詢諸日意格云殆日耳曼轉音之訛也該洋人求至新營一觀淮軍管帶官李常孚胡國恆等整隊而出該洋人旋即下船開洋而去臣等思急於琅嶠建城置吏以爲永久之計本月初一日臺灣道夏獻綸候補道劉璈先赴琅嶠臣葆楨擬初四日同臺灣府周懋琦等親赴該處察勘形勢應如何舉辦之處再行請
旨定奪至臺南旂後海口峭壁洪流洵稱天險前經夏獻綸履勘會商淮軍統領唐定奎鑿山壘土建礮臺六座以固海防唐

定奎委候補府田勤生等挑選營勇於十一月初三日興工理合聲明茲先將南北路開山並擬往琅璚旂後布置各情形恭摺附輪船到滬交上海縣由驛六百里馳奏伏乞

皇上聖鑒訓示遵行再此摺係臣葆楨主稿合併聲明謹奏

匪犯陳心婦仔就地正法片 同日

再彰化集集街地近內山有著匪陳心婦仔者借報讐爲名嘯聚死黨殺人紮厝控案鱗積疊經前縣會營勦辦負嵎抗捕未能得手本年臺南戒嚴該匪乘機肆擾荼毒居民九月閒經彰化令朱榦隆督勇攻破竹圍遂率黨逃入內山懸賞購線仍未弋獲十一月閒該匪潛匿葫蘆墩之南坑地方朱榦隆會同副將唐守贊等帶勇星夜銜枚馳往該匪不及隄防生擒到案臣等卽令就地正法以快人心謹會同附片陳明伏乞

聖鑒訓示遵行謹奏

淮軍病故員弁請卹片 同日

再淮總統銘武等軍記名提督唐定奎文稱該營自夏閒奉調來臺萬里荷戈重洋涉險到防伊始又值秋霪溼熱交逼瘴癘旋興經該提督延醫選藥多方拊循雖保全不少而病歿亦多計已故文武員弁則有同知銜遇缺卽選教諭田晉階知州銜前署高淳縣教諭萬嗣伯副將銜花翎補用參將侯汝志副將銜花翎兩江儘先補用參將邵鑑清參將銜花翎兩江遊擊王維新花翎補用都司劉登惠藍翎儘先守備徐宜和補用守備吳維龍藍翎千總田德瀛儘先千總衛承元藍翎把總徐萬華等凡十有一人該員弁皆久歷戎行爲 國効力茲竟感冒時

疾加以積勞傷發後先殞命殊堪憫惻合無仰懇
天恩逾格　飭部照軍營立功後病故例議卹至病故勇丁尚
有二百六十五名現已於鳳山地界購地一區將該員弁勇丁
等按序合葬於其中旁建祠宇春秋由地方官致祭俾得長歆
享祀以慰忠魂謹會同大學士直隸總督臣李鴻章附片分別
陳明伏乞　聖鑒訓示遵行謹奏

澎湖廩生彭衢亨請卹片同日

再據澎湖通判劉邦憲稟稱練董臺灣府學廩生彭衢亨平日恪守臥碑深明大義本年勸辦團練不遺餘力九月初十日由西嶼乘船齎送勇册到廳呈驗不意行至中途風壓船沒卽時殞命該廩生家貧親老尙義殉身誠堪憫悼合無仰懇天恩交部議卹以慰忠魂伏乞聖鑒訓示遵行謹奏

臺地後山請開舊禁摺同治十三年十二月初五日

奏爲臺地後山急須耕墾請開舊禁以杜訛索而廣招徠恭摺馳陳仰祈 聖鑒事竊臣等於十二月初一日業將南北路開通及擬將瑯嶠旂後等處布置各情形奏明在案是日奉到本年十月二十三日

上諭海防亟須認眞講求以期有備無患淮軍應如何分紮要隘著沈葆楨等酌度布置南北開路以及郡城修築礮壘並著該大臣等悉心經理毋得稍形鬆懈瑯嶠諸社亟須次第淸查北路生番撲犯碉樓傷斃兵丁亟應妥辦著沈葆楨文煜李鶴年王凱泰潘霨派員設法招徠隨時撫恤招墾事宜仍商同羅

大春認眞籌畫臺郡城工安平礮臺一切工程沈葆楨務當悉心經畫毋得畏難思阻各等因欽此十二月初四日復奉到本年十一月十三日

上諭琅璚一帶善後機宜亟須悉心籌畫妥善所有招撫生番及修城開路各事宜著沈葆楨文煜李鶴年王凱泰潘霨懍遵十月二十八日諭旨妥爲布置毋稍因循沈葆楨等惟當於此時力圖自强之策以期未雨綢繆庶幾有備無患黎兆棠現經簡放津海關道著沈葆楨傳知病痊後迅速赴任以重職守各等因欽此臣等伏讀之下仰見聖謨遠大欽感莫名因思全臺後山除番社外無非曠土邇者南北各路雖漸開通而深谷

荒埔人蹤罕到有可耕之地而無入耕之民草木叢雜瘴霧下垂兇番得以潛伏狙殺縱闢蹊徑終爲畏途久而不用茅將塞之日來招集墾戶應者寥寥蓋臺灣地廣人稀山前一帶雖經蕃息百有餘年戶口尚未充牣內地人民向來不准偷渡近雖文法稍弛而開禁未有明文地方官思設法招徠每恐與例不合今欲開山不先招墾則路雖通而仍塞欲招墾不先開禁則民裹足而不前臣等查舊例稱臺灣不准內地民人偷渡拏獲偷渡船隻將船戶等分別治罪文武官議處兵役治罪又稱如有充作客頭在沿海地方引誘偷渡之人爲首者充軍爲從者杖一百徒三年互保之船戶及歇寓知情容隱者杖一百枷一

箇月偷渡之人杖八十遞回原籍文武失察者分別議處又內地商人置貨過臺由原籍給照如不及回籍則由廈防廳查明取保給照該廳濫給降三級調用又沿海村鎮有引誘客民過臺數至三十人以上者壯者新疆爲奴老者煙瘴充軍又內地民人往臺者地方官給照盤驗出口濫給者分別次數罰俸降調又無照民人過臺失察之口岸官照人數分別降調隱匿者革職以上六條皆嚴禁內地民人渡臺之舊例也又稱凡民人私入番境者杖一百如在近番處所抽藤釣鹿伐木採椶者杖一百徒三年又臺灣南勢北勢一帶山口勒石分爲番界如有偷越運貨者失察之專管官降調該管上司罰俸一年又臺地

民人不得與番民結親違者離異治罪地方官參處從前已娶
者毋許往來番社違者治罪以上三條皆嚴禁臺民私入番界
之舊例也際此開山伊始招墾方興臣等揆度時勢合無仰懇
天恩將一切舊禁盡與開豁以廣招徠俾無瞻顧嗣又據臺灣
道夏獻綸詳稱舊例臺灣鼓鑄鍋皿農具之人向須地方官舉
充由藩司給照通臺祇二十七家名曰鑄戶其鐵由內地漳州
采買私開私販者治罪邇來海口通商鐵觔載在進口稅則昔
杜內地之出今自西洋而來情形迥異而不肖兵役人等往往
向民閒藉端訛索該鑄戶亦恃官舉任意把持民甚苦之又臺
產竹竿向因洋面不靖恐大竹篷篾有關濟匪因禁出口以致

民閒竹竿經過口岸均須稽查不知海船蒲布皆可爲帆無須用竹立之厲禁徒爲兵役留一索詐之端民閒多一受害之事應請毋庸查禁等因臣等思當茲開闢後山百凡以便民爲急不得不因時變通合無再懇
天恩飭地方官將鐵竹兩項悉弛舊禁以斷胥役勒索之路以濟閭閻日用之需愚昧之見是否有當理合恭摺由輪船內渡付驛六百里馳奏伏乞
皇上聖鑒訓示遵行再臣葆楨擬於本月初四日馳赴瑯𤩝察勘形勢隨因感冒甚重未能如期起行俟調治稍痊當即前往謹以附陳至此摺係臣葆楨主稿合併聲明謹奏

臺煤減稅片 同日

再臣等於本年七月二十九日附片奏稱臺灣產煤甚富請將出口土煤照進口洋煤一律征收八月十九日奉
硃批該衙門議奏欽此嗣經總理各國事務衙門覆奏臺灣一口旣據該
大臣等稱該處產煤甚富應准其酌量核減妥籌辦理等因臣等伏思臺地之病病於土曠土曠之病由於人稀重洋遠隔必利市三倍而後內地食力之衆不召而來墾田之利微不若煤礦之利鉅墾田之利緩不若煤礦之利速全臺之利以煤礦爲始基而煤礦之利又以暢銷爲出路南北各省按日以煤炊爨入冬以煤禦寒若出口暢旺煤價必昂於民閒不無窒礙臺地

則炊爨禦寒均無藉於煤除出口外別無銷路其煤質鬆脆不敵西洋所產而與東洋之煤尚相去不遠然臺煤雖富年來開采仍不甚旺其所以不旺之故則由於滯銷西洋產煤金山最夥從前夾板船隻皆繞金山而來貨物而外以煤壓載煤佳而價平此固非臺煤所能敵自埃及紅海開通以後洋船無須繞過金山金山之煤遂稀其價亦日昂而臺煤仍不暢銷者以東洋之煤成本較輕獨擅其利故也今欲分東洋之利必將臺煤減稅以廣招徠洋商計較錙銖聞風而至以後稅則雖減而總計稅入仍不至懸殊於民閒生計當有起色至船局所用臺煤向係免稅不在定則之內今擬請將出口臺煤每噸減爲稅銀

一錢如蒙

天恩允准伏懇　飭下總理衙門劄行總稅司明言臺煤無關

民間日用而爲洋船所必需是以減稅惠商南北洋各口均不

得援以爲例愚昧之見是否有當謹附片覆陳伏乞

皇上聖鑒訓示遵行謹奏

請調陳一鶴等片 同日

再開關臺後一帶撫番招墾在在需人茲據營務處浙江候補道劉璈稟稱有候補工部員外郎陳一鶴係浙江台州府臨海縣人補用同知文煒係湖南長沙府人運同銜候選知縣李益林係湖南岳州府巴陵縣人三員皆才具優長躬耐勞苦堪以相資爲理等因合無仰懇

天恩飭下浙江湖南巡撫分別調令來臺以爲指臂之助伏乞

皇上聖鑒訓示謹奏

遵　旨籌商摺同日

奏爲遵

旨籌商恭摺馳陳仰祈　聖鑒事竊臣等於本月初一日承准

軍機大臣密寄同治十三年十月二十八日奉

上諭文祥奏敬陳管見一摺臺事雖權宜辦結而後患仍在在堪虞亟宜未雨綢繆豈可仍蹈因循故習所有在臺兵勇應如何酌留淮軍應如何分紮全臺事宜應如何布置該大臣等務當妥爲經畫以善將來並著李鴻章李宗羲將前議購買未成之鐵甲船水礮臺及應用軍械等件迅速籌款購辦等因欽此

我

皇上幾先洞燭安不忘危循誦再三且慼且悚伏計臺地延袤千有餘里處處有口處處宜防淮軍十三營練勇二十餘營防海以此開山以此守碉堡護工役以此晨星落落已覺分布不敷現在淮軍以二營駐紮琅璚十一營駐紮鳳山兼造旂後礮臺專顧南路倘北路有警卽須移羅大春開山之勇以爲防海之師雖不敢於餉需奇絀之餘率爾議加亦斷不敢懷希圖苟安之心率爾議減至額兵之數不爲不多然七千餘人不得一人之用竭　朝廷之巨帑炙商旅之陋規只供迎送飾觀外此不自知所司何事前者招洋教習數人漢教習二十餘人取各營所挑精兵教之洋槍陣法未見成效徒滋怨聲容再察看數

月而後若仍毫無起色只得奏請裁撤以節餉需其全臺事宜
應如何布置臣葆楨已於十一月十五日具疏上陳謹俟奉到
批諭再行欽遵辦理是否有當謹合詞繕摺附驛六百里馳奏
伏乞
皇上聖鑒訓示施行謹奏

覆議海洋水師片同日

再臣等承准總理衙門咨稱本衙門議覆丁日昌海洋水師一摺奉硃批依議欽此並抄原奏清單到臣查丁日昌熟悉洋情迥非臣等所及所議修築礮臺選擇幹員聯三洋以練兵分三局以製器似均允當可行而第一條兵船之式與第三條陸兵之餉臣等稍有疑慮實事求是不厭審詳敢竭管蠡之愚以備芻蕘之採原議稱海上爭衡百號之艇船不敵一號之大兵輪船誠確論也第裝礮至四十餘位裝兵至六七百人其齧水之深可想則修理之廠不可以不豫籌船分上下層皆列礮眼危樓俛瞰氣象萬千然安礮之處多則受敵礮之處亦多且下

層演放數礮後煙漲艙中咫尺不相見臨敵不無少有窒礙似當取外洋大兵輪船之新式者參之可以詳究其用之利鈍至木輪船足以輔鐵甲船仍不足以禦鐵甲船則鐵甲船終不能不辦也原議稱精練陸兵每人月給十元此固倡勇敢之一道顧 國家立法宜求其可繼淮楚各軍月餉均四兩二錢魁桀者未嘗不趨之若鶩但能予以極精之器練以命中之技精熟乎步伐止齊之節不患不爲勁旅至陷陣摧鋒所以鼓舞奮興之者有不測之勳賞在倘爲一時招徠之計取快目前淮楚各軍其何以處之以上二條臣等心所未安不敢蓄疑謹合詞附片上陳伏乞

皇上聖鑒訓示謹奏

請建明延平王祠摺 同日

奏爲明季遺臣臺陽初祖生而忠正歿而英靈懇　予賜謚建祠以順輿情以明大義事本年十一月二十五日據臺灣府進士楊士芳等稟稱竊維有功德於民則祀能正直而壹者神明末延平郡王賜姓鄭成功者福建泉州府南安縣人少服儒冠長遭國恤感時仗節移孝作忠顧寰宇難容洛邑之頑民向滄溟獨闢田橫之別島奉故主正朔墾荒裔山川傳至子孫納土內屬維我　國家宥過錄忠載在史宬厥後陰陽水旱之沴時聞吁嗟祈禱之聲肸蠁所通神應如答而民間私祭僅附叢祠身後易名未邀　盛典望古遙集衆心缺然可否據情奏請將

明故藩鄭成功　准予追謚建祠列之祀典等因並據臺灣道
夏獻綸臺灣府知府周懋琦等議詳前來臣等伏思鄭成功丁
無可如何之厄運抱得未曾有之孤忠雖煩　盛世之斧斨足
砭千秋之頑懦伏讀康熙三十九年
聖祖仁皇帝詔曰朱成功係明室遺臣非朕之亂臣賊子敕遣
官護送成功及子經兩柩歸葬南安置守塚建祠祀之　聖人
之言久垂定論惟祠在南安而臺郡未蒙　敕建遺靈莫妥民
望徒殷至於　賜謚褒忠我　朝恢廓之規遠軼隆古如瞿式
耜張同敞等俱以殉明捐軀謚之忠宣忠烈成功所處尤為其
難較之瞿張奚啻伯仲合無仰懇

天恩准予追諡並於臺郡　敕建專祠俾臺民知忠義之大可
爲雖勝國亦華袞之所必及於勵風俗正人心之道或有裨於
萬一臣等愚昧之見是否有當理合恭摺具奏伏乞
皇上聖鑒　敕部核覆施行再此摺係臣葆楨主稿合併聲明
謹奏

請加封嘉義城隍神摺 同日

奏爲廟神靈顯迭著籲懇 敕加封號以順輿情恭摺仰祈
聖鑒事竊據前署嘉義縣現任臺灣縣知縣白鸞卿詳稱嘉義縣舊祀城隍尊神禱雨祈晴久昭靈應其最著者同治元年彰化戴逆倡亂圍撲嘉城紳士等恭請神位於城樓虔誠籲禱五月十一夜地忽大震雉堞傾頹而城垣無恙兵民得以保全咸稱神佑九月閒戴逆復撲嘉城衆心驚慌告廟敬占休咎蒙神默示平安人心遂定兵民竭力誓守復保危城此皆該令署事任內所目擊者茲據紳民陳熙年等僉稟前來伏懇奏請 敕
加封號以答垂庥等因並經臺灣道夏獻綸核詳無異臣等伏

查廟祀正神實能禦灾捍患有功於民例得請　加封號今嘉義縣城隍神保護城池迭著靈應洵爲功在生民允宜上邀
褒寵合無仰懇
天恩俯准　敕加封號以順輿情而昭靈貺恭摺具陳伏乞
皇上聖鑒訓示再此摺係臣　葆楨主稿合併聲明謹奏

補請義民潘綿等卹典片 同日

再據前署嘉義縣現任臺灣縣知縣白鸞卿詳據嘉義縣紳士陳熙年等稱同治元年彰化戴逆之亂全臺震動嘉邑兩次被圍歷時八月援窮糧盡官民誓以死守時有義民潘綿等四十四名力戰捐軀殊堪憫惻請建義民祠以慰忠魂等因當飭道查覆據詳同治元年彰化之亂所有防勦打仗陣亡之文武員弁潘恭贊林廷翰王鶴康林上達併義民潘綿等業經前道丁日健開單具奏請卹五年八月十九日奉

旨潘恭贊等均著交部分別從優議卹單並發欽此伏查陣亡文武員弁及兵丁義民人等例准入祀昭忠祠嘉邑未有祠宇

毅魄無依合無仰懇

天恩飭准建祠以祀潘恭贊等並將陣亡之義民潘締等從祀

春秋致祭以慰忠魂臣等覆核無異理合附片陳明伏乞

皇上聖鑒訓示遵行謹奏

請獎開山首先出力人員摺　同日

奏爲開山漸著成效擬將首先出力人員擇尤請獎以資觀感恭摺馳陳仰祈　聖鑒事竊維此次臺事之興轉餉重洋勞師千里而撫局旋定異類輸誠此蓋我　國家懷柔之德格頑服遠在事文武何得言功惟撫番闢路深入窮荒披斬荊棘衝犯瘴癘通從古以來未開之途蹈六合以內絕奇之險其勞瘁艱苦過於軍營而當軍務喫緊之時或深入刺探敵情或孤軍鎮遏敵衝或能聯絡民心或能擒獲匪首均屬著有微勞未忍湮沒非擇尤請獎無以鼓勵人心查福建陸路提督羅大春到臺以來即赴北路調集各軍深入荒陬由蘇澳至歧萊計開路二

百餘里收撫番族恩威咸宜該提督係奉

旨革職留任之員不避艱險成績昭彰可否請

旨開復革職留任處分交部從優議敘署臺防同知袁聞柝首率一旅隨山鑿石曲達卑南草宿半年紆迯百折輿病冒險番族輸誠可否請補缺後仍留福建以知府儘先補用先換頂戴參將銜浙江溫州右營遊擊王開俊外患方張息當前敵操縱得法膽識過人現移營風港一帶撫綏番社以通後山均能不辭勞苦擬請以參將仍留閩浙儘先補用並賞加副將銜試用縣丞周有基久駐瑯璚偵探軍情纖悉必聞始終不懈豫消釁隙固結人心擬請以知縣留閩儘先補用同知銜署彰化縣知

縣朱榦隆勤於聽斷奮發有爲此次弋獲著名匪首陳心婦仔

克除民害擬請補缺後以同知直隸州知州留閩儘先補用水

師儘先副將唐守贊帶勇深入突擒首犯陳心婦仔擬請補缺

後以總兵儘先陞用提督銜降二級調用記名總兵曾元福督

辦臺南一帶鄉團倡率大義聯絡民心俾臻深固擬請開復原

官免繳捐復銀兩其餘出力各員弁可否容臣擇尤開單請奬

之處出自

天恩謹合詞恭摺具陳伏乞

皇上聖鑒訓示遵行再此摺係臣葆楨主稿合併聲明謹奏

請獎提督唐定奎片同日

再記名提督唐定奎統領銘武等軍十三營到臺布置周密紀律嚴明全臺人心爲之一定七八月間鳳山等處時疫流行營中士多物故該提督拊循備至兵氣不衰現一面分營扼紮瑯𤩝東港一面規築旗後礮壘以固海防躬督工程俾臻妥善均屬調度有方惟該提督係一品領兵大員如何獎敘臣等未敢擅擬其應否錫以章服之殊榮抑須以內廷之珍異出自

天恩謹會同大學士直隸總督臣李鴻章附片陳明伏乞

皇上聖鑒訓示謹奏

請奬洋將博郎等片 同日

再前當臺防喫緊總兵銜洋將博郎隨同潘霨教練安撫軍數月不辭勞瘁洋將哥嘉管駕淩風輪船駐紮澎湖教練各輪船水師始終不懈洋人都布阿在臺郡教習陸營洋槍隊操練認眞今防務稍鬆洋將博郎已赴旗後稅務司之任哥嘉都布阿仍歸總稅務司赫德處當差臣等未忍沒其微勞合無仰懇

天恩飭下總理衙門分別議敘以資鼓勵可否之處伏乞

皇上聖鑒訓示謹奏

請瑯嶠築城設官摺 同治十三年十二月二十三日

奏爲履勘瑯嶠形勢擬卽築城設官以鎭民番而消窺伺恭摺馳陳仰祈 聖鑒事竊臣等於本年十二月初五日將臺地招墾開禁情形奏明在案臣葆楨前患咳逆調治稍愈遂於十三日帶同臺灣府知府周懋琦前署臺灣鎭曾元福由郡登程十四日抵鳳山閱淮軍城西八營城東三營結構精嚴上垜下濠周方四角突起礮壘分哨扼守外瞭曠如內平砥若屹然偉觀入營接見統領營官各加獎勗並躬奠其病歿將士之墳而去十五日南行宿東港十六日宿枋寮地本瘠壤道光閒有鳳山令曹瑾者開水圳以通泉脈遂爲膏腴至今民食其利時已殘

冬麥穗秧針黃綠相閒則內地四月閒景象也該處尙爲鳳山壤則之區過此以往則皆番社居民寥寥矣十七日過莿桐腳鄉民泣訴先後爲獅頭社番戕者五人而王開俊營長夫過者番疑爲民亦斃其二論起釁之根番直而民曲及其仇殺斷難縱番以殃民且營夫又何罪也夕宿風港適王開俊移營至 臣葆楨卽令派汛弁郭占鼇至社飭交兇犯懲辦如敢違抗則不能不示以威風港倭營俱在四無牆壁草屋數十高僅及肩王開俊嫌其散不可守擬合紮而加牆濠焉十八日抵琅璚宿車城爲前大學士福康安征林爽文駐兵之處接見夏獻綸劉璈知已勘定車城南十五里之猴洞可爲縣治 臣 葆楨親往履勘

所見相同蓋自枋藔南至瑯𤩝民居俱背山面海外無屛障至猴洞忽山勢迴環其主山由左迆趨海岸而右中廓平埔周可二十餘里似爲全臺收局從海上望之一山橫隔雖有巨礮力無所施建城無踰於此劉璈素習堪輿家言經畫審詳現令專辦築城建邑諸事惟該處不產巨杉且無陶瓦屋材甎甓必須內地轉運而來匠石亦宜遠致城地所用已墾成田不能不給價以卹貧戶未免繁費惟有囑委員等核實估計不得虛糜縣名謹擬曰恆春可否之處伏候 欽定如蒙 允准擬先設知縣一員審理詞訟俾民番有所憑依畀之親勇一旗以資號召其餘武員學官佐貳且置爲緩圖以一事權而節糜費東城外

西南地曰後灣者倭人舊營之址也濱海當風水泉又惡當時彼族居之病亡相繼且船上礮彈可及故淮軍之至棄而不處一營紮車城附近以衞民居一營紮統領埔以扼牡丹各社出入之道淮勇與番衆均屬相安惟倭人舊營雖只係草屋然交收後不數月今無一存或云火焚或云風壞四顧蕩然現已飭查實在情形稟覆當臣葆楨自猴洞回車城時適洋將博郎哥嘉吉德韓德喜等四人到車城據稱赫德囑於龜仔角左近挪建燈樓隨飭周懋琦與之同往相度俟歸後定議臣葆楨遂同夏獻綸劉璈等於二十日坐輪船歸郡辰下歲暮暫且緩工開春劉璈當赴瑯嶠督辦營建諸務夏獻綸當赴中路主辦開山

事宜臣葆楨思船政餘年動費數百萬方飭辦報銷又爲臺事所閣乘此稍曠之時擬於本月二十四日由輪船内渡句稽大數具奏事畢再至臺灣續行經理茲先將履勘琅𤩝擇地建城各情由合詞恭摺由輪船赴滬交上海縣付驛六百里馳奏伏乞

皇上聖鑒訓示遵行再此摺係臣葆楨主稿合併聲明謹奏

淮軍員弁請卹片 光緒元年正月三十日

再臣等於同治十三年十二月初一日以銘武等軍員弁勇丁田晉階等在臺病故懇 恩賜卹建祠十二月二十一日奉
旨田晉階等均著照軍營立功後病故例議卹餘依議該部知道等因欽此伏讀之下仰見 聖慈高厚感激靡涯本年正月十九日又淮統領銘武等軍提督唐定奎文稱該軍自去年十月二十三日起至十一月底正計病歿之文武員弁又有知府銜補用同知甘肅候補通判黃日新花翎五品銜分省補用鹽知事朱秉鈞理問銜東河試用主簿顧乃瓚藍翎選用從九品李廷幹花翎參將銜兩江補用遊擊王得功花翎儘先補用都

司張得發花翎都司翁大鵬吳鎮華儘先守備劉振樂藍翎千總劉永勝藍翎把總唐得高等凡十一人外勇夫二百五十三名或因積勞傷發或因感受瘴癘先後物故與田晉階等情事相同另有候補內閣中書林齊韶於去年秋閒隨鎮臣張其光駐營南路防海開山積勞病故均堪憫惻可否再懇

天恩　飭部俱照軍營立功後病故例賜卹其淮軍員弁勇丁仍附葬附祠以慰忠魂謹會同大學士一等伯直隸總督臣李鴻章附片陳明伏乞

皇太后

皇上聖鑒訓示遵行謹奏

商辦獅頭社番摺 光緒元年二月廿七日

奏爲恭報 微臣 葆楨抵臺日期並將商辦獅頭社番情形恭摺
馳陳仰祈 聖鑒事竊臣 等於本年正月二十七日奉
上諭沈葆楨等奏履勘瑯璚形勢擬建城設官一摺卽著照所議行該大臣等卽飭令委員將築城建邑等事實力籌辦其餘未盡事宜並著隨時具奏沈葆楨現在回省著將船政應辦各事迅速料理卽前往臺郡督飭該地方官將撫番開山事務通籌全局悉心經理以副委任刺桐腳莊民被生番戕害一案著卽妥爲辦結等因欽此正月閒臣 葆楨甫將船政銷案句稽就緒旋聞獅頭社番抗不交兇且敢公然戕勇傷官擬剋期渡臺

業經奏明在案二月之初將後膛洋槍等件陸續盤運登舟候
解到臺餉分給洋將日意格西行采辦臣葆楨卽於初十日發
虎門十二日抵澎湖登岸履勘副將吳奇勳所修礮臺工程頗
知力求堅實惟窮島荒陬木料難致尚未竣工十三日午後抵
安平接見地方官知王開俊失利之後內外獅頭等社常結連
黨羽在刺桐腳沿海一帶伏路伺殺風港枋藔各處道路爲之
不通夏獻綸函商淮軍總統唐定奎委副將王福祿接帶王開
俊原營劉璈率總兵朱名登一營並鎭海中營兩哨馳赴風港
唐定奎派提督王德成周志本張光亮先帶七營分紮枋藔南
勢湖枋山等處隨於本月初四日親統四營扼紮刺桐腳以當

其衝據報兇番晝則伏於莽中狙擊行人夜則燎於山巔誘我出隊軍民夫役零星行走者往往爲所伺殺唐定奎議以該番恃密箐深林爲藏身之固我進彼隱我退彼見與中原之剿髮捻迥不相同欲殲豺狼必翦荊棘各營添募土人幫同勇夫隨山刊木務絕根株並細訪附近奸民有接濟鹽米火藥者按以軍法所籌深合機宜竊思臣葆楨奉　命巡臺意在撫安番社今易撫爲勦甚非所以仰體　朝廷仁愛之心第獅頭社番前年伺殺委員王文棨勇夫當時恐波及無辜未經切實懲辦乃聞日本兵退遂欲焚滅莊民曉諭頻仍抗頑益甚惡言四布謂不屠不休各莊婦孺環籲營門致王開俊不及會商孤軍深入

遂句結龜紋等十八社阻險潛蹤殞我良將而瑯嶠各社早經
帖服者亦因之觀望而有異心若非震以　天威不特內患迭
乘外侮且因而狎至臣等檄飭各營悉聽唐定奎調度俟榛莽
廓清後按隘設碉步步爲營層層逼入痛懲一二社諸社自當
懾服輸誠從而撫之以爲一勞永逸之計固不敢養癰以貽患
亦不敢嗜殺以貪功其原駐瑯嶠之淮軍原駐崑崙坳之粵軍
仍照常堅紮以鎭民番至於中路北路各處尙稱安謐一切情
形當更陸續奏聞愚昧之見是否有當謹先將商辦事宜合詞
恭摺由輪船赴滬付驛六百里馳陳伏乞
皇太后

皇上聖鑒訓示遵行再此摺係臣葆楨主稿合併聲明謹奏

遊擊王開俊請卹片同日

再管帶福靖左營溫州右營遊擊王開俊本年正月初八日以
入剿獅頭社番遇伏陣亡所有情形經臣等奏明在案該遊擊
任事勇往血性過人久歷戎行勳績卓著上年剿辦彰化土匪
甚爲出力臺事方殷之時尤能密籌布置深合機宜此次以兇
番迭擾居民奮不顧身雖深入捐軀而所誅番目番衆亦復不
少忠骸至今尚未尋獲聞者無不惻然上年經臣等會摺奏保
以參將儘先補用並加副將銜合無仰懇
天恩將浙江溫州右營遊擊王開俊照副將例從優議卹並請
加恩予謚於臺南准建專祠其隨同陣亡之哨長花翎都司銜

儘先守備周占魁藍翎儘先守備楊舉秀儘先千總楊占魁及勇丁九十三名並懇交部從優議卹附祀以慰忠魂謹附片陳明伏乞聖鑒訓示謹奏

請調段起充營務處片同日

再據營務處浙江候補道劉璈稟稱該員於本年二月初一日在風港營次接到家信知父品章於同治十三年十二月二十日在湖南臨湘縣本籍病故懇請奔喪回籍守制等因該員例應丁憂情詞迫切雖撫番開路諸務倥傯未忍違其所請隨即給咨俾星馳旋里勸令營葬一畢仍卽到臺素服從事惟所遺營務處未便久懸查有在籍布政使銜前江西督糧道段起係湖南清泉縣人該員潔已愛民曉暢軍事與臣葆楨共職日久合無仰懇

天恩飭下湖南巡撫調令刻日來臺用資臂助段起未到之前

一切營務交臺灣道夏獻綸兼理謹合詞附片聲明伏乞　聖
鑒訓示遵行謹奏

報明南路勦番情形摺 光緒元年三月十三日

奏爲南路勦番分途拔木通道翻山逼巢恭摺馳陳仰祈 聖鑒事竊臣等於本年二月十七日業將商辦獅頭社番情形奏明在案茲迭據總統淮軍提督唐定奎稟稱獅頭等社兇番前雖經各軍連營進紮將海邊樹木斫淸而近山仍可藏匿狙擊無已二月十二日前營之勇差往枋寮者九人途遇生番數十被殺者七受傷者二連日福靖左營之勇被殺者五南勢湖之勇被殺者一含沙射影防不勝防唐定奎招土勇千餘人爲鄉導督飭各軍將山腰汗萊概行翦薙自南勢湖起至刺桐腳止開路計寬三十餘丈直三千餘丈該番無莽可伏沿途一淸隨

獲獅頭社奸諜林進春一名訊明梟示當唐定奎之初至也先於十八社中訪出同惡之番社曰內龜紋曰外龜紋曰內獅頭曰外獅頭曰竹坑曰阿栽米息曰中心崙曰嗎梨吧曰草山曰干仔曰阿養益曰中汶凡十有二社地皆毘連因定進勦之路一出刺桐腳一出南勢湖十四日該番等竟敢先由刺桐腳迆北要劫出哨淮勇格鬬移時槍斃兇番二人奪獲器械數件方各獸散二十日中軍提督周志本副營提督章高元親自入山探路見山窪茅屋數閒料有藏伏施火箭射之果有生番百餘突出喊抗我軍繞山而歸其地蓋外獅頭社之卡也二十二日周志本督隊由南勢湖探路魚貫而入約行數里左巖右溪鳥

道一綫側足乃通正營備閒生番約有五百餘人突起迎擊槍子雨墜周志本執蝥先登士卒攀緣而上頂踵相摩兇黨死拒益力鏖戰兩時始駭而奔我軍乘勝急攻連破其五卡直擣草山社克之弱息輜重早已遷匿焚其草寮百區敗番等分兩路奔竄遷高下瞰數十武外猶虎視眈眈也擬卽築壘其地以山無汲道整隊而還是役計陣斬悍番十餘名槍斃百餘名奪獲器械百餘件我軍亦陣亡銘中副營左哨官遊擊束維清一員正勇三名槍傷銘中前營左哨官副將楊春泰一員正勇二十餘名鄉導千總郭占鼇亦右手受傷唐定奎於山麓廓清之後旋親督部伍由刺桐腳循溪右偏而進三里許至竹坑山口察

勘形勢可以安營惟荆榛滿目急須芟薙三月初三日派武毅右軍右營管帶宋先聘屯之調集親正左三等營幫築壁壘布置就緒唐定奎仍循溪右而進數日之中又清山三里有奇遂至竹坑山下地勢迴旋爲竹坑獅頭往來必由之道初八日復調集親正等營助築營壘派武毅左軍右營管帶何迪華駐之唐定奎仍督將士前行伐木繞至竹坑山之後其地曰竹坑埔該處距刺桐腳十里溪廣山高竹坑社在其東南阿栽米息中心崙在其正東內外獅頭社皆在溪北實爲形勝之區仍飭親正等營協築壁壘令左軍左營管帶陳有元扼之現入山雖深逐節廓清連環進紮俟攻克險砦卽分兵久占建瓴之勢既成

破竹之功可待南勢湖一路山溪更險亦已開通三里有奇該處係往獅頭社要隘可以安營惟其地石少土鬆囊土成之乃得結實已派管帶銘字中軍左營梁善明駐之餘仍步步翦除相機前進批亢擣虛以收全勝之效現在抗違者知技無可恃漸生其惕息之心附和者知法在必懲潛消其勾結之術雖披荆斬棘將士勞苦迥異尋常較諸冒險圖功糜血肉之軀以僥倖於一勝者又不當以彼易此攻心爲上多殺何爲此臣葆楨與唐定奎往返熟商不敢以稍延時日爲憚也至恆春建治事宜俟勦務稍鬆卽行舉辦其衙署一切業繪圖貼說由內地購材繩削俟工竣轉運至臺以節運費而免曠工茲先將淮軍近

日開路入山進迫番社情形合詞恭摺由輪船到滬交上海縣
發驛六百里馳奏伏乞
皇太后
皇上聖鑒訓示遵行再此摺係臣葆楨主稿合併聲明謹奏

北路中路開山情形摺 同日

奏爲北路開山已抵吳全城中路開山已抵茅埔謹將兩路近日情形恭摺馳陳仰祈
聖鑒事竊臣等於同治十三年十二月初一日業將北路開山情形奏明在案茲迭准提臣羅大春咨函稱北路大南澳生番自經黃朋厚馮安國等懲辦之後上年十二月初九十三等日斗史武達斗史蘇達斛斗史實紀律斗史歷哥老輝等五社番目各帶番丁百餘人叩營乞撫經馮安國等分別誡飭賞犒遣歸番情遂頗安謐本年正月初五日羅大春由蘇澳率隊起程初九日始抵新城初十十二等日履勘三層城尤仔丹溪馬隣溪鯉浪港旁繞加禮宛番南勢番直

抵花蓮港之北而止據陳形勢自蘇澳起至花蓮港之北止計
途二百里中界得其黎得其黎以北百四十里山道崎嶇沙洲
間之大濁水大小清水一帶峭壁插雲陡趾浸海怒濤上擊眩
目驚心軍行束馬捫壁蹜蹜而過尤稱險絶得其黎以南六十
里則皆平地背山面海如悉墾種無非良田奈地曠人稀新城
漢民僅三十餘戶耳外盡番社也自大濁水起至三層城止依
山之番統名曰大魯閣其口社曰九宛曰實仔眼曰龜𡁥曰𡁥
沙曰符吻曰崙頂曰實空曰實仔入眼凡八社憑高恃險野性
靡常歧萊平埔之番居鯉浪港之北者曰加禮宛曰竹仔林曰
武暖曰七結仔曰談仔秉曰瑤歌凡六社統名曰加禮宛社其

性畏強欺弱居鯉浪港之南者曰根老爺曰飽干曰薄薄曰斗難曰七腳川曰理劉曰脂屘屘等七社統名曰南勢番男女共七千七百有四人雖悉具結就撫而薄薄理劉二社皆既順復貳者除薄薄一社知煑鹽加禮宛一社頗耕種餘悉茹毛飲血之倫叛服不常時當防範論他日建城之地宜在歧萊若新城三層馬隣鯉浪不過營汛之區尤必截大清水以南隸歧萊截大清水以北隸大南澳方足資控制也自該提督躬率大隊入新城添設碉堡該番驟生疑慮來營要求子藥未經允給遂呼聚悍黨晝則伏莽夜則撲碉節經各營奮擊時有斬獲稍息窺伺丁勇等因之傷亡數十人最狡者正月二十四二十五二十

六二月初五初六初七初八等日大魯閣番竟敢糾衆數百撲我新碉弁勇一面力拒一面興築該提督親督礮隊馳援番族傷亡頗多始行敗竄我勇陣亡者亦二十五人迭經懲創番情稍定擬自蘇澳五里亭起迄秀姑巒之鵲子埔止計地三百四五十里區分五段沿途建三十二碉各派營哨屯之俾一氣聯絡而以新到之宣義左營駐三層城策應鵲子埔以北宣義右營駐加禮宛策應鵲子埔以南此花蓮港以北籌辦之情形也花蓮港以南爲走秀姑巒之道固木瓜番遊獵之場也登高一望平沙無垠茅葦盈丈人跡不到蓋以該番兇惡不亞斗史諸社故沃壤曠如南北港道闊及三十餘丈欲造正河木橋左近

苦無巨材因先建支河木橋一道軍功陳輝煌業率所部結筏以濟直趨吳全城該處離秀姑巒祇數十里當時即有成廣澳之番目秀姑巒之通事來營乞撫其中別有大吧籠社嗎噠唵社皆附近强番節經設法招撫番目等各率耆老丁壯由通事引至新城歸化各賞酒食而歸平埔之番聞已盡此平埔既附以之導圖高山似事勢較易此花蓮港以南籌辦之情形也中路原派前南澳鎮總兵吳光亮帶兩營駐集集鋪一帶隨經臣等奏派臺灣道夏獻綸督理開山撫番諸事嗣以遣探山路未回未即動手本年正月臺南勦務方殷劉璈丁憂回籍夏獻綸暫兼營務處遂緩前行茲迭據吳光亮稟稱自年底探路歸報

後本年正月初九日起卽率勇由林圮埔社寮兩路分開至大坪頂合爲一路進而大水窟進而頂城計共開路七千八百三十五丈有奇二月初七日復由頂城開工直抵鳳凰山麓躋半山越平溪經大坵田跨扒不坑等處而入茅埔計又開路三千七百七十五丈有奇兩處統計一萬一千六百一十丈凡建塘坊入所沿途橋道溝壑木圍宿站俱漸興修分派兵勇自集集街起至社寮大水窟大坵田茅埔南仔腳蔓東埔各要隘已逐節配紮又遂到查撫水裏審鹿等三十九社名冊計歸化番丁番口凡七千二百九十二人辰下方循途漸入斬棘披荆以出秀姑巒之背倘能因勢開通將與北路諸軍聯爲一氣此又中

路一帶開山之情形也至卑南等處自內埔以至大貓蘿張其
光諸營分布其閒袁聞柝病痊後業再馳往經理番情尚稱安
帖臺郡城工雖竣而安平礮壘以瓴石巨材轉運維艱一時尚
未蕆役旂後礮臺早已興工因淮軍挑調入山暫行緩辦理合
陳明茲另將北路中路開山及卑南各情形合詞恭摺附驛馳
奏伏乞
皇太后
皇上聖鑒訓示遵行再此摺係臣葆楨主稿合併聲明謹奏

請封蘇澳海神摺同日

奏爲海神助順籲懇敕加封號專建廟宇以答靈貺以順輿情恭摺馳陳仰祈聖鑒事竊本年三月初三日准陸路提督羅大春咨稱噶瑪蘭屬之蘇澳水勢險急風湧奔騰向難停泊船隻去秋該提督駐紮該處以水道糧運維艱衆心焦灼因於八月二十三日爲文虔禱海神肸蠁孔昭匝月之間湧勢頓減附岸突起沙洲隔成內港一道百數十石之船得以檥棹小輪船往來亦可停泊舉無衝擊之虞居民船戶人等額手相慶咸稱神力應請奏懇加封立廟以答垂庥等因前來臣等伏查江海正神實能功德及民例得奏請廟祀今蘇澳海神靈威潛

孚鴻流順軌俾帆檣穩便士卒飽騰功德昭彰宜邀 褒寵合

無仰懇

天恩准於蘇澳建立海神廟一區 敕加封號編入祀典以答

靈貺而順輿情謹合詞恭摺具陳伏乞

皇太后

皇上聖鑒訓示遵行再此摺係臣 葆楨主稿合併聲明謹奏

報明臺郡城工完竣片 同日

再臺郡城垣上年六月間因暴風猛雨迭作倒塌千有餘丈經
臣等奏奉
諭旨著卽飭令發款興修認眞經理務期修築鞏固不准草率
從事等因欽此八月間又因風雨坍塌數十丈續奏
諭旨臺郡城池關繫緊要著督飭該地方官速行修葺務期鞏
固等因欽此欽遵在案本年三月初三日據臺灣道夏獻綸詳
稱查臺郡城垣周圍二千七百餘丈垛子三千九百六十八箇
分設八門上年內垣傾圮六百九十丈有奇外垣傾圮五百八
十四丈有奇垛子一千一百二十二箇礮臺八座礮房三十一

閉盡行坍塌經該道督飭臺灣府周懋琦臺灣縣白鸞卿勘明坍塌處所分派委員紳士趕緊修築所需工料銀兩卽在海防經費項下動支計自上年七月二十五日興工至上年十二月十五日將內外城垣垛子礮臺礮房溝道均行修築完竣旋經該道會同鎭臣張其光履勘所修內外城垣用三合土舂築堅實垛子礮臺礮房均各整齊雖舊存者難保不復傾圮而新修者可期一律完固矣又臺地向無軍裝火藥局上年辦理防務購買洋礮洋槍以及軍火器械等項必須愼爲存儲方不虛糜因於小東門內擇出空地委員同洋匠按照洋式起造火藥局一所於上年六月初三日興工凡築內圍牆五十六丈外圍牆

一百零二丈房屋三十三間亭子二所以及照牆柵欄均於上年十一月三十日完竣又於小西門官地建軍裝局一所上年六月初四日興工凡築圍牆八十五丈五尺建房屋四十二間於上年十月十三日完竣該道覆核俱屬堅固並無偷減工料所有動用銀兩應俟核明彙案造報等因前來臣等理合附片陳明伏乞
聖鑒謹奏

千總李長興正法片 同日

再本年正月閒管帶福靖左營遊擊王開俊進剿獅頭社生番陣亡臣等即飭臺灣道夏獻綸查明該營臨陣弁勇有無先行潰逃情事以便分別辦理業經奏明在案二月二十九日夏獻綸詳稱先據接帶福靖營副將王福祿報稱當王開俊被圍時前哨正百長遊擊李玉貴左哨正百長千總李長興未能策應咎無可辭應先撤去百長留營聽候查辦等因旋又稟稱二月十三日李長興等俱求給假該副將以應候查辦不准詎李長興竟於十六夜潛逃派弁追至東港拏獲到郡經夏獻綸親自提訊緣正月初八日王開俊親督中右後三哨由獅頭山而進

令李玉貴李長興督前左兩哨由南勢湖而進約至獅頭社合
隊廹王開俊爲生番圍困哨官周占魁楊占魁楊舉秀俱已陣
亡張玉祥身亦受傷而李長興李玉貴兩哨不能前進合隊致
王開俊以孤軍力戰捐軀李玉貴李長興等身爲哨長分道進
兵力圖援應是其專責雖據供衆寡不敵因而挫退並非先行
潰逃究屬怯懦無能有干軍律李長興不候查辦私自離營情
節尤重請示分別懲辦等因前來臣等於三月初二日先將千
總李長興按軍法示衆遊擊李玉貴應請
旨革職不准投効軍營以爲畏葸者戒謹附片馳陳伏乞　聖
鑒訓示謹奏

臺北員弁請卹片　同日

再准提臣羅大春咨稱前營外委陳維禮於本年二月初六日帶勇護解餉銀由蘇澳前赴新城行至石公嶺下之小石洞餉銀業已過嶺該外委督勇丁押後突遇生番百餘蜂擁截殺該外委率勇力戰移時奈衆寡不敵陣亡勇丁五名猶奮勇突圍力竭被殺嗣碉勇聞聲救護餘兵得脫餉銀幸亦保全該外委於去夏隨軍渡臺旋回泉募勇委帶綏遠左營左哨茲因解餉中伏血戰捐軀殊堪悼惜又儘先補用副將李東來管帶福銳左營左哨去夏隨軍來臺駐紮蘇澳委赴淡彰募勇力疾從公於上年八月十五日在石碇途次病故又儘先補用守備時榮

貴管帶福銳左營前哨駐紮新城感受瘴癘於本年正月十七日在營病故可否奏懇　賜䘏等因又准文稱該提臣駐臺所部兵勇或臨陣捐軀或入伏遇害或積勞成疾或遭風隕身自十三年七月起至元年二月底止計陣亡傷故病故兵勇九十六名遭風淹沒勇丁三十二名可否奏懇俟後山建城設官後准予附祀昭忠祠等因並據送冊前來經臣等覆核無異伏查陳維禮等三員戎行宣力奮勇無前先後陣亡病故情均可憫合無籲懇

天恩逾格　飭部將外委陳維禮照把總陣亡例從優議䘏副將李東來守備時榮貴各以原官照軍營立功後病故例議䘏

其兵勇一百二十八名均懇　准予附祀昭忠祠俾得分歆享

祀以慰忠魂謹合詞附片陳明伏乞　聖鑒訓示遵行謹奏

淮軍攻破內外獅頭社摺 光緒元年四月二十三日

奏爲南路勦番先後攻破竹坑本武並內外獅頭等社恭摺馳陳仰祈 聖鑒事竊臣等於本年三月十三日業將淮軍分途拔木通道翻山逼巢情形奏明在案茲復迭據總統淮軍提督唐定奎報稱各營自紮竹坑埔後即將山麓榛莽一律廓清三月十七日擬進攻竹坑社料該番必有埋伏豫派統帶武毅左軍提督張光亮出竹坑山前爲中路管帶左軍左營遊擊陳有元管帶左軍右營遊擊何迪華管帶右軍右營副將宋先聘由左右兩路各路步步哨探攀緣登山又以管帶武毅親兵副營總兵章高元營務處候補知府田勤生繞由竹坑山後進搗其

背以絕外援張光亮等行入箐叢伏賊突起我軍用連珠陣法
且戰且進擊傷兇番十數名將士乘勝搗巢該番捨穴而走抄
出鴟芋數千觔槍矢刀斧數百件內有髑髏十餘顆非捐軀之
士卒卽被難之人民揮淚瘞之其社正據竹坑山巔東望阿栽
米息中心崙南瞰楓港刺桐腳俱朗若列眉誠形勝要區也因
飭陳有元分一哨扼之特其社下距竹坑埔僅七里中隔重山
慮倉卒之際聲息驟難相聞又飭何迪華分一哨踞其適中之
山以聯絡之自入山來步步爲營非惟甎石無所取資卽版築
萬難咄嗟立辦因購麻袋數萬挈之以趨遇敵則攻得險卽守
就地囊土立壁不日而成番族望之氣奪竹坑布置就緒仍督

將士循大龜紋溪向內外獅頭等社開路該番登高瞭望百十
成羣二十三日章高元帶隊前擊槍傷悍番十數名奪其紅旗
而歸二十五日正在伐木突有兇番二百餘人蜂擁截路經張
光亮章高元麾隊迎戰鏖鬬逾時陣斬十餘名槍傷十數名而
散我軍乘勝入砦焚其草寮五六十區詢諸土人蓋龜紋所屬
之本武社也二十七日章高元率親副營築壘於溪左之大橋
頭並分哨山頂仍飭合力翦闢草萊以爲進取之計其南勢湖
一路累經提督王德成羅志本等沿途開通每日兇番四五百
人撓我進路互有殺傷焚其沿山草寮百餘所該番堅築石臺
爲久踞計二十七日管帶武毅右軍左營總兵余光德進紮衡

山此三月望後攻克竹坑本武等社並兩路進紮之情形也四月之初唐定奎親登絕頂見內獅頭社正面懸崖如削無徑可通仍飭各營循龜紋溪翦闢而進思取勢以擣其後至初三日又廓淸三里有餘張光亮正覓路上山相度營址忽兇番二三百人突起莽中隘地相逢短兵奮擊鏖戰兩時許悍番扶傷數十遁入密箐左軍正營幫帶副將馬加銀左軍左營哨官遊擊張賢扶均受槍傷勇丁亦受傷六名初四日宋先聘營其山巔龜紋社之接濟梗矣南勢湖一路又派中軍前營副將劉朝林營於獅頭山背去外獅頭社僅二里訪聞大甘仔力周式濫等社皆萃居外獅頭社壘石牆插鹿角建望臺樹哨旗以守我軍

疊次陣斬悍番二十餘名轟傷百餘名而兵勇陣亡受傷者亦
十數名將士憤極勇氣彌厲各思滅此朝食而兼旬不雨酷熱
如內地之六月張光亮王德成章高元感受嵐瘴病莫能興張
光亮竟以十四日歿於營次知府田勤生代領其衆唐定奎登
山察看形勢見生番於各山稍平之處亦自伐木通路蓋知官
軍淸道而後行故掘阱乎其中置伏於其旁去荆棘以誘我也
十五日唐定奎面授各統帶機宜十六日子時蓐食銜枚而進
勦內獅頭社者唐定奎自督親兵正營爲中路陳有元率左軍
左營爲左路宋先聘率右軍右營爲右路而以副將畢長和帶
親兵副左營伏於山後以斷龜紋社救援之途田勤生以左軍

正營繼之何迪華帶左軍右營扼山岡以斷外獅頭社往來之道東方未白中路之兵已過三卡閴其無人至第四卡逆黨呼嘯迎拒槍礮雨集而陳有元宋先聘已由左右踰嶺軼至山巔卡番擾動中路遂乘銳猛攻連破堅卡與左右合擣賊巢該番依然負險死守龜紋社兇番聞信果以二百餘人前來遇伏而潰畢長和田勤生仍留哨設伏另分兵由山後繞出與中左右三路併力合圍自卯至巳賊砦始破計斬悍番六七十名內一名名阿拉擺龜紋社番酋之弟也轟傷者二百餘名生擒小番二名奪獲槍刀三百餘件餘番二百餘人衝入深林向龜紋社而竄何迪華追抵風吹嶺始還當時我軍一面囊土築營一面

搜查草寮抄出福靖左營旗幟十餘面擡礮十桿番槍百餘桿刀斧千餘柄火藥百餘斤鴟芋數百石髮辮二十餘條焚其草寮二百餘間檄左軍右營何迪華守之此四月十六日攻克內獅頭社之情形也勦外獅頭社者提督周志本暨副將劉朝林率中軍前營龍字營兩哨爲中路提督梁善明帶中軍副左兩營爲左路總兵余光德帶右軍左營提督姚天霖帶右軍正營兩哨爲右路亦三路齊進自卯至辰連破五卡巳時攻克外獅頭社斬斃悍番三十餘名轟傷百餘名奪獲槍刀一百餘件餘番二百餘名向大甘仔力社奔逸周志本派中軍副營三哨營於山巔一面搜查草寮抄出刀斧火藥鴟芋與內獅頭社相埒

計燬其草蓘一百餘閒隨於前後溪壑覔得白骸甚夥千總郭
占鼇指爲王開俊及勇丁等捐軀之地無貴無賤同爲枯骨慘
目傷心急購木匣殮之其王開俊首級必爲逆酋所藏尙須細
訪下落此同日攻克外獅頭社之情形也陣亡淮勇十二名土
勇一名受傷者四十餘名都司彭壽長鍾玉鏞均受槍傷業已
分別醫治等因前來臣等思獅頭兩社自外生成戕我兵民傷
我良將此次各軍深入用伸 天討而快人心其主謀助惡各
社果能悔罪輸誠縛獻渠魁以彰 國典臣等何敢不仰體
朝廷好生之德寬其脅從倘頑梗如前亦不敢畏難苟安留遺
孽以貽民患淮軍歷著偉績如此戰事各將領並不以之自多

而披荆斬棘之勞炎瘴毒霧之酷驀山越澗之奇險含沙射影之難防其艱苦更非血戰中原者比可否容臣等彙案擇尤請
旨奬勵之處出自逾格
天恩除飭查明張光亮生平戰功另行奏懇　賜卹外謹將先後剿克竹坑本武及內外獅頭各社情形謹會同大學士直隸總督臣李鴻章合詞恭摺由輪船內渡發驛六百里馳奏伏乞
皇太后
皇上聖鑒訓示遵行再此摺係臣葆楨主稿合併聲明謹奏

裝送王開俊忠骸片同日

正繕摺閒准唐定奎報稱本月二十日營務處知府田勤生帶隊巡山派縣丞李際泰同勇丁至內獅頭社左近密箐中見有首級絡於竿杪急爲解懸負回營次經唐定奎飭曾隨王開俊勦番之千總郭占鼇及其舊部兵勇等環列諦視咸稱確係前遊擊王開俊之首計死難已逾百日面目凜凜如生莫不搏顙下淚歎爲鬼神呵護卽備木匣裝送郡城轉交故員家屬祇領歸葬以慰忠魂等因謹附片陳明伏乞聖鑒訓示謹奏

周維先等請卹片 同日

再准提臣羅大春咨稱管帶福銳左營花翎補用副將周維先於本年三月初一日病故新城該副將歷年出師楚粵江皖積功洊躋今職選授貴州荔波營遊擊未經赴任同治十一年帶哨駐守廈門十三年正月隨總兵戴德祥渡臺剿辦臺匪奮勇獲勝當臺事方殷巡防鳳山東港等處始終不懈八月閒拔隊北來招撫加禮宛南勢等十三社生番開山鑿路首至岐萊十二月委帶福銳左營駐紮新城實心任事所向有功詎積勞病歿殊堪痛惜陸提右營裁缺把總楊飛高駐紮米崙港地方於本年三月十七日在營病故該把總自同治十三年募帶壯丁

深入番社實力巡防嬰疾遽逝殊堪憫惻均請奏懇　賜卹等因又據臺灣道夏獻綸詳稱六品銜候委訓導蔡秉鉞前派營務處差遣在楓港營次得病於本年三月初一日身故候補鹽大使吳森林前派辦行營文案旋調辦南路淮軍支應事務於本年三月二十四日在差次病故試用巡檢阮經標上年調臺委辦鳳山縣屬內埔轉運局於本年三月二十五日在差次病故試用從九品章堃上年七月間隨夏獻綸在蘇澳行營差遣病故以上四員隨營辦事均屬出力以感受瘴癘相繼身亡可否彙案奏懇　賜卹等因臣等覆核無異伏查花翎補用副將荔波營遊擊周維先久著戰功積勞身歿可否仰懇

天恩逾格准照副將軍營立功後積勞病故例從優議䘏把總

楊飛高候委訓導蔡秉鉞候補鹽大使吳森林試用巡檢阮經

標從九品章堃等五員可否各以原官均照軍營立功後病故

例　賜䘏以慰幽魂謹合詞附片陳明伏乞　聖鑒訓示遵行

謹奏

提督羅大春請假片 同日

再臣等迭准陸路提臣羅大春咨稱本提督自去秋力疾辦理開山事務未遑醫治本年正月入駐新城時覺怔忡胸滿兼患瘧痢二月以後瘧證增重加以兩脅疼痛肝火上炎嘔吐痰血醫者以爲焦勞過甚致邪氣未出正氣已虧後山藥餌缺如無可調理辰下神氣憒亂委頓不支請即派員接辦以顧大局等語臣等伏思臺北開山撫番經該提督刱建布置井井有條誠難驟易生手又恐勉强從事久病失調漸成痼疾非所以上體
朝廷愛惜人才之意合無仰懇
天恩賞假兩月俾該提督出山安心調理得及早痊愈以遂其

報効之忱第接辦之員一時臺地實難其人查有福甯鎮總兵宋桂芳精明穩練奮發有爲堪勝其任擬先調令來臺代羅大春經理一切事務當否之處伏乞

聖鑒訓示謹奏

美德蘭等請　賞寶星片　同日

再據日意格稟稱上年隨防之淩風輪船大副美德蘭管輪飛得士均悉心教練著有微勞請獎寶星以示優異等因可否仰懇

天恩將洋員美德蘭飛得士二名　賞給三等寶星以示鼓勵之處謹附片陳明伏乞　聖鑒訓示謹奏

番社就撫布置情形摺光緒元年五月二十三日

奏爲臺南脅從番社悔罪輸誠業已次第就撫謹將布置情形恭摺馳陳仰祈

聖鑒事竊臣等於本年四月二十三日將先後攻破竹坑本武並內外獅頭等社情形奏明在案茲迭准總統進軍提督唐定奎報稱各軍攻克獅頭等社後仍分哨扼險拔木通途徐圖進取附近各社知負嵎不足恃

天討不可逃五月初九日率芒社番目一名晋笏一名姑益翼一名沙貝一名處雷一名姑鰍董的社番目名烏力烈南片社番目名姑令草山社番目一名土結一名筲朗等率散番五十餘人到營乞降經該提督傳譯曉諭利害愈共震慴籲求收恤當日均給衣

履諸物該番等各跪戴而歸十二日枋山民人有程古六者帶至內龜紋社番目野艾外龜紋社番目布阿里烟又有射不力社番目郎阿郎者帶至中紋社番目龜吠仔周武濫社番目文阿蛋及散番等百餘人款營乞降該提督示約七條曰遵薙髮曰編戶口曰交兇犯曰禁仇殺曰立總目曰墾番地曰設番塾以龜紋社首野艾向爲諸社頭人拔充總社目統之著照約遵行所統番社如有殺人卽著總目交兇如三年之內各社並無擅殺一人卽將總目從優給賞其獅頭社餘孽探悉竄伏何社卽由何社跟交不許藏匿野艾及各番等均願遵約隨將竹坑社更名曰永平社本武社更名曰永福社草山社更名曰永安

社內外獅頭社更名曰內外永化社脅從各社均許自新惟獅
頭社罪大惡極漏網者不許復業所有內外永化社即著總社
目另招屯墾以昭炯戒於枋寮地方先建番塾一區令各社均
送番童三數人學語言文字以達其情習拜跪禮讓以柔其氣
各番聞之無不俯首帖服等因適臣凱泰本月十一日由省東
渡十七日抵臺與臣葆楨公同參酌伏思曩奉撫番之命以
獅頭社之變易撫爲勦實出於萬不得已幸天威所震頑族
歸誠敢不仰體生成使之同託帡幪之下惟狉獉之性初
就範圍不能不堅明約束俾先受我羈勒後乃可徐與漸摩擬
即如該提督所請按條實力奉行臣等愚昧之見是否有當祇

候　聖裁謹合詞恭摺由輪船內渡發驛六百里馳奏伏乞

皇太后

皇上聖鑒訓示遵行再此摺係臣葆楨主稿合併聲明謹奏

北路中路情形片　同日

再臺北一帶迭經羅大春報稱自前隊開抵吳全城諸軍遂擬一路聯紮而入無如該處初闢之區叢莽積霧天日蔽虧一交夏令疫氣流行兵勇染病甚衆三月十九二十等日據統帶福靖綏遠各營旂都司周士得稟稱加禮宛之番唆動七腳川諸社背其老番乘我軍病疫各謀蠢動經羅大春集各社通事窮詰實情宣揚　國家威德切實曉諭乃息異心又見我軍方汰遣病羸添補精鋭戒備森嚴逾形惕息惟大濁水得其黎新城一帶兇番仍不時出沒四月初七初八初九十二等日生番或數十人或百人伏途狙擊乘雨撲碉經各路兵勇隨時零星擊

斃且有生擒者勇丁亦陣亡十數名以後尚覺安靜此花蓮港以北之情形也花蓮港之南據周士得稱日來派千總吳金標軍功陳輝煌外委陳陞等沿途招撫據吳金標譯造木瓜等五社大吧籠等二十社名冊陳陞譯造嗎噠唵等四社名册通計二十有九社共丁口一萬七千七百一十九人內惟木瓜五社狡悍異常餘較馴善此花蓮港以南之情形也中路一軍據吳光亮報稱自三月初九日起至四月初八日止由茅埔越紅魁頭經頭社仔坪過南仔腳蔓至合水止統共開路四千六百八十丈合計二十六里有奇遞建塘坊四座茶亭二所大小木圍二座公所二座小營壘一座以便往來自四月初九日起至五

月初八日止大雨兼旬工程稍滯自合水起歷東埔社心走霜山橫排至東埔坑頭止共開三千七百九十丈合計二十一里有奇建塘坊三座石橋兩道木柵土圍公所兵房均已隨地建置以後當再接續前進復雇工從牛轀轆旁開一道側接茅埔以便分達埔裏集集社寮南投各處使商旅時通卑南一帶署臺防同知袁聞柝現方招集屯丁建築碉堡爲經久之計內埔崑崙坳諸也葛等處鎮臣張其光仍駐營彈壓地方均稱安謐謹再合詞附片陳明伏乞

聖鑒訓示謹奏

搜獲布袋嘴土匪正法片 同日

再據臺灣鎮張其光臺灣道夏獻綸稟稱嘉義縣屬之三條崙布袋嘴一帶濱海地方私梟充斥時有搶劫情事本年四月閒風聞布袋嘴之新厝莊有匪徒聚集當飭都司沈國先帶兵往捕竟敢抗拒致傷兵丁一名時張其光駐兵南路夏獻綸遂派管帶蘭軍中營提督高登玉管帶鎮海中營副將張逢春並前淡水同知向熹前往會同嘉義縣陳祚查拏四月十四日抵新厝莊匪首蔡顯老等先期逃匿北港仔地方十五日官軍分路馳往傳令該莊將要犯綑送詎蔡顯老等持械沖出高登玉率隊向前被該匪槍傷左腕左腿矛傷左臂左胯下勇丁亦受傷

著五名高登玉奮勇直入當場格斃匪犯兩名其一卽匪首蔡顯老也各弁勇奪獲洋槍鳥槍十餘桿矛械三十餘件餘匪散逸官軍等分路搜獲蔡波蔡歹等十一名經陳祚立時訊明蔡波蔡歹二名均係著匪搶犯無惡不作稟經批飭就地正法其餘並飭逐一研訊分別詳辦在逃各犯仍責成陳祚會營勒緝現在所有兵勇均已撤回地方業臻安靜等因前來理合附片

陳明伏乞 聖鑒謹奏

籲辭江督摺 同日

奏爲恭謝
天恩瀝陳悚懼下忱並實在不能勝任情形籲懇 鴻慈收回
成命以重海疆而全大局事竊臣 恭閱邸抄本年四月二十六
日奉
上諭沈葆楨著補授兩江總督兼充辦理通商事務大臣等因
欽此當卽恭設香案望 闕叩頭伏念臣 榕嶠鯫生至愚極陋
乃蒙
聖主優以不次之擢畀以最要之區 高厚生成雖頂踵捐糜
豈足仰酬萬一而猶敢避難就易問心何以自安然臣 竊聞古

人之事君也量而後入誠以力小任重所貽誤者非一身一家之故是以倉卒之際赴湯蹈火有所不避苟非時勢之萬不得已則不堪自信之一念不能不委曲求達於　君父之前臣自咸豐五年荷

顯皇帝特達之知簡任九江府知府六年署廣信府任內髮逆猖獗郡城幾陷賴饒廷選之援轉危爲安同治元年　恩擢江西巡撫籌防無術致巨寇闌入蹂躪數郡賴曾國藩左宗棠之援轉危爲安里居待罪船政工遲費鉅賴　朝廷不惜重款不搖浮議歷任將軍督撫臣曲予設法通融幸而集事去年奉

命巡臺一籌莫展賴李鴻章濟以勁旅藉與相持究之幸免愆

尤出自　朝廷寬宥而撫心清夜實無一事不內愧於中從前迂拙性成尙能忍耐勞苦今則蒲柳之質未秋先零內而呃逆之證外而腰腳之證雖時作時愈亦日積日深每一焦思徹夜不寐事無緩急到耳輒忘身上輪船眩暈至於寢食俱廢兩江本非臥治之郡洋務尤需就熟之才倘冒昧以僨轅雖重譴其所甘心而大局何從補救合無籲懇　聖明鑒其愚悃收回成命另簡賢能矜全之　恩逾於覆載臣內渡後將船政應銷款項逐一清釐再與文煜李鶴年會商接辦之員妥爲交代即日趨赴　闕廷瞻覲　天顏冀遂積年犬馬之戀而　聖慈亦鑒其衰憊之狀非出於飾辭謹將感激悚懼下忱恭摺附驛馳

陳伏乞

皇太后

皇上聖鑒訓示不勝戰慄屏營之至謹奏

臺地無庸另派大員片 同日

再承准軍機大臣密寄本年四月二十六日奉

上諭南北洋地面過寬必須分段督辦著派李鴻章督辦北洋海防沈葆楨督辦南洋海防所有練軍設局及招致海島華人諸議統歸該大臣等擇要籌辦至鐵甲船需費過鉅著李鴻章沈葆楨酌度情形如實利於用即先購一兩隻開采煤鐵事宜著照李鴻章沈葆楨所請先在磁州臺灣試辦出使各國及通曉洋務人才並著李鴻章沈葆楨隨時保奏臺灣開山撫番事宜是否仍須該督親爲督率抑或奏派大員經理並著沈葆楨酌度情形速行具奏等因欽此查撫臣王凱泰已於本月十七

日抵臺王凱泰用心之縝密勵行之清苦勝臣遠甚所有開山撫番事宜自應歸撫臣專辦署臺灣道夏獻綸於民番情僞瞭如指掌可資輔翼無庸另派大員臺俗好逸撫臣率之以勤臺俗好奢撫臣示之以儉臺俗好鬬很撫臣感之以和平正本清源易俗移風於是乎在至開山撫番卽事有漸但能裕其經費寬以時日定可收效將來采煤一節已由總稅司赫德雇一洋師來臺只因臺北多雨少晴是以累月尚未踩勘竣事俟勘竣後應如何開采亦由王凱泰酌度機宜總以恪遵　聖訓權自我操爲主所有臺灣應辦各事宜臣自當與王凱泰悉心會籌具奏後再行內渡至南洋機要臣雖自知材力不及業於正摺

陳明但稍有見聞亦不敢不竭其愚以冀一得之效容俟陸續
函商李鴻章酌定後再行上　聞謹先將臺灣無庸另派大員
情形附片陳明伏乞　聖鑒訓示謹奏

臺南撫番就緒淮軍陸續凱撤摺 光緒元年六月十八日

奏爲臺南撫番業已就緒擬將淮軍陸續凱撤內渡另調塡紮以蘇士氣而固疆防恭摺仰祈

聖鑒事竊臣等於本年五月二十三日業將臺南番社次第就撫情形奏明在案茲復准總統淮軍提督唐定奎報稱五月十五日巡檢周有基帶至中心崙社媽梨也社門裁米息社及新改之內永化社外永化社番目乞降即令薙髮賞給衣履宣示條款均各俯首聽從而歸十七日千總郭占鼇復帶至大龍藕社謝阿閣社龜仔龍藕社番酋乞降曉諭如前亦皆欣躍以去惟據率芒社目稟稱逖北之北力力等五社與該社素不相能該社今已歸誠自當守法恐

北力力社仍復逞兇等語當時諭以此後如有啓釁情事不拘何社均應控官候訊分別曲直不許擅自爭鬪即飭郭占鼇往諭北力力社相率來歸毋得自外等因又據淮軍營務處知府田勤生鳳山縣知縣孫繼祖等稟稱於五月十五日在刺桐脚地方設立招撫局各薙髮番酋等帶同通事書識前赴各社造具戶口清册一俟送齊再行編驗散給腰牌其在社未薙髮之番亦均發給剃刀俾自薙髮以昭畫一該番裸居習慣自見受撫番酋賞穿衣袴各萌愧恥競慕冠裳時時來局請領衣袴爲式學製改裝又中文求化二社各送番童二名願入官學擬於枋寮創建義塾延師教導俾通言語文字有以自達其情所有

膏火口糧由官發給等因臣等於此竊幸撫局之有成而番族向化之有漸也惟淮軍自去秋渡臺以後沿海設防衝風冒雨瘴癘交侵物故者已不少今年深入內山闢剿番社披荆斬棘越澗騰巖艱險萬狀將士勞苦之餘加以疾疫其甚者至一營無病之人僅二十有七炎荒酷熱深秋未已爲日正長大支勁旅關 國家元氣非及早量移恐有不堪設想者臣等思勦務已畢撫局亦有端倪雖未敢大意疏防亦須更番休息因飭淮軍全數移回鳳山老營以待內渡先飭署臺防同知袁聞柝馳往接辦招撫事宜復飭鎮臣張其光於前駐崑崙坳等處之四營內抽出六哨馳往會辦總兵朱名登副將王福祿兩營留紮

刺桐腳千總郭占鼇一營留紮南勢湖調提督高登玉副將李勝才帶蘭軍兩營由郡城前往塡紮琅嶠並調在省之王蔭南林福喜兩軍來臺候遣現淮唐定奎報稱染疫最重之右軍正營銘中左營業於六月初一日先令啓程回鳳其刺桐腳各營於初六日親督就道南勢湖各營於初十日由提督周志本率帶回防琅嶠兩營候蘭軍到齊當卽陸續凱撤等因臣等一面飭船政局豫派輪船到旂後口拋泊候其整隊登舟惟局船均派差使前赴各口轉運一時未能遽集而臺地六七月閒風湧異常非伺風浪稍平口岸不能停泊淮軍人數近萬兼以疾病者衆艙位宜寬官輪往來周轉曠日需時恐傳染者多省費而

滋窒礙擬更雇洋輪濟之俾得迅速內渡其病甚不能登舟者
仍留鳳山調理俟全愈後以局船送之北歸合將臺南撫番情
形並淮軍凱撤內渡緣由謹會同大學士直隸總督臣李鴻章
恭摺由輪船內渡發驛六百里馳奏伏乞
皇太后
皇上聖鑒訓示遵行再此摺係臣葆楨主稿合併聲明謹奏

臺北擬建一府三縣摺 同日

奏爲臺北口岸四通荒壤日闢外防內治政令難周擬建府治統轄一廳三縣以便控馭而固地方恭摺仰祈　聖鑒事竊惟臺灣始不過海外荒島耳自康熙年間收入版圖乃設府治領臺灣鳳山諸羅三縣諸羅卽今之嘉義嘉義以北未設官也郡南北各一百餘里控制綽乎有餘厥後北壤漸闢雍正元年拓彰化一縣並設淡水同知主北路捕務與彰化知縣同城蓋明知非一縣政令之所能周特以創建城池籌費維艱姑權宜從事焉已耳雍正九年割大甲以北刑名錢穀諸務歸淡水同知改治竹塹自大甲溪起至三貂嶺下之遠望坑止計地三百四

十五里有奇嘉慶十五年復以遠望坑迆北而東至蘇澳止計地一百三十里設噶瑪蘭通判則人事隨天時地利爲轉移欲因陋就簡而不可復得矣然由噶瑪蘭上抵郡城十三日始達由淡水上抵郡城亦七日始達而政令皆統於臺灣府當淡水設廳之初不特淡北三貂等處榛莽四塞卽淡南各社亦土曠人稀今則村社毘連荒埔日闢舊志稱東西相距僅十有七里今則或五六十里或七八十里不等蘭廳建治以後由三貂嶺繞至遠望坑復增地數十里有奇其土壤之日闢不同有如此者臺北海岸前僅八里坌一口來往社船不過數隻其餘叉港支河僅堪漁捕今則八里坌淤塞新添各港口曰大安曰後壠

曰香山曰滬尾曰雞籠而雞籠滬尾港門宏敞舟楫尤多年來夾板輪船帆檣林立洋樓客棧闤闠喧囂其口岸之歧出不同有如此者前者臺北幅幀雖廣新墾之地土著既少流寓亦稀百餘年來休養生息前年統計戶口除噶瑪蘭外已四十二萬有奇近與各國通商華洋雜處睚眦之怨動啓釁端而八里坌一帶從教者漸多防範稽查尤非易易其民人之生聚不同有如此者臺地所產以靛煤茶葉樟腦爲大宗而皆出於淡北比年荒山窮谷栽種愈盛開采愈繁洋船盤運客民叢集風氣浮動嗜好互殊淡南大甲一帶與彰化毘連習尤獷悍同知半年駐竹塹衙門半年駐艋舺公所相去百二十里因奔馳而曠廢

勢所必然況由竹塹而南至大甲尚百餘里由艋舺而北至滬尾雞籠尚各數十里命盜等案層見迭出往往方急北轅旋憂南顧分身無術枝節横生公事之積壓巨案之諱飾均所不免督撫知其缺之難必擇循吏能吏以膺是選而到任後往往賢聲頓减不副所望則地爲之也其駕馭之難周又有如此者淡蘭文風爲全臺之冠乃歲科童試廳考時淡屬六七百人蘭屬四五百人而赴道考者不及三分之一無非路途險遠寒士艱於資斧裹足不前而詞訟一端則四民均受其害刁健者詞窮而遁捏情控府一奉准提累月窮年被誣者縱昭雪有期家已爲之破矯其弊者因噎廢食概不准提則廳案爲胥吏所把持

便無可控訴而械鬬之衅萌蘖乎其中至徒流以上罪名定讞後解郡勘轉需費繁多淹滯歲月賠累不貲則消弭不得不巧官苦之民尤苦之其政教之難齊又有如此者所以前者臺灣道夏獻綸有改淡水同知爲直隸州改噶瑪蘭爲知縣添一縣於竹塹之請臣鶴年臣凱泰等正飭議試辦臺事旋起因之暫停臺南騷動之時卽有潛窺臺北之患經夏獻綸馳往該處預拔機牙狡謀乃息海防洋務瞬息萬變恐州牧尙不足以當之况去年以來自噶瑪蘭之蘇澳起經提臣羅大春撫番開路至新城二百里有奇至秀姑巒又百里有奇倘山前之布置尙未周詳則山後之經營何從藉手故就今日臺北之形勢策之非

區三縣而分治之則無以專其責成非設知府以統轄之則無以挈其綱領伏查艋舺當雞籠龜崙兩大山之閒沃壤平原兩溪環抱村落衢市蔚成大觀西至海口三十里直達八里坌滬尾兩口並有觀音山大屯山以爲屏障且與省城五虎門遙對非特淡蘭扼要之區實全臺北門之管擬於該處創建府治名之曰臺北府自彰化以北直達後山胥歸控制仍隸於臺灣兵備道其附府一縣南劃中櫪以上至頭重溪爲界計五十里而遙北劃遠望坑爲界計一百二十五里而近東西相距五六十里不等方圍折算百里有餘擬名之曰淡水縣自頭重溪以南至彰化界之大甲溪止南北相距百五十里其閒之竹塹即淡

水廳舊治也擬裁淡水同知改設一縣名之曰新竹縣自遠望
坑迤北而東仍噶瑪蘭廳之舊治疆域擬設一縣名之曰宜蘭
縣惟雞籠一區以建縣治則其地不足而通商以後竟成都會
且煤務方興末技之民四集海防既重訟事尤繁該處向未設
官亦非佐雜微員所能鎮壓若事事受成於艋舺則又官與民
交困應請改噶瑪蘭通判爲臺北府分防通判移駐雞籠以治
之臣等爲外防內治因時制宜起見是否有當伏懇
天恩飭部議覆俾有遵循其建設城署清查田賦及教佐營汛
應裁應改應增容俟奏
旨允准後再由臺灣道議詳核奏期臻周密至蘇澳以至岐萊

現恃營堡爲固將來田畝開墾商民輻輳應否設官容臣等隨
時察看情形請
旨定奪謹先將臺北議建府縣緣由合詞恭疏具陳伏乞
皇太后
皇上聖鑒訓示再此摺係臣葆楨主稿合併聲明謹奏

臺北議購開煤機器片 同日

再臺北開煤一節臺灣道夏獻綸接據委員何恩綺李彤恩稟稱自看煤洋人翟薩到臺後除風雨阻滯外晴日必親赴山場邀同履勘所有滬尾八里坌至雞籠沿溪產煤各山皆已周歷或煤質輕鬆或煤層淺薄或水口窵遠或山路崎嶇均未合采惟雞籠附近之老寮坑深澳坑大水坑竹篙厝及暖暖附近之四腳亭大坑埔極去樞沖等處煤質尚覺堅美而以老寮坑為最且山徑低平車路易造水口較近運費亦輕開采尤便惟既設廠興工應擇煤層深厚之處以期經久不竭免再挪移致多勦費老寮坑煤山共計三層均在山面顯而易見山底所產層

數若干一時未能深測必須購買洋製鑿山鋼鑽全副並雇用鑽洋工二名前來探鑿始便開坑等因並送來摺略圖說等件

臣等業飭如議購雇惟以後辦法尚有須詳細酌定者非面詢情形未敢懸揣現令該委員等帶同洋人翟薩坐輪船由臺北到郡當面考究明定章程以便著實舉辦合先附片陳明伏乞

聖鑒訓示謹奏

請改駐南北路同知片 同日

再據臺灣道夏獻綸詳稱臺灣向設南北兩路理番同知南路駐紮府城北路駐紮鹿港今內山開闢日廣番民交涉事件日多舊治殊苦鞭長莫及如將南路同知移紮卑南北路同知改爲中路移紮水沙連各加撫民字樣凡有民番詞訟俱歸審訊將來升科等事亦由其經理似於民番大有裨益其南北路屯餉向由各縣征收交該同知散放者該同知既經移紮礙難兼顧應改由各縣就近自行發給等因臣等伏思 朝廷因事而設官任官者卽宜顧名而思義該同知既以理番爲名當以撫番爲事向惟番境未闢故分駐郡城鹿港以待招徠今榛莽日

開蠢頑歸化民熙熙而往番穰穰而來杜其猜嫌均其樂利咸以官爲依附倘非躬親坐鎮何以盡撫循之實而期聲教之同合無仰懇

天恩飭部核議如蒙　允准移紮更請　飭鑄臺灣南路撫民理番同知臺灣中路撫民理番同知關防各一顆換給以資信守除衙署應另行勘建外俸廉照舊毋庸議加臣等爲因地制宜起見謹合詞附片陳明是否有當伏乞　聖鑒訓示遵行謹

奏

報提督王德成病故片 同日

再准總統淮軍提督唐定奎報稱統帶武毅右軍會辦營務處記名提督勤勇巴圖魯王德成以奉勦兇番積勞成疾於五月十五日病故枋藔營次彌留之際猶以
國恩未報爲恨軍民聞者無不淚下所遺該軍五營事務現飭提督李常孚接管其正營營帶官卽以幫帶解先祥接辦等因臣等查王德成忠勇性成身經百戰調臺以來防海勦番機宜悉協遽以感受瘴癘溘逝窮荒殊堪憫惻除飭將該提督生平戰功詳報另行奏懇
賜卹外謹會同大學士直隸總督臣李鴻章附片陳明伏乞
聖鑒謹奏

催劉璈赴臺片 同日

再前營務處浙江候補道劉璈於本年二月初一日在風港營次聞其父品章病故懇請奔喪回籍守制臣等以該員例應丁憂隨即給咨俾星馳旋里勸令營葬一畢仍即到臺素服從事業經奏明在案現在撫番開路諸務倥傯該員識力過人情形熟悉實爲臺防不可少之員合無仰懇天恩飭下湖南巡撫諭令該員葬事一畢刻日來臺用資臂助謹合詞附片陳明伏乞聖鑒訓示謹奏

請改臺地營制摺光緒元年七月初八日

奏爲瀝陳臺地營伍積弊擬請裁汛併練酌改營制統歸巡撫節制以一事權恭摺仰祈聖鑒事竊臣等欽奉光緒元年四月二十六日

上諭總理各國事務衙門奏遵議籌辦海防事宜分別開單呈覽各摺片海防關繫緊要亟宜未雨綢繆以爲自強之計陸軍須歸併訓練方能得力著各該督撫各就地方形勢量更舊汛合營併操畫一訓練限一年內辦理就緒奏請派員查閱欽此並准恭錄原奏內開所有議准水陸兼練及選練陸軍尤以醇親王摺內所指酌撤分汛汰弱練強合隊合營爲要著應如何

歸併合操扼要駐紮各就地方形勢辦理又准部咨議覆巡撫移紮臺灣摺內所有該省原設撫標各營及臺地各營將備員弁如何布置是否仍由總督節制抑逕歸巡撫節制之處應令該督撫會同該大臣妥議具奏等因除福建內地練兵事宜另由臣鶴年等籌議會奏外查臺灣營伍廢弛曾經迭次奏陳上年府城挑練兩營毫無起色並將營官林英茂等參革在案府城如此外汛可知其積弊之深尤所罕見汛弁則干豫詞訟勒索陋規兵丁則巧避差操雇名頂替班兵皆由內地而來本係各分氣類偶有睚眦之怨立即聚衆鬬毆且營將利弁兵之規費弁兵恃營將爲護符兵民涉訟文員移提無不曲爲庇匿閒

有文員移營會辦案件又必多方刁難需索而匪徒早聞風遠颺矣種種積習相沿已久皆由遠隔海外文員事權較輕將弁不復顧忌非大加整頓不可臣等體察情形計無逾於裁汛併練者蓋分汛裁撤則驕擅詐擾不禁自除併營操練則汰弱補强漸歸有用臺地除澎湖兩營外尚有十五營擬仿淮楚軍營制歸併以五百人爲一營將南淡嘉義三營調至府城合府城三營安平三營爲一支專顧臺鳳嘉三縣其北路協副將所轄中右兩營合鹿港一營爲一支專顧彰化一帶艋舺滬尾噶瑪蘭三營爲一支專顧淡蘭一帶均各認眞訓練扼要駐紮遇地方有事接淮劄調移撥立時拔隊不准延宕其兵丁換班固多

疲弱而就地招募亦利弊參半尚須詳加察看顧立法惟在得人而事權尤宜歸一現既巡撫來臺營伍似應歸統轄千總以下卽由巡撫考拔守備以上仍會同總督提督揀選題補臺灣鎭總兵應請撤去掛印字樣並歸巡撫節制如蒙 俞允伏懇飭部另行頒換該總兵官關防以昭信守値此整頓伊始將弁之營私骫法者固宜隨時參辦如有才具出衆人地相需亦應立予拔擢署補各缺暫請勿拘成例俾收得人之效臺地延袤一千餘里處處濱海皆可登岸陸防之重尤甚於水而臺城以安平爲屏蔽安平向設臺協水師副將一員所轄三營中右兩營都司駐安平左營遊擊駐鹿港現擬均改爲陸路府城有巡

撫董率且有道員隨同辦事總兵擬請移紮安平即將安平協副將裁撤以鎮標中營遊擊隨總兵駐安平其臺協水師中右兩營都司改爲鎮標陸路左右兩營都司原設鎮標左營遊擊改爲撫標左營遊擊隨巡撫駐臺其撫標原設兩營仍行駐省改左營爲中營即以中軍參將領之原設臺協水師左營遊擊改爲臺灣北路左營遊擊歸北路協副將管轄守備以下弁兵缺額均仍照舊至巡洋艇船萬不及輪船之便利應將閩廠現造輪船分撥濟用臺澎各營現僅存拖繒艇船八號俟屆修時應請裁撤歸廠變價以節虛糜除改設各官關防俟准部覆另行題請頒換外臣等愚昧之見是否有當謹合詞恭摺具奏

伏乞

皇太后

皇上聖鑒訓示遵行再此摺係臣葆楨主稿合併聲明謹奏

歲科兩試請歸巡撫片 同日

再據臺灣道夏獻綸詳稱臺地遠隔重洋學政事宜向由巡臺漢御史兼理乾隆十七年御史裁撤所有歲科兩試改歸巡道考校其達部事件呈福建學政轉咨今福建巡撫來臺所有臺屬考試似應統歸巡撫主政咨達事件亦逕由巡撫辦理以一事權等因臣等竊思歲科兩試 國家掄才大典人文所繫風教攸關該道所請具見慎重之意惟事屬更張臣等未敢擅便所以本屆科試臣凱泰仍批飭按照舊章由道舉行業於五月閉扃試竣事以後應否以巡撫兼理學政之處仰懇
天恩飭部議覆至淡蘭兩屬道阻且長不特費鉅身勞每遇淫

潦爲灾不免有望洋而返者甚非所以體恤寒畯可否請
旨於艋舺地方准其捐建考棚巡撫於閱兵臺北時順便按臨
考試益廣　朝廷作育之意以順輿情應懇　飭部一併議覆
謹合詞附片陳明伏乞　聖鑒訓示謹奏

唐守贊等請卹片同日

再准提臣羅大春咨稱花翎升用總兵留閩儘先副將唐守贊先由湖南出師江鄂蘇皖積功洊保今職去年調臺委帶宣義右營拏獲彰化著匪本年總辦臺北營務處深資得力嗣赴秀姑巒查看地勢詎積勞感瘴於本年六月十五日病故行營花翎總兵銜儘先副將果勇巴圖魯石得寶先自湖南出師江皖等省積功洊保今職去年幫帶福靖前營攻剿斗史社番出力現帶綏遠前旗駐紮歧萊巡防勤謹詎積勞感瘴於本年六月初四日在營病故已革花翎守備楊步高去歲効力臺南遇事勇往冬閒來臺北幫帶綏遠前旗巡防出力方擬請開復原官

詎積勞染疫於本年四月十六日在營病故綏遠前旗中哨正哨長世襲雲騎尉羅定國駐紮歧萊遇事奮勉以積勞染疫於本年六月十三日在營病故又綏遠左旗中哨正哨長軍功趙昌幼自去冬督護開路進紮花蓮港北艱苦備嘗記功擬保把總詎積勞感疫於本年五月二十五日在營病故練勇後營右哨副哨長軍功楊玉標左哨副哨長軍功周開嶽中哨正哨長軍功江少華自去夏由蘇澳進紮大小南澳巡防耐苦去冬攻勦斗史兇番疊獲勝仗均記功擬保把總詎積勞感疫楊玉標於本年五月初八日周開嶽於本年五月二十三日江少華於本年六月十一日均在營病故殊堪悼惜等因合無仰懇

天恩將總兵唐守贊副將石得寶二員各照原官軍營立功後
病故例從優議卹擬保開復原官已革守備楊步高雲騎尉羅
定國請照守備軍營立功後病故例議卹擬保把總趙昌幼楊
玉標周開嶽江少華請照把總軍營立功後病故例議卹均俟
臺東設官後附祀昭忠祠以勵忠藎而慰幽魂謹合詞附片籲
陳伏乞　聖鑒謹奏

駱春澤請卹片同日

再據直隸坐探委員前蘭谿縣知縣鄒梓生稟稱候選主簿駱春澤由山東濟甯州附生投效盛軍勦捻蒙奬今職上年奉大學士直隸總督李鴻章委探臺灣軍情冒暑遄征嬰疾身歿殊堪憫惻懇請奏卹等因臣等覆核無異主簿駱春澤可否以原官照軍營立功後病故例賜卹出自天恩謹會同大學士直隸總督臣李鴻章附片陳明伏乞聖鑒謹奏

報胡國恆等病故片 同日

再准總統銘武等軍提督唐定奎報稱管帶武毅右軍後營擬保總兵兩江補用副將達春巴圖魯胡國恆於六月初七日病故琅璚行營統帶武毅右軍前營記名提督捍勇巴圖魯李常孚於六月初十日病故琅璚行營李常孚深沈有識謀勇兼優胡國恆剛毅有爲智量出衆均自同治初年投効銘軍轉鬭直東齊豫楚鄂之交身經百戰洊保今職去年渡臺駐紮東港力遏前鋒嗣復進紮琅璚該處土客居民生熟各番時形不靖該提督與該副將開誠布公民番帖服正在論功請 獎遽嬰瘴癘後先溘逝殊堪悼惜又營務處兼帶武毅左軍正營擬保道

員分發補用知府田勤生以積勞感瘴於六月二十二日病故前敵行營該員忠勇耐勞識解超卓弱冠從軍以勦捻著功洊保今職渡臺以來操防布置深賴匡襄今年勦辦兇番贊籌大局破壘擣巢無役不從無戰不捷撫局方起招徠番衆俾知感服尤推首功正在料理凱旋遽染沈疴身歿萬衆失聲等因除飭將各故員等平生功績詳查另懇　恩卹外合先會同大學士直隸總督臣李鴻章附片陳明伏乞　聖鑒謹奏

呂耀景等請卹片 同日

再准總統銘武等軍提督唐定奎文稱該營上年鳳山防次病故文武員弁業經先後奏蒙　恩卹在案茲自本年二月分起至六月二十日止前敵刺桐腳南勢湖枋藔琅璚各營病歿者復有五品銜候選通判呂耀景候選府經歷仰履祥六品頂翎河南補用從九李鍾候選縣丞夏涵五品銜候選縣丞雷澤山東候選巡檢戴烱候選教諭許澤溥提舉銜候選教諭張雲翀五品銜候選縣丞夏亭峰候選府經縣丞馬廷楨五品銜候補縣主簿呂貽謀五品銜升用縣丞候選巡檢俞璜從九李漢卿擬保從九監生史鏞擬保從九附生呂金聲擬保從九文童呂

耀華總兵銜儘先副將黃英龍兩江補用副將沈義和儘先參
將潘金艮江南補用參將鄧得勝卽補遊擊潘士勰儘先都司
黃朝英遊擊銜補用都司陳玉龍儘先都司李廷樑楊得勝馬
龍趙繼恩王昇平余守和都司銜衛守備傅朝斌儘先守備吳
懷盛沈泰崧王文楷郭衍福賈鴻魁何中箴汪文榜鄭國艮熊
威彪守備銜千總陳學和儘先千總沈宗祥張光品權祖蔭儘
先把總傅全勝徐永標擬保把總五品軍功朱懷福李長駿儘
先外委黃熙溥趙金齡錢楨擬保外委六品軍功周志科等共
五十一員名或因隨隊進勦或因翻山奪險積勞觸瘴先後身
亡殊堪憫惻懇請照案奏卹等因又藍翎外委王仁盛經臣等

派往卑南一帶開山亦以積勞染瘴身故合無仰懇
天恩逾格將呂耀景等四十六員　飭部均以原官照軍營立
功後病故例議卹史鏞呂金聲呂耀華朱懷福李長駿周志科
等六員均以擬保官階照軍營立功後病故例議卹並入祀昭
忠祠至去年十二月分尚有病故勇丁余光華等七十九名本
年正月起至六月二十日止鳳山暨刺桐腳南勢湖枋寮琅璚
各營計陣亡勇丁賈朋萬等三十一名傷亡勇丁張逢凱等一
十三名病故勇丁胡得標等九百零四名業已購地叢葬應請
附祀昭忠祠以慰忠魂謹會同大學士直隸總督臣李鴻章附
片分別陳明伏乞　聖鑒訓示謹奏

報淮軍全數凱撤摺 光緒元年七月二十一日

奏爲報明淮軍全數凱撤福甯鎮總兵宋桂芳東來並 微臣葆楨內渡日期恭摺馳陳仰祈 聖鑒事竊臣等於本年七月初八日業將會籌全臺大局情形並酌改營制各緣由奏明在案是日復奉到六月十三日

上諭官軍攻克獅頭等社後附近各社到營乞撫經唐定奎示以條約均尚輸服即著將應辦各事次第妥籌務令懷德畏威以爲一勞永逸之計臺北兇番出沒經兵勇擊退現俱安靜仍著妥爲彈壓木瓜等社就撫中路開山並卑南一帶招集屯丁建築碉堡等事著飭該員認眞經理嘉義縣滋事匪首業經格

斃在逃各匪責成地方文武緝獲沈葆楨已諭令來京陛見所有臺灣開山撫番事宜著王凱泰督率夏獻綸等實心辦理著俟與王凱泰妥籌具奏後再行內渡將船政事宜妥爲交代即日起程北上福建內地並臺灣所屬各縣及各番社著詳細繪圖呈覽並著將各種番族形狀另行詳繪成帙一併呈進等因欽此臣等伏讀之下欽感莫名淮軍十三營自六月初旬起均陸續移集鳳山十三日臣等前飭船局所雇洋輪名亨明古者先到唐定奎派營務處宋學沂督同武毅親兵副營武毅左軍左營右營銘字中軍左營共計四營於旂後上船以風湧異常不能開駛至十九日始得出洋此第一批內渡之情形也二十

五日官輪海鏡載王福祿所招之勇并淮軍糧餉器械由瓜洲而來臣等飭其將勇丁盤上安平卽赴旂後唐定奎派副將馬加銀督帶武毅左軍正營並原載糧餉軍火駛回上海二十八日亨明古船回唐定奎又派提督周志本率銘字中軍副營及武毅右軍正營左營右營共計四營陸續登舟七月初一日午刻出洋此第二批内渡之情形也初八日官輪海鏡復至初十日亨明古洋輪亦來官輪濟安由省載總兵宋桂芳來臺宋桂芳登岸後臣等飭濟安駛赴旂後一併配渡淮軍唐定奎乃親督武毅親兵正營銘字中軍前營武毅右軍前營後營共計四營暨各局文武員弁夫役人等於十一十二日分投登舟乃於

十二日未刻展輪其病困不能登舟之弁勇約近二百人留參將程會郁爲之調護俟病愈後臣凱泰爲派便船載之歸伍此第三批內渡之情形也淮軍已全數凱撤所有臺灣事宜業交臣凱泰接辦宋桂芳亦將臺北擬辦大概情形會商妥叶臣葆楨當卽歸理船政交代遑

旨迅速北行無如日來海上颱颶大作猛雨連朝省門來船避風澎湖逗二十一日天氣暢晴元凱琛航兩船先後報到琛航裝宋桂芳前往蘇澳臣葆楨卽於二十二日坐元凱開行至船政事宜應如何交代之處容臣葆楨到省會商再行報明謹先將淮軍全數凱撤總兵宋桂芳到臺並微臣葆楨內渡日期合

詞恭摺由驛六百里馳奏伏乞

皇太后

皇上聖鑒再此摺係臣葆楨主稿合併聲明謹奏

安平海神請加封號摺同日

奏爲海神助順請
敕加封號專建祠宇以答靈貺而順輿情恭摺詳陳仰祈
聖鑒事竊維臺灣府城之西十餘里其海口日安平每年自四月杪起至九月止西南風司令巨浪拍天驚濤動地數十里外聲如震雷隱隱闐闐晝夜不息遇海雨狂飛勢尤洶湧所以本地商船一交夏令卽避往他處小舸巨艦斷絕往來上年倭事方嚴臣葆楨於五月東渡卽派各輪船分投運載軍裝礮械糧餉兵勇剋日到臺去來梭織皆由安平登岸後復於三鯤身口岸建造礮臺所有木石甎甓器具皆由內地而來亦無非卸載該處往往連日波浪奔騰望洋興歎及各船

抵口湧勢漸平停卸開駛輒獲安穩有時方風雨交作遇有要
務派船出港立卽風靜波平居民船戶咸額手相慶謂爲向來
所未有實有神助應請奏懇　加封立廟以答垂庥等因臣凱
泰臣葆楨躬履其地見聞較確伏查江海正神實能功德及民
例得奏請廟祀今安平海神肸蠁潛孚帆檣穩便足見　國家
威靈所及海若效靈而神之盛德豐功亦宜邀　褒寵合無仰
懇
天恩准於安平建立海神廟一區　敕加封號編入祀典以答
靈貺而順輿情謹合詞恭摺具陳伏乞
皇太后

皇上聖鑒訓示遵行再此摺係臣葆楨主稿合併聲明謹奏

謝授江督恩摺同日

奏爲疊荷
天恩益深感懼恭摺陳謝兼攄下忱仰祈聖鑒事竊臣前恭
閱邸抄本年四月二十六日奉
旨補授兩江總督兼充辦理通商事務大臣當卽具疏籲辭在
案五月十五日承准軍機大臣密寄四月二十六日奉
上諭南北洋地面過寬界連數省必須分段督辦以專責成著
派沈葆楨督辦南洋海防事宜所有分洋分任練軍設局及招
致海島華人諸議統歸該大臣等擇要籌辦其如何巡歷各海
口隨宜布置及提撥餉需整頓諸稅之處均著悉悉經理等因

欽此七月初八日續奉到六月十三日
上諭前有旨令沈葆楨補授兩江總督兼充辦理通商事務大
臣茲據該督瀝陳悚懼下忱並哀籲情形難期勝任請收回成
命等語沈葆楨經朝廷簡任以來懋著勤勞深資倚畀正宜力
圖報稱共濟時艱毋得固辭並卽來京陛見欽此當卽恭設香
案望 闕叩頭伏念臣以愚闇庸材仰沐 高厚生成有加無
已凡 溫綸之下逮皆曠代所罕逢草木猶自知春犬馬敢忘
報主倘爲再三之瀆不特於義不可抑問心何以自安第身命
所不敢辭毀譽所不敢計而平生之才智與大局之成敗斷不
敢不合而權之古人臣之受事也固有決策立談事至果悉如

所料而措之裕如者矣且有其初非不慷慨自許迨事變出於所料之外遂因而僨事者矣從未有先事茫無把握姑嘗試焉而可以倖其成功譬操舟然平時砂礁島嶼了然胸中猶有風濤不測之患若漫無所見縱心孤往無智愚皆料其無完舟矣而受任操舟者尙悍然自信其人之愚不足惜將如此舟何所以臣自聞 命以來非敢存一毫推諉之思實深不克負荷之慮無日不臨食廢箸中夜彷徨計惟有內渡後速求船政替人妥爲交代由海道上駛津門馳叩 闕廷瞻 天仰 聖籲求訓誨面領 機宜萬一得所遵循可盡駑駘之力抑或 鑒其朽腐俾免隕越之愆無任冀幸悚惶之至謹將微臣益深感懼

下忱恭摺附驛馳陳伏乞

皇太后

皇上聖鑒訓示謹奏

提督羅大春請開缺片 同日

再准陸路提臣羅大春文稱本年正月間在新城染患瘧痢轉成脅痛嘔血等證經臣等奏明蒙恩賞假兩箇月安心調理該提督祇聆之下欽感莫名遂於淡蘭等處廣覓醫藥加意調治方期迅即痊愈勉効馳驅詎時閱三箇月不但前病莫減血證轉深且心神恍惚夜寐不成前在軍營所受勞傷乘虛俱發內則遇事怔忡外則筋骨酸楚醫云係血氣虛損心脾交困非靜養日久難以復元伏念一介武夫忝膺專閫苟力能報効敢惜微軀惟假期已滿病勢日增前調福甯鎭總兵宋桂芳業已東渡接辦臺北撫番開路事宜責成有寄而提督本缺以臥病

海隅致曠職守心實不安惟有懇　恩將福建陸路提督開缺
另行　簡放俾得交卸回籍從容調理倘病軀稍愈仍當重効
驅策仰答　生成等因迭次咨函請爲代奏前來臣等查該提
督自粵西從軍轉戰蘇皖閩浙可謂老於戎行自渡臺以來勦
撫兼施條理縝密臣等正資其臂助第人才難得該提督積勞
之後又值臺北苦疫之時倘回籍可以速痊尚冀將來爲　朝
廷收得人之效後山諸務業有總兵宋桂芳接辦其陸路提督
可否開缺另行　簡放俾得回籍調理之處出自
天恩謹合詞附片陳明伏乞　聖鑒訓示謹奏

李際泰等請卹片　同日

再准總統銘武等軍記名提督唐定奎文稱理問銜擬保知縣福建候補縣丞李際泰自去冬到營遇事出力本年春閒進攻獅頭等社該員入險探幽備嘗辛苦尋獲王開俊忠骸於六月二十七日感瘴病故總辦前敵行營軍米五品銜擬保州判東河候補縣丞姚正中當內山餉道阻滯該員設法轉運露行草宿沿途接濟軍食無缺世襲雲騎尉候補衛守備王萬邦隨軍多年今春攻破獅頭社斬獲悍番多名積勞成疾均於七月初九日病故可否請爲奏卹等因合無仰懇

天恩飭部將李際泰一員照知縣軍營立功後病故例議卹姚

正中一員照州判軍營立功後病故例議䘏王萬邦一員以原
官照軍營立功後病故例議䘏謹會同大學士直隸總督臣李
鴻章分別附片籲陳伏乞　聖鑒謹奏

吳鼎燮等請卹片 同日

再船政委紳五品銜分發省分知縣吳鼎燮本年二月間經 臣葆楨挈渡臺灣幫辦文案詎六月間積勞成疾醫藥罔效旋於七月初四日身歿該紳服勞船政將及十年躬赴外國累涉重洋勤苦不辭辦事精敏深資指臂遽爾溘逝殊堪悼惜又准臺灣鎮總兵張其光報稱花翎副將銜浙江參將盧爲霖自上年管帶振字左營當卑南開路該參將親率勇丁扼守大坑口及崑崙坳西辦理諸務悉協機宜本年六月以淮軍撤回令移營塡紮刺桐腳旋令馳回社寮稽查路工染受瘴溼於七月十六日病歿社寮工次又候選縣丞莫廷璋上年九月派往崑崙坳

東彈壓路工本年六月間委赴刺桐腳軍營幫理撫番事務督同通事人等親赴各番社勸諭番童出山就學衝冒嵐瘴於七月十六日病歿均堪憫惻可否代請奏卹等因合無仰懇 鴻慈飭部將吳鼎夔一員照知縣軍營立功後病故例從優議卹盧爲霖莫廷璋二員均照原官軍營立功後病故例議卹出自天恩謹附片籲陳伏乞 聖鑒謹奏

段起帶赴江南片 光緒元年八月初八日

再臣在臺時聞前江西督糧道段起行抵福州函飭其無庸東渡臣俟船政移交事畢赴任兩江自當挈之偕行以便遵

旨留心察看段起之守廣豐也紀律嚴明民懷其德任糧道時適鮑超回籍所部將領以發餉不公激變軍心鼎沸段起單騎入壘矛傷其鼻刀劃其指從容曉以大義卒撫定之此臣所以相信有素者也臣離江右於今十年人不易知臣何敢稍存成見容俟察看數月之後如段起實有嗜好當即據實嚴參斷不敢以奏調在先曲加回護如其並未變節亦斷不敢懷引避嫌疑之意致負 朝廷求賢若渴之誠理合附片陳明伏乞 聖

鑒訓示謹奏

請獎勦番開山出力人員摺光緒元年九月二十八日

奏爲臺地勦服番社開闢後山各著成效所有兩年以來在事出力之文武員弁以及紳士人等謹遵

旨擇尤保獎以示鼓勵恭摺彙單仰祈

聖鑒事竊臣等准兵部咨光緒元年正月初十日奉

上諭沈葆楨等奏請將開山出力員弁獎勵一摺福建臺灣府番地經沈葆楨等督率文武次第開闢漸著成效在事出力各員弁准其擇尤保獎毋許冒濫等因欽此六月初三日復奉到五月十一日

上諭沈葆楨等奏南路勦番攻克各社情形一摺淮軍自到臺

後艱苦出力准其擇尤保獎以示鼓勵等因欽此臣等跪讀之
下感激莫名伏查本年獅頭社之變臺南一帶紛紛蠢動經唐
定奎等督軍深入搗巢攻險將竹坑本武草山內外獅頭等社
先後勦克其脅從之率芒董的南片內龜紋外龜紋射不力中
紋周式濫等社遂均惕息輸誠甘受約束時當盛暑地入窮荒
各將士披荊斬棘冒瘴衝烟顛踣於懸崖荒谷之中血戰於毒
標飛丸之下危苦萬狀奮不顧身除提督唐定奎係一品統兵
大員應如何　賞賚獎異之處臣等未敢擅擬餘擇其尤爲出
力者擬請
天恩從優獎敘以資鼓舞至去年五月以來開山撫番南路則

由內埔崑崙諸也葛大貓釐等處而入卑南北路則由蘇澳大南澳三層城馬隣溪鯉浪港等處而抵加禮宛秀姑巒中路則由大坪頂大水窟鳳凰山茅埔東埔等處而抵霜山計三路開地各數百里百餘里不等均係束馬懸車縋幽鑿險隨地隨時刱碉設堡蒇逆撫良艱苦勞瘁亦比尋常行軍過之其或襄贊機密於風鶴動心之日或建築城壘於驚沙烈日之中或涉重洋以購軍需或冒奇險以籌接濟或率偏師以扼要隘或捕積匪以靜內訌或司偵探以濟兵謀或聯鄉團以固邊圉均能始終勤奮著有成勞自應先行擇尤錄功用示勸勉臣等謹遵前
旨不敢冒濫逐一核實臚列清單恭呈
御覽合無仰懇
聖

恩准予奬敘以資觀感而勵後來除將出力稍次者咨部核奬外謹會同大學士直隸總督臣李鴻章恭摺附驛具陳伏乞

皇太后

皇上聖鑒訓示遵行再此摺係臣葆楨主稿合併聲明謹奏

請奬閩防各員片 同日

再上年四月閩臣葆楨奉 命渡臺以省門爲根本重地船廠尤關係靡輕因奏請在籍前任陝西布政使林壽圖坐鎮廠地併隨時察看海口情形以固福州門戶隨經臣文煜臣鶴年奏請該藩司就近督防均奉

旨允准在案該藩司到防即遍歷各口規挪礮臺訓練防勇布置嚴密人心以固事平之後該藩司以身係二品大員不敢仰邀 奬敘其當時隨同出力之文武員弁尤爲始終勤奮者臣等未忍沒其微勞合無仰懇

天恩准加錄敘以資鼓勵內閣中書謝章鋌可否 賞加內閣

侍讀銜同知銜補缺後以知縣補用廣東候補鹽經歷林豐疇可否以知縣仍留廣東補用五品銜選缺後以知縣用不論雙單月儘先前選用教諭陳𥡴可否俟選缺後以知縣不論雙單月儘先選用五品銜不論雙單月遇缺先前選用縣丞林豐鍙可否俟選缺後以知縣補用五品銜不論雙單月遇缺先前選用縣丞孟宗洛可否俟選缺後以知縣補用不論雙單月候選員外郎劉學畬可否　賞加四品頂戴五品軍功分發省分歸候補班前補用巡檢范寶書可否俟補缺後以縣丞補用五品軍功不論雙單月遇缺儘先選用從九品未入流戴慶餘可否俟選缺後以縣丞補用記名簡放總兵王正道已捐請從一品

封典可否賞給正一品封典二品銜留閩浙儘先補用參將浙江海門右營遊擊陳世榮可否以副將留閩浙水師儘先補用花翎二品頂戴留閩儘先補用遊擊傅德柯可否以參將留閩浙水師儘先補用花翎二品頂戴候補遊擊黃淇彬可否以參將留閩浙儘先補用福建督標右營千總周春雷可否以守備留閩儘先補用理合附片陳明伏乞

聖鑒訓示謹奏

黎家本請卹片　同日

再管駕振威輪船五品軍功留閩儘先守備黎家本自同治九年選充駕駛學生十年派在建威船上練習風濤穎悟精進膽智過人十二年閏六月充長勝大副十三年六月調振威大副九月管駕長勝輪船本年五月調管振威輪船來往臺灣口岸運解軍火濟渡各軍冒險衝濤剋期無誤遽於本年八月二十日積勞病故殊堪憫惻合無仰懇

天恩飭部以原官照軍營立功後病故例從優議卹以慰幽魂謹合詞附片陳明伏乞

聖鑒謹奏

沈文肅公政書卷五終

沈文肅公政書卷六目錄

兩江總督任內奏摺

奏報接篆日期摺光緒元年十月二十七日
福建撫臣王凱泰請卹摺光緒元年十一月初八日
實缺提鎮現帶防營請緩赴任摺光緒元年十二月十八日
提鎮張光亮等請卹片同日
段道留江南差遣片光緒二年正月二十日
籌議出關餉需礙難借用洋款摺光緒二年正月三十日
奏覆唐定奎並無剋扣勇糧摺光緒二年二月十五日
設法嚴拏哥老會匪片同日

遵旨覆訊已革總兵詹啟綸摺 光緒二年三月初四日
覆訊陳國瑞片 同日
覆訊劉福興片 同日
覆訊蕭誠片 同日
兩淮鹽價仍難議增摺 光緒二年五月十一日
江蘇釐源日竭撥款日增摺 光緒二年閏五月初七日
奏覆唐定奎被訐摺 同日
奏覆江北旱蝗情形摺 同日
孝感縣蔡炳榮懇照前保註冊片 光緒二年閏五月十八日
迭擒著名巨匪並會籌徐海情形摺 光緒二年六月初四日

奏報豫東江皖交界土匪肆擾剿辦情形摺 光緒二年六月十五日
首匪就擒餘黨解散仍飭搜捕摺 光緒二年六月二十二日
收回淮南引地應遵部議迅速舉行摺 光緒二年七月初五日
蘇省防營餉項擬請循舊支放摺 光緒二年七月十一日
安徽懷遠縣擒獲圖城巨匪剿辦情形摺 同日
鳳臺縣匪徒胡志端等聚衆起事情形片 同日
續獲匪首馬小繞等正法片 光緒二年七月二十一日
匪徒散播流言民情驚擾現籌查辦情形摺 光緒二年八月初七日
海州改隸淮揚道管轄摺 光緒二年九月初五日
借黃濟運徒耗經費擬請暫行海運摺 光緒二年九月二十二日

請開缺調理摺 光緒二年十一月十七日

上海鐵路會議買斷辦理情形摺 光緒二年十一月二十七日

縷陳撫卹災黎竭力籌款情形摺 光緒二年十二月十四日

馮竣光乞假出關迎柩歸葬摺 光緒二年十二月十八日

研訊皖南教堂滋事確情分別示懲摺 光緒二年十二月二十八日

皖南人心稍定洋教士迭請雪冤並擬現辦情形片 同日

請飭浙撫提張順昌勒繳原信及早結案片 光緒三年正月二十四日

沈文肅公政書卷六

兩江總督任內奏摺

奏報接篆日期摺光緒元年十月二十七日

奏爲恭報微臣接篆日期叩謝

天恩仰祈聖鑒事竊臣欽奉恩命補授兩江總督兼充辦

理通商事務大臣並奉八月十四日

諭旨兩江關繫緊要沈葆楨膺此重任自當實力實心勉圖報

稱仰副朝廷倚畀之殷著懔遵前旨將船政交代後迅赴新任

毋庸來京陛見等因又迭奉八月二十七九月初二十八等日

諭旨均飭速赴兩江新任等因欽此臣於九月二十八日專摺

奏報十月初一日由海道入江赴任在案十月初七日行抵上海與前江蘇撫臣丁日昌接晤將船政事宜互相往復丁日昌之精覈實遠勝於臣以後應辦各事仍當恪遵

上諭隨時商辦臣於初九日自上海啓程十一日行抵江甯省城適武闈業已開考署督臣劉坤一於二十日揭曉二十一日派員齎送兩江總督關防兩淮鹽政印信並通商欽差大臣

關防暨

王命旗牌文卷等件一并移交前來臣當卽恭設香案望闕

叩頭謝恩祗領任事伏念兩江地大物博任重事繁鹽漕河

三大端號稱難治近來時局一變不盡有成法可循臣以疏庸

當茲重任五中循省已切悚惶至於華洋交涉事件爲中外大局所關加以挪辦海防造端閎遠渥蒙 聖恩特撥專款分飭南北洋同心經理 朝廷軫念時艱綢繆未雨如臣檮昧尤懼弗勝惟有仰求

皇太后

皇上指授方略啓牖顓蒙臣當與直隸督臣李鴻章熟思審計以冀事之有成其地方應辦事宜容與三省撫臣暨漕臣和衷商搉實力經營不敢自是以紛更亦不敢瞻徇以貽患庶幾稍答 高厚生成於萬一所有微臣接篆日期除循例恭疏 題報外謹繕摺叩謝

天恩伏乞

皇太后

皇上聖鑒訓示再臣過吳淞江陰時順道履勘礮臺雖尚未竣

事而地勢均屬扼要工程亦甚結實足以上慰　慈廑合併聲

明謹奏

福建撫臣王凱泰請卹摺 光緒元年十一月初八日

奏爲福建撫臣積勞病故謹臚宦蹟籲懇

天恩 光錫謚典並於福州臺灣 予建專祠以慰忠藎而順

輿情恭摺具陳仰祈 聖鑒事竊臣於本年十一月初一日接船政大臣丁日昌並閩省各紳士函稱福建撫臣王凱泰在臺積勞成疾兼感瘴癘腳氣腫脹上侵股腹飲食不進於十月十一日扶病內渡卽於二十三日申刻出缺臣聞信之下不勝駭悼計此時閩浙督臣業將出缺日期報 聞所有應得卹典自當照例奏請臣何敢更有瀆陳惟撫臣平日之實心實政臣以在籍紳士且共事日久知之最悉有不敢不臚舉以 聞者撫

臣之由詞林而出官他省也非臣所得而詳但就其撫閩言之
勤廉端恪久在　聖明洞鑒之中而其隨事以培元氣端風俗
爲心懇懇然數年如一日溯下車伊始卽校武闈甄拔公嚴雖
被黜者亦俯首心折前科監臨文闈數月以前卽剏立條教申
明紀綱榜出弊絕風清論者咸謂爲數十年來所未有其造就
士類則以敦品正學爲先於省會增建致用堂書院專課經學
月親扃試與諸生講明大義誘掖獎勸不啻嚴師各郡書院則
愼擇老師宿儒主之用資矜式省垣婚喪之費踵事增華日形
奢侈力行勸諭使興崇儉之風閩省向有淫祠每年賽會舉國
若狂聚衆誣民莫此爲甚自經嚴禁乃息巫風所居官舍榜曰

儉明簡齋屬吏聞風亦多化之所以在任累年士習人心翕然丕變及其奉　命渡臺也一登舟即屏絕供應隨身僕從祇有二人爲向來大吏所未有勤求民隱博訪周諮汲汲然惟日不足臺俗信鬼演劇迎神殆無虛日每歲中元道場不茹素而噉葷歌舞婆娑酒肉腥臭經月不息靡費不貲其城門兵弁遇貨抽收陋規成爲定例寶局牌場攤排鬧市營卒包庇地方官禁格不行洋煙流毒徧於四民老少形骸半如枯腊撫臣一至即立爲厲禁政令一新又爲戒賭戒煙諸詩編頒童穉播爲歌謠以挽積習整飭書院考拔眞才別擢績學敦品者若干人令爲勸戒煙賭之課俾實力奉行期有成效而調度兵勇籌度興建

綏輯民番每與臣往復商搉輒至夜分其心思之精密性情之誠懇臣往往自愧不如時過其行館見所有函牘皆親自封題未嘗一假僕從吏胥之手朝夕兩餐一飯以外蔬豆而已曾勸其節勞自愛均以受　恩深重不敢暇逸爲詞由衷之言毫無矯飾臣曩疏稱臺民好逸撫臣率之以勤臺俗好奢撫臣示之以儉臺俗好鬬很撫臣化之以和平並非溢美果使久於其職海外狉榛之地未始不可轉爲敦龎詎積勞過甚兼受炎瘴齎志長終眷屬都未到閩臨歿之時旁無骨肉襆被蕭然如寒士之依旅館竊思人臣以死勤事宜膺祀典以忠奉　國無忝嘉名故福建巡撫臣王凱泰清節遺愛在人心目遽以積勞感瘴

在任溘逝合無仰懇
天恩逾格　特賜謚典並　准於福州臺灣建立專祠以順輿
情以勵忠藎又聞該撫有子二人俱在寶應原籍應否加　恩
之處出自　高厚鴻慈理合恭摺由驛馳陳伏乞
皇太后
皇上聖鑒謹奏

實缺提鎭現帶防營請緩赴任摺光緒元年十二月十八日

奏爲實缺提鎭現帶防營籲懇
天恩從緩赴任恭摺仰祈
聖鑒事竊直隸正定鎭總兵唐定
奎欽奉　恩命補授福建陸路提督所遺員缺奉
旨以吳長慶補授業經該提督等具摺謝　恩在案臣查唐定
奎統領武毅十三營上年臺防一役航海誓師中外信服臣與
之共事深知其果毅樸誠足當大任本年旋師內渡駐紮揚州
五台山等處紀律嚴明屹然爲江南重鎭吳長慶統領慶字十
二營分紮浦口江陰等處於沿江一帶情形最爲熟悉現在相
度形勢建造礮臺該總兵胸有智略潔已愛民實爲防營中不

可少之員該提督唐定奎等仰沐　聖恩畀以實缺洵足獎有功而資觀感目前整頓江海防務必須統將與弁兵心志相習庶幾緩急足恃若令前赴新任所統各營殊乏接手之人合無

仰懇

天恩俯准唐定奎吳長慶從緩赴任仍留江蘇統領防營以專責成出自逾格　鴻慈謹會同直隸督臣李鴻章恭摺具陳伏

乞

皇太后

皇上聖鑒訓示謹奏

提鎮張光亮等請卹片 同日

再臣前在福建辦理海防任內迭准總統銘武等軍提督唐定奎報稱統帶武毅左軍記名提督張光亮統帶武毅右軍記名提督王德成統帶武毅右軍前營記名提督李常孚管帶武毅右軍後營擬保總兵兩江補用副將胡國恒總辦營務處兼帶武毅左軍正營擬保道員分發補用知府田勤生等均已攻克番社先後在刺桐腳枋寮等處感受瘴癘病歿營次又銘中副營哨官儘先遊擊束維清於攻克草山社之役中槍陣亡均經臣先後奏明在案茲准該提督唐定奎彙敘生平戰績查造履歷呈請奏卹前來臣查該故員張光亮等起自淮軍轉戰數省

疊著戰功去歲調臺防海開山艱苦備至旋即攻剿番社掃穴殲渠成績已彰捐軀荒嶠殊堪憫悼合無仰懇
天恩俯准將記名提督張光亮王德成李常孚擬保總兵兩江補用副將胡國恆擬保道員分發補用知府田勤生擬保副將儘先遊擊東維清等六員　敕部按照擬保官階從優議卹並懇　加恩予謚入祀昭忠祠將生平戰績宣付史館以慰忠魂除將該故員等戰績履歷清冊咨部查核外謹會同大學士直隸總督臣李鴻章合詞附片籲陳伏乞　聖鑒訓示謹奏

段道留江南差遣片 光緒二年正月二十日

再臣在臺灣奉光緒元年三月初三日
上諭沈葆楨片奏請調道員段起差委段起現在來京已諭吏部飭令該員前赴臺灣惟聞該員向有嗜好著沈葆楨留心察看等因欽此臣內渡後接見段起當將帶同該員前赴江南以便遵
旨察看不敢稍參成見緣由奏明在案臣與同駐船政工次兩月有餘同舟駛赴金陵至今又逾三月隨時隨事觀其所忽實見其孜孜講求吏治於立身義利之界辨析尤嚴其忠奮有爲與十年前一轍而退讓之度有加焉兵部侍郎彭玉麟嫉惡之

嚴世罕倫比移書論後起人才首以剛健篤實許之蓋其生同里閈稔其素行也久矣合無仰懇
天恩准將段起暫留江南差委仍令照例坐補江西督糧道原缺以遂其退讓不妄干進之心倘將來該員有簠簋不飭及世俗煙酒嗜好臣與同罪所不敢辭謹將遵
旨察看情形附片陳明伏乞　聖鑒訓示謹奏

籌議出關餉需礙難借用洋款摺 光緒二年正月三十日

奏爲遵
旨籌議出關餉需礙難借用洋款敬攄管見恭摺瀝陳仰祈
聖鑒事竊臣等承准軍機大臣字寄光緒二年正月初七日奉
上諭左宗棠因出關餉需緊迫擬借洋款一千萬兩事非得已若不准如所請誠恐該大臣無所措手於西陲大局殊有關繫著沈葆楨即照左宗棠所奏妥速籌議奏明辦理等因欽此仰見　朝廷軫念西陲救民水火之至意查左宗棠原奏瀝陳餉源枯竭萬不得已而議借洋款在該督臣勞心焦思獨措危局撫士卒於飢疲創病之餘籌餽運於雪海冰天之界仔肩艱鉅

冠絕一時臣等忝任封圻誼均休戚如果於事有濟曷敢稍存
推諉況上海爲洋商精華薈萃之地關道所屬多洞悉洋情之
員以利招之一呼百諾江南自兵燹後宜修舉廢墜刻不容緩
者殊多特以度支匱於轉輸馴致遷延歲月關隴暫有巨款支
拄協濟稍鬆江南及是時爲自顧之謀計亦誠便而臣等夙夜
不寐反覆再四竊慮此舉有病於 國關係綦大卽西陲軍事
稍紓目前之急更貽日後之憂不敢不將實在情形爲
皇太后
皇上縷晰陳之伏惟國債之說偏行於西洋而西洋各國受利
受病相去懸絕則以舉債之故不同而所舉之債亦不同也夫

開礦造路挖河巨費也而西洋各國不惜稱貸以應之者蓋刻期集事課稅出焉本息之外尚有奇贏所謂以輕利博重利故英美等國有國債而不失爲富强若以國用難支姑爲騰挪之計後此息無所出且將借本銀以還息銀歲額所入盡付漏巵目下如西班牙土耳其皆將以債傾國日本亦駸駸乎蹈其覆轍矣此舉債之故之不同也英美舉債於本國之商國雖病而富藏於民有急尚可同患若西班牙等國輸息於鄰封一去不能復返此所舉之債之不同也昔歲臺灣之役本省羅掘一空外省無絲毫可以協濟急何能擇出此下策然以新疆較之局面之廣狹事體之難易相懸奚啻霄壤臺地東西二三百里南

北千有餘里日本貿貿然深入絕地雖有必死之志而無可久之資堅與相持情見勢屈倘照原議借款六百萬則善後之事以次備舉煤礦茶山所出漸足餽軍一借斷無須再借嗣因借過二百萬倭事業已定局部議飭令停止臣葆楨卽不敢再申前議新疆廣袤數萬里戈壁參半回部本其土著根深蔕固既無盡勦之理又無乞撫之情似非一二年間所能就緒卽使事機至順逆回强首諸城盡復與俄爲鄰互市設防正重煩 朝廷擘畫而非放牛歸馬之時也洋人肯以巨款借我者恃有海關坐扣如取如攜也洋人取之海關海關仍待濟於各省向日各省僅籌協餉已催解不前今令兼籌協餉之息能如期以應

乎協餉愆期而海關病海關無可彌補不得不虧解部之款而
部庫病雖日取各省督撫藩司而劾之餉項祇有此數此盈則
彼絀朝取則暮涸坐待嚴譴而無可如何前屆左宗棠借洋款
三百萬計息蓋七十萬若以此七十萬供西征之餉未必不少
有裨補今以一千萬照臺灣成案八釐起息十年清還計之耗
息約近六百萬不幾虛擲一年之餉乎若照數乘除則西征僅
得四百餘萬實餉耳前屆之三百萬至光緒四年始清而續借
之一千萬今年卽須起息明年卽須還本海關應接不暇而西
陲之士飽馬騰不及兩年涸可立待進兵愈遠轉運愈難需餉
亦愈鉅將半途而廢乎勢必不可將責各省於還債之外另籌

解濟乎勢又不能將再借洋款平海關更無坐扣之資呼亦不應徒令中興元老困於絕域事豈忍言者此臣等所以反覆再四而不敢爲孤注之一擲者也夫以出關之事之急左宗棠籌借洋款本有成案不遽委員徑向洋人定議而謀之於臣葆楨
諭旨又飭臣葆楨妥速籌議奏明辦理則萬難盡善之處已在
聖明洞鑒二三老成燭照數計之中如臣等博不分畛域之名罔顧事後之無可收束於心竊有所未安然謂西征可停則臣等又斷斷以爲不可何者我退則敵進關隴且因而不靖徒棄
祖宗辛苦艱難締造之地而列戍防秋勞費亦復相等顧臣等竊以爲左宗棠此行不當效霍去病之掃穴犂庭而當師趙充

國之養威負重將帥無赫赫之功而　國家受萬全之福誠能
扼其衝要堅壁清野開水利廣屯田考畜牧關外多一分之產
關內即省一分之運反客爲主脅從者稽首歸命渠魁亦束手
就縛較之糜血肉於堅城之下求萬有一然之勝其得失可同
日語耶夫甘餉之鉅困於餽運耳餽運省則一年之餉可支兩
年目前不能不飭各省勉力籌濟臣請　朝廷發曠代之　德
音以內庫爲之倡
皇太后
皇上躬行節儉度越尋常豈復有不急之需可以議裁議減者
然其數不在多但得　明詔數言足以激將士敵愾之心而生

疆吏同仇之感左宗棠原奏深言甘餉爲海防所佔惟江西浙江兩省尚能力顧大局查海防專款奉撥瞬將經年臣葆楨恐分之則爲數愈微咨請各省儘解北洋冀可藉資集事而去歲所報解者亦僅江西十萬浙江十萬他省涓滴俱無可見各省非有所偏倚於其間限於力耳此時各省未必尚有留存巨款以待添撥各省原撥陝甘之款有解不及半者雖添撥亦徒擁虛名應懇 敕下部臣熟權緩急將有著之款移稍緩者於最急之區庶幾各省關可以勉强從事如江蘇協甘之款內有每月一萬歸陝西撫臣收放竊計陝西肅清多年本省防軍不難自籌一萬此款似應歸之西征江西派協雲貴之兵餉勇餉爲

數頗鉅夫雲貴未嘗不急然較之西征則緩矣凡類此者似宜由部臣通盤比較酌量勻撥至遣使之舉已有成議然數道並出則所費不貲應請除已奉
諭旨者准行外其餘且作緩圖俾部庫得以周轉軍興以來各路軍營亦殊難得滿餉如果部撥之款能解至八成以上以左宗棠之恩義拊循之大局必不至決裂臣等鰓鰓過慮何當機宜竊欲以責難之忱上籲
君父而以共濟之念求諒大臣除將兩江協甘餉項彙核數目另行附片陳奏外所有遵
旨籌議出關餉需礙難借用洋款緣由恭摺由驛五百里馳陳
伏乞

皇太后

皇上聖鑒訓示不勝戰慄屏營之至謹奏

奏覆唐定奎並無剋扣勇糧摺 光緒二年二月十五日

奏爲遵
旨查明據實覆陳仰祈 聖鑒事竊臣於二月初五日承准軍
機大臣字寄光緒二年正月三十日奉
上諭御史英震奏呈遞信函請旨辦理一摺唐定奎剋扣勇餉是否屬實沈葆楨不得以奏保在前稍形迴護此信是否郭懷仁所寄著沈葆楨查明一併奏聞等因欽此臣當將發下抄件反覆推詳郭懷仁致英震原函鄙陋無文殊不似詞林中人筆墨其將卒公稟指爲致郭懷仁者耶則稱之曰都憲又曰柏府指爲致英震者耶則謂李鴻章遠在天津無由上達若英震之

供職都門不較李鴻章更遠耶恭繹
諭旨固亦疑此信不出於郭懷仁第剋扣勇糧關係重大臣何敢稍參成見自冒偏袒之嫌因而傳見皖籍屬員詢以郭懷仁居鄉何狀咸謂品端學粹不與外事異口同聲迨晤候補道趙繼元據稱郭懷仁雖籍隸合肥久已寄居金陵養痾避囂杜門謝客故鮮有知之者該道與鄉榜同年亦未嘗往還酬酢臣因令該道造訪堅求一見詢及唐定奎剋扣軍餉各節該編修茫然愕然次日扶病來臣署中自云氣喘體羸目疾尤劇都門師友即平日相契最深者亦音書闊絕御史英震不特向不識面亦且素未知名同邑提督唐殿魁以良家子從軍忠勇樸誠爲

國捐軀昭昭在人耳目里閈至今思之曾於劉銘傳座中見有器宇沈毅異於諸將者問而知爲其胞弟定奎也竊喜忠臣之門繼起有人心甚好之其營中軍政本非局外人所應與知且日對藥鑪門可羅雀近事亦無由見聞而唐定奎清白家聲則知之熟矣論公誼 國家有用之將不當醜詆以曖昧之詞論私情同里素無仇隙之人何忍汚衊以不近情之事况所遞之函並無名姓倘奉 朝廷傳問當從何處交人卽使唐定奎劣跡多端彼固自有主帥如果官居臺諫尚可以例許風聞言事爲詞今以文學侍從之班退居寬閒之地乃恣情簧鼓作此空中樓閣意外波瀾不特爲當世所不容卽返心何堪自問臣所

聞於郭懷仁者如此查函中所訐者以剋扣勇餉一款爲最重而所指剋扣者則以臣在臺時年冬發餉一關四萬餘兩爲最鉅抑知臣於是年八月間已補發一關次年四月間又補發一關爲數共十二萬餘兩彼訐者尚未之知也此皆專摺奏明咨部有案咨李鴻章有案劄揚州糧臺報銷有案唐定奎縱欲鯨吞其可得耶王開俊之攻番社也非特唐定奎不與聞並未商諸鎮道其平日最愛民爲婦孺環籲激於義憤致有此失迨唐定奎成功後因遺骸未得躬涉深林密箐窮搜數日卒獲歸元其忠魂亦可稍慰矣議凱撤時唐定奎爲慟王德成張光亮田勤生故亦得病甚劇稍愈聞李常孚胡國恆復病卽單騎馳向

琅璚護所部及其柩以歸府縣恐其尚未復元再四挽留揚鞭竟去方共歎其同袍之誼之摯異於尋常也至帷闥中事吠影吠聲尤無足深辨顯係干求不遂爲此鬼蜮伎倆顛倒是非夫因嫌怨而動訛言亦事所恆有從未有以放誕不經之說詭名在籍紳士寄信言官上干　天聽似此設謀傾陷殊屬奸險之尤應否比照匿名揭帖立案不行抑或　敕下該御史查明信函各件係從何人投遞究出根由從嚴懲辦之處出自　聖裁至唐定奎各營既留防江蘇臣仍當隨時察看稍有改轍卽據實甄劾斷不敢以客軍相待爲人受過上負

天恩所有遵

旨查明實在緣由理合恭摺由驛四百里馳陳伏乞
皇太后
皇上聖鑒訓示謹奏

設法嚴拏哥老會匪片 同日

再臣承准軍機大臣字寄光緒元年十二月二十日奉
上諭李瀚章奏匪徒設立會名全在大吏督飭地方官設法嚴
拏毋庸另立章程飭臣體察情形悉心妥議等因欽此臣查劉
坤一收標之說意在銷患無形顧不特巨款難籌且恐聲氣潛
通外匪恃內奸爲護符流弊益不可問李瀚章謂宜設法嚴拏
自是正論第哥老會安清道友由來已久比而誅之則不可勝
誅只得懲首惡散脅從而各處所訪頭目言人人殊若憑空飭
拏正恐恩怨相尋傳聞不實渠魁漏網波及無辜若畏難苟安
則爲虺弗摧爲蛇奈何髮捻根株前鑒不遠臣反覆再四竊以

前督臣曾國藩不問其會不會只問其匪不匪二語可謂要言不煩蓋此輩不能枵腹相從其勢必出於盜盜得其所欲而後如獸走壙實繁有徒倘有犯必懲則彼無以爲生何由聚而不散此用兵者斷其糧道不擊自潰之術也惟是緝捕爲地方官專責而近日地方官反以緝捕爲畏途即以蘇省情形而論伏莽以江北爲最多而地方官之缺亦以江北爲最苦有極力儉嗇而始免虧累者有極力儉嗇而尚不免虧累者一盜案出捕役有費眼線有費其大者非捕役眼線所能爲力也會營有費雇勇有費案之破不破未可知牧令之力竭矣幸而破案上司拘牽文法必令招解去省或數百里或千餘里犯到省必翻供

覈供必發還舟車之費不貲牧令益無以爲計矣故始而諱盜繼而縱盜相習成風諱盜者以爲權宜縱盜者以爲陰騭况自有署事一年期滿之例官署如傳舍彼以五日京兆自待人亦以五日京兆待之誰願以緝捕自累且兼以爲後任累者盜如入無人之境而會匪之根蔕不可動搖矣臣愚以爲宜慎選牧令而久任之勿狃於調劑之習使人心無所定向州縣去省稍遠者遇有劫案定供後督撫批飭本管道府覆訊相符卽予就地正法俾人心知警牧令不致重虧營弁長於緝捕者重賞之優擢之庶幾吏治振而盜風戢盜風戢而會匪自消矣檮昧之見未知當否伏乞

聖鑒訓示謹奏

遵　旨覆訊已革總兵詹啟綸摺　光緒二年三月初四日

奏爲遵

旨審明已革總兵京控命案據實覆陳仰祈　聖鑒事竊臣承

准軍機大臣字寄光緒元年十一月初四日奉

上諭前因劉坤一等奏參已革總兵詹啟綸主使毆斃人命一案當交刑部議奏茲據都察院奏詹啟綸遣抱呈訴胡士禮斃命時詹啟綸並未在揚因陳國瑞挾嫌唆使胡士禮服毒陷害賄使仵作揑傷並兩江總督刑逼具招等語沈葆楨甫到兩江無所用其迴護著秉公嚴訊務得確情詳細具奏等因欽此臣察閱所控劉坤一有意貪婪陳國瑞持械搶掠雖關係甚鉅要以

命案爲根而命案之有無冤抑則以胡士禮之死於傷抑死於毒爲斷臣謹派江安糧道劉傳祺署江甯鹽巡道陶寶森候補道趙繼元會同原審之藩司梅啟照臬司勒方錡提訊不特詹啟綸極口呼冤即要證羅衡慶劉占魁高沅王二及仵作李洪等亦仰詹啟綸鼻息全行翻異臣接見僚屬紳士隨時參考所聞謂劉坤一所擬允當者有之謂劉坤一所擬尙涉輕縱者有之而謂詹啟綸死有餘辜此事卻非其罪者亦大不乏人詳究非其罪之由則謂胡士禮以服毒死詳究服毒之故或謂胡士禮債多累重因而服毒者或謂陳國瑞與詹啟綸有隙因而唆使服毒者或謂陳國瑞向胡士禮索欠胡士禮服毒圖詐陳國

瑞因而陳國瑞使人扶到詹啟綸家中爲移禍計者甚有謂胡士禮之妻胡王氏私有外遇幸胡士禮之死聳令服毒者且有謂胡士禮所服之毒係鶴頂紅與砒霜鴉片不同非有形色可驗者抑或謂屍親抗不遵驗延至五六日始驗因而屍身發變誤認爲傷者緣貪賄者爲之佈散謠言各以其意爲之而傳述者又各以所聞爲據所以言人人殊即詹啟綸在楚在揚亦迄無確證竊念詹啟綸果仍在原籍則詹文炳羅衡慶等與胡士禮並無深仇何致尋釁其命即胡士禮服毒圖賴亦必探明詹啟綸實在揚州方有可賴之端斷未有明知其人尚在原籍輕以性命嘗試之理第詹啟綸於四月二十四日自揚州回湖北

六月初十日在湖北黃安縣過堂人人知之若中閒特爲胡士禮之故忽到揚州張此陷阱計其天性麤暴未必有此機心頗慮劉坤一因嫉惡之嚴或原讞不無過當之處臣隨將全案人證提至臣署督同各司道將原讞在場之羅衡慶劉占魁高沅王二四人隔別平心靜氣問之許其翻供務令詳盡及將供詞會核則指胡士禮爲吞服鴉片身死異口同聲而服於何地服後作何情形如何灌救臨死有何語言不但四人絕不相符卽一人亦前後參差處處自相矛盾稍加駁詰則咸稱本不在場聞所聞而來未知孰是當告以爾等或爲詹啟綸管事或爲詹啟綸服役旣詹啟綸負屈理當爲之伸冤但須供認親見胡士

禮服毒情形平反方爲有據此四人仍互相推諉不置一詞迨
提詹啟綸上堂不特指羅衡慶等爲眼見服毒在場灌救之人
且謂徐致亦在其內因令其自行開導務證服毒實情詹啟綸
始而哀求繼而怒罵而羅衡慶等總以事非眼見堅不承招詹
啟綸遂亦改口謂到案者均不在場雖兇燄迫人亦足見天良
之難昧矣次日提羅衡慶徐致等反覆曉喻始據將全案原委
一一供吐分明胡士禮之開吉公泰棧於泗源溝也在金陵未
復以前名爲開行實則濟賊詹啟綸之與胡士禮合夥也並非
有實在本錢不過藉其營頭聲勢名爲搭股實則坐地分贓迨
水師克復九洑洲髮逆接濟中斷吉公泰遂以虧折閉歇當時

結帳謂詹家應勻七千餘金不特詹啟綸未願清還卽胡士禮亦未曾堅索迨胡士禮兄弟借票運鹽向詹啟綸挪湊二千餘金立有字據詎料所借者乃是廢票致船鹽一併沒官本利都歸無著嗣胡士禮又於揚州城外開設正豐木行去年三四月因生意冷淡向詹啟綸追索舊帳詹啟綸不肯承認經同鄉羅觀臣等調處兩家帳簿借字俱作廢紙詹啟綸再幫胡士禮二百金了結詹啟綸答以俟湖北回來再議此詹胡兩家帳目轇轕之實在情形也五月初四日胡士禮以過節艱難復向詹家索欠羅衡慶以詹啟綸未回先挪四十元與之初五日胡士禮之妻胡王氏以帳目不敷開發欲面見詹啟綸之妾玉氏再行

湊借些須玉氏堅拒不見胡王氏氣忿痛詆詹玉氏倡妓出身種種醜語此胡士禮開衅於詹啟綸之實在情形也詹啟綸姬妾甚多其正妻李氏早故住揚州者爲繼室程氏妾張氏薛氏玉氏徐氏家務歸玉氏掌管爲詹啟綸所最信愛程氏常與齟齬五月間程氏與玉氏鬩爭同其兄候補副將程耀翥奪去元寶十三錠並玉氏房下衣物搬出另居且向江都縣具控詹啟綸寵妾滅妻有案羅衡慶以事關帷闥非外人所能調處信致詹啟綸催其速來詹啟綸遂於二十日由黄安動身二十六日到揚州此詹啟綸由楚回揚之實在情形也詹啟綸到揚州後聞其妾遭胡王氏毒詈因使詹文炳羅衡慶劉占魁邀胡士禮

來算帳欲將胡士禮毆辱以平其寵妾之氣並非有心致死故所用者只是馬鞭不料胡士禮竟以叢毆氣絕詹文炳起意假妝服毒灌救模樣詹啟綸遂亦倉皇出走復往湖北其在黃安縣與王姓涉訟不過田土細故本由其子具控原無須詹啟綸到堂其挺身上堂蓋卽豫埋抵賴地步此胡士禮實係因傷身死詹啟綸致斃胡士禮後復回原籍之實在情形也向來相驗必分仰面合面自上而下察看週身傷痕至週身無傷不知何由致死方驗有毒無毒仵作李洪不看傷痕便將銀鍼入口其爲賄弊夫復何疑迨安覆驗果係捏報傷痕則捏一二致命部位足矣何以捏至五十餘傷且多係不致命之處徒以自取敗

露正印官至於五員豈無一稍知刑律者一任其愚弄至此至相驗實係五月二十九日不特江都甘泉二令與三委員及覆驗之仵作逄安所言僉同卽受賄之仵作李洪亦無他說如果延至五六日則李洪正當藉爲口實何肯俯首無辭此原驗並無揑傷之實在情形也自羅衡慶等成招後提質詹啟綸猶堅以未回揚州爲辭詰以爾果尚在黃安揚州命案何日得信供稱六月初四日得信詰以初四日知有命案且被搶一空何以不趕回料理尚在黃安靜候過堂過堂後尚有何事可戀直至十八日始行動身該犯瞠目無辭又復堅求檢驗告以屍親控相驗不實方有具結檢驗之例爲屍本其所親非萬不得已必

不忍出此而無罪之屍親猶須出死罪之甘結乃可准行若兇手本與死者有仇豈有再聽其殘毀屍身之理且罪已至死雖具切結何從重科兇手在屍場親見驗傷者百不得一此端一開兇手皆以屍傷可疑爲詞將無案不可援以爲例死者既遭毆斃之慘復受蒸刷之殃　國家豈有此政體該犯經前督臣

奏請刑訊奉

旨准行詢諸原審司道咸謂前次詹啟綸並未受刑卽已供認今則自知罪至絞候是以一味支吾且訟棍吏胥緣以爲利只恐一日結案失此良田詹啟綸任其簸弄冥然無覺是以當堂有浙江楊乃武一案控提刑部之語此其聞諸訟師者也臣察

看案情實無可疑豈容一任譸張飭令跪鍊該犯繼知無可狡賴旋亦畫供查此案從犯詹文炳迭飭嚴拏尚未到案既坐主使之人爲首未便因從犯在逃懸案不結詹啟綸原定罪名係照威力主使毆打致死律擬絞監候情罪相當應照原擬辦理李洪羅衡慶劉占魁高沅所供與原審罪名並無出入亦應照原擬定案徐致王二無干省釋除將供册咨送軍機處刑部查核仍飭拏詹文炳到案照例懲辦外所有審明已革總兵京控命案據實由驛四百里覆陳伏乞

皇太后

皇上聖鑒訓示謹奏

覆訊陳國瑞片 同日

再詹啟綸京控陳國瑞凡三事曰唆使服毒曰持械抄搶曰威脅仵作胡士禮因傷致死唆使服毒四字不辨自明抄搶一節經前署督臣派員暨府縣查覆並無其事臣又傳到湖北會館董事羅觀臣李殿賓王起高曾天順逐一訊問均稱毫無所聞詹啟綸盡室以行衣服豈能一無所失然不能以行人之得爲邑人之災仵作李洪並非陳國瑞當場細縛帶回而干預相驗情形已據陳國瑞供認不諱第胡士禮實係陳國瑞親戚又實係屈死仵作李洪又實有賄朦情弊當孤兒寡婦呼號乞援之時一爲剖分皁白雖則事不干已夫亦情似可原惟陳國瑞以

武職大員受
列聖厚恩不容不知　國法該革員奉
旨交地方官嚴加管束乃擅離原籍長住揚州去年胡士禮案
定後又經劉坤一飭地方官迭催回籍毫無顧忌置若罔聞此
風一開不特無以肅　朝廷之紀綱恐大非臣子之福相應請
旨將已革總兵陳國瑞發往軍臺效力以爲目無法紀任性妄
爲者戒是否有當伏候　宸裁理合附片陳明祇乞　聖鑒訓
示謹奏

覆訊劉福興片 同日

再提督銜記名總兵劉福興藉差訛詐經臣奏參革職審訊奉旨允准在案臣飭派營務處候補道趙繼元提集人證確切訊究據原告民人顧國全供稱從前詹啟綸之妾劉氏身故詹啟綸許給其母家養老錢未經付足上年七月間曾代劉氏母家向詹啟綸取過銀七百五十兩劉福興聞知以爲該民人經手得錢輒向逼勒訛詐等語飭傳詹啟綸故妾劉氏之父劉文富母劉劉氏所供上年七月間顧國全經手取銀數目相符隨提劉福興研訊供稱奉劉署督臣面諭赴揚州查提詹啟綸認捐河工銀兩嗣准劉坤一咨覆並無其事始據供稱聽聞顧國全

經手詹家幫給劉文富銀兩從中取利起意訛詐因到儀徵向奇兵營署遊擊董立勳揑稱出差借兵二名即潛往顧國全家中訛得洋銀四十元期票二百零三元當堂呈出洋票九十三元其餘在劉巨川手裏查劉福興以在標武職大員輒敢揑稱奉差私借營兵訛索得贓雖未至行入手實屬膽大妄爲形同無賴非從嚴參辦不足以示懲儆相應請

旨將已革總兵劉福興從重發往黑龍江當差以爲武弁貪劣者戒期票作爲廢紙劉巨川獲日另結聽從訛詐之兵丁郭曉山孫炳均予責革副將銜儘先參將署奇兵營遊擊董立勳雖不知訛詐重情於其揑稱出差並不查驗委劄輒即借付兵丁

殊屬率忽應請
旨交部議處理合附片陳明伏乞　聖鑒訓示謹奏

覆訊蕭誠片 同日

再候補副將蕭誠經臣　奏請暫行革職歸案審訊奉
旨允准在案提訊詹啟綸詰以原呈既稱何肯妄行賄賂又云劉制軍有意貪婪從何窺見其意據供奉押經廳時蕭誠來說要錢開銷茶號房人等並請客之用我給他五百十八元他說這官事不容易了結就花十萬八萬也顧不得問他如何用法他說現在烏龍山做礮臺正要用錢我又說找那箇人他說聽見劉大人有箇兄弟劉四大人不如想法求他後來我竟收監疑心劉制臺衙門沒有花得銀子的緣故所以控他蕭誠供稱曾爲吳漕臺到湖北提餉過仙女廟詹啟綸來拜同我換帖並

派差官程義友帶礮船護餉他說有幾船私鹽被漕臺查獲託我照應我到清江求門上李四胖子設法墊付一千五百多兩此次五百十八元係還我舊欠並未曾爲之開銷詹啟綸供私鹽一事承他費心照應是真的卻沒墊付銀子隨傳候補參將程義友到案詢以孰實孰虛據供私鹽一案經李四胖子手過謂可自討人情恐無此事但曾否墊到千五百餘兩無從深知至五百十八元係伊兩人對面交付參將並不在場要求劉四大人的話亦未聽見等語竊念詹啟綸愛財如命至打點公事揮金如土亦人所共知客冬司道會審此案候補道趙繼元訪出詹啟綸開發轎役飯錢經司道各將轎役重懲勒繳飭縣發

還足見彼有隙可乘無不趨之恐後所以承審司道以至府縣委員無不惕惕然有防不勝防之慮現查所謂劉四大人者並無其人但蕭誠縱索欠是實若非託名打點何以陳年爛帳肯破慳囊該革員理屈詞窮俯首認罪案無遁飾查蕭誠所供索欠雖屬有因惟借打點爲名騙取洋銀五百餘元係屬詐欺取財照例計贓已在徒罪以上相應請
旨將蕭誠卽行革職從重發往黑龍江當差以示懲儆理合附片具陳伏乞　聖鑒訓示謹奏

兩淮鹽價仍難議增摺 光緒二年五月十一日

奏爲兩淮鹽價難以議增恭摺覆陳仰祈 聖鑒事竊前辦西征糧臺戶部侍郎袁保恆奏請各省酌加鹽價一案兩次接准部咨令各督撫專案奏覆等因先經前署督臣劉坤一劄飭運司及各鹽道體察籌議因未覆齊是以未經覆奏現經臣催據各司道先後詳覆前來伏查袁保恆加價之議意在裕餉贍軍西陲需用之繁待餉之急無有過於今日者臣責司鹺榷苟有裨於度支何敢不竭盡心力冀効涓埃惟鹽務大綱首重疏銷而疏銷莫急於便民便民莫急於輕本三者相輔而行缺一不可兩淮池多竈廣但係產鹽之區而非銷鹽之地其引界淮南

則重在江楚淮北則重在皖豫販私例禁固嚴而隔省則呼應欠靈地廣則耳目難及況兵燹以後各引地久被鄰鹽占銷至今未能遽復緝無票之私非易緝有票之私尤難淮南近年造報鹽釐日見其減淮北部限以八箇月爲一綱從未依限銷足至速亦須十箇月方能辦竣一綱又因統計綱分尙短四綱故縱能稍稍提早亦卽接辦新綱並無以四箇月帶銷積引之說鄰鹽路近而價賤淮鹽路遠而價貴避貴趨賤人情之常若於鄰界毘連之處高擡淮價而欲鋪戶水販舍賤就貴雖法令亦有時而窮此加價有礙疏銷之實情也鹽爲民閒日用所必需減一分售價卽紓一分民力從前鹽法祇徵鹽課不徵鹽釐軍

興以來各省藉鹽釐以濟軍餉始則分抽繼歸統解淮南雖迭次奏減而湖南湖北江西各岸每引尚收六兩有奇至八兩有奇不等淮北五河正陽兩卡每包收釐錢五百文已歷有年所課釐並計比較疇昔僅徵課銀爲數已重楚西等岸又因銀價日昂錢價日跌民閒以錢零買價已暗增日求減輕而不可得此加價有礙便民之實情也商人辦鹽必先計算本利是盈是虧盈則不招自至虧則招之不來原奏先請每觔酌加三四文嗣改酌加二文夫曰二文至少也殊不知兩淮引額重於他省淮北例定每引四百觔淮南例定每引六百觔卽就每觔二文計之淮北每引須加八百文淮南每引須加一千二百文無論

就場徵收或隨課並納總須歸入成本核算商力實有未逮目前運商運鹽到岸場商收鹽入垣皆因積壓過多非守至一年有餘不能脫售因之有滷耗之累往日之累銀利之累轉輸愈滯折閱堪虞與初定章時情形迥乎不同此加價有礙輕本之實情也以上各層臣就各司道之所詳證以近日之商情參以曩時之成法周諮博訪衆論僉同兩淮課釐所入雖未能復全盛時之舊而每年淮南北統計已在三百萬兩以上歷年報解
京餉全恃鹽課西征各軍如老湘一營專提淮北之釐此外如淮軍月餉江南留防各營軍餉又特撥之
萬年吉地

惠陵等工程緊餉皆取資於鹽釐邇來江皖滯銷大有江河日下之勢各項撥款支絀不可言狀兢兢自守猶慮失其舊觀萬一因增價而缺銷因缺銷而誤運必致課釐大形短絀竊恐所益於軍需者徒有其名所損於國計者深受其實臣固不敢稍涉諉卸存畏難苟安之心亦何敢輕議更張致得不償失之患所有兩淮鹽價難以議增緣由理合據實詳細覆陳伏乞

皇太后

皇上聖鑒訓示謹奏

江蘇釐源日竭撥款日增摺光緒二年閏五月初七日

奏爲江蘇釐源日竭撥款日增謹將實在支絀情形縷晰陳明

恭摺仰祈　聖鑒事竊江蘇釐局向分三處一爲金陵釐捐局

前督臣曾國藩奏明每月專供甘餉三萬兩不足則由運庫撥

補一爲蘇州牙釐局一爲松滬釐捐局向來收數較多供應湘

淮各軍月餉及京外各處協餉本省善後等用款目紛繁久已

入不敷出現在收數日絀撥款日增疊據甯蘇兩藩司暨駐局

道員等稟請具奏前來臣等詳加察核出入不敷數目太鉅不

能不將實在情形爲

皇太后

皇上縷晰陳之江蘇各局釐金從前軍務初平時抽收極旺嗣則逐年減少有江河日下之勢臣等督飭承辦總局悉心稽核力杜中飽本年二月間曾將委員特參數人甄核未嘗不嚴而釐金日見其少蓋以抽釐本無定額全視商賈之盛衰爲轉移近來百物翔貴貨滯不銷商人折閱既多轉輸難繼假如往年運貨兩次者今年祇運一次則公家釐稅卽因之少收其半上海沙船從前有三四千號近則不及十之一生意蕭索釐捐焉得不衰此無形之消耗公私俱困者也商情困苦如此不得不曲加體恤蘇滬設卡抽釐初辦時卡多捐重自同治四五年後年年核減前督臣曾國藩於同治七年十年大減兩次同治十

二年前署督臣張樹聲等奏明將江南之秈稉米穀停捐光緒元年臣元炳又奏明將江南之糯米雜糧停捐凡此軫恤民艱均出於萬不得已而所減之數綜計已不下數十萬此有定之短絀雖有損於公而尚有益於民者也其爲害最甚而莫可誰何者則莫如洋票洋人運內地土貨概憑單照驗免不得抽釐當定章之始專指洋商而言所短尚不甚多近則內地華商避重就輕託名詭寄由內河而至長江到處皆是偶一扣留則洋人出頭包庇動以留難索賠爲詞此無窮之漏巵而良商並受其害者也光緒元年收數蘇局僅六十五萬八千八百餘兩滬局僅一百三萬六千餘兩金陵僅三十萬兩有奇爲從來未有

之奇絀其放款則儘數用罄蘇局欠解淮軍月餉等項十七萬七千餘兩滬局欠解淮軍月餉等項三十萬四千餘兩而金陵局所短之甘餉運庫無能撥補且須挪甘餉以應部撥他處之急需所以西征出關軍餉奉天練餉東三省俸餉以及織造承辦

實錄館綾絹等項銀兩明知其有燃眉之急而羽書鱗疊解濟無多海防奉

旨飭撥江蘇釐金四十萬兩則絲毫未解臣等非不念南北洋防務爲切己至要之圖無如釐金收支各款按籍可稽實已儘收儘放毫無餘賸勢不能將向來應撥之款橫行截止或者謂

裁撤防勇以節餉需竊恐帑藏竭於外輸而本省設有緩急毫
無足恃則所以貽誤大局者尤深或又謂仍須整頓釐捐豈知
目前艮賈紛紛歇業更何堪竭澤而漁其黠者方以洋單爲護
符又何可爲叢敺爵再四躊躇無從補救竊思部臣綜核度支
凡遇應撥之款分省指撥原有一定權衡外省接到部文後照
例轉行各該局飭令遵辦各該局接到行知後始則未嘗不思
設法籌解乃遲之又久迄無以應左支則右絀顧此則失彼各
處索餉之文絡繹如織而經管支放之員空文搪塞仰屋歎嗟
以去年收數較之往年其驟絀已出人意表而查核今年春夏
情形欲上追去年之數又萬萬不可得必待大局決裂再行和

盤托出雖從嚴參處而已晚矣臣等詳愼酌核本年奉撥之款

如

萬年吉地

惠陵工程典禮攸關自當先儘籌解斷不敢稍涉遲緩其餘已

撥未解之款名目最爲繁多者莫如西征餉銀東三省餉銀兩

項西征餉銀臣等於本年正月間會同具奏擬按月統協八萬

兩除劃還洋款外儘解左宗棠後路糧臺凡老湘營及關內外

各軍均由左宗棠統收分解以一事權可否仰懇

天恩俯准敕部查照前議免予添撥東三省餉銀現擬就已奉

部撥之款飭令各局竭力攢湊惟力是視此後如有續撥之款

可否　敕部暫免派撥以資周轉而蘇喘息至海防案內釐金四十萬兩目前一無指望臣等身在局中萬難飭提直隸督臣李鴻章亦深知江南艱窘不忍迫促將來祗有察看情形另行籌議此又不敢不預爲陳明也區區愚誠伏求　聖慈垂察所有江蘇釐源日竭撥款日增陳明實在支絀緣由理合恭摺具

奏伏乞

皇太后

皇上聖鑒訓示謹奏

奏覆唐定奎被訐摺 同日

奏爲遵

旨嚴查唐定奎被訐各款詳晰覆陳仰祈　聖鑒事竊臣　於本年二月十五日業將御史英震所遞信函實非出自郭懷仁之手並臣　在臺時所知唐定奎營中情形先行具覆奉

旨覽奏已悉仍著該督密飭嚴查認眞辦理欽此遵卽劄委營務處江蘇候補道趙繼元題補道徐文達嚴密訪查去後茲據該道等稟稱原訐侵吞各款均蔽定唐定奎一人與各分統及營官委員毫無干涉果所訐屬實非特各營員無所用其迴護且與受其尅扣之害勢必從而甘心因邀該統帶周志本章高

元劉朝林營官姚天霖余光德解先祥陳有元何迪華畢長和唐先品宋先聘唐鳴琴梁善明營務處宋學沂唐士貴等至寓隔別逐款指詢僉稱該提督自接統以來餉雜各款均係實領實發從無前項情弊再三究詰矢口不移續據該統帶等公稟內稱各營餉雜各款向歸統領彙領由統帶等分給營官轉發各勇每年正餉九關米價十二箇月從無藉端剋扣情事前年調赴臺灣添足歲餉先由統領示諭各營兵勇均經統帶等照數請領轉發清訖礮臺及凱旋時犒賞係按各營人數攤給統領自行捐資宰豬百口勞軍不在所領犒賞之內臺灣向使爛板洋銀與內地市價不同客兵雲集以銀易錢多苦不便蒙特

設官錢局酌中定價以免市儈居奇從無搭放洋錢壚價少串情事淮軍章程親兵正勇之外另募長夫勇有遺缺卽以長夫挑選仍就地招夫補額向無截曠虛數初渡臺時各營皆有餘丁隨隊東渡由公費內酌發口食並未另請開支嗣深入番社感受瘴疫病故兵勇日多每次請餉輪船由江南招募餘丁或二三百人或三四百人赴臺補額不足者復酌挑本地土勇閒有截曠隨時咨明報銷局扣除此夫價並無侵吞截曠亦未乾沒之實在情形也棚帳向章防軍八箇月更換一次征軍六箇月更換一次在徐州爲久駐計曾請折給價銀由各營自行購料搭蓋營房俾弁勇稍避寒暑各棚各事操作則有之未嘗攤

扣勇餉也迨奉調赴臺爲打行仗計豈能不需行帳起程時於
淸江轉運局領帳棚一次逾年四月又領帳棚一次並未在糧
臺領過折價銀兩至臺灣草房地方官先期所造以待客兵初
到時暫駐何從向各勇攤扣此棚價並無重複開支侵吞累勇
之實在情形也兵勇染疫於鳳山刺桐腳南勢湖分設藥局派
員馳赴上海福州等處選購藥料按方散給重聘延醫診治所
需不下數千金皆由薪費內通融支用並未作正報銷病故弁
勇幾及二千人衣衾棺殮或購地葬埋或帶回內地所需經費
卽於應領燒埋項下支發各有親舊誰肯任其暴露者此藥材
並未捏報賞卹無從侵吞之實在情形也今奉查詢願具甘結

以保軍聲等情該道趙繼元等覆查該將領所稱截曠已隨時
咨報扣除帳棚未重複領價檢查糧臺檔案均屬相符至該軍
凱旋兵勇病重不能登舟者奏明准留臺灣調養並派參將程
曾郁留臺照料其帶回病勇則於揚州庵廟分投安插按名發
給藥資遣歸者仍量道里遠近給以川資並無任其流落揚州
之事在臺時因澎湖旗後東港等處節節設立轉運需人較多
不得不酌量添委凱旋回揚事務既簡裁撤冗員以節糜費事
勢使然至營官病故遺缺皆以幫帶及哨官升補哨官遺缺皆
以哨長及什長升補如武毅右軍左營之唐先品從前隨勦常
州髮逆已當哨官銘字中軍前營之唐鳴琴久隸該軍勞績素

著此皆劉銘傳舊部並非唐定奎接統後始行到營本不因其親族也而用之豈能因其親族也而棄之其由臺帶回赤金一萬二千兩一節查臺灣孤懸海外素不產金況價值約需銀二十萬兩有奇該軍駐臺一年除食米外所關正餉不過三十餘萬兩如果多方廣購必早駭人聽聞何待今日始行敗露又稱其行營張蓋乘輿鳴鑼開道一節查該軍內渡時値盛暑該提督以久役病軀偶然乘轎事誠有之從無在行營張蓋鳴鑼之事自軍興以來能爲 國宣力者 朝廷從不繩以既往之愆顧以該提督淸白家聲昭昭在人耳目而誣其曾當土匪幕友呂耀景爲翰林院編修呂耀斗之堂弟呂氏常州望族而誣其

會爲賊首帳下差弁皆艮家子弟積功洊保官職而痛詆以曖昧醜詞唐定奎家眷並未隨赴臺灣其妻解氏並非解五狗之女平日素無姬妾其子年甫八齡而竟辱及閨門任情汚衊互相推勘不辨自明謹將會同查訪實在情形並該統帶營官等公結一紙稟候核辦等情前來臣查訐唐定奎之匿名揭帖遞御史英震者假名於郭懷仁遞總理衙門者假名於李承霖以後尚有李鴻章處一分彭玉麟處一分並臣葆楨處而五所言不必盡同李鴻章揭帖內有因協餉裁去唐定奎怨李鴻章一錢如命不知體卹等語臣葆楨揭帖內又謂唐定奎赴天津說臣葆楨刻薄待人致賠累八九萬騙李鴻章津貼銀四萬兩其

自相矛盾一至於此各處揭帖皆曰縱子調姦獨李鴻章處將子字改作姪字蓋以李鴻章與唐定奎同籍合肥或知其子之幼稱故也伏惟時事多艱將才難得積毀銷骨志士灰心唐定奎被訐各款既查明毫無影響何敢引避形迹致
國家失有用之才臣惟有囑其善保初終益加敬愼永矢忠藎以備干城區區愚忱未知有當萬一否除將該軍統帶各官甘結錄送軍機處備查併嚴飭根究揑造蜚語之人從嚴懲辦外合將查明提督被訐各款詳晰附驛具奏伏乞

皇太后

皇上聖鑒訓示謹奏

奏覆江北旱蝗情形摺 同日

奏爲欽奉

諭旨恭摺覆陳江北近日情形仰祈 聖鑒事竊臣 承准軍機

大臣字寄光緒二年五月二十三日奉

上諭江北山東被旱流民失所亟應設法撫綏著臣 等各就地方情形加意拊循力求救荒之策並嚴緝盜賊以安行旅刨究蝻孽毋任萌生等因欽此仰見 宵旰焦勞軫念民生不使一夫失所之至意臣 五月十一日附片內曾將四月初一及二十四日得雨情形陳明大概自五月十一日以後江北各屬盼澤彌殷十四十五兩日省城連得大雨察核各屬稟報揚州府屬

與省城大致相同淮徐兩屬則十四日陣雨參差不齊十五日
旋即開霽二十二日二十六日省城疊次得雨各屬尚未報齊
約計一月中屢獲甘霖地脈融通秋糧以次下種平原分秧已
畢高阜則未插者多山農仍切雲霓之望據海州知州林達泉
報州屬產蘆之地四月中旬訪有蝻子萌生親赴察看小僅如
蠅已能縱躍初倣前人成法集衆掘溝鳴鑼圍捕殊覺用力多
而成功少且地段寬廓勢難兼顧設有一隅疏略馴致能飛則
其禍蔓延有未可以千百里計者訪諸老農云蝻孳翅未生時
夜閒聚伏蘆葉吸露捕之毫不費力乃與場官錢敬曾王志浩
洸福恆委員梁建中千總李春芳分設數局收買每斤給錢十

五文每局多購大缸各盛鹽滷將所收之蝻入缸醃斃掘坑深埋俾老幼男婦無人非捕蝗之人庶幾蝗無滋生之隙深夜不煩督責又人人力所優爲藉以招復流亡較以工代賑者尤易徧及自四月十八日開局至二十三日已收八萬餘斤臣批飭其勿惜經費多方收捕務絕根株五月上旬據報收買漸稀中旬則愈少雖未一律淨盡然二麥登場無飽於螟螣者矣盜案向以徐海兩府州爲最而鄰省流寓者尤多自因果之說盛行俗吏欲以縱盜種子孫之福且招解之費無出瘠區慣以諱盜杜虧累之門臣痛戒因循不拘文法凡贓盜並獲供證灼然無疑者飭即立正典刑以伸冤憤而資儆惕其有聲敘疏略鍼孔

閼未盡符者飭該管道府詳細覆勘再就近解請漕臣審定庶
徽創中仍不悖矜卹之情臣竊願假州縣以權俾得以盡其用
寬州縣之力俾有以及於民仰賴至誠格天從兹暘雨應
時尚可轉歉爲豐資生有本閭閻安枕上慰宸廑所有欽奉
諭旨垂詢各情形理合會同江蘇撫臣吳元炳恭摺由驛覆陳
伏乞
皇太后
皇上聖鑒訓示謹奏

孝感縣蔡炳榮懇照前保註册片 光緒二年閏五月十八日

再湖北補用同知直隸州孝感縣知縣蔡炳榮前因疏銷淮鹽
出力經臣奏請將該員俟補同知直隸州後以知府補用奉
旨著照所請該部知道欽此旋准部咨令查該員繳銷鹽引是
否於奏銷前一官全完分晰報部核辦等因伏查部臣請照地
丁錢糧例議敘係指奏銷時定例而言此時淮南並未辦理奏
銷情形實不相同近年南鹾日見疲滯楚岸之武漢黃德四府
雖經奏明歸淮而銷仍未暢良由認眞督銷之州縣與膜視淮
鹾之州縣勤惰不分筋脈弛懈當此川私遍地苟非念念以
國計爲重其誰肯於狂瀾既倒之地砥柱中流是以臣首重勸

懲藉資觀感該令自上年四月到任起至本年四月止銷淮鹽
六千七百四十餘引鄂省沿邊各州縣實無其匹原冀以　朝
廷之優奬鼓舞人材開拓銷路固不敢有隔省畛域之見亦不
敢存一毫市恩之心且所保僅此一人祗彷照河運隄工關稅
釐金甄敍之例不致有所冒濫溯查道光年間票鹽請奬有陞
用同知直隸州坐補江都縣知縣伍家榕請免坐補即行陞用
縣丞謝元淮州判龔照琪請以應陞之缺儘先陞用均蒙
特恩允准有案今蔡炳榮以隔省人員力顧淮銷尤屬異常出
力合無仰懇
天恩俯准仍照前奏敕部註册實於淮綱所裨匪淺在部臣慎

重名器不能稍事通融而臣於餉源奇絀之時何敢不力圖振
刷理合會同兼署湖廣督臣翁同爵附片具陳伏乞　聖鑒訓
示謹奏

迭擒著名巨匪並會籌徐海情形摺 光緒二年六月初四日

奏爲迭擒著名巨匪並會籌徐海情形恭摺仰祈　聖鑒事竊

臣葆楨前據海州知州林達泉稟稱該州幅員遼闊較之江南則有蘇松常鎭四郡之地較之江北則有淮揚二郡之地西鄉馬陵山一帶距城一百八九十里毘連山東蘭山郯城雖豐稔之年猶不免匪徒出沒本年四月以後天久不雨代理州同高振棣中正場大使王志浩皆籍隸山東得家信備述諸城等處災民搶奪千百爲羣殊恐內匪與之勾通闌入爲患提督王得勝雖忠勇素著疾匪若仇然兵僅百名勇僅六十四名以之彈壓西鄉兼顧贛楡一縣萬萬鞭長莫及請飭王得勝添募一二

營勁勇先事綢繆臣 葆楨以餉源奇絀未之許也復准山東撫
臣丁寶楨咨據沂州協副將孫文友稟稱海州西鄉結幅已成
積匪趙慶安張飛豹爲之魁請會合大兵剿辦臣 等察核所稟
各該匪大者八九十人合股小者三五成羣若動大兵驚之四
散兵去匪來兵勞匪逸轉慮養成氣候滋蔓難圖且高粱茂密
時匪徒四伏無從窺見而我兵按隊前進一一在其目中往往
反爲所算故俗呼曰青紗障非購覓眼線設法掩捕辦理斷難
得手當經臣 葆楨咨商山東撫臣請飭東省兵勇嚴紮界上以
逸待勞一面飭發緝捕經費銀一千兩飛劄海州知州林達泉
會同管帶防營之記名提督王得勝唐宏成等懸賞購線迅速

兜拏茲據王得勝唐宏成林逵泉會稟訪聞匪首趙慶安家住項湖族大丁多糾逃匪張飛豹郭佃揚並東省巨匪王五王六等大會於山東郯城縣屬之奶奶廟宰牲起事郯海往來之路爲之阻絕林逵泉會同遊擊王林先於閏月初八日馳往初十日王得勝督唐宏成派來營官楊正清會之馬家圩董事馬艮凱密報趙慶安遁歸項湖十五日該文武勒兵進圍其莊族衆懾於兵威即將趙慶安一犯綑獻林逵泉押犯回城王得勝仍駐西鄉密偵張飛豹郭佃揚蹤跡二十三日探悉張飛豹糾集餘黨潛入羽山迆西之李堰欲渡毛子河分竄王得勝督弁勇躡之該匪倉惶死拒槍傷勇丁楊玉山許繼光遊擊王林憤極

直衝而進千總華湧泉認明張飛豹奮刀斫其股肱乃生致之並格殺匪黨十餘名該二犯均係著名匪首不容稍稽顯戮業經批飭於訊供後立即正法梟示以昭炯戒旋據徐州鎮總兵董鳳高飛報探聞山東城武縣艮王廟地方聚匪二三千人豎旗放火且有馬匹已入金鄉魚臺境內與徐屬之豐沛碭山相距均二百餘里已批飭嚴密防範萬一該匪竄近徐界即會合東省實力兜勦伏查旱蝗相繼饑民流而爲盜在在可虞淮徐各軍臣文彬可就近密授機宜隨時會商東省勦辦惟海州雖巨匪新除民情暫時安帖第鄰氛未靖萬一乘虛闌入餘孽從而應之內外交訌兵力太單終非長策臣葆楨謹檄提督王得

勝暫行添募一營以鎭人心而禦外侮至此次海州文武不動
聲色迭擒著名巨匪可否容臣等酌保數人以昭激勸之處出
自逾格
天恩理合恭摺由驛馳陳伏乞
皇太后
皇上聖鑒訓示謹奏

奏報豫東江皖交界土匪肆擾勦辦情形摺 光緒二年六月十五日

奏爲豫東江皖交界等處土匪肆擾謹陳勦辦情形恭摺仰祈
聖鑒事竊海州迭獲著名巨匪並探聞東省匪徒滋事等情臣於六月初四日會摺馳奏在案入夏北路各省苦旱滋甚從前漏網捻匪紛紛蠢動皖省與河南交界之永城等處江省與山東交界之魚臺等處均有積匪四出剽掠而江皖境內宿州等處積年巨匪亦煽惑饑民而起迭據各路探報匪首曠同於閏五月二十九日在宿州風子山以數百人豎旗擄糧意圖佔據濉溪口先至百善汛擄掠馬匹攻破李家圩千總程大球捕之衆寡不敵該千總受傷現無下落另股席小猴人數較多各樹

旗鼓徐州鎮總兵董鳳高得信後督勇於六月初四日馳抵濉
溪口該匪聞風颺去探稱曠同於初五日從柳子集向東四散
途中拋棄馬匹槍械等件甚多該鎮遂折而東沿途搜獲藏匪
及各處圩董獲解者十餘名查知曠同在宋町一帶潛匿初七
日馳赴該處則曠同已挾馬八匹步賊五六人而遁圩董將股
首李涼仲一名綑送訊據供認投歸曠同爲紅旗一股不諱並
訊明匪黨李印論等六名均經就地正法梟示擄脅之人立即
省釋該總兵以曠同席小猴未獲仍駐濉溪口相機辦理海州
自趙慶安張飛豹就擒後郭佃揚膽落聞五月二十八日在石
埠鎮糾黨南竄練董擊之該匪死鬬傷我練丁三人提督王得

勝等聞信馳往練董已將郭佃揚戳傷綑解而東省副將孫文
友亦獲巨匪王五王六似海州一路匪蹤可以漸戢矣至皖豫
交界據壽春鎮總兵郭寶昌皖防營務處道員任蘭生等稟報
永城之南昌廟有土匪聚衆起事皖境毘連之地處處戒嚴並
探聞渦亳宿蕭各處匪徒本約閏五月二十七日同時舉事幸
逆謀猶豫未及應時而起現郭寶昌酌帶馬步各營馳抵渦陽
龍山一帶相機堵剿山東魚臺等處之匪據徐州府知府葉運
稟報該匪被東省官兵剿捕後金鄉鉅野一帶分股伏匿李振
邦尚未就擒並有餘匪數十人闌入銅沛交界之豆腐店地方
强索民間飯食烟土馬匹尚不敢公然行劫總兵徐邦道遊擊

孫文科各帶馬步馳往臣　批飭嚴行查辦不准因其託詞饑民稍涉輕縱伏查豫東江皖各處防軍均尚嚴密此等零星股匪如能與之接仗不難制其死命惟各起匪徒時分時合時聚時散一聞官兵捕拏卽由秫叢中鼠竄歸家混跡良民惟有聯絡公正圩董購覓精細眼線設法誘擒一面解散脅從以孤其勢總望天降時雨秋收可待斯不至釀成巨患滋蔓難圖除嚴飭各防營認眞搜捕并查明千總程大球是否陣亡再行馳報外所有豫東江皖交界等處土匪滋事分路勦辦情形緣由理合會同漕運督臣文彬江蘇撫臣吳元炳安徽撫臣裕祿恭摺由驛五百里馳陳伏乞

皇太后

皇上聖鑒訓示謹奏

首匪就擒餘黨解散仍飭搜捕摺光緒二年六月二十二日

奏爲首匪就擒餘黨解散仍飭各防營實力搜捕務絕根株恭摺仰祈 聖鑒事竊豫東江皖交界土匪肆擾現籌剿辦情形臣等於六月十五日恭摺會奏在案查宿州等處土匪以曠同爲首臣等疊檄各防營總期殲厥渠魁則餘黨不擊自散茲據徐州鎮總兵董鳳高呈報六月初七日馬隊營官徐得貴追至劉家橋探知曠同穷潰膽落竄回曠家樓老巢該處居民約二千餘戶專恃馬隊深恐衆寡不敵率衆圍剿又慮良莠難分乃添派步隊營官總兵董學友副將趙光宗黃振淸遊擊李鼎榮都司張仕忠等初八日馳赴該村四面圍裹不准一人出入一

面傳集練董示以恩威曉以利害勒令將匪首曠同交出脅從
罔治是夜三更聞喊聲大起兵勇整隊進莊見練丁圍住瓜園
該匪開槍拒傷練丁一人而曠同亦受傷就縛幷擒惡黨楊得
勝解送行營訊據曠同供認在風子山豎旗起事沿途擄脅九
百餘人另股匪首趙闖忘許助二千人僅到二百餘人爲官兵
窮追四散逃避等情又據楊得勝供認跟隨曠同屢次刼掠不
諱當將該二犯正法梟示以快人心初九日探知趙闖忘在丁
家莊藏匿該營官等各帶五成隊進莊立將該匪擒獲已由署
宿州知州言南金訊供確鑿一併正法梟示惟席小猴一股訊
據獲匪供稱被勦窮蹙業已星散但首匪未獲仍恐死灰復燃

現飭董鳳高再行購線搜捕以冀淨絕根株河南永城交界之
匪經壽春鎮總兵郭寶昌暨豫省防軍會合兜剿拏獲要犯陳
駱駝朱秀等又經鳳臺懷遠兩縣各搜斬匪黨十餘人餘氛漸
熄山東魚臺交界之匪零星竄擾沛境者聞徐防馬隊至而遁
現東省官軍剿捕甚緊均已陸續解散臣等伏查各股匪徒半
由旱荒而起現在北路迭次得雨人心稍定仰託　朝廷威福
立將首惡就擒各省防軍均尚得力似不至釀成巨患足以仰
慰　宸廑此次拏獲首匪曠同晝夜奔馳備極勞瘁可否由臣
等擇其尤爲出力者酌保數員以示鼓勵出自逾格
天恩至署百善汛千總程大球現據董鳳高查明該汛防兵甚

少匪徒突至該千總以少禦衆肩背左胺受傷頗重惟究屬失
於防範咎無可辭相應請
旨將宿州營靈壁汛千總署百善汛千總程大球革職留營以
示薄懲而觀後效除嚴飭各防營實力搜捕匪黨毋留餘孽外
謹會同安徽巡撫臣裕祿恭摺由驛五百里馳奏伏乞
皇太后
皇上聖鑒訓示謹奏

收回淮南引地應遵部議迅速舉行摺 光緒二年七月初五日

奏爲收回淮鹽引地關繫　國家大計應遵部議迅速舉行以廣利源而復舊制恭摺仰祈　聖鑒事竊維古今財賦之源自丁漕而外以鹽權爲大宗淮南額課甲於天下乾隆年間兩淮每年解部正款極一時之盛每遇大政如掃蕩伊犁平定金川淮商捐輸餉銀自一百萬兩至三四百萬兩不等
天語褒嘉載在典册此固
列祖
列宗締造之宏規亦亘古不磨之良法也自粵逆倡亂長江梗阻前署湖廣督臣張亮基奏請借撥川鹽行楚而鹽法一大變

咸豐末年兩淮鹺廢場荒商逃竈困幾蕩然矣同治初年前兩江督臣曾國藩克復安慶奏定淮南新章迄今十有餘載第因奏復引地迄未果行兩湖銷鹽尚不及定額之半而通泰二十場產浮於銷遞年積壓幾無隙地以容之臣於上年十月莅任疊據場商運商聯名公稟請復楚岸值此滇黔肅清川省自有本管引界前所借銷淮界不應久假不歸臣正與兼署湖廣督臣翁同爵咨商會議閒接准部文議覆御史周聲澍禁川復淮一摺並安置川商整頓淮綱之法酌擬章程五條奏奉諭旨准飭臣等實力奉行伏查部臣統籌全局就盈虛之數酌損益之宜實屬一秉至公規畫久遠昔漢臣司馬遷之傳貨殖

曰太上因之其次利導之其次整齊之今以淮鹽固有之楚岸仍令歸淮因也以川鹽應銷之滇黔責成川運利導也令川省查封私井令楚省復設巡卡令淮南講求煎煉各桂其弊而整齊之也臣所謂關繫　國家大計者謹以裕　國利民兩事爲

皇太后

皇上縷晰陳之查楚省抽收川鹽湖北每年報部一百五十餘萬串約計合銀不足九十萬兩淮鹽銷楚岸一引從前奏明可得鹽銀六兩三錢有奇嗣於分界案内減收一兩二錢實收銀五兩一錢二分七鹽加以課銀每引由督銷局收銀一兩一分三鹽共收銀六兩一錢四分復引地後每年即以增銷十五萬

引而論可收銀九十餘萬臣擬令淮商每年包完鄂餉銀九十萬兩如銷足十五萬引即以釐課全抵鄂餉萬一銷不足數另由淮商按引攤賠必使鄂餉收足九十萬兩而後已幸而溢銷其釐課亦儘歸鄂餉使鄂省費一分疏銷之力即獲一分疏銷之利由督銷局隨銷隨解不由運庫轉撥使鄂省無蒂欠之虞其湘省禁川後淮銷必暢所增淮釐每年斷不止如川釐收錢三四萬串毋庸另議津貼是於楚省餉需必大有裨補非僅毫無所損已也淮南自定新章運商獲利頗厚前此招之不來者今聞收回引地之信趨之如鶩將來增引時必須收捐掣籤方昭公允曩者認運各舊商如清水潭直省賑濟本省工賑均已

繳過捐項數次始准常年辦運今新商事同一律楚岸引價尤昂此項捐輸以每票收銀數千兩計之必可集成巨款藉充中外緊要之需所謂裕　國者此也鹽爲民生日用所必需少則淡食多則壅滯故立法之始必先計戶口之數以定額銷之數計額銷之數以定額產之數場與岸呼吸相通首尾相應方持久而不敝乃淮額未復而淮產日增無怪場竈有岌岌不可終日之勢前數年非不急圖規復淮界其如滇黔不靖川鹽亦無出路何是以湖廣督臣李鴻章四川督臣吳棠交章陳奏川鹽不可遽停湖廣督臣李瀚章力主淮引未能驟復並非意存畛域實有萬不得已之苦衷現在情形則與前迥別正當乘此機

會移侵楚之川引轉而復滇黔之舊額譬之客民初因無籍可歸不得已而賃田耕種一旦本籍自有可耕之田斷無舍己耘人之理倘不此之圖恐再閱數年如雲南之昭通貴州之貴陽等屬例食川鹽口岸其民斷不肯茹淡將另爲他商所占彼時川淮交受其困恤淮則川患生計之絕袒川則淮滋鋌險之虞煎丁綑役以及船戶人等兩省奚啻億萬同時怨望難保不句串巨梟激而生變御史周聲澍原疏部臣覆奏皆有見於淮商今日之病卽川商前車之鑒欲求兩全之策必於此時急圖收復淮鹽引地並復川鹽引地庶川淮商民各得其所源源辦運視爲世業所以息目前侵灌之爭利猶小所以弭日後無形之

患利尤大所謂利民者此也或者謂淮鹽不如川鹽之白難强楚民棄美而就惡抑知食鹽者以鹽味之濃厚爲美不以其色也販鹽者以鹽質之乾潔爲美亦不以其色也蓋味濃厚則一匀之鹽可抵兩匀之用質乾潔則行遠無滷耗之虧臣到任以來竈戶場商環訴哀籲者殆無虛日臣謂上策莫如自治求人必先反己周諮博訪咸謂淮鹽質勝於色臘月醃物交春不變本爲楚省所重年來場商以資本占擱不暇精求場員以泄沓成風不復過問竈丁只圖多煎爲利火候不齊煎成委之於地與塗泥爲伍由竈而場無所遮蔽沿途風沙雨屑入之收垣後爲其不銷也愈不知愛惜踐踏焉飛灑焉出運後又有船戶之

攙和子店之作僞並有參以石膏者而鹽味不可問矣場產向有定額嗣因有產不及額者乃改章以現產之多寡爲配運之多寡所以勵溢產而戒短額也各場垣遂相率虛報彼此效尤拙者積年老堆纖毫不動巧者隨收隨運餘滷未乾水販領一包之新鹽逾旬而僅得九折而鹽質不可問矣卽如餘東呂四所產向爲淮南各場之冠其白與川鹽匹敵乃因儘收儘運鹽新而滷耗多湘鄂水販交棄之願取其色低次而質乾潔者則謂楚民偏重鹽色此耳食之言也實則淮鹽累年滯銷無力加意講求失其本來面目耳臣竊念積弊已深莫可窮詰不得已寬其旣往派委坐補江西督糧道段起江蘇候補道龐際雲帶

同廉幹委員分赴通泰二十場逐堆清丈丈量準而虛報之弊
絕虛報絕而鹽之等差方按籍可稽該道等不避勞怨破除情
面竭兩月之力徧歷各場一律查竣臣飭取各場樣鹽親自查
驗其積年老堆乾潔純淨質味均佳者亦復不少已令先儘老
堆派運不使新堆蓦越老堆盡後隔年之新堆又成老堆則水
販轉輸無滲滷之耗責成場官嚴飭竈戶場商多購蘆席凡煎
鹽堆鹽之地均令下有襯墊上有遮蔽即由竈而垣中途亦護
以蘆席俾禦風雨此後出場之鹽仍有鹽味淡鹽質雜及多滷
耗者商革官參夫而後再嚴沿途之攙雜泥沙並禁到岸之減
扣斤兩責成淮南總局儀徵鹽棧及各岸督銷局層層鈐束冀

挽積年之弊端以便兩省之民食至川鹽行楚售價本貴於淮以釐重也今擬撤卡停釐嗣後川價益輕難保川私不抵隙而來多方侵灌湖北之平善壩實爲川淮毘連扼要之區必須專派大員調集礮船實力扼堵此外何處宜設專卡何處宜設分巡臣斷不敢以湖北有督銷之責稍存推諉一切巡緝經費亦當由淮商籌措責成現辦湖北督銷局廣西補用道程桓生選派熟悉地勢之委員前往各該處相度機宜妥議通稟會商川楚各督撫臣和衷妥辦李瀚章翁同龢王文韶皆素抱公忠心存 君國接到部臣此議必能力破羣疑恪遵成法蓋鄂省所慮者餉項之不足耳今則餉有來源矣川省所慮者邊引之未

復耳今則鹽有去路矣是規復淮引在川楚並不難行於淮綱
萬不容緩相應請
旨敕下湖廣四川各督撫臣遵照部議從速辦理俾淮引早復
一日場竈早紓一日之困　國家早收一日之利大局幸甚理
合縷晰恭摺具陳伏乞
皇太后
皇上聖鑒訓示再湖南平江所食碱鹽並非土產仍由淮南運
銷凡煎鹽鐵底結塊者曰碱鹽各路均以下等視之而平江專
以爲美其味苦而有力其質堅而不耗其價廉平江非此不食
各私無從灌入故銷路獨暢該岸於同治五年據湘商專認請

票較早不隨湘綱衆商給運所收課銀係彙入上下半年奏報

合併聲明謹奏

蘇省防營餉項擬請循舊支放摺　光緒二年七月十一日

奏爲蘇省防營現難裁撤餉項擬請循照舊章支放以昭核實而免紛歧恭摺仰祈

聖鑒事竊准戶部咨光緒元年六月二十六日具奏請將各直省留防兵勇酌量裁汰等因又光緒元年五月初七日核覆江蘇留防軍需第一案飭將陸營統領管帶及水師哨官舵長等項支餉數目妥議章程分別裁減等因又光緒二年二月初七日核覆江蘇留防軍需第二案飭將台字營慶字營長夫比照星字營開支並教練各營薪費等項亦應分別裁減等因均奉

旨依議欽此知照前來查部臣所議汰兵勇減薪糧裁長夫自

爲撙節餉需核實經理起見惟江蘇留防各營招集既非一時定章亦非一手不獨湘軍與淮軍不同即湘軍與湘軍淮軍與淮軍亦有不同教練各營則立營之始大致比照洋法與湘淮各營更不相同十餘年來照章支放據實報銷雖名目未能畫一而實用實銷不染向來軍營騰挪彌縫之習今若改易新章必須將各營全數遣散另行招募始可統歸一律然以前督臣曾國藩李鴻章馬新貽等前後二十餘年苦心經營之力具有規模一旦改絃更張則新營必須給發全餉舊營必須酌補欠餉恐章程徒事紛更而餉需愈難節省蓋目前各營餉項雖照營制刊章給發而歷年積欠不少迭次報部有案迨光緒元年

正月以後欠發尤多各營薪糧積至三十六日始放一關其欠
發之項當此餉源枯竭不得不設法勸諭將領酌量報效所有
各營欠餉既已無從籌補是名雖照章支給其實已不減而減
若再將長夫各項概從核扣設遇緩急徵調臨時募補固屬流
弊甚多卽目前駐防之時凡挑濬河道建築礮臺均用長夫幫
助較之遠行拔隊僅止搬運子藥其勞過之且用營中之長夫
卽可省另雇之夫役此項經費亦已暗中撙節留防各營統領
如吳長慶章合才等均係百戰宿將關心時事迭經軍需總局
委員與之籌商節餉之法該統領等亦深知籌餉艱難僉謂必
不得已不如裁撤營頭藉可騰出有著之餉此與部臣所議裁

汰之說正屬相符臣到任後目覩江南餉項如此支絀屢與撫
臣吳元炳往復籌商未嘗不計及乎此然審度時勢權衡輕重
江蘇沿江沿海一帶地方如此遼闊籌防如此緊要折衝禦侮
之資專賴各防營扼要屯紮藉壯聲威現在礮臺陸續建成正
苦守禦遊擊之兵不敷分布除已裁撤成大吉高占彪等四營
外其餘現存之營祇宜力求精練豈可輕議再裁前月江皖交
界土匪肆擾賴有就近防營立時撲滅若使遠道調遣稍事遷
延恐糜費更不可勝數而海州以土匪句結外匪漕標不敷調
撥又添提督王得勝一軍矣臣通籌全局所有軍需報銷案內
奉部駁飭者如太湖水師統領李朝斌等已領薪糧及各營油

燭折價等項業經遵照部議一律删減其各項薪糧及各營夫價仍擬率循舊章支放督飭承辦司道核實經理彙案造銷並將積年欠發餉銀分別妥爲勸諭報効以節餉需不敢遽事更張亦不敢稍容冒濫謹會同江蘇撫臣吳元炳恭摺具陳伏乞

皇太后

皇上聖鑒敕部查照謹奏

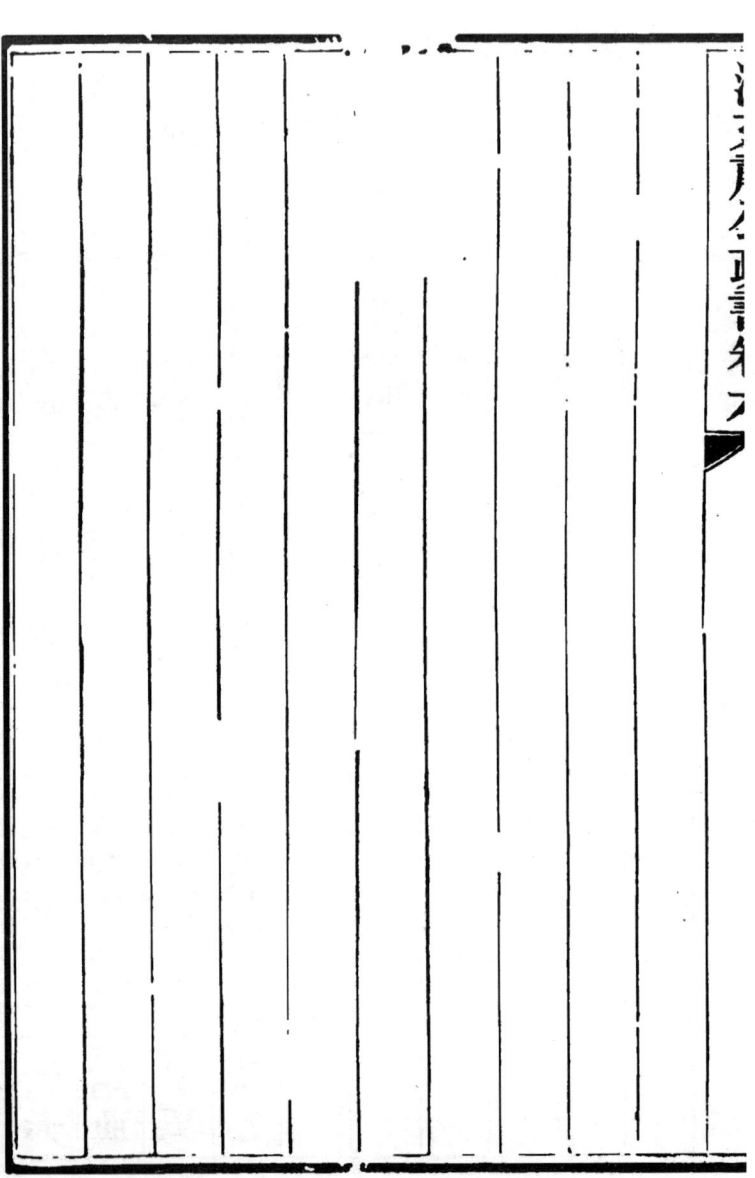

安徽懷遠縣擒獲圖城巨匪勦辦情形摺 同日

奏爲安徽懷遠縣擒獲圖城之巨匪謹陳勦辦情形恭摺仰祈
聖鑒事竊皖豫交界土匪滋事經壽春鎮總兵郭寶昌擒獲要犯陳駱駝等及懷遠鳳臺兩縣各搜斬匪黨十餘人等情臣於六月二十二日陳明在案懷遠匪徒以劉四巴子即劉金鐸爲首本年六月閒聚衆扶旗各鄉零匪勢如蟻附該首匪劉四巴子先派劉添明帶人潛入懷遠縣城並約在押之巨匪楊正寬劫獄爲內應常士忠陳學等伏於朱二酒店俟夜深分路放火陸映斗等於城外窺探如官兵入城救火卽乘勢掃蕩營盤又約另股之趙爽王岡王廷路等分起接應該縣知縣吳洵於六

月十三日盤獲匪黨章臘孜劉添明等十九人十四日又搜獲陳榮風等七名均經訊明正法諸逆爲之疑阻壽春鎮總兵郭寶昌聞信派副將劉思忠參將劉廷兆帶馬隊先行復親督總兵郭占元步隊一營參將戴景明馬振乾各帶馬隊於十七日馳抵懷遠安慶協副將劉先文統老强營亦至訪查澮河兩岸被該匪潛相煽誘幾於無村無匪誅不勝誅遂飭各營官分赴各處梭巡勸諭解散遇有窩匪村莊責令該董保綑送首惡脅從罔治十九日郭占元等行抵劉家集老巢該圩槍矛森列意圖抗拒各營官率隊合圍曉以利害始將匪首劉金鐸即劉四巴子並匪黨劉金成二犯綑送到營訊據供認糾合各匪圖據

懷遠縣城不諱並先後拏獲匪黨張添球劉有孜鄒尚孜朱永盛朱長珍王立剛王立强常士忠陸映斗朱二孫秀成劉志長鄒老禿孜等十餘名均經訊明一併正法梟示郭寶昌又親至劉家集起獲白蠟桿竹矛火槍火藥等件並於秫叢內搜捕二十餘人內有實係務農之人訊明立予省釋劉四巴子既誅趙爽之勢已孤郭寶昌加派眼線四路偵緝二十五日參將戴景明馬振乾探知該逆遁至趙家湖遂星夜帶隊馳往將該莊圍住該逆以洋槍突出拒捕格鬪逾時兩骸連中矛傷始帖耳受縛訊據供認與曠同等素相句結此次約打懷遠許幫數百人尚未派去等語王岡王廷路亦陸續就擒該匪等均著名首犯

罪無可逭即在軍前正法梟示以快人心疊據壽春鎮總兵郭寶昌鳳潁道胡玉坦等呈報前來臣查皖省壽州一帶自苗沛霖伏誅後漏網餘匪以懷遠爲最多此次各匪約期分布內應據城其計甚狡幸地方文武暨各防營先後畢會分路偵緝將匪首趙爽及劉四巴子等設法拏獲立就駢誅並搜獲餘黨數十名消患無形辦理尙爲迅速合無仰懇

天恩准飭撫臣裕祿就近查明尤爲出力者酌量保奬以資觀感而勵將來惟該匪夥黨甚多難保不潛匿各鄉乘機復煽除由郭寶昌分派馬步各隊留駐懷遠鳳臺等處購線訪拏並嚴飭各地方官認眞辦理保甲隨時稽查外所有懷遠等處擒獲

圖城巨匪緣由謹會同安徽巡撫臣裕祿恭摺由驛五百里馳
奏伏乞
皇太后
皇上聖鑒訓示謹奏

鳳臺縣匪徒胡志端等聚衆起事情形片同日

再鳳臺縣亦餘捻出没之區六月間天氣亢旱有胡家圩匪徒胡志端乘閒聚衆意圖竄擾下蔡起事署鳳臺縣知縣顔海颺訪聞後會同營汛拏獲匪黨胡春僧瑞雲陶五卽陶鳳景三犯復由參將王在山拏獲陳大礮一犯胡家莊鄉長擒送胡鳳雲一犯由營務處候補道任蘭生詳細研鞫據陳大礮胡春胡鳳雲供認六月初六日夜間胡志端糾集二百餘人在家會議經胡志端之母及其叔胡紹清不依大家走散胡志端見事不成旋卽逃走傳到胡紹清供亦相同陶五卽陶鳳景堅稱並未同謀惟該犯本係苗逆餘黨胡春等又同供其在場怙惡不悛未

便因其狡供輕縱僧瑞雲供認手執紅旗同赴胡志端家中亦屬同惡相濟以上五犯已一併正法梟示其餘尚有拏獲之犯情涉疑似者應卽監禁俟拏獲胡志端到日再行質證訊辦其無辜被累者立卽省釋由任蘭生具稟前來除批飭嚴拏胡志端務獲懲辦外謹會同安徽撫臣裕祿附片陳明伏乞　聖鑒

謹奏

續獲匪首馬小繞等正法片 光緒二年七月二十一日

再江皖等處土匪滋事疊經臣專摺馳奏在案海州拏獲張飛豹等犯後人心漸定該州知州林達泉會同提督王得勝搜捕積匪不遺餘力六月下旬沭陽縣境內又有幅匪潛赴漕臣文彬派隊馳赴王得勝林達泉亦卽會帶勇役下縣查辦督同圩董細獲匪首馬小繞一犯夥匪王蘭芝一犯訊據供認迭次行劫並糾衆豎旗不諱當經正法梟示至各處零星餘孽三五成羣者經各防營分路緝拏沛縣境內拏獲徐本先一犯豐縣境內拏獲韓道成韓繼田二犯宿州境內拏獲曠軒一犯沭陽縣境內拏獲胡士成郝小幅郝金有董繼太張文俊五犯分別發

交各州縣研訊並由漕臣文彬就近提審嚴懲皖北一帶據壽春鎮總兵郭寶昌稟報遊擊趙得勝追捕王山孜一犯該遊擊受傷七處始將王山孜格斃梟示以快人心現在江皖交界雖無結幅嘯聚重情惟餘匪竄伏尚恐暗中句結除由臣嚴飭地方官及各防營儘力拏辦有犯必懲外合將近日獲匪情形會同漕臣文彬江蘇撫臣吳元炳安徽撫臣裕祿附片陳明伏乞

聖鑒謹奏

匪徒散播流言民情驚擾現籌查辦情形摺 光緒二年八月初七日

奏爲匪徒傳習邪術散播流言民情驚擾現籌查辦情形恭摺

仰祈　聖鑒事竊邪術煽惑愚民如紙人翦辮等類自明以來往往有之事本不經術亦終敗第一經傳播愚夫婦輒無故自驚吠影吠聲愈訛愈幻奸宄遂溷跡其中乘機窺伺冀倖一日兵事復起可以養欲給求本年三四月閒臣閱兵出省金陵即有紙人翦辮之警旋復寂然五月閒安徽巢縣知縣金剛保稟稱拏獲翦辮匪犯嗣後廬州池州等府英山霍山建德潛山東流石埭等縣陸續盤獲多名有供認拜會傳徒者有供認念咒翦辮者詰以翦辮何用則謂得生人之辮分插木人頭上練以

符咒可化爲兵惝怳迷離肆無忌憚臣察核供證俱確者均飭即行正法以定人心其宗派大抵出自白蓮教其頭目大抵出自哥老會與天主教並無干涉惟該匪到案必供出自教堂意以爲事涉外洋地方官不便深究而外洋教士只圖招徠之廣不遑考其身家此輩竄名籍中借爲護符以售其奸亦勢所不免遂有建平等處焚毀教堂之事業由臣咨呈總理衙門提省研訊在案自六月以後沿及揚州鎮江常州等處漸至蘇州省城訛言四起翦辮不已繼以打印打印不已繼以夢魘城鄉徹夜不眠鳴鑼巡警或捕風捉影妄拏無辜或逞忿挾嫌栽害良懦甚至覬覦孤客以搜查爲名有圖財害命者是非顚倒不可

究詰臣詳加訪察其始鄉民盤獲妖匪無非出自公憤地方官不能立時審究分別皂白間有研訊得實者亦復多所顧忌游移兩可釋之則恐激百姓之怒殺之則恐傷姑息之仁遂一概予以羈押冀久而消弭無事小民既怨官之玩視民瘼復疑官之袒護教堂不勝冤憤之情激成凶頑之舉臣須發簡明告示凡妖匪綑送到官有實在證據者無論民教一律重懲惟不准鄉民擅自攢毆等情通飭曉諭復委坐補江西糧道段起酌帶員弁馳赴揚州等處督飭文武各官實力查拏訊結凡地方官故縱者立即稟參鄉民擅殺故殺者亦必究明實情按律嚴辦總期無枉無縱以仰副

聖天子除暴安良之至意謹會同江蘇巡撫臣吳元炳安徽巡撫臣裕祿恭摺由驛五百里具奏伏乞
皇太后
皇上聖鑒訓示謹奏

海州改隸淮揚道管轄摺光緒二年九月初五日

奏爲海州相距徐州府城較遠控制難周擬請改隸淮揚道就近管轄恭摺具陳仰祈聖鑒事竊查淮揚徐海四屬向設淮揚淮海徐州三道兼管河務地方事宜淮揚道管轄揚州府所屬各州縣及淮安府所屬之山陽鹽城清河桃源四縣淮海道管轄海州所屬各縣及淮安府屬之阜甯安東二縣徐州道管轄徐州府所屬各州縣咸豐十年裁撤南河各缺將淮揚淮海兩道一併裁汰所有應管事宜統歸徐州道兼管作爲淮徐揚海道同治三年經前督臣曾國藩等奏請復設淮揚道管理淮揚兩屬其海州一屬巡道應管事宜仍歸徐道管轄作爲徐海

兵備道奉部覆准在案伏查海州一屬幅幀遼闊政務殷繁自海至徐遠隔五百餘里實有鞭長莫及之勢兼之道路荒僻遇有文報必須遞至清河縣驛正站再遞徐州動經旬日事機旣虞遲滯控制尤屬難周加以該州拏獲重犯例解巡道提勘後解司勘轉計自該州北解至徐再由徐南解赴省往返多繞千里不特重犯遞解堪虞卽解道勘審之軍流徒犯亦覺遠道接遞徒多跋涉擬請將海州一屬改歸淮揚道就近管轄以資控制飭據藩臬兩司會同徐海淮揚兩道核議詳覆請奏前來臣等往返函商意見相同合無仰懇

天恩敕部准將淮揚道改爲淮揚海道徐海道改爲徐州道如

此一轉移間官制一切均無須更張而於地方公事實有裨益
謹合詞恭摺具奏伏乞
皇太后
皇上聖鑒敕部議覆施行謹奏

借黃濟運徒耗經費擬請暫行海運摺光緒二年九月二十二日

奏爲借黃濟運徒耗經費且恐牽動大河全局貽害數省擬請暫行海運以期無誤正供恭摺馳陳仰祈聖鑒事竊臣等接准部咨江北各州縣漕米仍飭辦理河運等因光緒二年七月二十五日奉

旨依議欽此查江浙冬漕及江西兩湖採辦京米均係海運獨江北十餘萬石部臣堅持定見以爲漕運不廢河道賴以長存且有借黃濟運之方但使黃汛不至斷流則漕運終無窘步所籌至深且遠苟非迫於時勢之萬不得已臣何敢不殫思竭力共濟時艱惟本年河運困阻情形迥非昔比不敢不以千慮所

及爲
皇太后
皇上縷晰陳之從前河運愆期中途改而陸運日開兌遲延致誤黃汛耳本屆漕米於正月起至二月初十日止寶汜水次一律開行是月二十八日悉數挽過三閘催趲不爲不速乃楊莊以北淺不盈尺非特無水濟運且須蓄水養船嗣得甘霖又經上游啟壩逐層套送隨地起剝其淤處雖剝船亦僅半裝方能浮送挑河之費打壩之費灌塘之費雇剝之費車絞之費所虛糜者不知凡幾然黃汛之期固未誤也乃渡黃後察看運河之底高與大河水面相埒黃流無從灌入遂議築壩興挑自口門

至張秋九百餘丈挑闊三丈挑深三尺縱能暢行無阻兩省所費蓋不貲矣夫運河之底何以高至於是則歷屆借黃濟運所淤者也借終日之力以濟之償累月之力以挑之猶可言也乃秋汛一到漕船銜尾爭進未及半而運口窒則昨日所挑者又爲今日黃流所淤餘船欲不出於陸運不可得矣借黃旣不足以濟運徒使山東河道年年受淤是河道未嘗賴漕運而存且將因漕運而廢水失其本然之性商賈之舟楫農田之灌溉從此交病而愚臣鰓鰓過慮竊以爲無形之患又有甚於此者何則就下者水之性也大河挾泥沙而行停則淤淤則決故治河者有逼隄束黃之法又有借清刷黃之法蓋益其湍悍之性使

挾泥沙疾趨不稍停留庶不致潰而旁出今黃汛方苦微弱未
嘗逼隄以東之借淸以刷之轉復導之旁行舒其湍悍之性上
游愈舒則下游愈緩所挾泥沙無力東注中道遞積數年之後
河身高與隄等北潰則畿輔受其虐南潰則淮徐罹其殃而東
省之首當其衝者無論也臣愚以爲水宜順其性政貴因乎時
合無仰懇
天恩准將江北漕糧暫辦數年海運俟山東運道一律通暢再
議酌復舊章至淮徐一帶運河所關於農田賈船者甚鉅幸淮
南引地全復有款可籌斷不敢以河運暫停置水利於不顧愚
昧之見誠恐無當萬一謹合詞恭摺馳陳伏乞

皇太后
皇上聖鑒訓示飭部議覆施行謹奏

請開缺調理摺光緒二年十一月十七日

奏爲微臣病難速痊籲懇

天恩俯准開缺調理恭摺仰祈　聖鑒事竊臣於本年十月十一日因舊疾增劇具摺馳陳蒙　恩賞假一月欽感之餘悉心調理原冀日漸輕減即可奏明銷假無如臣所患之證係歷年積受寒溼肺家受傷甚酷每交冬令咳嗽氣喘已成痼疾然向來必至深冬極寒之時始畏風不能出門若天氣溫和雖冬令尚可勉強搘拄今年十月江南並不甚冷咳逆已覺比前加甚近則節逾冬至仍未嚴寒而臣畏風如虎胸膈冰冷痰咳不出即汗脫眩暈飲食銳減精力萬分難支目前盼雪甚殷理應率

屬虔誠祈禱臣 腰腳輭弱不能出戶五中愧悚何以自安每遇緊要之事必須與僚屬面商者不能不於臥室接見而酬酢之頃喘息良久方能接談仍苦氣弱力微詞不盡意往來文牘勉力披閱雖不敢稍涉大意深恐心氣不聚墮壞無形一月以來夜不成寐往往一夕數起危坐達旦詢諸醫家僉云病根已深斷非一時所能痊愈伏念臣受 朝廷特達之知洊擢兼圻雖效古人盡瘁之義尚不足以圖報萬一豈敢稍耽安逸遽萌退志惟兩江任大責重公事塡委加以通商諸務變幻多端尤須精神周到方能操縱自如臣以衰病之軀膺重遠之任設有貽誤臣一身不足惜有關於 國計民生者甚大此時隱忍不言

將來抱疚更甚再四躊躇不能不據實陳明合無籲懇

天恩准臣開缺調理出自逾格鴻慈不勝戰栗屏營之至所

有微臣病難速痊籲請開缺緣由理合恭摺具陳伏乞

皇太后

皇上聖鑒訓示謹奏

上海鐵路會議買斷辦理情形摺 光緒二年十一月二十七日

奏爲上海鐵路會議買斷謹陳辦理情形仰祈　聖鑒事竊查大年春閒上海英商於租地內擅築鐵路行駛火輪車直達吳淞臣葆楨臣元炳嚴飭關道照會英國領事阻止該領事麥華陀堅不允從又咨總理衙門照會飭阻該國使臣威妥瑪復一味偏執延至數月迭經馮焌光駁詰催禁始據英領事復稱奉該使傳諭暫停候就煙臺會商等語臣鴻章在煙臺時威妥瑪果以此事饒舌欲派英員前往商辦當以滇案將結未便復以此事齟齬即經附片奏明並派道員盛宣懷朱其詔馳晤江海關道馮焌光詳酌機宜會同英員妥籌辦法適威妥瑪所派之

漢文正使梅輝立於八月十八日亦到上海會議數次該正使
先欲中外合股集資同辦繼欲中國買後仍歸洋商承管反覆
把持迄無成說九月初一日該道等復約該正使前來江甯籌
議當向逐細剖辨以中國地方外人未便擅造鐵路通融給價
已屬格外體恤倘再生枝節則曲不在中國而在西洋經該道
等往復籌商始於九月初八日議明買斷行止悉聽中國自便
洋商不得過問惟一年限內價未付清暫由洋商辦理祇准搭
客往來不得違章裝貨亦不得添購地段推廣鐵路訂立條款
由臣葆楨核定照繕兩分梅輝立與馮焌光等均各畫押以一
分交上海英領事存查以一分歸江海關衙門備案該道等旋

與梅輝立同滬於九月十七日將條款蓋印各執爲憑所有條
款內應辦事宜係先議一年限內暫行火車保護章程經麥華
陀畫押由上海道出示曉諭一面會查鐵路價值飭據公司開
呈帳目各邀中外公正商人逐款淸查大加釐剔凡涉不實不
盡分別駁減其有細帳尚在英國未經寄到者恐彙核有需時
日亦公同定一總數將各項包括在內統計買此鐵路共需規
平銀二十八萬五千兩復立議據定於一年限內分三期付淸
該鐵路地畝車兩器具等件以及成本用款價銀細數分繕洋
文淸單二紙亦於十月二十八日由英領事僉押送道存查應
付價銀在江海關洋稅項下作正開支分期交英領事轉給侯

光緒三十三年九月十五日一年屆滿價銀付訖卽將地畝車器各件照單由中國收管行止悉由中國自主永與洋商無涉茲據該道等會詳請奏前來除將全案照錄咨送總理衙門查照外所有辦理鐵路現經買斷緣由謹合詞具陳伏乞
皇太后
皇上聖鑒訓示謹奏

縷陳撫卹災黎竭力籌款情形摺 光緒二年十二月十四日

奏爲縷陳撫卹災黎竭力籌款情形附驛仰祈 聖鑒事竊本年江北一春不雨民氣囂然初夏迭沛甘霖二麥轉歉爲豐喜出望外五六月閒復晴多雨少禾稼受傷然尚冀秋澍應期雜糧補之乃秋陽之酷甚於夏畦繼之以蝗而三農生意盡矣淮海被災爲甚徐揚次之鄰省之皖境東境尤劇流民扶老攜幼百十爲羣身無完衣面皆菜色海州林達泉所稟有恥嗟來之食舉家闔戶自盡者鄰保歷歷能舉其姓名臣與漕臣撫臣往返函商雖籌款極艱斷不容立而視其死且其流愈遠其復愈難爲目前計宜更爲來歲計博采羣策約爲四章一曰留養老

孱婦女或千里或數百里踰淮踰江而來早已筋疲力盡聽其遠徙終於無以自存遏之北歸不啻奪之生路只得隨處留養俾獲旦夕之安現計金陵城外收七千餘人蘇州城外收八千餘人蘇常紳士所收各數千餘人撫臣又分派每縣各數百人蓋恐聚之易滋事端且不免蒸成癘疫也而外縣所自收者則以上海靖江爲最多江陰截留數千人提督唐定奎主之揚州截留四萬餘人署運司劉瑞芬候補道徐文達主之清江截留五萬餘人漕臣督同淮揚道主之處以廬舍繚以牆垣束以部伍以全家出者仍令聚族而居以小艇來者仍令按船編號始至散錢已而散米已而散粥惟其情之所適疾病者醫藥生產

者布絮死亡者棺槨咸取給焉二曰資遣自淮而南所收蓋十餘萬人然源源而來者未已也收之幾無地可容卻之則於情難忍乃擇其後至之籍隸本省情狀猶未十分狼狽者派員按站護至本籍會同地方官散給兩月口糧交保領回以待春耕不令再出三曰工賑精壯者與老弱一例收養則所費不貲抉摘太嚴將去而爲盜河流淤塞商賈病之農田亦病之擇精壯者而驅之工一轉移閒交病者因而交利臣先委候補運判許寶書候補同知包家丞濬高郵寶應一帶運河繼委候補直隸州廖綸濬金陵城外後湖漕臣委員濬邳宿一帶運河撫臣委內閣中書何愼修署臬司薛書常濬丹徒一帶運河又與臣會

委候補道張富年勘估鹽城阜甯一帶河道俟估有確數次第興工期於一民遂一民之生亦一錢得一錢之用四曰典牛旱久穀荒草亦垂盡農民自謀不暇視牛更如贅疣剜肉補創相率鬻於屠肆致六合一帶牛肉每斤僅值二十餘文到春耕時必有懸耜仰屋而歎者內閣中書何愼修前臺灣道吳大廷諄諄以典牛請臣於金陵城內設廠臣標三營將主之嗣聞其過江不便又於浦口設廠正定鎭吳長慶主之此外揚州一廠清江一廠徐州一廠海州一廠以吳長慶浦口所收爲最多雖當本有歸而求牧與芻一牛費十千以上矣此四章者未必大有補於民不過盡一分之心或者蘇一息之命而江南局庫竭於

轉輸騰挪之難不啻臨渴掘井仰體　九重飢溺由己之意不
敢束手自謝貽誤羣生除漕臣撫臣所提各款自行專摺具奏
外凡臣所提者上海道商捐四萬兩淮南商捐五萬兩以應揚
州留養資遣之需江藩庫五千兩運庫五千兩蘇釐局一萬兩
以應海州賫賑之需江藩庫舊存商捐一萬一千一百九十三
兩有奇運庫商捐一萬三千八百六兩有奇以應高寶運河工
賑之需江藩庫一萬三千兩蘇釐局一萬兩滬釐局二萬兩以
應金陵浦口揚州淸江海州典牛之需理合會同江蘇巡撫臣
吳元炳恭摺附驛馳陳伏乞
皇太后

皇上聖鑒敕部查照再所提款內淮運司欠解五千兩上海道欠解二萬兩蘇釐局欠解一萬兩合併聲明謹奏

馮焌光乞假出關迎柩歸葬摺光緒二年十二月十八日

奏爲據情乞　恩仰祈　聖鑒事竊據蘇松太道馮焌光稟稱
親父候選知州馮玉衡因案被議發往新疆効力咸豐八年二
月焌光偕胞弟豫光隨侍出關十月抵伊犂戍所親父命焌光
回京會試九年投効宿松大營前大學士臣曾國藩委辦文案
十一年綜理安慶善後局務接到家信親父於是年三月在伊
犂病故當即稟報丁憂出關迎柩因西路梗塞航海至天津取
道直隸山西出歸化城行至七月距古城子八站地方回逆倡
亂道途梗阻草地戈壁無可覓食狼狽東歸旋經大學士臣李
鴻章奏派總理江南製造局同治十三年十一月二十五日奉

旨補授蘇松太道煥光父柩寄厝伊犁城外庶母胞弟存亡未
卜夙夜疚心自維明發有懷罪莫大於不孝不可爲子不可爲
人十餘年來隱忍至今何敢以煢煢在疚之身玷高位而速官
謗現閱邸抄烏魯木齊瑪納斯兩城次第克復伊犁路已通行
瀝情稟請奏明開缺並派員接署俾得早日交卸迅速就道等
情前來臣等查馮煥光從前因公晉省迭次涕泣自陳當以關
外未清無從前進一俟大兵告捷庶可西行曲加慰諭茲閱所
稟爲之惻然竊念蘇松太道一缺爲海關領袖馮煥光才堪肆
應措置裕如接手之人頗難其選惟察核所稟實出至情至性
聖主以孝治天下臣等何敢壅於上　聞可否仰懇逾格

天恩免予開缺賞假一年俾得出關迎柩歸葬出自聖裁除
飭該道靜候
諭旨遵行外謹合詞恭摺具陳伏乞
皇太后
皇上聖鑒訓示謹奏

研訊皖南教堂滋事確情分別示懲摺 光緒二年十二月二十八日

奏爲研訊皖南教堂滋事確情分別示懲仰祈 聖鑒事竊本年五六月間皖南民教尋仇始於建平之歐村延至宣城甯國廣德教堂均遭打燬非惟入教者歸獄何渚卽宣城甯國地方官初稟咸以何渚父子爲之魁臣一面咨呈總理衙門一面派正定鎭吳長慶統兵馳赴甯郡督同各印委嚴密查拏何渚父子解省訊辦旋據稟稱何渚已於閏五月二十三日黎明赴縣報案聞奉查拏自願前來金陵隨卽帶同余應龍吳永庭何大田投到其子何炳三亦遵提前來臣飭司道隔別研訊據供實未糾人滋事惟變起倉卒罪無所歸身充董事情甘就戮至所

控黃之紳楊琴錫各劣跡並非汚衊矢口不移臣竊思打燬教堂出自一時公憤原難驟得主名但將何渚父子駢誅甚足以快教民之心而杜其口第念鄉民綑送白會清之際何渚尙爲之勸解其無心與教堂爲難可知明知董事死無可逃豈反甘作繭自縛若宣城甯國廣德被燬之日正何渚父子就縶之時其爲虛誣更何待辨縱疆吏欲借以銷案奈 聖世不應有冤民且使何渚死非其辜客民之憤之也愈深其發之也必愈烈鋌而走險急何能擇因教民而怨及縱容之洋教士因洋教士而怨及徇庇之地方官仇殺相尋伊於胡底是其快教民之心者適以厚教民之毒也從來辦民教互爭之案者無不曰持平

然持平易得情難不得情則所謂持平者欺人之語耳臣飭司道一面虛衷訊鞫一面詳加采訪任受遲延之咎勿蹈鹵莽之愆窮累月之力然後知滋事魁首爲監生胡秀山客民陳士柯李才華其左道惑衆以肇衅者則教民白會清也請撮舉顛末爲我

皇上言之皖南自兵燹後遺黎十不存一墾荒者多外籍客與土不和客與客又不和因不和而樹黨故人稀土曠而教堂獨多然行教者不一其人而黃之紳楊琴錫獨被惡名則非教之累其人而人之玷其教也本年夏閒翦辮事起建平之民亦知此係白蓮教妖術與天主教無涉也乃該處被翦者甚衆皆未

從教之民而從教者不與焉於是白蓮教黨類混入天主堂之說嘖嘖然興矣白會淸受翦辮之術於楊琴錫至閏五月十六日易景懷等追拏翦辮之人白會淸馳馬阻之何相値之巧也易景懷等將白會淸送縣黃之紳持名片索之謂非通同一氣百喙奚辭阮光福安定山者河南光山人年二十餘歲本年始來建平董事余應龍薦與吳永庭幫工閏五月十六日阮光福辮亦被翦二十日一共九人在田薅草阮光福安定山談起翦辮之事謂是歐村教堂所爲適楊琴錫路過聞之互詈而去傍晚黃之紳騎騾與楊琴錫率二十餘人而來衆人奔逃而阮光福安定山被捉二十一日吳永庭向教堂求其放出情甘賠禮

教堂不允乃退而求余應龍二十二日余應龍行抵歐村則教堂火起追拏翦辦之人業已不期而會洶洶難遏黃之紳楊琴錫雖焚屍剉骨然其斃於羣箠則衆目共覩而阮光福安定山蹤跡渺然於是有謂何渚余應龍等揑造子虛烏有之名藉以抵制者迨陳炳發到案而後信阮光福安定山實有其人王立周到案而後信阮光福辦之被翦實有其事鄖貽富到案而阮光福安定山被捉入堂情形歷歷如繪陳幺哥到案而阮光福安定山致死滅迹情形歷歷如繪至下手加功之陳幺哥尚以爲造孽可憐亦可見天良之不容盡泯矣夫歐村肇衅尚曰阮光福安定山枉死耳黃之紳楊琴錫首禍耳乃波及於宣城甯

國廣德各教堂至有撬開停放年餘之棺將枯骨拋出棺外此必有匪徒因以爲利者其撬開棺蓋疑其私藏金銀也宣城之人歷歷見其從袁村來向甯國去是所有教堂被燬皆此輩所爲而胡秀山於水東欲殺教堂之陳先生大衆爲之求情訛索洋錢十五元始釋陳士柯李才華於歐村各攫一騾尤確鑿可據者彼其意以爲乘教民與何渚有隙借其名而播之人人傾信獲利自我抵罪有人其計甚深其心甚毒此輩不除皖南之人得安枕乎白會淸左道惑衆形迹昭然其所擱放者爲何如人不能舉其姓名住址此爲翦辦黨類非眞正教友可知倘稍事姑容則民教互相猜疑無時或釋除李才華一犯飛咨河南

一體嚴密訪拏獲日另結外所有胡秀山陳士柯二犯謹按土匪例白會清一犯謹按妖匪例立予正法其致死阮光福安定山聽從加功之陳幺哥受楊琴錫毒打意圖隨衆報復之王立周懷疑往打杭村教堂並未傷人亦未得贓之何大田擬各予杖一百流三千里以示懲儆所有被打被燬各處除係強佔民居者勒令清還原主管業外其實爲教士所契買起造者遴委幹員會督地方官按照輕重量予撫恤以彰公道而靖人心至何渚宣講

聖諭係遵行 功令其刊刷天地君親師牌位乃民閒常行之事並非與天主教爲難歐村滋事與余應龍均係董事彈壓不

及實屬力不從心吳永庭因雇工被捉隔夜不歸向教堂求情理索乃其分所應爾何炳三隨其父在押並未前往宣城甯國廣德胡秀山在宣城縣有何渚帶信叫伊去打教堂之供索其原信無可呈繳其爲憑空嫁禍毫無疑義何渚余應龍吳永庭何炳三應免置議堂中婦女胡宋氏譚蘭英李再姑戴貞姑劉三妞被黃之紳楊琴錫愚弄入堂其失身也由於威脅並非出自本心應一併免其置議與孀婦劉吳氏幼女侯佑妞白香妞鄭幺妞李六毛均發遞建平縣飭屬具領干證陳炳發邱貽富何正喜程科兒陳添和陳宋氏劉元順殷樹南閔香山翟厚培李炳坤均予省釋出外貿易未經到案之易景懷易登禮王俺

子均免再提以省拖累交出之紙人紙馬係天主教應有之物並非翦辮所用亦非何渚等所能僞造惟孩腳經仵作驗明確係胎骨且兩腳雖分左右而大小並非一副黃之紳楊琴錫已死亦無從究詰矣應俟解餉員便附繳總理衙門併先將供結錄呈總理衙門刑部察核外合將訊結皖南教堂滋事緣由會同安徽撫臣裕祿恭摺由驛四百里馳陳伏乞

皇太后

皇上聖鑒訓示謹奏

皖南人心稍定洋教士迭請雪冤並擬現辦情形片　同日

再皖南人心稍定後洋教士迭次函致地方官辨論經皖南道上海道先後錄寄前來無非求雪黃之紳之冤懲何渚之橫暨文武庇護之不力所摭拾者多半教民一面之詞獄訟自有定章非教士所應干預而所陳情節較重者四條虛實均不能不爲纖晰查究其一曰大孫村教堂乃閏五月二十五日焚掠除河南吳老先生外又有白會清先生被難受殺查白會清與陳幺哥避匿蕪湖教堂業已到案則前此傳聞之誤教士自知之矣其二曰何渚斬去童子四肢藏石灰內以爲虛控之資又曰所殺童子乃教外劉某之子年甫二歲黃司鐸託人撫養者據

建平縣稟稱黃之紳收養之孩名曰福林向交劉吳氏撫養何渚將教堂婦女送縣時劉吳氏卽帶福林來城嗣劉吳氏赴金陵候審將福林交與士民周啟源卑職回建平時復令周啟源將福林抱來驗視戴貞姑劉三妞鄭幺妞親見之然則何渚斬去童子四肢亦傳聞之誤矣其三曰何渚往宣邑大孫村殺守堂吳老先生又曰將宣城大孫村教堂司事吳全章殺死查吳全章既曰司事又係守堂則孫村鄰保必人人知之人人見之乃據宣城縣稟稱馳詣孫村飭仵於灰燼中查檢並無骨殖可驗提訊董保並在教民人僉稱堂內之人已先逃避並無殺人燬屍情事臣因人命至重洋教士既言之鑿鑿飭再嚴密查訪

吳全章是否實有其人籍隸何省存亡下落據實稟覆不准一字含混旋據稟稱訪有吃教之陳添和與其妻宋氏知悉孫村打堂情形隨親詣孫村查傳陳添和陳宋氏訊據供稱閏五月二十二日晚吳全章至村聲稱伊因歐村教堂被打逃來躲避住於堂內次早人來打堂吳全章住於樓上因年老走避不及見殺屋既被焚屍亦遭燬隨飭指定屍所搜掘零星屍骨驗封存儲等情臣因其前後所稟大相逕庭飭提陳添和夫婦並該縣案卷屍骨前來旋經司道訊據陳添和供稱閏五月二十三日大早小的即去車水吳老頭子殺死是女人對小的說的據陳宋氏供本年閏五月二十二日傍晚有一老頭子身穿月白

夏布大衫在門口閒坐問他姓甚麼他說姓吳從歐村教堂來是河南口音因外邊有打堂風聲留他在小婦人家住他說不要緊仍到堂內去了二十三早打堂人來堂內共有七八箇人見婦人喊都從後門跑了婦人又到樓下喊吳老頭子逃走纔下樓梯卽被人殺了過了一刻那些人放火燒堂屍身遂亦被燬打堂後小婦人在山內草房躱了一天往孫家鋪過六七天纔回來隔兩天宣城縣到孫村小婦人引到樓梯左邊瓦礫內檢著零碎骨頭仵作取小瓦罐裝好宣城縣親標日子交丈夫收藏十月十三日宣城縣到孫村小的夫婦將骨罐呈驗等因詰以素不相識之人何以一見留住既從歐村教堂避難而來

何以於孫村教堂如此大意客民雖悍於素無仇隙之老翁何致不置一詞便加鋒刃燒堂之火延及屍身何以便成枯骨客民於一老翁如此兇很該婦何以來去自由無人過問即客民偶動憐憫之念該婦何從得此定識定力臨事旣自在遊行如入無人之境何以打堂後反在山內草房躲了一天宣城縣原稟固謂飭仵檢無骨殖該婦何以又稱仵作裝好宣城縣親標日子當時果有骨殖宣城縣應收回儲庫何以交與陳添和該婦無可支吾只云身懷重孕提查縣卷挺身作證者本係陳添和因鄰保僉供本堂無此吳姓之人是以供由歐村而至原供明說其妻跑到屋後躲了伊走堂屋廚房外左邊進去看見吳

先生死在樓梯底下歷歷指其傷痕並謂板壁火燒是伊拏相推倒等語嗣聞提省恐露出眞情乃將伊所眼見之供移使其妻挺認且上堂卽供明懷孕謂孕婦斷不刑訊也臣思該教民不過欲實其從前傳聞之誤作此種種空中樓閣一經互核矛盾灼然第獄不厭詳既謂來自歐村教堂則歐村教民必知之既謂籍隸河南則河南客民必知之乃皆具切結謂絕無其人此可以銷案矣其四曰泰西伏司鐸之棺肆行劈開屍骸拋棄查此事係屬實情經宣城縣驗明棺蓋撬開棺未損壞督同地保教友用二丈四尺洋布把屍骨包好裝入原棺其下手開棺之犯無從確指應罪坐爲首之人此胡秀山所以不容不正法

也臣伏念教民客民無非　天朝赤子其爲善宜一體勸之其爲惡宜一體懲之教之不同亦不自泰西始民閒與僧道鮮聞其不相安者無勝負角立之心則習而相忘故也教民良莠不一倘教士必惟教民之言是聽地方官又惟教士之言是聽則所以厚待教士教民者卽所以貽害教士教民何者衆怒難犯變生不測地方官自保不暇如教士教民何人亦各有天良卽如水東教堂之陳先生教民也閔香山客民也翟厚培土民也宜其各不相顧也乃胡秀山等欲殺陳先生而閔香山爲之求情翟厚培爲之墊款不過知陳先生之向不爲人害耳然則民教之相安不相安也視其人而已矣臣訊辦此案如稍存偏袒

之見明有 國法幽有天譴伏懇 飭下總理衙門將臣一摺兩片並各供結錄送法國駐京公使請其勸諭各教士力充與人爲善之心凡從教者待其自來勿强人以所未曉並諭各教民不損人正是利已庶幾中外敦睦上下蒙福矣至臣從前與法國公使來往函稿一一併錄呈總理衙門聽候酌奪就近與法國公使商辦以杜後患合再附片陳明伏乞 聖鑒訓示謹奏

請飭浙撫提張順昌勒繳原信及早結案片 光緒三年正月二十四日

再狼山鎮王吉星據通州營遊擊吳啟繩稟稱光緒二年八月十四日船戶朱小海喊稟是日駕關快船一隻裝土棧客人洋錢信件由狼山港赴上海辦貨五更乘潮出港有甯波船一隻從後追來黎明至豎積洪擱淺甯波船連放洋槍小的驚恐攜自帶洋錢五百元大寶一隻下水逃走客人蕭姓陳姓亦鳧水上岸甯波船將小的船推至深水拕去卑職當即親乘前哨外委葛金鼇八團舢板督率左哨千總李永林把總周名亮各駕船飛捕值右哨把總謝克明前哨外委陳日升由下游巡洋而上該船見上下合圍始行轉截稱係浙省鹽哨所拏係屬私鹽

當將三船扡帶進港據云兩江補用都司羅登榜奉浙省招商局委帶哨船因該船不肯落篷候驗故爾追趕據客民蕭吳吉供稱廣東潮陽人在通州開土棧雇朱小海船赴上海辦貨自帶洋錢二百九十七元各店託帶洋錢二千零三元即飭令李永林周名亮帶船戶客人眼同羅登榜到關快船查檢則已搬過哨船經該哨官令勇丁逐件繳出原封皆已拆動當將信面數目與封內洋數核對共少洋二百三十四元錢一千六百文該哨官堅不承認既係辦公船隻各有管帶之責卑職未便捘檢移請海門廳提訊等情臣查江北係淮鹽口岸斷無浙江哨船來代淮南緝私之理鹽船向係滿載該船僅帶銀信一望可

知其爲空船如果船挂哨旗勇穿號衣雖空船亦無不聽其查驗卽謂嚴密查拏亦當知會營汛方不致搖惑人心何以動輒開槍追之攔淺追上船查驗並無私鹽亦當舍之而去何以挖之南行且將銀箱等物儘數搬上哨船卽行拆封謂非意在謀財夫誰信之細檢臣標官册並無候補都司羅登榜之名二案若歸廳汛必恃符狡展是以批飭解省旋准江蘇撫臣轉准浙江撫臣咨據浙運司詳巡商張順昌稟稱領哨張惠臣星夜來杭面稱哨弁羅登榜函報八月十七日有狼山鎭千總李永林外委周名亮等帶八團船三號駛至南岸白茆地方口稱向日淮私出口我等年收陋規洋銀二千八百元今被爾等嚴巡私

費無著必得商一通同辦法該哨弁答以奉公辦巡何敢私受
鹽規該千總等惱羞成怒即云既係奉公必有浙鹽院劄飭該
哨答以我等係商人奉憲所雇並無公文該千總遂不由分說
硬來拕船羅登榜因事關營汛不許船勇動手聽其將船帶至
北岸誣稱獲盜將全船弁勇縛送海門廳該廳憑一面之詞不
許哨弁剖訴將弁勇一律拷掠收禁等因竊思浙鹽行銷蘇松
常鎮太等屬岱私充斥如雲哨船自顧汛防尚慮應接不暇乃
能使淮私不敢出口何舍已芸人遷地爲良之神速也該千總
等既因貪成忿能越南岸以拕羅登榜之船何不於北岸自護
淮私出口則陋規有不予取予攜者乎哨弁不奉公文原屬罕

見該千總何從知之而憑空向之索詐且十四日羅登榜業已就獲豈有十七日復向白茆港扡船之理該千總誣良爲盜事主船戶從何而來船上之銀信又從何而來第既有此言臣何敢稍存成見謹飭江甯府蔣啟勛逐層研訊不特李永林等詫異即羅登榜亦堅稱全屬子虛並據代羅登榜寫信之周海雲錄呈原信雖多方掩飾然絕無涉及陋規一語且據同供總巡派幕友吳錫九來叫羅登榜說是水師營因索陋規起衅臣猶恐其供難憑信迭次咨催浙江撫臣將該巡商所得羅登榜原信移來嗣准咨復已飭蘇州督銷局候補府李如緯就近提繳復據該守具報迭次委員守催始據張順昌稟覆領哨張惠

臣早已遣撤無從提繳容再委員守催等情伏念羅登榜始稱兩江候補都司繼稱都司銜儘先守備索其獎劄以一概遺失對其蹤跡本自離奇海門廳所呈各行原信銀數一一相符不能不謂之確鑿重案拖延日久不足以昭炯戒且案內哨丁李正楚業已在押病故豈能任其再緩第鹽哨越境伺劫汛官誣良爲盜均屬罪不容誅若不一一的實分明轉無以閒執該巡商之口目下無辜之客有功之弁已被拖累半年一巡商耳其譸張如此其驕抗又如此非惟江南地方不能安枕於兩浙鹽務似亦不無窒礙合無仰懇

天恩飭下浙江撫臣親提張順昌勒繳原信移交俾得及早結

案出自　宸慈謹附片具陳伏乞　聖鑒訓示謹奏

沈文肅公政書卷六終

清末民初文獻叢刊

沈文肅公政書

（第四册）

［清］沈葆楨 著

朝華出版社
BLOSSOM PRESS

沈文肅公政書卷七目錄

兩江總督任内奏摺

籌防經費不敷再撥二成洋稅一年摺 光緒三年二月二十二日
奏留唐定奎暫緩赴任另籌勁旅入閩摺 光緒三年三月初四日
鹽哨越境伺劫訊明分別示懲摺 光緒三年三月二十八日
徐州彫敝謹擬互調道員摺 光緒三年四月二十八日
閩省現無軍務前調霆慶二營擬請仍留江防摺 同日
江南墾荒未便剋期從事摺 同日
皖南急於和民不急於招墾片 同日
銘軍勦番陣亡員弁勇丁請列入祀典摺 光緒三年六月二十八日

江甯府屬擬請酌減漕糧摺 同日

請　旨通飭各省搜挖蝻子摺 光緒三年八月二十八日

劉璈請留江蘇補用片 同日

開採貴池縣境煤鐵援案減稅摺 同日

江蘇餉源日竭兼籌酌劑摺 光緒三年九月二十八日

淮商遷完川鄂餉銀懇立限收復楚岸摺 同日

淮商包完川鄂餉銀請俟淮鹽開售之日爲始片 同日

陣亡總兵陳勝元請於死事地方捐建專祠摺 同日

江北新漕暫由招商局輪船海運摺 光緒三年十月二十日

仵作馬快請免禁錮摺 光緒三年十月二十八日

商販運赴災區米糧照舊完釐摺 光緒三年十一月二十一日
病勢日甚籲請開缺摺 光緒三年十二月初十日
覆覈淮南規復引地摺 光緒四年二月初三日
奏覆部議請由楚省增引片 同日
原撥海防經費現擬照案仍行分解南洋摺 同日
道員操練輪船積勞病故請照軍營病故優卹摺 光緒四年二月十三日
假期已滿病勢難痊再籲開缺摺 同日
淮南運商懇請免捐豫賑片 光緒四年二月二十一日
籌議海防經費並機器局未便停工摺 光緒四年三月十四日

蘇皖招墾晉豫流民爲難情形片 同日
請豁除高淳縣田地虛糧摺 光緒四年三月十六日
已故儒臣請宣付史館立傳摺 同日
遵籌節省銀兩摺 光緒四年三月二十五日
請停止武闈片 同日
徽湖海州釐局仍舊抽釐片 同日
提督周志本請卹摺 光緒四年四月初六日
洪澤湖水勢並蝗孽各情形片 光緒四年五月十七日
道員馮焌光請宣付史館摺 光緒四年六月初六日
謝恩摺 同日

奏覆淮南岸銷礙難增引摺光緒四年六月初六日
劉編修議加淮鹽賑釐窒礙難行片同日
查明淮北課釐情形摺同日
宋國永宣付史館入祀霆軍昭忠祠摺光緒四年八月二十八日
議修揚屬運河東隄摺光緒四年九月二十八日
江北新漕再辦海運一年摺光緒四年十月十一日
江蘇防營從緩裁減摺光緒四年十月二十一日
請豁除快籍摺光緒四年十一月二十日
糧道移紮江北窒礙情形摺光緒五年正月二十四日
海防成案礙難掣動船政支絀設法通融摺光緒五年二月初八日

謝議敘　恩摺 光緒五年二月二十五日
各省兵輪船由李朝斌督率合操摺 光緒五年閏三月二十一日
劉典請於三省建立專祠摺 同日
關稅尚難開徵摺 光緒五年五月二十八日
林達泉李炳濤請宣付史館摺 同日
淮北額引礙難驟增摺 光緒五年六月二十八日
漕項無從劃撥海運難以議分摺 同日
挖土機器於運河未甚相宜片 同日
請京師辦積穀片 同日
南洋定購蚊子船四號派定管駕片 光緒五年七月二十八日

閩省出洋生徒請予蟬聯摺光緒五年九月二十日
報車邏壩開工撥款摺同日
病勢日甚請開缺回籍並委員代拆代行摺光緒五年十月二十一日

沈文肅公政書卷七

兩江總督任內奏摺

籌防經費不敷再撥一成洋稅一年摺 光緒三年二月二十二日

奏為籌防經費不敷再撥一成洋稅一年合款接濟並懇
天恩准暫行再撥一成洋稅一年恭摺具陳仰祈
聖鑒事竊
江蘇籌辦防務建築礮臺及購配新式洋礮等項經前督臣李
宗羲奏撥湖南湖北江西安徽四省協款五十萬兩及截留江
海關解部一年二成洋稅代徵鎮關一年絲稅以資應用嗣因
原奏所稱八九十萬金斷不敷用復經李宗羲於陳明防務規
模摺內將添築礮臺處所及購買槍礮等項詳晰奏明續經前

署督臣劉坤一將鹽務籌捐工賑餘款二十一萬兩奏請添撥籌防之用其餘不敷之款隨時設法接濟俟事竣核實報銷等因在案據籌防局司道梅啟照等查明奏撥款內江西十五萬兩安徽十萬兩均已解清其湖北十五萬兩僅解過銀三萬兩湖南十萬兩僅解過銀四萬兩合之江海關解部一年二成洋稅銀贛關一年絲稅銀及工賑餘款銀兩不敷尚鉅經李宗羲另撥江海關製造項下銀二萬七百三十九兩有奇並由江甯藩庫陸續動撥銀十八萬兩由金陵軍需局於留防款內撥銀三十三萬五千餘兩此原撥不敷陸續接濟之實在情形也目下礮臺尚未一律竣工加以續辦藥庫臣謹再撥江安糧道庫

銀五萬兩江甯藩庫銀二萬兩金陵軍需局銀三萬兩催將臺
工剋日成就並將已購礮位價值劃還以淸眉目茲據籌防局
司道勒方錡等查明各臺必不可少巨礮尚缺二十一尊其暫
時充數之生鐵礮銅礮應換購鋼礮者又三十餘尊加以製造
各種空心實心子彈應購機器水雷電線洋槍並練礮練水雷
各費日後修理礮臺等項用款旣苦不貲事機又難停待半途
而廢貽笑四鄰萬不得已議將江海關解部二成洋稅再行截
留一年以資辦理請奏前來臣惟有臺無礮與無臺同有礮而
各項子彈不足與無礮同卽礮彈水雷各具並足而置之不練
臨事手忙腳亂與無具同第江海關解部二成洋稅光緒元年

六月內經總理衙門戶部會奏指撥南北洋海防之用光緒二
年五月內又經戶部會奏請將前項洋稅自二年七月爲始以
一半批解海防以一半委解部庫歸還西征撥款臣極知其不
應截留顧局庫羅掘一空江防又如是其急功虧一簣殊切隱
憂合無仰懇逾格
天恩准將二成洋稅再行截留一年以竟垂成之功此後不敢
援以爲例謹會同江蘇巡撫臣吳元炳合詞具陳伏乞
皇太后
皇上聖鑒敕部查照謹奏

奏留唐定奎暫緩赴任另籌勁旅入閩摺 光緒三年三月初四日

奏爲銘軍內渡後瘡痍甫起極力整頓方冀漸復舊觀可否另
籌勁旅入閩俾免易將分兵轉强爲弱恭摺仰祈　聖鑒事竊
臣於本月初一日承准軍機大臣字寄光緒三年二月二十三
日奉
上諭何璟奏閩省兵力不敷現擬調勁旅輪船赴臺省城更形
單薄著沈葆楨即飭唐定奎速赴新任並令簡選步隊數營派
撥輪船隨帶前往以資得力等因欽此查臣前准丁日昌函咨
島族窺伺臺灣當派登瀛洲輪船飛駛回閩並撥礮械子藥附
片陳明在案欽奉前因閩省爲臣父母之邦公誼私情均難膜

視明知海疆聞警處處宜先事豫防然非到萬無可如何斷不敢稍分畛域惟唐定奎酌帶數營赴任殊恐無益福建有礙大局謹以管窺所及爲我

皇上縷析陳之伏惟兵之爲用合則强分則弱顧人人知其宜合而無從强合者則擇將難也往往帶一營以名將稱者或分統三數營則蹶矣統三數營以名將稱者或總統十數營則蹶矣此大枝勁旅所以關係　國家元氣未易以意分合之者也

唐定奎所統馬隊三營步隊十三營本劉銘傳舊部自臺灣撤定番社後病疫過半幾至不能成軍內渡後唐定奎蒙　恩簡授福建提督臣以該提督從前接統是營實由李鴻章親歷行

閒隨時隨事考察而擢用之非循資按格爭一日之長者比窮
荒返旆滿目夷傷既須拊循以慰羣情又宜申儆以作士氣此
斷非生手所能爲力是以不揣冒昧籲　飭該提督從緩赴任
宰荷　聖慈允准萬帳歡騰臣去年到揚閱操見其訓練已有
起色因調至江陰接辦礮臺工程使營哨弁勇日習於勞隱杜
其頹惰之志現臺工尚未一律竣事若唐定奎帶數營赴任非
特功虧一簣而餘存部曲臣縱暗中摸索放一統領保無力小
任重之嫌倘令全隊入閩既苦供億之繁而淮軍向喜馳驟平
原閩省跬步皆山未免舍所長而用所短且唐定奎赴泉州新
任其所部則分扼省城海口是兵與將又須分道揚鑣臣愚不

知兵頗慮兩失之竊思閩省所需旣不過數營現駐鎭江之前
雲南鶴麗鎭總兵宋國永霆慶兩營爲鮑超舊部皆衡永百戰
勁卒其地利與閩中相仿宋國永性行明淑以和得民似可調
至福州省城由何璟察看如其得力卽酌增營頭亦堪勝任至
唐定奎則仰懇
天恩仍予留統原營暫緩赴任俾各適其用不致牽動全局愚
昧之見是否有當理合由驛五百里馳陳伏乞
皇太后
皇上聖鑒訓示施行謹奏

鹽哨越境伺劫訊明分別示懲摺光緒三年三月二十八日

奏爲鹽哨越境伺劫訊明分別示懲恭摺仰祈聖鑒事竊據狼山鎭總兵王吉呈報船戶朱小海喊稟攬裝土棧客人洋錢信件行至海門廳所屬之豎積洪地方被浙哨羅登榜等搬搶一案臣當卽批飭提省審辦嗣准浙江撫臣來咨巡商張順昌稟稱轉據羅登榜函報狼山鎭標千總李永林等商索陋規不遂誣盜解廳拷掠收禁飭據江甯府知府蔣啟勛提訊不特李永林等供無商索陋規之事卽羅登榜亦堅稱全屬子虛迭次咨提原信延不繳出奏奉

諭旨著楊昌濬親提張順昌勒繳原信移交歸案辦理毋任該

商飾詞延宕等因欽此旋准楊昌濬來咨據運司詳稱親提張順昌訊問據供上年八月帶領巡勇之張惠臣星夜來杭面稱接勇目羅登榜函報八月十七日有狼山汛地李永林等因商說淮私規費不允遂將羅登榜所帶船勇一併送廳訊究商人一面上稟一面派人查訪始知八月十四日因追朱小海商船起釁不敢附和掩飾張惠臣已裁汰回湖北原籍一時未能到案等語除將巡商張順昌斥革勒限嚴追外伏查該商初稟絕未提及有商船朱小海字樣及奉到咨查諭飭稟覆始將查船起釁緣由稟報不獨張惠臣羅登榜藉詞抵制即該商亦難保不明知理屈勉爲附和案延半載有餘若靜候追取張惠臣函

件方能定讞無辜人證不堪羈累况羅登榜之信係周海雲所
書已經訊明當時信內絕無涉及陋規一語卽使此函呈出似
亦未便據爲左證應請轉咨先就案內人證澈底根究按律定
擬至羅登榜原册的係勇目並無官階等情轉咨到臣當卽飭
據江甯府蔣啟勛提犯覆訊議擬前來經臣親提據羅登榜供
湖南衡山縣人咸豐三年投營當勇歴保都司獎劄在湖州陷
賊遺失同治十三年張惠臣派帶巡船並無印劄光緒二年八
月十四日早見宋季港口有關快船一隻駛來喝令落篷不應
開槍追趕關快船上人鳧水逃跑伊叫勇丁李正楚過船幫同
將大小箱子各物搬過哨船開看箱內裝有洋錢十七八包伊

拏三封收藏約二百餘元除李正楚之外其餘勇丁並不知情當將客船帶走旋被營弁追回將洋錢箱物一併點交事主收領至陋規一節前年張惠臣對伊談及各處營汛查鹽時有得規賣放我們不可效尤此次信中並未提及不敢迴護質訊勇丁李士勝文星六文鳳來文新發羅再福瞿春華趙明發陸以順文洲順周海雲等各供是日追獲船隻係李正楚一人過船幫同羅登榜陸續搬回木箱物件伊等均未過船箱內洋錢亦未看見等語反覆究詰矢口不移案無遁飾應即議結查例載捕役並緝盜汛兵及營兵爲盜均擬斬立決又川省差役藉起贓等事無論有無牌票但經執持軍火器械直入人家擄掠貲

財將爲首及幫同動手之犯均照捕役爲盜例擬斬立決兵丁有犯照差役一律擬斷又律載斷罪無正條引律比附加減問擬各等語此案羅登榜充當浙巡於浙引地面緝私是其專責乃於江北遇見並未裝貨帶遞銀信之商船一望可知虛實輒敢開放槍礮駕船追趕經海門廳驗明朱小海船艄共著鉛丸三顆迨查無私鹽復令李正楚幫同搬取洋錢箱物並將商船帶走其爲藉端行劫已無疑義遍查律例並無鹽哨藉查私鹽爲由搶劫客船作何治罪專條若照營兵爲盜例問擬則與營兵平空肆劫者無所區別核與川省差役藉起贓等事擄掠貲財情節相符自應比例問擬羅登榜一犯應請比照川省差役

藉起贓等事無論有無牌票但經執持軍火器械直入人家擄
掠貲財將爲首及幫同動手之犯均照捕役爲盜斬立決例擬
斬立決臣於訊明後卽將該犯立按軍法以昭炯戒據稱保舉
都司既無獎劄呈驗浙省勇册亦未報明塡註是否揑飾無從
查究李正楚幫同動手本干例擬業已病故應毋庸議李士勝
等均屬受雇勇丁幫同駕船本屬分內之事羅登榜搬取客船
箱物之時該勇等並未過船亦未看見箱內洋錢惟當時不卽
阻止亦有不合應請各照不應重律杖八十分別折責遞籍交
保嚴加管束贓經由營起獲給領無干概予省釋以免株累除
供招另行咨部外合將鹽哨越境伺劫訊明分別懲辦緣由恭

摺具奏伏乞

皇太后

皇上聖鑒訓示謹奏

徐州彫敝謹擬互調道員摺 光緒三年四月二十八日

奏爲徐州彫敝日甚力圖挽救須仗出羣之才謹擬互調道員恭摺仰祈

聖鑒事竊惟豐沛睢邳爲古來豪傑淵藪有明中葉以後丁壯舍耒耨以逐河漕之利遊惰成性盜賊遂萌蘖乎其閒顧帑藏充盈河有歲修漕有歲運官猶能以脂膏餘潤操縱其吏卒約束其人民自兵燹摧殘糧艘朽蠹黃流北徙災歉頻年不特民無以自存官且無以自立而椎埋爲生之禍熾隱忍求安之勢成去年旱繼以蝗蕩析離居圖不勝繪臣與漕臣撫臣及各紳商力籌賑卹所濟者千百曾不一二公私所費奚啻百餘萬金今歲麥收雖報五六分而沿江蝻孽滋生秋糧在

不可知之數人情擾擾命案盜案無日無之所賴監司大員任
怨任勞嚴督守令當幾立斷庶頑梗者受創良懦者獲伸稍一
遲疑則訟棍地痞變幻萬端其弊不可究詰根深蔕固將釀無
形之亂階現任徐州道吳世熊人甚精明地利民情亦熟惟細
鍼密縷則有餘大刀闊斧則不足於是缺人地未甚相宜查有
江西糧道段起久歷戎行耐勞善斷與臣共事日久知之頗深
自奏調來江後疊經委赴淮揚一帶查辦妖匪等案均能不動
聲色弭患未然扶弱鋤强一洗積習上年欽奉
上諭飭放江西糧道適臣先期飭赴衡永一帶察看淮引積疲
情形近始銷差是以尚未赴任可否仰懇

天恩逾格准其調補徐州道俾資整頓所遺江西糧道一缺查
吳世熊於錢糧窾竅向能悉心考究謹司筦鑰每事躬親如奉
旨准其調補均堪勝任如此互相更調一資其果毅之力一資
其綜覈之力遷地皆可爲良臣知隔省互調道員與例未符第
爲地擇人事關大局不揣冒昧謹會同漕運總督臣文彬江蘇
巡撫臣吳元炳江西巡撫臣劉秉璋恭摺具陳伏乞
皇太后
皇上聖鑒訓示不勝惶悚屏營之至謹奏

閩省現無軍務前調霆慶二營擬請仍留江防摺 同日

奏爲閩省現無軍務前調霆慶二營擬請仍留江防以節糜費而順輿情恭摺仰祈　聖鑒事竊福建前因兵力不敷經臣奏請飭令前雲南鶴麗鎮總兵宋國永管帶霆慶二營馳往原爲該省防務孔棘起見自奉
旨准行後臣一面囑該總兵整軍以待一面函商閩浙督臣斟酌情形聽候調撥旋聞臺灣一切安堵撫臣丁日昌業已內渡正擬咨商閩適准督臣何璟函咨霆慶二營既已奏准調撥囑臣寬籌餉項洋械仍飭赴閩等語在該督臣之意自因奏准在先不宜再有更張持論甚正惟時分緩急事有重輕臣係原奏

之員斷不敢稍涉拘泥竊謂遠道徵兵本一時權宜之計霆慶
二營應調適當閩省米價騰涌之時勢不能不豫籌數月餉銀
俾裹糧而出約計非數萬金不可江南何有留存待放之款勢
必挖京協各餉以供之如果閩省現辦軍務并該營無以資防
禦雖多費亦何敢惜今則仰託　天威海疆靜謐若仍調兵遠
涉不獨虛耗　國帑抑且轉啟羣疑江南各防營除操演外兼
司版築近日蝗蝻紛起鄉民畏懼之情惴惴焉甚於强寇且值
刈麥分秧之際農人愛惜寸陰逐隊捕蝗日不暇給臣奏明檄
飭各防營分投幫捕借兵力以恤民艱霆慶二營久駐鎮江與
該處百姓情誼浹洽前聞移調之信疊經紳民籲留臣均峻詞

駁斥今則明知閩省並無防務本地蛹孽環生鄉民依恃該營
惟恐其去若竟置之不顧亦非所以俯順輿情臣再三酌度所
有霆慶二營合無仰懇
天恩仍留江南免其調戍至閩省豫籌防務乘此暇日選將練
兵就地成營較之遠召客軍必更得力如此通盤打算似於兩
省大局均有裨益除由臣函咨福建督撫臣外理合恭摺具陳
伏乞
皇太后
皇上聖鑒訓示謹奏

江南墾荒未便剋期從事摺同日

奏爲江南墾荒未便剋期從事請照同治八年奏定章程辦理
導以自然之利而課其漸進之功恭摺仰祈　聖鑒事竊臣於
光緒二年十一月二十七日奉
上諭御史朱以增奏江蘇安徽兵燹之後尚多荒田請飭詳議
並調淮軍屯墾各摺片江南爲財賦之區大利在農既有未墾
荒田自應設法開種並是否可辦屯田著詳細籌議等因欽此
伏查蘇省被兵荒地同治八年經前督臣馬新貽前護撫臣張
兆棟奏定招墾章程八則奉
旨允行覆核原議章程非不周詳而各屬未墾荒田迄今尚復

不少者良由兵燹之後人民寥落一人之力至多種田十餘畝成熟之田忙時尚恐難雇短工何能推及荒田不得已募淮北流民給以工本農具原冀一樹百穫坐享其成抑知江南盡係水田淮北多種旱穀耕耘之法既殊勤惰之性亦異良善者本籍有田可種安土重遷其流入江南大率無籍之徒鄉里所棄露體塗足本非所習兼之賦性强悍動輒滋事學稼既未如式收息自極微薄一經墾熟即須徵賦不准再荒幸而歲豐抵工本外僅敷完糧若遇歉收更須賠貼且有刈穫後席捲而逃業主無佃可招廢於半途以虛糧爲子孫累者此荒田未能盡墾之實在情形也臣以爲民雖至愚無不自悉其親受之利害若

趨利之念不敵其避害之念雖驅之以條教而有所不能從夫農田之利所以如此其微者一則由於水利之不治軍興以來誰復言及疏濬者河道處處淤淺甚者竟成平陸潦則溢旱則枯暘雨偶愆補救無所施成本盡歸無著一則由於穀賤之傷農民習於避兵輕去其鄉無復以蓋藏爲念者粒米狼戾則彼此均不甚惜雖賤價且無處求售所謂樂歲終身苦也舍耒耜以作傭保所得倍蓰矣悟其受病之源而後有以施其鍼砭之術取河渠而治之使宣洩有所灌溉有資凶年無赤地之患矣舉義倉社倉常平倉而儲之收其有餘貸其不足豐年無餘粟之嗟矣曠土當前有不趨之若鶩者乎馬新貽原奏推本於州

縣之得人者卽謂此也第此二者經費殊鉅江南民力竭於轉
輸待鉅款集而從事焉必無觀成之日計惟有伺閒而動得尺
則尺得寸則寸溝洫逐漸通暢倉庾逐漸充牣十數年後阡陌
必復舊觀較諸強之以所難其利鈍相去遠矣茲據署江藩司
勒方錡蘇藩司恩錫會詳請奏前來理合會同江蘇巡撫臣吳
元炳恭摺具陳伏乞
皇太后
皇上聖鑒訓示至淮勇屯田一節業准直隸督臣李鴻章咨稱
兵民雜居弊多利少應由該督臣主稿具覆合併聲明謹奏

皖南急於和民不急於招墾片 同日

再皖南荒田較江蘇尤多然該處急於和民而不急於招墾髮逆焚戮之酷無甚於徽甯者孑遺之民存什一於千百當時創議招墾原謂客民資土民之地土民資客民之力交相爲利也乃客民强而土民弱客民貧而土民富强則敢於爲惡貧則輕於爲惡而土民無以自存矣年來久住之客民漸有墳墓田廬之戀又有請入籍應試者尚能隱忍相安若近日之楚豫流徙而南者不特土民苦之卽客民亦苦之書曰惟土物愛厥心臧不愛其土未有能臧其心者目前多一新招之戶卽異族多一入轂之資倘主客相安邪慝不作十年生聚農服先疇何至地

有遺利哉臣愚昧之見未知當否謹會同安徽撫臣裕祿附片

具陳伏乞　聖鑒訓示謹奏

銘軍勦番陣亡員弁勇丁請列入祀典摺光緒三年六月二十八日

奏爲銘軍勦番陣亡員弁勇丁在鳳山縣建祠告成懇請列入祀典以慰忠魂恭摺仰祈

聖鑒事竊照同治十三年生番肇衅飭調福建陸路提督唐定奎統帶銘武馬步十三營馳赴臺灣會合戡定其陣亡傷亡病故各員弁勇丁仰蒙　賜卹入祀昭忠祠旋經該提督於光緒二年七月分籌款在於鳳山縣北門外武洛塘購買基地檄飭參將程會郁會同鳳山縣知縣孫繼祖設局辦理建立昭忠祠享堂三間兩廡各三間旁葬勇棺一千一百四十九具又於枋寮購地作爲義冢遷葬前敵內山等處勇棺七百六十九具於上年八月分一律工竣據該提督

申請具奏前來臣等查銘武諸軍前次奉調剿番重洋涉險斬
棘披荆較之剿逆剿捻尤爲艱苦所有該軍陣亡傷亡病故各
員弁勇丁旣據該提督籌款購買基地建祠告成相應請
旨准其列入祀典由地方官春秋致祭以慰忠魂除將送到圖
說咨移部科查照外謹會同閩浙總督臣何璟福建巡撫臣丁
日昌恭摺具陳伏乞
皇太后
皇上聖鑒訓示謹奏

江甯府屬擬請酌減漕糧摺 同日

奏爲瀝陳江甯府屬彫敝情形擬請援照蘇松太成案籲懇
特恩酌減漕糧以勸墾荒而紓民困恭摺仰祈
聖鑒事竊照
江甯府屬熟地懇請減則徵收一案疊經前督臣李宗羲等奏
陳均經部臣議駁嗣署督臣劉坤一會同臣元炳籲請暫減三
年部議光緒元年丁漕准予減徵二年按元年所減數目酌減
一半三年查照原定科則徵收等因當經轉行飭遵在案臣葆
楨莅任後因各屬荒田嚴催未墾而江甯府屬轉多墾而復荒
者驟聞之不勝其疑再四訪求僉稱江甯賦重亞於蘇松而地
磽等於徐海以十餘年廢耕之土責諸數百里孑遺之民倘錢

漕照額徵收竊恐年復一年流亡多而汙萊更甚旋據前兩廣
督臣鄧廷楨之孫優貢生鄧嘉緝稟稱祖遺田地二百四十餘
畝無從招佃情願充公言之甚痛臣派員履勘有佃承耕者尚
一百七十餘畝拋荒者僅七十餘畝緣恐歲非上稔佃復續逃
墊完既苦乏資積逋可勝負荷夫以簪纓之族尚因無力
賠賦棄之如遺則窮簷小民困於追呼何堪設想　國家大利
在農若不培其本根恐撫字催科二者均無從下手藩司孫衣
言到任正值上忙奏銷之際疊經通盤籌畫以爲非利農無以
勸墾非減則無以利農茲據詳稱從前江甯府屬權辦抵徵上
則田每畝徵錢二百五十文下則田每畝徵錢一百三十文爲

數甚廉似應爭先開墾趨之若騖乃求之汲汲而應者寥寥實
由兵燹之餘鄉民自種自食每戶不過十數畝而止餘地招募
客民給以資本應募者來自江北土性異宜加以强悍難馴費
資多而交租少大約從前每畝收米一石者今祇收稻百斤或
七八十斤礱米不能四斗稍加催索則席捲潛逃牛具田租均
歸烏有而田已報熟賦無可蠲辦抵徵時弊已如此今復丁漕
原額綜計上則田每畝須完錢四五百文較之抵徵數幾倍之
農服先疇棄之則無以爲生守之又不敷償課良懦釋耒狡黠
揭竿上年六合鬧漕雖借屯米爲詞實則希圖普減戶部職在
裕　國原難輕議更張第裕　國必先裕民必欲使兵火之餘

生盡納承平之井稅情旣不忍法且難行萬一別滋事端竊恐所失更甚目前雖遵部議上忙勉強啟徵現屆六月各州縣報解不前加以亢旱兼旬蝗蝻蔽野近幸渥沾雨澤插秧已遲所宜及早熟籌豫杜後患因思地丁一項不敢再請減徵惟有援照同治二年　恩免蘇松太三屬虛糧之案將江甯府一屬除高淳溧水二縣向完折色不計外其上元江甯句容六合江浦五縣額徵漕糧等米一律減免十分之三查該五縣田地荒熟併計應徵原額漕屯兵卹等米共十五萬四千八百八十九石有奇以十分之三核計該減米四萬六千四百六十六石有奇就現在啟徵熟田而計應徵原額漕糧等米九萬二千九百九

十五石有奇共請減三成米二萬七千八百九十八石有奇尚應徵熟田米六萬五千九十七石有奇將來繼墾熟田亦照此科徵不再加重斯民具有天良幸沐皇仁優渥如此斷無不踴躍樂輸有田之家既得田之贏餘豈肯輕棄其業無田之民不畏田之賠累更當競趨於耕十餘年後民間增數十萬之熟田國家即多數十萬之正賦等情詳請具奏前來臣等伏查漕糧關繫正供不容輕議增減蘇松等屬同治二年蠲免十分之三此破格之恩豈尋常所當援例然江甯府屬淪陷之久倍於蘇松荼毒之酷甚於蘇松田土瘠而遺黎稀更無從與蘇松比較同是朝廷赤子何忍聽其既登衽席者馴致流亡蘇

松太減米五十四萬餘石之多爲萬古未有之　隆施所以鞏
萬世無疆之　寶祚今於江甯府屬再減米二萬七千餘石僅
及蘇松太二十之一於　國計似無大損而
聖主如傷之隱周浹旁皇其以人情爲田一樹百穫者何可數
計惟前次所請減者有二成半二成一成半之分今則統減三
成似乎冀倖過甚然前次米銀一律請減今所請者不減銀而
減米相權不甚懸殊我　國家
列聖相承皆以愛民爲本幸逢
皇太后
皇上勤求民隱疊沛　温綸父老捧誦　詔書莫不感極涕零

奔走相告臣等不能奉宣　德意使地鮮遺利家有餘糧絕無
致富之謀只有乞　恩之疏捫心清夜何地自容然實出於智
盡能索之苦衷非敢蹈釣譽沽名之陋習惟有籲懇　鴻慈逾
格
特旨准照蘇松太成案核減上元江甯句容六合江浦五縣漕
米三成俾民不以納課爲畏途而以墾荒爲利藪臣等不勝感
激屏營之至除飭該五縣按三成米石均勻攤派某則某田減
免若干另行造具減則畝分咨部備查外理合會同漕運總督
臣文彬恭摺瀝陳伏乞
皇太后

皇上聖鑒訓示謹奏

請　旨通飭各省搜挖蝻子摺光緒三年八月二十八日

奏爲續陳近日捕蝗情形並請
旨飭下本年有蝗各省豫籌冬令收買蝻子以絕根株恭摺仰祈
聖鑒事竊江皖兩省捕蝗情形臣於本年四月十四日六月二十一日兩次馳陳在案七月後蝗患漸息雨暘亦尚調勻正喜早稻登場晚禾結穗乃甫交八月江淮各屬又紛紛呈報蝗由西北飛來其麕聚之鄉竟堆積尺餘衮延至十數里之遠各防營乘夜深露重出全隊撲打每五日所報百數十萬餘斤地方官所雇壯丁及民間捕繳者不與焉而滋生太衆蔓延太廣禾稼終無由萬全更有一種青蟲其害稼甚於蝗特未傳之

翼耳就本年五月閒情形而論目下尚有可收之稻已非意想所敢期然統計江皖各屬秋成能否中稔尚無把握北路如晉豫等省荒歉甚於東南蒿目時艱徬徨中夜轉瞬霜降蝗將抱葉而槁而遺子入土者後患正自無窮大抵除蝗之法捕蝗不如除蝻除蝻不如收子向聞老農傳說雪厚一寸蝻子入土一尺若得大雪盈尺則下年蝗患自絕無論雪之有無不可必卽使瑞雪應候而蝗之消否究屬臆揣之詞去臘三白如期今年方春而蝗已熾天可幸而不可恃也客冬內閣中書何慎修前臺灣道吳大廷咸勸臣乘時購挖蝻子臣憚於籌費孔棘又冀倖於雪意方濃一念蹉跎貽誤至此今則一誤何堪再誤矣竊

意農隙豫作綢繆之計必須徧行曉諭重價收買雖不敢必其淨盡總期去一分是一分其搜挖之法原可仍資防勇而山深林密離城太遠之區非由鄉民自行窮探不能如篦如梳無所遺漏田閒終年辛苦祗此歲晚務閒之日迄可小休若非中有所歆孰肯皸瘃衝寒馳驅効命者惟有分飭各州縣定價招徠俾有利可圖則男婦老弱一律踴躍爭先不但藉以捍災幷可資爲工賑百姓有口實可戀不致流亡四溢寇盜之源亦清今冬收子一升勝於明年捕蝗百石今冬費銀一兩必於明年收利千鍾各州縣來請捕蝗經費者臣無不飭司籌給至司中萬無可給亦勸其多方籌墊准予報銷誠見於所費者雖多而所

得者更不止此也寬籌經費以壯州縣惜錢之膽嚴行查察以警官吏骫法之心二者相輔而行不可偏廢臣當與江蘇撫臣吳元炳安徽撫臣裕祿豫商籌備實力稽查各地方官有奉行不力者則嚴劾而痛繩之斷不敢稍存姑息惟本年南北各省飛蝗甚廣一處遺子則貽害必及他處一年遺子則釀災豈止明年惟冀協力齊心或者合圍掩羣不留餘孽臣非敢操必售之劵亦非敢爲分過之謀第無術以存一方兵燹之遺更何策以慰

九陛旰宵之望相應請

旨勅下本年有蝗省分各籌經費督飭州縣收買蝻子以絕根株庶幾仰賴

天恩爲民除害大局幸甚臣不勝感悚屏營之至理合會同江

蘇撫臣吳元炳安徽撫臣裕祿恭摺具陳伏乞

皇太后

皇上聖鑒訓示謹奏

劉璈請留江蘇補用片 同日

再二品頂戴浙江遇缺題奏道劉璈同治十三年臣奏調臺灣派充總理營務處光緒元年二月在臺防聞訃丁憂回籍復經臣請

旨飭令葬畢赴臺該員堅乞終制由湖南撫臣王文韶奏明在案查劉璈品端識偉前在浙省誅鋤强梗卓著循聲襄辦臺防實力實心不避嫌怨洵監司中不可多得之才目前江蘇整頓吏治餉源營政洋務處處需賢佐理劉璈已於本年五月服闋合無仰懇

天恩俯准浙江題奏道劉璈留於江蘇以道員歸原班補用俾

臣得收指臂之助出自逾格恩施除由臣劄調來江外謹附

片籲陳伏乞聖鑒訓示謹奏

開採貴池縣境煤鐵援案減稅摺 同日

奏爲開採安徽貴池縣境煤鐵援案請減稅銀以期暢銷恭摺

仰祈

聖鑒事竊查津滬等處船礮各局需用物料以煤鐵爲

大宗前經臣等議採內地煤鐵濟用先後奏明在於臺灣湖北等處派員設局督率興辦上年十月間據江蘇前先補用道李振玉稟稱安徽池州府貴池縣貫口諸山產有煤鐵擬請招商開採復經臣與直隸督臣李鴻章往返咨商飭據前署徽甯池太廣道孫振銓會勘明確並擬送試辦章程當卽劄委該道等督飭商董認眞經理已於本年三月間設局開辦昨准李鴻章咨據該道等會稟刻下修路製車購辦機器該商已費鉅資若

完稅仍照舊章則成本太重有礙運銷且該處取煤甚旺池郡山多木廣民間並不用煤非裝運出口別無銷路與臺灣湖北事同一律擬將煤稅援案請減等情咨商會奏前來臣查總理衙門前次議覆湖北煤稅摺內有此外出煤處所仍照舊徵收等語惟該局用西法開採出煤增多核與臣等奏准臺灣湖北煤稅每噸減爲一錢之案相埒似應一體減稅使之樂事勸功合無籲懇

天恩俯准援照臺灣湖北之案辦理以暢銷路而敵洋煤謹會同北洋通商大臣大學士直隸督臣李鴻章安徽撫臣裕祿合詞具奏伏乞

皇太后

皇上聖鑒訓示謹奏

江蘇餉源日竭兼籌酌劑摺 光緒三年九月二十八日

奏爲江蘇餉源日竭萬難支拄兼籌撙節酌劑以應急需恭摺仰祈

聖鑒事竊江蘇近年來餉需缺乏情形屢經前督臣暨臣會同撫臣縷析陳明各司道及經管軍需之員左支右絀設法挪展久矣無日不在窘中矣然收款之少出款之多從未有如今日之相去懸絕者通籌出入款目豫計明歲情形惴惴焉不知所措查蘇省入款最鉅者曰關稅曰釐金關稅以絲茶爲大宗本年茶商無口不虧絲則既値蠶荒又苦銷滯稅項之絀中外咸知釐金自洋票盛行艮賈折閱收數本已大減今年各省荒歉米穀免釐統計蘇滬釐局比較往年不及十之六七而

金陵釐局短絀尤甚雖經藩司孫衣言極力整頓嚴杜中飽而涓流撮壤所益幾何前者奏明提存招商局銀五十萬兩雖商務因而起色而江安糧庫一洗而空江藩庫江海關俱以要款抵撥至今無從歸補不能不悔任事之孟浪也然此藏諸外府俟商股充溢尚可陸續收回若災賑則無公無私羅掘殆盡雖暫解燃眉之急要難醫剜肉之瘡蘇藩庫淮運庫均儘收儘放從無存留絕不料江南財賦之區貧瘠至於如此議者曰權撥款之緩急而應之夫各省非値其所至急誰敢冒昧上請各省請之且部議准之矣孰是其爲可緩者無論

萬年吉地

惠陵工程銀兩雖寬到萬分不敢短解絲毫卽如西征所借洋
款分期扣還前者未清後者復集若掣動京餉以應殊非臣子
之所以爲心然使稍不如期非惟額外耗息抑亦大傷 國體
至老湘營一軍在西征最居前敵其忍飢寒冒鋒鏑之苦迴異
等倫客歲解餉十二批短閏月一批於心至今耿耿此後稍可
爲力斷不忍以八成部限爲辭目前江南缺餉根由固在出款
之驟增尤在入款之銳減 微臣 智術淺短無能開源再四思維
僅有節流一法霆慶二一營調防閩省本與一時赴援者不同然
果江南稍可支持 臣 等斷不稍分畛域今則自顧不暇已咨請
閩省督撫臣改歸閩中發餉矣前威甯鎮總兵萬化林管帶利

用二營本屬得力殊難割愛今適該鎮因病給假另檄知府王
之春接帶姑併一營暫節餉需而現在利用營須籌遣費霆慶
營調防時預給三關薪糧目前轉增急款其餘本省防軍自減
定每年十關約明剋期支放未便再有短少而淮軍月餉滇黔
協餉金順專餉西甯月餉東三省兵餉以及各處指撥之項或
羽書絡繹或派員守提雖悉索以供仍復積欠纍纍無由自白
臣前奏截留江海關二成洋稅一年部議准截六箇月臣以爲
亦可得三十餘萬兩縱礮位水雷等件未備礮臺可一律安頓
整齊詎料嚴催嚴提僅索得六萬餘金沿江仍停工以待蓋該
關早已寅支卯糧力顧考成欲不舍已芸人不得也議者咸咎

臣不當以南洋海防之款歸併北洋臣愚以爲非得外海一大支水師江防雖極力補苴究竟防不勝防毫無把握故至今猶一心一意延頸跂踵以俟鐵甲之成也竊至如斯豈區區艤出三營之餉所能濟事萬不獲已擬將淮運司原解陝省改協西征之一萬兩檄飭湖北督銷局暫解金陵軍需局留爲劃抵洋款之用又函商江西撫臣劉秉璋請其每月協銀二萬兩昨准復函詳述西省支絀各情而以蘇省需款更急擬自明年爲始歲撥銀十萬兩洵屬力顧大局臣於西省餉源之窄知之甚悉何敢過事瀆求惟當此智盡能索之時不得不爲竭忠盡歡之舉合無仰懇

天恩敕下江西撫臣劉秉璋從明年正月起每月協濟江蘇庫平銀一萬兩臣當督飭司局各員歸入軍需項下匯總抵撥總使洋款按期歸還而本省額放之款亦得稍資周轉大局幸甚所有江蘇餉源日竭現籌撙節酌劑緣由謹會同江蘇巡撫臣吳元炳恭摺具陳伏乞
皇太后
皇上聖鑒訓示謹奏

淮商遵完川鄂餉銀懇立限收復楚岸摺　同日

奏爲恪遵部議包完川鄂餉銀懇將楚岸引地立限收復恭摺

仰祈

聖鑒事竊收回淮鹽引地一案欽奉

諭旨令臣等妥速會商先期奏定等因當經分咨各督撫臣一面飭司督同淮商籌議去後茲據運司歐陽正墉取具各商切結加結詳覆前來臣查淮南額重課繁取資於兩湖者居十之六兩湖引地爲萬竈煎丁所託命亦千古鹽法之常經今通泰二十場山積塵封幾無隙地竈情之急迫如彼部議之嚴切如此司淮鹺者居今日而不圖規復引岸上無以循

列聖之矩矱下無以拯窮海之生靈淸夜捫心可勝負疚顧禁

川復淮前督臣曾國藩馬新貽均奏荷　飭部議行而迄未就緒者滇黔軍務未靖川鹽無所歸宿各省籌餉同一緊急爲淮計無暇爲川鄂計顧此則失彼此川鄂兩省所以不得不交章請緩也現在川省運黔邊引業經四川督臣丁寶楨籌借巨款官運商銷在川且存讓淮之心在淮敢吝貼川之費傳曰以欲從人則可書曰同寅協恭和衷哉是欲復淮必須事事爲川鄂設想方合同舟共濟之誼臣博采羣議集思廣益熟籌三事敬

爲

皇太后

皇上縷析陳之一曰包餉宜信就淮南餉事而論每年部撥京

餉四十五萬兩尙未能解足八成他如出關緊餉貴州甘肅烏城東三省等處撥餉或酌量解濟或絲毫未解支絀至此豈有餘款可籌然既經戶部議令包完論成本未免驟增論公義實無旁貸在謀鹽票不得者聞有加引之說輻輳而來雖勒以重捐亦其所甘然謀夫孔多未必能守此大信竊思商循族世之所鬻甘苦備嘗所籌必遠與其招新商終不能爲萬衆無遮之會不如保舊商可以鞏百年不拔之基臣督同運司傳集衆商許儘鄂湘原認之引循環轉運不再另增新引以撓其權而奪其利各該商仰體朝廷德意情願每引攤繳銀二兩鄂湘兩岸近年本可銷淮鹽二十萬引禁川以後以增銷十五萬引計

之共可銷三十五萬引每引二兩可得銀七十萬兩加以原奏
課釐九十萬兩共合一百六十萬兩擬以一百萬貼鄂六十萬
貼川鄂省向收川釐分正稅加稅公費三項加稅內有分解淮
局之款統在此百萬兩中查照向章分別抵扣每年包繳之銀
由督銷局按月分解責成淮商於年終截數統算缺則如數包
納溢則留備滯銷業與各該商堅明約束取有切結達部將來
淮商短繳絲毫　微臣　願當其咎此恪遵部議開誠布公先示大
信之辦法也一曰定限宜豫淮南場竈盼引地之復有年矣一
旦議禁川鹽不啻久旱之遇甘雨朝發令而夕奉行猶苦其緩
情也亦勢也惟川鹽運鄂所以勝淮者淮售現銀川收期票歷

時既久帳目滋繁非寬以歲月無從清理卽川省修復邊引亦斷非一蹴而幾之事夫趨利每敗於欲速而用志尤貴其不紛川鹽自井次起運以達宜昌完稅後分赴荆襄等府若先禁其出售則舊積者何由歸本若先禁其入楚則已運者勢難折回

臣悉心酌議應以此摺奉

旨之日起立限一年截止川鹽出運以清其源自截止出運之日起再限六箇月一律運竣自運竣之日起再限六箇月一律銷竣而其流亦清倘已屆限期而川鹽尚有尾數存岸或由川商核算成本歸淮商收買搭銷以免轇轕亦兩全之計截止川鹽起運之日卽平善壩設卡之始設卡後限內有票川鹽由卡

驗明仍歸鄂省照常抽稅放行淮南應於鄂之宜昌樊城湘之

澧州等處酌設督銷淮鹽分局仍歸總局統轄俟到岸川鹽售

銷過半方將淮鹽運往各分局先行儲備全數封存俟川鹽限

滿銷竣方准接售淮鹽如此寬以兩年則川商舊欠可陸續收

回川井新鹽可陸續減運彼時開辦邊引官運商銷必已著有

成績此遵部議不求速效次第就理之辦法也一曰用人宜慎

旣禁川鹽必停川釐川釐旣停販則利其本輕民則貪其價賤

難保私梟不乘間抵隙而來引地旣經收回責商包餉淮商命

脈所繫在此川鄂餉源所繫亦在此關係旣極重大籌畫不厭

精詳大概以不擾民爲第一要義而關鍵在乎用人用人當則

緩急張弛悉中肯綮自能民懷德而梟畏威臣擬揀選廉明精細力持大體道員先行商諸湖廣督臣李瀚章必求彼此深信再行會同奏派在平善壩設立緝私局總理其事應如何添造礮船如何抽調旱隊如何設立分卡如何揀派委員統由該員屆時妥議通稟會辦襄陽一帶爲潞私侵灌最盛之區亦應派員前往聯絡地方官力籌堵緝以後湖北四川州縣協同淮南緝私爲淮出力與爲川鄂出力無異三省合爲一家隨時會商勤者奬之惰者汰之此遵部議用人得當私淨官行之辦法也至淮南鹽色自去年清理場垣先儘老堆綑運臣日與場局各員加意講求未嘗片刻懈弛現在運鄂之餘東呂四石港金沙

伍祐各場鹽斤滷淨質潔漸可與川鹽相敵向來色次場分經
現署泰分司許寶書飭取各場原滷用灰重淋一次調集竈丁
入鐅試煎呈驗鹽樣一律潔白如霜所加工本每斤不足一文
考究既精整頓尤易爲力臣已飭分司場員如法煎煉兼以鹽
色之高下定售價之低昂別場員之勤惰鼓舞而督責之以期
鹽色蒸蒸日上斷不任其以低次滷重之質自取滯銷夫運鹽
者商食鹽者民從未有不便於民而商能獲利者倘禁川之後
淮局以低鹽充數致鄂民有食貴食惡之苦臣願受湖北督撫
臣參劾不敢置辭臣以二百餘年固有之引地費百數十萬各
商之血本披肝瀝膽求助鄰封豈好爲苟難哉實有鑒於

祖制必不可違部議必不可梗　國計必不可誤竈戶必不可
無以爲生萬不獲已之苦衷當爲川鄂所共諒臣一面具奏一
面咨商湖廣四川湖南各督撫臣將臣所議各節是否允洽秉
公妥議迅速覆奏並咨明臣處以便會同次第開辦仰副
聖主整飭鹺綱之至意所有淮商遵完川鄂餉銀懇將楚岸引
地立限收復緣由理合縷析恭摺覆陳伏乞
皇太后
皇上聖鑒訓示再粵鹽佔銷湘岸應俟川鹽禁絕後另再察酌
情形奏請辦理合併陳明謹奏

淮商包完川鄂餉銀請俟淮鹽開售之日爲始片 同日

再續淮部文令淮商先行籌銀五六十萬兩解赴川省以備開辦滇引之用部臣通籌全局兼顧川淮可謂無微不至查課從鹽出楚之荆宜等府目前淮鹽未能運銷本屬無可措解惟貼川之餉部文内有俟川省邊課收有成數或將淮餉減成或全數免解等語今川省既將黔引開辦滇引繼之如果淮商之於川餉祇須籌貼一年則時既暫而不常款雖重而可集各商縱筋疲力盡臣當勉以大義勸令各出子金措借鉅款分批起解以應急需倘川省以邊引初開必須淮商按年津貼漸減漸停則爲日較長爲數較鉅且平善壩等處造船招勇事事皆無米

之欸更無卯年之糧可支寅年之用惟有俟荆宜等府川鹽銷

竣開售淮鹽之日爲包完川鄂餉銀之始以昭公允而順商情

合再附片陳明伏乞　聖鑒訓示謹奏

陣亡總兵陳勝元請於死事地方捐建專祠摺 同日

奏爲總兵勦賊陣亡功德在民請於死事地方捐建專祠恭摺

仰祈

聖鑒事竊照原任福山鎭總兵陳勝元福建同安縣人

於咸豐三年正月間在安徽太平府屬之四合山督率各船勦

賊陣亡當經奏奉

諭旨照提督陣亡例從優賜給䘏

予謚剛勇入祀各昭忠祠在案茲據當塗縣知縣張攀桂稟稱

該總兵之子浙江太湖營遊擊陳宗凱於咸豐九年前赴四合

山尋覓父骨以道路不通而返本年其弟舉人陳宗超復來沿

江探訪郡民人人能述該總兵保障之功莫能指出忠骸所在

陳宗超苦索累月哀動途人始據采石鎮耆民曹錫華等告知咸豐三年二月有船戶徐如貴在江洲撈起浮屍身帶𫄷子二顆足穿戰靴知係殉難官員將其身帶金牙籤易錢棺殮葬於古唐寺岡其週身服色尚能歷歷言之與當日脫出弁兵報陳宗凱之言合陳宗超開棺滴血確係該總兵骨殖陳宗凱聞信趕到另具衣棺扶歸原籍該處紳耆僉稱當時賊舟蔽江而下前無堅城賴該總兵獨力迎剿俾郡民乘閒搬避留此餘生有遺老目覩死事情形口講指畫聲淚俱下今見其兄弟迭次尋骨志在必得忠孝萃於一門益生傾慕據該邑紳士江蘇候補知縣夏致鑾等稟請在於太郡死事地方捐建專祠等情轉稟

請奏前來臣查該總兵陳勝元以死勤事功德在民既據官紳
稟請在於死事地方捐建專祠合無籲懇
天恩准於太平府屬四合山地方捐建專祠以順人心而彰忠
藎除咨明原籍准其照例入城治喪外謹合詞恭摺具陳伏乞
皇太后
皇上聖鑒訓示謹奏

江北新漕暫由招商局輪船海運摺光緒三年十月二十日

奏爲運船回空無期懇將江北新漕暫行海運一年恭摺馳陳
仰祈　聖鑒事竊臣接准部咨光緒三年江北冬漕飭令仍辦
河運務將米數設法多籌船隻寬爲豫備乘來年伏汛以前趕
赴張秋一帶渡黃北上等因當經嚴飭遵行去後茲據江甯布
政使孫衣言江安糧道松椿詳稱江北歷辦河運全賴雇用民
船近因道阻且艱沿途起剝折耗賠累無不視爲畏途上年回
空漕船大半阻於張秋生計無資悉將篷桅與售並有變賣船
隻者雖蒙籌款撫卹而所得不償所失怨讟滋深其幸得南旋
者亦不願再裝漕米今春經委員等多方勸導許以早令回空

不似上屆之遲滯始肯勉强承運乃開行後自邳宿以至夏鎮節節盤剝拖泥磨淺大費周章及由戴廟閘出口挽入黃河因大溜南趨其北注八里廟灌入張秋運河者不過十之一二而晉城吳家壩史家橋等處黃流湍急險惡萬分每挽一船集百數十人之力稍有不愼傾覆隨之至八里廟又因山陜亢旱黃汛漲發不大且口門背溜水落則溜緩溜緩則沙淤百計經營始將漕船十起先後挽入運河全抵臨清以爲可幸無事矣不料運河遞年爲黃流所灌停沙愈積愈高竟如高屋建瓴俯瞰衛水又值衛水十分微弱無從仰承高下懸殊萬難出口原擬辦理接運無如北船寥寥委無可雇而南船節節磨鈍益憚北

行開導再三並加優卹仍令原船拖壩入衞逕送通倉於八月
到壩交卸後卽令趕緊回空旋據東昌府知府程繩武禀稱張
秋至臨清箝口壩二百二十餘里運河乾涸過半爲歷年所未
有倘空船勉强入運必致乾擱河內進退爲難請飭暫泊衞河
籌給守凍經費春融再令南下免滋事端雖經東省沿河各州
縣暨承修河道委員趕緊挑浚一面劄飭押空委員酌帶經費
會商東省各員妥速設法引水浮送究竟年內能否南下殊未
易知其奉撥河南賑米又令原船運赴道口交兌該船戶自知
回空必誤而藉此往返可圖經月口食亦顧且解燃眉之急此
本年漕船礙難回空之實在情形也伏查江南年來行商蕭索

民船本不甚多而歷屆河運朽壞拆賣者亦復不少現在阻於
張秋空船又四百數十號守株以待雖悔可追謹卽分派委員
先行四出雇募優予價值設法招徠旬日以來迄無應者卽間
有一二不甚整齊船隻與商修理一間裝運漕米亦皆裹足不
前刻已十月中旬開兌新漕計期不遠舊船既不能南下新船
又無可雇若不迅圖變計勢必臨時貽誤關繫匪輕用特據實
纜析詳明擬請援案暫由招商局輪船裝運赴津交兌以實倉
儲來年回空漕船乘此機緣修艌堅固張秋河道山東亦可從
容實力開濬下屆仍循向章辦理河運斷不敢畏難推諉詳請
具奏前來臣查以江北之運存山東之河部臣煞費苦心疆吏

敢分畛域惟辦運首以雇船爲急不容不及早紆籌舊船既萬
難回空新船又無從招雇與其抑勒騷擾何如偶示權宜合無
仰懇
天恩俯准暫由招商局輪船裝運一年明歲再復舊章以免遲
誤除飭將一切應辦各事宜趕緊妥籌外理合會同漕運總督
臣文彬江蘇巡撫臣吳元炳恭摺由驛五百里馳陳伏乞
皇太后
皇上聖鑒訓示謹奏

仵作馬快請免禁錮摺 光緒三年十月二十八日

奏爲仵作馬快兩途關係於吏治者甚鉅宜免其禁錮以養廉恥而勵人材恭摺仰祈

聖鑒事伏惟三代以上庶人在官者與士同祿漢制近古往往由小吏至公卿故循良稱極盛所學其所用也自晉人重門第寖爲風俗相沿至今夫芝草無根醴泉無源不問其所能只問其所出與求才初意已兩不相謀然指倡優爲身家不清彼誠無以自解若供役公署者雖風塵奔走勞瘁不堪究其所逐逐營營者非

國事即民事固天下之所必不可無者也乃不待其作奸犯科而先絕之於人類於求治之意毋乃左乎況不嫺文理者無以爲仵作不精武藝者無

以爲馬快屏之於不足齒數之列而望有出類拔萃之才起而應之者乎命案全視屍傷爲準屍傷一舛雖臯陶無由得其情洗冤錄一書其理極微又有不盡一一可憑者須以意會之在由科甲及幕友入仕者日夕研究猶憚其難若再以不自愛之仵作顛倒是非含冤其誰訴乎有終身不見賊之兵無終身不見賊之馬快奉票緝捕其危險與臨陣同若罷輭無能安望其爲鷹爲鸇闒闒不皆成盜藪乎說者謂仵作以命案爲市馬快以盜案爲市今再予以出身不啻養虎而傳以翼夫天下未嘗無包攬詞訟之生監不因此而廢士之出身未嘗無騷擾閭閻之弁勇不因此而廢兵之出身賢不肖各以類分進其賢者退

其不肖者而已矣若並賢者而錮之是驅之出於不肖也又何
誅焉其品甚卑其才甚劣而其權則甚重其不至於惟利是視
無惡不作也幾希現查各直省有一縣全無仵作命案報驗借
諸鄰封遇有應行開檢者則束手無策馬快多不足額其濫竽
充數者非能通曉技擊遇有巨案亦束手無策豈無認眞公事
之牧令欲破格召募而相需甚殷相遇終疏蓋稍有微長者甚
不願終身自棄兼使其子孫亦無罪而爲　聖朝所棄也合無
仰懇
天恩飭部核議准將仵作照刑科書吏一體出身馬快照經制
營兵一體出身俾激發天良深知自愛養其廉恥竭其心力庶

命案盜案本原易清倘仍作奸犯科自有加等懲辦之法在臣

愚昧之見是否有當伏乞

皇太后

皇上聖鑒訓示謹奏

商販運赴災區米糧照舊完釐摺光緒三年十一月二十一日

奏爲商販運赴災區米糧懇請照舊完釐即將所收之釐全數解充災賑以期實濟恭摺仰祈聖鑒事竊臣准戶部咨本年八月二十七日奉上諭山西河南災黎待食孔亟凡有商賈運赴晉豫米石經過地方著該督撫飭屬暫免抽釐等因又准戶部咨議覆御史張道淵奏籌運倉儲暫免米釐禁止囤積以平市價一摺十月二十日奉旨依議欽此均經轉行遵辦去後茲據金陵釐捐總局江甯布政使孫衣言南河補用道郭階詳稱國家軫念災黎是以有

暫免米釐之舉惟思米釐雖免而富商巨賈販到災區者未必
盡照所免之數跌價賤售且並非販往災區者亦借此影射是
朝廷格外寬政徒資商賈漁利不盡實惠及民而釐局去此大
宗餉源立形短絀通盤籌畫擬請所有運赴災區米穀照舊抽
釐卽按來照所塡數目儘數提存仍行解給晉豫兩省以充賑
荒之用部文飭免米釐至明年十月止查蘇省代還西征洋款
爲期孔迫逾限加息轇轕滋多若將運赴晉豫米石釐金解至
明年十月爲止則抵還洋款一節愈無可支撐竊思賑荒以明
春靑黃不接之時最爲喫緊入夏以後麥已登場擬請運赴晉
豫米石釐金以明年四月爲期五月以後停解庶於賑務軍餉

兩便詳請具奏前來臣查蘇省釐局有三曰蘇總局曰滬總局
曰金陵總局蘇滬兩局早將米穀釐金奏明永遠停止獨金陵
一局甘居人後非不知其名之甚美也良以江南商賈除米穀
外尚有奇貨可居江北則舍此無可他求一時又無從撤局故
也本年以山東災歉停米釐至於四月非特西征急餉須另款
騰挪即各卡薪工且無所出猶幸爲日尚淺補苴罅漏費力無
多目下晉豫兩省之荒甚於山左明歲江南洋債之重過於今
年該局請將抽存米釐儘解晉豫仍以四月爲限俾顧西征餉
源均出自萬不得已之苦衷務期實事求是臣躊躇再四未便
壅於上聞合無仰懇逾格

天恩俯如所請將四月以前所抽運赴災區米釐分撥六成解

晉四成解豫使窮黎霑其餘利以待新麥側聞西征機事甚順

指日定可成功倘凱旋之餘停其協濟臣謹將江北釐卡以次

裁撤上慰　九重與民休息之心理合會同江蘇巡撫臣吳元

炳恭摺具陳伏乞

皇太后

皇上聖鑒敕部查照謹奏

病勢日甚籲請開缺摺 光緒三年十二月初十日

奏爲時艱任鉅微臣病實難支再籲

天恩俯准開缺俾勿貽誤大局恭摺仰祈　聖鑒事竊臣於上年十一月因病籲請開缺蒙　恩寬予假期勉強支持得至今日本年十月二十八日舊疾復發附片陳明復蒙　恩賞假一月凡此　成全之逾格夫豈夢想所敢期亟當激發天良何敢更爲再三之瀆無如膏肓錮疾非調治所能爲功有不敢不瀝膽披肝自投於　君父者江南於冬至前後得雪三次而天氣並未嚴寒臣終日圍爐尚覺發噤痰咳不出卽汗脫眩暈中夜喘極兀坐待旦當晝神氣昏然僚屬白事者就臥室接見努力

酬對實則所白之事過耳輒忘冥搜逾時始能記及臣之喋喋
言病也責臣者曰藉此引身求安逸耳無論微臣受恩深重
不應如是昧艮即使費數年靜攝之功未必能將數十年以前
所伏之病根抉而去之所謂安逸者幾何矣勉臣者曰受
列聖特達之知即效古人盡瘁之義亦豈爲過臣養事已畢所
當報者
皇上耳敢復顧惜此身第浮慕勤事之名求免偷安之議因而
坐誤大局重負生成更非臣之所敢出者也臣早苦兩骸無
力拜跪皆艱病後迎風即嘔肺如欲裂凡慶賀祭祀典禮均弗
克躬自將事天威咫尺玭此節文度數之末而缺之實覺有

忝冠裳歲暮天寒文武各員之撥挖蝻子巡緝盜賊及礮臺水
利各工程皆手足皸瘃奔馳風雪之中臣猶勉之以勤戒其怠
愈而臣晏處一室靡但不能以身先之即欲稍分其勞而力有
未逮諸臣體國之忠固不計較及此臣撫衷循省內歉已甚
雖不敢因怨已而存省事之心而公事之隳壞於無形者蓋不
少矣況通商各務變幻愈多江防海防十未得五以臣駑鈍縱
披星戴月猶有惟日不足之憂顧以衰憊之軀不出戶庭謬言
坐鎮設或有誤臣一身不足惜如國家大計何臣亦猶人情
非不圖戀棧之樂而權衡輕重實非心曲所敢安伏望鴻慈
俯准開缺庶朝廷早收得人之效臣餘生獲免罪戾悉出

再造之仁大局幸甚微臣幸甚所有微臣病勢日甚再籲開缺

緣由謹瀝血誠伏乞

皇太后

皇上聖鑒訓示臣不勝戰慄屏營之至謹奏

覆覈淮南規復引地摺 光緒四年二月初三日

奏爲遵

旨覆覈淮南規復引地情形雖披瀝血誠終恐臆度之私無裨

大局籲懇

乾綱獨斷敬謹奉行恭摺仰祈

聖鑒事竊臣先

後承准軍機大臣字寄光緒三年十一月初九日十二月二十

四日兩次

上諭著將李瀚章丁寶楨所陳覆覈妥籌等因仰見

朝廷軫

念鹺綱實事求是欽悚曷可名言查李瀚章所陳曰困運商病

場商以楚督爲淮南謀可謂周匝盡致第商賈利析秋毫是其

本色臣莅任未久求復引地之牒奚啻盈尺臣縱欲困之病之

該商無自取困自取病之理淮商散處四五省臣一一待其到揚畫押方敢上陳該商無人人甘於受困甘於受病之理新商或不顧利害舊商則親嘗其利害者歷有年所臣有威令該商豈無身家李瀚章謂淮商每引僅獲利三錢四分以六百斤爲一引而淮引並滷耗包索所贏實六百八十八斤載在刊章達諸戶部不敢誣也曰誤國計臣前奏請包鄂餉九十萬照鄂省公文所報川釐計之也續奏包鄂餉百萬川餉六十萬遵部議合川課計之也或者兩省所資於川販者尚不止此數臣何敢強不知以爲知第謂淮商所認課釐爲虛數徒懸未免深文周內夫包餉尚未屆限臣何從信其矢志不渝㫖以淮商獲利

甚微李瀚章丁寶楨所言不謀而合然歷年天津災賑山東河工本省災賑福建災賑山西災賑並非該商分內應捐之款使其秦越相視似不當遽以法繩之乃奉揚　皇仁不竭其緜力不止而他省鹾商未聞有慷慨報効如淮商者然則淮商之不敢負　國不忍負　國也夫豈無所徵信哉今臣另片奏覆部議請由楚督籌增引之商票捐亦歸楚省驗收似先鹽後釐一層可無煩過慮矣曰疊民生激事變楚地之爲淮岸也垂數百年未聞閭閻以食淮而彫殘梟販以禁川而蠭起何以經二十年之浸潤遂根深蔕固一至於斯謂楚民喜川而惡淮則武漢黃德夫豈異民謂因銷淮而緝私則川販川梟夫豈並行不悖

羮海羮井其多寡盈絀不辨自明以李瀚章之槃槃大才威名
出臣上遠甚猶作此萬有一然之慮則濱海之竈戶船戶綑夫
挑夫數十倍於川鶩怯如臣對此徧地無以爲生之民又將何
以自解也李瀚章謂從前分川之界仍令淮商酌設子店自曾
國藩故後襄郧等處遂無人運鹽前往艮規中廢人咸惜之查
樊城於同治七年設有督銷淮鹽分局至十一年經李瀚章函
商前署督臣張樹聲飭撤人所共知今謂淮商自廢艮規豈其
偶忘前事耶丁寶楨正摺與李瀚章大致相同附片謂宜淸西
皖岸私洵金石之論無論楚岸何時收復西皖皆當實力整頓
惟臣智慮短淺未嘗不設法嚴緝苦無速效現值丁寶楨釐剔

川綱伊始私梟絕迹必有成法可師柯則非遙臣謹虛己以聽
至引地當復與否臣雖知無不言言無不盡究屬一面之詞築
室道謀徒延歲月蓄疑團以附和殊乖臣子之心持成見以忿
爭恐失　朝廷之體應懇　乾綱獨斷俾獲敬謹奉行抑或
飭部通籌庶幾折衷一是所有遵
旨覆覈淮南規復引地情形理合由驛五百里馳陳伏乞
皇太后
皇上聖鑒訓示臣不勝戰慄屏營之至謹奏

奏覆部議請由楚省增引片 同日

再續准部咨以臣臚陳規復楚岸各節有與前奏不符者有與政體不宜者有尚須秉公會議者請

旨飭臣議覆等因查收復楚岸每年增銷十五萬引包完鄂餉九十萬兩楚岸引價尤昂以每票收銀數千兩計之可集成鉅款皆臣前奏之言也嗣得部咨以鄂中所徵川釐不止九十萬淮南須兼顧川餉因而有鄂餉百萬川餉六十萬之議竊思新商既每票繳捐數千金復認完百六十萬課釐而所銷僅十五萬引則趨之若鶩者轉將視爲畏途若令舊商匀攤則未受增引之贏何肯分增引之累是以擬令舊商包完的餉免其繳捐

掣籤苦樂適均無從以賠墊爲辭庶幾於事有濟所謂攤繳二兩者卽從其應捐票價勻年繳出款非加派氣則易舒增引不增商乃恪遵部議而變通之非自忘前奏而歧出之也今部臣旣以爲有礙政體臣無所用固持成見第商無新舊均託命於楚岸曾國藩謂在楚督一心之轉移者確乎其不可易可否以定議復淮之日按照川淮現銷引數除舊商已認外應增新復楚岸引票若干　飭由湖廣督臣定價掣籤所繳之捐票其按年所得課釐兩江不敢私其絲毫應否分潤四川亦由湖廣督臣酌辦或者事權一而上下之情孚新商無隔閡之虞部垣無停餉之慮臣但求場竈得一綫生路絕不敢護前理合附片陳

明伏乞　聖鑒訓示謹奏

原撥海防經費現擬照案仍行分解南洋摺 同日

奏爲原撥海防經費現擬照案仍行分解南洋以濟要需恭摺

仰祈

聖鑒事竊光緒元年六月閒總理衙門會同戶部奏准

將粵海等關四成洋稅及江海關四成內二成暨江浙等省釐

金銀兩分撥南北洋作爲海防專款旋經臣以外海水師宜先

儘北洋創辦分之則爲力薄而成功緩咨明各省統解北洋兌

收應用在案查三年以來各處稅釐兩項解交北洋者除撥給

晉豫賑款及借發湏案銀兩外約計積存之款與辦水師似可

略有端緒南洋則釐金日減稅課日絀海防之款絲毫無存從

前尚可設法騰挪今則各臺局司庫無不奇窘前督臣李宗羲

任內創立籌防局借用軍需局銀兩甚鉅迭經該局委員以軍
餉無出稟請籌還臣無以應也沿江各礮臺自江陰以至下關
五百餘里規模粗具而槍礮不全歲修無出承辦之員屢請籌
款以竟其功臣亦無以應也道員吳大廷所練之輪船現歸江
南提臣李朝斌統帶其第六號船工竣已久以養費無出至今
尚未招人管駕該提臣出入江海周覽形勢謂鐵甲船既難猝
辦快捷之木殼兵輪船亦須一二十號方足以合操而資抵禦
臣更無以應也近年江南收款之短疊經臣縷析陳明出款則
積欠纍纍催提之文絡繹如織釐金項下應解海防經費迄今
分釐未解李鴻章亦深知其難而曲諒之去年請截留二成洋

稅一年經部議准六箇月臣竊計亦可得數十萬乃按結核款
僅應得十餘萬尙未能解足夫以餉項如此之絀海防如此之
重而派定南洋海防經費若仍悉數解歸北洋似臣博推讓之
美名而忘籌防之要務使後之人無可藉手臣心何以自安查
前准部議將洋稅應解南洋者改解臺灣業經福建督撫臣奏
明無須解閩上年臣奏請江西協餉銀十二萬又經撫臣劉秉
璋奏准卽以南洋海防銀兩照數劃解是應解南洋之銀本已
迭有變通不如仍照初議劃開分解各淸款目南北洋海防或
分或合李鴻章本無成見臣亦何敢自膠前說現擬將粵海等
關洋稅及浙江等省釐金應解南洋之款查照總理衙門暨戶

部原議分解南洋庶幾以有著之款爲不時之需先就海防之

尤關緊要者次第舉行其與海防無涉者斷不敢輕率動用自

此次奏准分解後將來南北洋各就收支款目分辦核銷其以

前所收之款統由北洋大臣支用造銷除咨明直隸總督臣李

鴻章暨各省關查照辦理外合將海防經費仍照原議分解南

洋緣由恭摺附驛具奏伏乞

皇太后

皇上聖鑒訓示謹奏

道員操練輪船積勞病故請照軍營病故優卹摺（光緒四年二月十三日）

奏爲道員操練輪船積勞病故籲懇
天恩敕部照軍營病故例從優議卹以慰忠魂恭摺仰祈
聖鑒事竊二品頂戴前任福建臺灣道吳大廷病故所遺操練輪船事宜經臣咨明江南提臣李朝斌接辦於正月二十四日附片奏報在案茲據署蘇松太道劉瑞芬稟稱道員吳大廷久歷重洋不避艱險積勞成疾歿於營次懇請從優奏卹前來臣查吳大廷由中書調赴皖營復以道員服官閩省戎機政績卓然有聲同治九年奏派綜理江南輪船操練事宜創辦之始卽專

用華人研求天文測量海道沙線及泰西兵陣槍礮各法常川
親督出洋口講指畫務極精詳駛赴日本兩次風浪險惡俱能
來往裕如八年以來從無失事軍民愛戴異口同聲然其屢涉
風濤衝冒寒暑盡瘁歷久而不變染病因此而愈深光緒三年
七月力疾督帶海安輪船駛赴天津呈驗復晉京引　見奉
旨以海關道員用出都之日病已增劇及抵上海猶復出洋督
操一次返局數日旋卽身故所部將士無不涕零查前管帶操
江輪船總兵馬復震爲吳大廷統屬之員在差病故當經直隸
督臣李鴻章奏准優卹有案今吳大廷八年海上艱苦備嘗以
死勤事尤堪憫惻合無仰懇

天恩俯准敕部照軍營病故例從優議卹以慰忠魂謹會同北洋通商大臣大學士直隸總督臣李鴻章江蘇巡撫臣吳元炳合詞恭摺具奏伏乞

皇太后

皇上聖鑒訓示謹奏

假期已滿病勢難痊再籲開缺摺 同日

奏爲假期已滿病勢難痊再籲

天恩俯准開缺俾免貽誤大局恭摺仰祈　聖鑒事竊臣於上

年十二月初十日以病實難支籲請開缺欽奉

恩旨著再賞加兩箇月安心調理毋庸開缺欽此自　天聞

命無地自容兩月以來仰體

聖主矜憐之意悉心調攝凡可以療疾之方百計訪求竊冀一

交春令天氣和暖夙疾可以漸瘳口咳嗽雖覺略輕氣喘眩暈

絲毫未減加以胃納日鈍向來一日三餐尙能健飯今則兩餐

皆粥勉强下咽輒覺中滿每日黎明必泄瀉數次略進補脾利

溼之品又苦香燥助熱痰喘更劇醫者謂脾肺皆虛而又不能
受補揣量病情固非旦夕可以見效亦非藥石所能奏功伏念
臣受　恩深重極思勉竭駑駘圖報萬一退之一字非所敢言
第兩江任重事繁以臣之愚雖毫無疾病尚慮應接不暇兼之
江海防務有必須親至其地詳晰籌畫者豈能不出戶庭規千
里於眉睫至中外交涉事件尤須隨到隨辦其人亦宜隨來隨
見方冀猜嫌盡釋消釁無形臣生平志在不欺若以病軀苟且
因循上不能爲　朝廷分憂下不能爲閭閻捍患撫衷循省太
負初心輾轉籌思不得不將錮疾情形瀝陳於　君父之前伏
求　逾格鴻慈　俯准開缺調理臣年甫近六十涓埃之報矢

以畢生倘能醫治稍痊必當出効馳驅斷不敢希圖安逸所有
假期已滿病勢難痊再請開缺緣由理合恭摺瀝陳伏乞
皇太后
皇上聖鑒訓示謹奏

淮南運商懇請免捐豫賑片光緒四年十月二十一日

再承准軍機大臣字寄光緒三年十一月二十日奉

上諭袁保恆奏豫省賑務需項緊急請於淮南商販每票捐銀三百兩著沈葆楨酌度辦理等因欽此遵經飭司趕傳各商妥爲勸辦並迭次劄催在案兹據運司歐陽正墉詳稱四岸運商會稟豫省荒歉理應極力協助無如救災有願博施無方溯歷年自黄河大捐以來本省賑捐闔省賑捐繳款未清旋又有晉省之捐銀數既多繳期尤迫商力已萬萬難支若再加以豫捐勢必將運資全行侵挪誤課誤釐獲咎反甚申請奏懇寬免臣覆加查核係屬實情若不曲諒其心稍與蘇息非但絶其資生

之路抑且灰其樂善之心適接徐州府葉運稟奉刑部侍郎袁保恆署河南巡撫李鶴年函示豫省飢民四出求食飭屬廣爲收䘏該郡既無存款又鮮殷戶兼程請示前來竊維徐州素乏葢藏艮非虛語然飢民入境斷無聽其轉於溝壑之理計此時署徐州道譚鈞培業將抵任臣飭江藩司無論何款趕措五千金兌交該道並由臣督同各司道各捐廉餘以爲之倡雖車薪杯水於大局無所裨補以後何以爲繼亦無從豫籌然於流民盡一分之心卽爲鄰省寬一分之力銖積寸累安得以善小而不爲續據候補道張汝梅稟稱在清淮爲袁保恆采辦糧食運豫平糶經費不足臣於金陵釐局提米釐三千金濟之並准新

任河南撫臣涂宗瀛咨函派員於上海勸捐查上海晋捐尙未
繳齊商力亦强弩之末然涂宗瀛曾任關道爲輿情所愛戴雖
緜薄當必有以相酬理合附片陳明伏乞　聖鑒訓示謹奏

籌議海防經費並機器局未便停工摺 光緒四年三月十四日

奏爲遵
旨籌議海防經費暫宜移緩就急并機器局未便停工情形恭
摺馳陳仰祈
聖鑒事竊臣承准軍機大臣字寄光緒四年三
月初三日奉
上諭前據黄體芳奏請將海防經費製造機器各項酌充京餉
昨復據吳觀禮奏請將海防經費移作賑款茲又據李宏謨奏
晉豫待賑孔亟請飭將輪船機器各局用款暫提十分之五辦
賑著李鴻章沈葆楨吳元炳通籌速奏等因欽此仰見
皇太后

皇上軫念災黎兼顧全局　宵旰焦勞之至意伏念晉豫亢旱
既廣且久　朝廷籌銀籌米迭沛　殊恩凡有可以濟賑之方
臣敢不仰體　皇仁力圖拯救光緒元年　欽定海防經費用
意深遠原不應輕率挪用惟民命至重不得不先其所急除光
緒三年以前儘解北洋現存若干是否可以改撥應由李鴻章
議奏外其四年以後甫經奏定仍行分撥南洋尚未准各省關
解到究竟本年能解若干尚難豫計擬請
旨敕下各省關凡報解海防經費於南洋項下提銀五成分解
晉豫其餘五成仍解南洋一俟賑務告竣即行全解南洋以符
原案惟江西按月協濟江蘇一萬兩指明津貼代還西征洋款

本與海防無涉嗣經撫臣劉秉璋奏准以海防經費劃抵查該省應解南洋經費僅十五萬除已抵洋款十二萬外祇餘銀三萬兩是並無五成可撥洋款又斷不容逾期擬請
旨敕下江西撫臣設法通籌奏明辦理至江南機器局祇有奏留二成洋稅一款前此關稅贏則二成亦從而贏近日關稅絀則二成亦從而絀供應製造不敷本鉅采辦物價積欠尚多造船早已議停而養船修船斷無可省現製槍礮子藥凡直隸督臣飭撥之項及江南通省應用之項皆取給焉即使海波不揚而平時操練之需已不能不隨用隨造況目前災區如此之廣飢民如此之衆設有匪人乘機蠢動軍火器械若非豫儲於平

日安能取辦於臨時閩局造船滬局造槍礮子藥本分道揚鑣無可復併兩廠經始皆竭十數年艱難辛苦纔具規模隨意動搖不特盡棄前功得毋益爲外人所輕而恣其要挾敵國有釁詎可恃哉沿江礮臺大致就緒惟洋礮缺額尚多偶因江岸量移並非任意增壘當此時事孔棘度支告匱如果有可撙節斷不敢稍涉虛糜除俟署督臣吳元炳到任再行會商外所有遵旨籌議速奏緣由理合恭摺由驛五百里馳陳伏乞

皇太后

皇上聖鑒訓示謹奏

蘇皖招墾晉豫流民爲難情形片　同日

再蘇皖招墾之難臣去年四月閱議覆御史朱以增摺片備陳顛末顧當時第爲蘇皖之民計今吳觀禮所奏者爲晉豫之民計果於流民有益即居民不無少損亦當權其輕重緩急而行之特恐於流民亦美意非良法也蘇皖邇來無無主之地與初經兵燹逃亡未復時迥不相侔河南本有耕於皖南之人故過江而來者資之即行遇雨雪始流連數日此有親友族鄰可倚無待官爲督促收卹之傭保之誼不容辭者也若不知其爲誰何官招之往素不相信誰與之地露體塗足非其所習誰教之耕赤手空拳牛種鋤犁誰任其費幸而故土雨暘時若去籍既

遠歸計良難不幸而窮困無聊致罹法網重則駢首輕亦被驅
晉豫欲耕無人十雨五風終歸虛擲孑遺情狀尚可問乎現蘇
省於徐州所屬皖省於潁州所屬各飭官紳分廠留養跋涉未
遠不至因勞而斃其便一水土易服疾病者少其便二言語通
嗜欲同不至因疑生釁其便三勿擾腹地閭閻安堵可以籌捐
接濟其便四西北得雨即日相率歸耕其便五資遣費輕易於
徧給其便六語曰救荒無奇策事簡則易行似不當過事求深
轉滋荆棘除與署督臣吳元炳皖撫臣裕祿蘇護撫臣勒方錡
再行熟商外謹先就管見所及附片陳明伏乞 聖鑒訓示謹
奏

請豁除高淳縣田地虛糧摺光緒四年三月十六日

奏爲瀝陳江甯府屬高淳縣各鄉田地攤帶虛糧籲懇
天恩准予豁除以紓民困恭摺仰祈　聖鑒事竊准部咨議覆
江甯府屬上元江甯句容江浦六合五縣減漕案內以高淳溧
水二縣改完折色應如何辦理之處行令另案奏報等因當經
轉飭去後茲據江甯布政使孫衣言詳稱高淳縣虛糧由於前
明永樂年間蘇常屢遭水患在廣東鎮河築隄以阻來源正德
年間添築下壩上游徽宣諸郡之水壅塞汎濫致固城湖坍沒
田十餘萬畝嘉靖間將前項沈田虛糧攤於現存田內追徵每
畝有加攤二升者有加攤一升四合及一勺零者我　朝定地

制賦沿明舊制以故前項虛糧仍舊攤賠從前物阜民豐完納
已形費力兵燹以後戶口彫敝田卒汙萊佃種利微輸完糧重
不堪其累相率拋荒升任藩司梅啟照於光緒元年開辦丁漕
請減江甯府屬科則案內聲明該縣向徵折色科則較輕惟大
糧田地攤徵虛糧民力不逮另歸專案辦理旋卽造具銀米清
册懇請豁除仍照原額六升六合起科徵收折色奉部議駁何
敢再事瀆請無如數年以來該縣業田之家愈形困苦皆緣租
不抵賦大半累於浮攤若不一律豁除非但未墾之田難期復
額抑且已熟之地轉慮復荒等情詳請具奏前來臣等伏查該
縣之請豁虛糧與上元江甯等縣之請減科則名異實同上江

等縣改請減漕仰蒙
恩旨俞允而該縣虛糧仍然攤帶農民太苦勸墾徒託空言雖
攤糧始於前明在我　朝則爲定額未便妄議更張然溯未經
改折以前亦係徵收本色核與蘇松等處派徵前明餘糧　本
朝沿爲定額大略相同蘇屬准減於前上江等五縣又援減於
後　恩施所被民困頓蘇該縣獨以改折之故不獲共沐　聖
澤相形尤屬向隅合無仰懇
天恩俯念高淳縣民力拮据與上元江甯等縣情形相同准將
攤帶沈田虛糧一律豁除仍照原則六升六合起科以紓積困
而廣　皇仁出自逾格　恩施至溧水縣本色如何徵收現尙

未據議覆另行奏明辦理除將豁除虛糧另再造册咨部外理
合會同漕運總督臣文彬恭摺瀝陳伏乞
皇太后
皇上聖鑒訓示謹奏

已故儒臣請宣付史館立傳摺 同日

奏爲已故儒臣學問淵通品詣貞介仰懇

天恩宣付史館立傳以彰學行而樹風聲恭摺仰祈　聖鑒事

竊惟士林之趨嚮視學政爲轉移而省城書院山長亦足以主持風會陶養人才江甯向有鍾山書院無論本籍外省舉貢生監均准肄業又前督臣陶澍創設惜陰書院專課經解詩賦高才生尤萃其中前督臣曾國藩於省城克復後延訂山長極爲矜愼同治三年冬間以禮聘前大理寺卿李聯琇主講鍾山書院兼閱惜陰課卷該京卿曾任江蘇學政士望所歸主講後崇尙正學苦心啟牖門牆甚峻而獎掖未嘗不宏其評騭之精當

雖列下等者無不心服迄今十有四年成就後學甚衆茲於本
年正月初七日病故據江蘇布政使勒方錡等暨在院肄業各
生臚陳事蹟稟請具奏前來臣查李聯琇爲前工部侍郎李宗
瀚之幼子少時孑立孤危雖高門世冑而忍苦淬厲甚於寒畯
時藝帖括冥心孤詣力造淵微道光二十五年進士咸豐二年
大考翰詹受
文宗顯皇帝特達之知擢置一等第一名超授侍講學士自是
奉使校士無虛日初任福建學政綱羅碩學搜採無遺至今閩
都人士稱道弗衰其莅江蘇也兵事方殷輶軒所臨士氣爲之
一振洊擢至大理寺卿體羸多病於咸豐九年奏請開缺得

旨兪允是時年甫四十自以文學侍從之臣報　國在文章不
敢因病廢學益肆力於古辭官幾二十年蕭然無與閉戶著書
於天文輿地名物訓詁典章制度旁及古人瑣聞佚事靡不提
要鉤元必求貫通而後已詩則探源漢魏逮唐宋雅材麗藻
屏絕浮聲生平著述如攷證經史記事論事則有文集四十二
卷涉覽羣書條舉所得則有治忘日錄二卷其官學政時有采
風劄記六卷主講書院時有臨川答問一卷至平日隨筆纂述
考據精確未經編錄成帙者尚不下數十萬言其爲學大旨近
於漢儒而不存漢宋門戶之見折衷鄭孔未嘗不服膺程朱律
身之嚴壁立千仞歷任督臣暨臣與之往還文字外不贅一辭

至朋儕酬酢擇交尤愼苟非其人從不輕與一見綜其博聞閎
覽介節清操洵近時罕覯之詣而扶植善類昌大學術蘄收爲
國樹人之效尤有古名臣風伏查從前主講鍾山書院如詹事
府少詹事錢大昕刑部郎中姚鼐並以博學鴻儒推崇海內該
京卿抗懷希古繼軌前賢可否仰懇
天恩俯准將前大理寺卿李聯琇學行事蹟宣付　國史館列
入儒林傳以爲好學砥行者勸出自　聖裁理合恭摺具陳伏
乞
皇太后
皇上聖鑒訓示謹奏

遵籌節省銀兩摺光緒四年三月二十五日

奏爲遵籌節省銀兩請

旨撥用恭摺馳陳仰祈聖鑒事竊臣准戶部咨議覆給事中

李宏謨奏撙節用款請

旨飭下各督撫每歲能減若干專案奏咨等因當經轉飭各該

司道實力遵行茲據江安糧道松椿稟稱本年江北漕米辦理

海運所需運費等項力求減省較之每年辦理河運約可撙節

銀二萬兩又查徐州倉項下自同治十二年起至光緒二年每

年秋撥案內共報存銀三萬六千八十兩有奇以上兩項均係

節省積存之款應聽候撥用等情臣查目前用項以接濟山西

河南賑務爲最急江安道庫所存節省銀五萬六千餘兩乘松
椿督運之便自行帶往天津應否解赴戶部交納抑或解交直
隸督臣李鴻章分撥晉豫辦賑伏候　聖訓祇遵至運河淤阻
日甚一日目前水勢不特東境乾涸之處萬難轉運即江南境
內邳宿一帶亦來源已斷如果今年辦理河運恐此時尚未開
行幸蒙
天恩准用輪船始得應期北上就經費而論所省銀僅二萬兩
似無關輕重而遞年積算則撮壤涓流未必無裨山海況東省
不須借黃濟運每年運河少淤數次不特挑費大減於水利亦
易講求倘奉

諭旨准行此後江安糧道衙門可按年照提二萬解歸部庫似
亦節以制度之一端也愚昧之見是否有當並求　聖慈裁察
所有遵籌節省銀兩緣由謹會同漕運總督臣文彬江蘇巡撫
臣吳元炳恭摺由驛五百里馳陳伏乞
皇太后
皇上聖鑒訓示謹奏

請停止武闈片 同日

再撙節經費各省情形不同而就大局言之曰節無用以裨有用而已　國家文武並重論求才之道原謂取多則用宏然文職以科甲爲正途而武職科甲升階獨居行伍軍功之後則祖宗立法之精意不可不深長思也歷科武闈報部經費每省已數千金而不合部例又不能徑裁歸於外銷者不與焉其院試郡試縣試則爲牧令虧累之一大端果所拔者爲　朝廷折衝禦侮必不可少之才卽所費滋多亦不當吝惜顧自軍興而後竊計　國家所以收得人之效者多半由額兵練勇而來科目之榮遠不逮焉卽以京旗論人才輩出者首推火器營健銳

營今則神機營出色當行矣何者所習其所用也臣到任日武
舉聯銜稟訴投營幾及十年不得一差心焉憫之然詳細察看
其曉暢營務實不足與行伍出身者比其奮勇耐勞實不足與
軍功出身者比何者所用非所習也其歸標効力者倘能束身
自愛勉就範圍而無事家居者往往恃頂戴爲護符以武斷鄉
曲蓋名雖爲士實則遊民有章服之榮而無操防之苦故以不
守臥碑註劣者文生少而武生多則又非徒無用也誠奉
廷旨飭停將武闈例銷之款提解部庫每科合各省亦可得數
萬金而綜計州縣所省虧累尤屬不少爲州縣省一分虧累卽
爲民閒留一分元氣其有志向上者或兵或勇隹其所託早得

窺見行陣眞際以自奮於功名樸愿者歸農無從沾染習氣則財與才均化無用爲有用矣可否請
旨敕下部臣通籌定議出自　聖裁謹就管見所及附片上陳伏乞　聖鑒訓示謹奏

微湖海州釐局仍舊抽釐片 同日

再據署徐州道譚鈞培稟稱微湖海州釐局以糧食爲大宗徐

防餉需恃以接濟自晉豫洊饑欽奉

諭旨商運米石暫免抽釐敬謹遵行在案雖軍餉奇絀然先其

所急補苴只得俟諸將來今則晉豫饑民紛紛南下流離轉徙

存亡在呼吸之閒庫儲無可騰挪捐資過手輒盡若不豫籌長

策大慮變起倉皇謹於萬難設法之中作兩不相妨之想擬請

微湖海州兩局照舊抽收卽以所抽之釐濟本地留養災民之

用一俟晉豫雨澤霑足饑民資遣歸耕再將此款彌補軍餉稟

請具奏前來臣伏念

諭旨飭免米釐原爲晉豫災民起見今該署道請以所抽米釐之款供所養晉豫之民則商賈之贏餘孰非流亡之性命明知車薪杯水所濟亦復幾何第人數日多撤廠需時涓滴皆所以資生不得不爲此得尺得寸之計合無激恩逾格俯准徽湖海州釐局照舊抽收俾得勉終善舉而晉豫之出而就食者無在不均霑雨露之施矣謹會同漕運總督臣文彬江蘇巡撫臣吳元炳附片陳明伏乞聖鑒訓示謹奏

提督周志本請卹摺 光緒四年四月初六日

奏爲提督積勞病故籲懇

天恩從優議卹恭摺仰祈

聖鑒事竊據總統銘武等軍福建陸路提督唐定奎呈稱分統武毅左軍記名提督周志本由千總投入銘軍克復蘇境各府州縣拔充營官轉戰各省無役不從隨勦東西捻逆洊保今職屢受頭等重傷嗣經駐防徐州派充統帶同治十三年隨調臺灣攻克草山獅頭各社勞勩尤甚光緒元年內渡三年調紮江陰修築礮臺始終不懈詎於本年二月二十日在江陰防營傷發身故懇請援案奏卹等情前來

臣查周志本由千總投効銘軍隨勦蘇常一帶迭克名城其戰

功之尤著者同治元年在常州地方單身突圍所向披靡六年在湖北尹隆河血戰救護主將氣絕逾日始甦洵爲忠勇邁倫疊經前督臣曾國藩直隸督臣李鴻章先後奏保有案迨同治十三年隨唐定奎馳赴臺灣伐木開山征服番社尤屬非常出力該營赴臺分統之將生還者僅該提督一人臣於光緒二年正月奏保堪勝提鎮方冀儲備將才爲國家任干城之寄不意積勞過甚舊傷復發遽在防營身故殊堪痛惜查總兵馬復震前因籌辦海防積勞病故經直隸督臣李鴻章奏准優卹在案該提督周志本身經百戰厥功甚偉合無仰懇天恩俯准將記名提督周志本照軍營積勞病故例從優議卹

以慰忠魂出自逾格　鴻施除將該故員生前戰蹟履歷清册
咨部查核外謹會同大學士直隸督臣李鴻章合詞恭摺具奏
伏乞
皇太后
皇上聖鑒訓示謹奏

洪澤湖水勢並蝗孽各情形片光緒四年五月十七日

再據署淮揚海道龐際雲稟稱四月以來洪澤湖水逐日報長兼之江水頂托運河東西兩隄險工林立如車邏壩鐵牛灣等處均有滲漏邵家溝二十五里廟湖水幾與運河相通四月二十九日查驗高郵誌樁已深八尺六寸爲近年所罕見現督飭經管各廳相機修守等情臣查運河水勢向視洪澤湖及江水爲消長現在江湖二水同時並漲運隄極形喫重臣與署督臣吳元炳面商擬就最險之工設法搶護以衛民田目下晉豫兩省雖經得雨牛種兩價全賴東南豐稔庶可稍資接濟倘高郵誌樁水至一丈四尺卽不能不開壩以保運隄而裏下河產米

之區如高屋建瓴立成巨浸所幸連日晴霽江水陡落運河宣
洩有路或者不致漫溢橫流然慮水患者望晴慮蝗患者則又
望雨上年奏明收買蝻子已據具報者不下一百四五十萬斤
而僻壤荒山搜挖難盡日來沿江各屬出土小蝗長將徑寸僅
據金陵各營所捕繳日已數十萬斤雖未長翅飛騰業能開口
齧草驗之令人寒心除咨商漕臣文彬會檄淮揚海道實力保
護運隄並飭各營竭力捕蝗外合將大概情形附片陳明伏乞
聖鑒訓示謹奏

道員馮焌光請宣付史館摺光緒四年六月初六日

奏爲已故道員純孝可風籲懇

天恩宣付史館以彰至行恭摺仰祈

聖鑒事竊江蘇蘇松太

道馮焌光前蒙　恩准賞假出關尋覓父骨本年扶柩東旋在

陝西途次接奉

上諭飭令赴部引　見兼程馳歸遽於三月二十八日病故業

經奏明在案伏查該故道馮焌光廣東舉人咸豐三年在京會

試其父因案繫獄奔走營護徘徊請室之外每至廢寢忘餐如

是者六年迨遣戍伊犁隨同前往不忍一日遠離嗣奉父命回

京應試同治元年前督臣曾國藩檄調入營襄理軍事旋丁父

憂闕關出塞由歸化城歷蒙古草地數千里烽烟迭警道梗不

前維時直隸督臣李鴻章權攝兩江創立江南機器局遴知其

才檄委總理製造該道以父柩未歸涕泣固辭李鴻章勗以大

義始出任事苦心經營有裨時局而思親飲泣未嘗一刻忘也

同治十三年奉

旨補授蘇松太道屢請解職出關各前督臣均以西事未定道

路難通慰留辦事該道盡心職守者兩年迭任艱鉅中外翕然

光緒二年冬聞闕烏魯木齊克復之信竭誠籲請開缺出關蒙

恩給假一年免其開缺該道冒暑遄行至三年冬聞尋獲父骨

扶柩東旋本年三月行抵九江稟稱感沐

天恩擬迅速歸葬後出效馳驅雖赴湯蹈火所不敢辭臣等以
該道才堪幹濟方冀儲爲大用備　國家干城之選不意從親
地下齎志無窮茲據署蘇松太道楮蘭生歷敘該道政績孝行
稟請具奏前來竊思該道贊襄戎務製造船械經理關稅無不
心精力果度越恆流然皆職分當爲之事未足上瀆　聖聰獨
其孝思純篤茹痛半生辭職遠行負骨萬里至情至性足以感
動行路古人棄官尋親往往播諸史乘傳爲美談　聖朝以孝
治天下凡閭閻士庶著有至行者均荷　恩准旌揚該故道馮
焌光孝行肫誠卓然衆著合無仰懇
天恩宣付史館以彰至行出自　逾格鴻慈謹會同六學士直

隸督臣李鴻章江蘇巡撫臣吳元炳恭摺具陳伏乞

皇太后

皇上聖鑒訓示謹奏

謝恩摺同日

奏爲恭謝

天恩瀝陳感悚下忱仰祈聖鑒事竊臣於本年六月初二日

接據江蘇蘇松太道劉瑞芬自都門函稱五月初三日召見

仰蒙

皇太后垂詢微臣病狀並荷

天語褒嘉復

諭以國事艱難大小臣工要盡心報效不要告假等因臣何人

斯膺茲

殊眷聞

命之下感極涕零伏念臣受

四朝特達之知洊膺重任雖捐糜頂踵不足爲報屬以久攖夙

疾深恐精神未能周到貽誤大局屢次陳請開缺疊荷　朝廷

寬予假期從容調理自交夏令後仰邀　福庇漸獲痊可兩江

任大責重兼以南洋事務變幻多端誠如

聖諭國事艱難敢不盡心報効臣體雖羸臣心益奮此後惟有

恪遵

宸訓益加淬勵常繹古人致身之義勉盡微臣報

主之誠以冀答　高厚生成於萬一所有感激悚惕下忱謹繕

摺叩謝

天恩伏乞

皇太后

皇上聖鑒訓示謹奏

奏覆淮南岸銷礙難增引摺光緒四年六月初六日

奏爲體察淮南岸銷礙難增引實在情形恭摺覆陳仰祈　聖鑒事竊商民信成和等於光緒三年十二月在部遞呈請增楚引十萬道擬捐銀四十萬兩助賑一案先據御史張觀準奏催勒限將捐銀逕投運司繳納給領引目趕辦繼據給事中周聲澍奏請將增認新票分皖西楚三省酌派並擬湘西皖鄂四岸運商援案每引捐銀四兩照章給奬均經戶部奏請　敕臣督同運司妥議覆奏等因遵經先後飭司查議去後茲據運司歐陽正墉詳稱奉文已久並未據該商信成和等赴運司衙門投到難保非希冀得引賣票捐款仍出於引價之中楚岸引地未

復運商先認之引尚不能疏銷足數再增新引銷於何地江西安徽岸銷疲滯與楚岸同至四岸運商自捐山東河工本省工賑加以閩省晉省賑捐歷年勉圖報効實已筋疲力盡請奏前來臣伏查增引係治鹺之美名籌捐爲救災之急務果裨大局何憚不爲惟加新認之引須拓增銷之地今就楚岸而論不特荊宜等府規復尚需時日即武漢黃德四府處處受川私浸灌舊存積鹽已不下十數萬引故地未復而遽增新引譬諸治水去路壅塞而來源加旺決裂可立而待皖西兩岸情形正復相同無業遊民輒思得引轉售從中漁利該運司所稱捐款出於引價之中者蓋一墮其計其賣票盈餘可較捐款倍之必致突

起爭端課運兩誤部臣洞見癥結務策萬全　朝廷垂問殷殷

仰荷

聖人明燭萬里逕晉省亢旱必應廣籌賑濟前經山西撫臣曾

國荃奏令淮商捐助該運商等頗知大義已據捐銀十萬八百

兩稟明不敢邀獎似應免其重捐俾得稍資蘇息除規復引地

一案容臣與川楚督撫臣和衷商搉從長計議另行具奏外所

有體察淮南各岸礙難增引緣由合先恭摺覆陳伏乞

皇太后

皇上聖鑒敕部查覈謹奏

劉編修議加淮鹽賑釐窒礙難行片 同日

再准部咨議覆翰林院編修劉海鼇奏請淮鹽每斤暫加賑釐三文奉
旨敕臣查覆茲據運司詳稱以斤計引每斤三文每引合錢一千八百文南鹽以五百引爲一票每票須繳錢九百貫分計似少合計實多加於售價之內則病商加於售價之外則病民均屬窒礙等情臣伏查榷鹽以疏銷爲主而疏銷以輕本爲先淮南自定新章鹽釐爲數頗重疊經前督臣曾國藩一再奏請酌減尚未能收敵川之效倘加釐而銷滯將並正餉而虧之病商病民其究終於病國除川鹽能否加釐應由川楚督撫臣酌

量情形具奏外所有淮鹽礙難暫加賑鳌緣由理合附片覆陳

伏乞　聖鑒訓示謹奏

查明淮北課釐情形摺同日

奏爲遵

旨查明淮北近年課釐情形據實覆陳仰祈　聖鑒事竊准部

咨奏查淮北徵收課釐情形一摺光緒三年九月十一日奉

旨依議欽此轉咨到臣　遵經劄飭運司分晰確查去後茲據兩

淮鹽運使歐陽正墉調取五河正陽兩卡收釐册簿逐細句稽

均與造報之數相符詳請覆奏前來臣　就近日之商情證以昔

年之案據博訪周諮詳加考察如部文內稱淮北自已巳綱以

後是否先課後鹽一節查淮北原定章程本係先鹽後課嗣於

同治十二年開辦已巳綱經前督臣李宗義奏明諭令票販先

納全綱額課所謂額課者專指正課而言每屆開綱先完正課每引一兩五分一釐其餘雜課每引二錢仍於售鹽時按引收繳是以奏報截限聲明將正雜課銀如數徵足實無取巧朦詳情弊又部文內稱五河正陽兩卡鹽釐務令以引額爲準一節查淮北票鹽例准隨地出售五河以下如泗州盱眙等處王陽以下如臨淮鳳陽懷遠蒙城等處均係銷鹽口岸鹽價之低昂悉視運道之遠近路愈近則價愈賤各該處居民向食輕價之鹽一經加釐增價勢必全行食私轉於課項有礙前督臣曾國藩定章之始非不知近場一律加釐爲扼要且所得者多而必隔數百里分設兩卡者實謂便民爲裕課之基故斟酌盡善而

出之既經運司調驗册簿查明毫無隱漏似未便輕率議改致失疏銷之本意又部文内稱每年短銷十六萬餘道或招新商設法疏通一節查榷鹽成法不在運多而在銷暢銷暢則商雖少而便於轉輸課自溢額銷滯則商雖多而互相積壓課必虛懸此一定不易之理淮北自前督臣馬新貽奏准循環轉運他商不能攙入百計營謀冀圖增引其實不過爲藉票漁利之計於鹽務有損無益皖豫兩省引地兵燹後戶口彫零銷數殊非昔比近屆祇運正額尚未能依限提前非俟岸銷暢旺似難遽增溢引伏思治鹾莫先裕課而裕課首重疏銷淮北銷路以豫省爲大宗近來汝甯一府爲鄰私所侵販戶幾致絕迹現經臣

咨商河南撫臣涂宗瀛設法整頓至循環票販有包課之責倘

有誤運情事必當註銷另招斷不任把持滋弊除飭運司竭力

趲運籌銷務將造報期限逐漸提前以速課餉外所有查明淮

北近年課釐情形理合據實覆陳伏乞

皇太后

皇上聖鑒訓示謹奏

宋國永宣付史館入祀霆軍昭忠祠摺光緒四年八月二十八日

奏爲已故提督戰功卓著臚陳事實籲懇
天恩宣付史館並准入祀霆軍昭忠祠以彰忠藎恭摺仰祈
聖鑒事竊記名提督前雲南鶴麗鎮總兵宋國永統帶霆慶二
營由江南調防福建於本年五月十六日在營病故經閩浙總
督臣何璟等會奏請卹奉
旨宋國永著交部照軍營立功後病故例從優議卹欽此仰見
朝廷追念前勞優卹宿將之至意凡在戎行同深欽感茲准何
璟函稱該提督平生戰蹟甚多前次請卹時因閩中文卷無從
稽查未能詳細聲敘囑臣再爲查案入告以昭核實查宋國

永久隸霆軍迭次赴援江西臣知之較審現又詳加訪問謹將
戰功始末爲
聖主陳之咸豐三年鮑超在湖南衡州管帶水師宋國永應募
隸其部下攻克田家鎮一役賊艘掀翻戰船能於洪濤巨浪中
躍立船背死戰前湖北撫臣胡林翼歎爲壯士是爲該提督立
功之始六年調充陸師營官七年進攻小池口破黃梅等處悍
賊八年收復麻城黃安等城進拔太湖踏平雷公埠石牌賊壘
循集賢關直抵安慶是時賊勢方熾一遇霆營無不披靡鮑超
一軍名聞天下得宋國永之助爲多十年收復潛山太湖縣城
破賊營百餘里遂由漁亭進攻休甯大戰於洋棧嶺是時前兩

江督臣曾國藩駐軍祁門岌岌可危霆軍縱橫盪決力保祁門
惟宋國永實左右之十一年援勦江西景德鎭破洋塘等處之
賊順師收復建德攻克赤岡嶺四大堅壘援江西破賊於豐城
樟樹等處解撫州之圍仍馳回安慶助克省城從此湘楚各營
聲威大振官軍直抵雨花臺力擣堅城逆賊分黨竄擾以撓我
軍南岸如甯國靑陽銅陵涇縣等城北岸如無爲州巢縣含山
和州等處賊蹤瀰漫霆軍奮勇馳擊使賊首尾不能相顧大小
百餘戰宋國永無不身先士卒衝突重圍三年六月克復江甯
省城論者謂非霆營掃除四出之賊老巢未易克也金陵之將
復也賊知不可守冀竄伏江西延一旦之命先以汪海洋李世

賢趨撫建鮑超知之卽移師江西攻許灣克金谿南豐新城瑞金等處追賊至福建境江西全省肅清逆嗣就擒四年馳援廣東克復嘉應州城五年移師勦捻由鄂入豫追逐襄宛之閒六年大破任賴捻股於安陸等處蓋自咸豐三年至同治六年此十五年中鮑超部下驍將著名者不可勝紀而廉正和易輯睦軍心無能出宋國永之右者當軍事顚危主將受創士心惶駭該提督獨能不懾不竦全師而歸此其將略過人尤爲各營稱道勿替同治十三年前督臣李宗羲籌辦海防檄調該提督添練霆慶二營駐防鎭江臣莅任後因福建需兵奏明調防方冀其永鎭巖疆爲　國家備干城之寄不意將星遽隕齎志無窮

追數前勳無愧一時名將合無仰懇
天恩俯准將該提督宋國永戰功　宣付史館立傳並准入祀
四川湖北霆軍昭忠祠以彰忠藎出自　聖恩所有臚陳已故
提督戰功緣由理合恭摺具陳伏乞
皇太后
皇上聖鑒訓示謹奏

議修揚屬運河東隄摺 光緒四年九月二十八日

奏爲議修揚屬運河東隄俟有續款可籌兼將西隄擇要匀年興工以重農田而顧根本恭摺縷陳仰祈聖鑒事竊運河東西兩隄爲淮揚各屬民田保障西隄禦高寶諸湖之水東隄禦運河上游之水情形同一喫重然非東隄完固則沂泗來源驟發裏下河民田已岌岌可危非西隄加高培寬重關屹立則湖河聯成一片西風當令駭浪橫擊東隄亦獨力難支前督臣曾國藩馬新貽疊議按年匀修而經費竭於外輸更無餘力顧及根本兩隄坍塌日甚一日東隄雖險工林立形迹尚存西隄則閒段在水中央有並無可尋之基址者矣本年盛漲淮揚海道

龐際雲駐工搶險堅持十數晝夜俾裏下河農民將半熟之早稻搶割乃次第開壩西風不起賴以保全此天幸其何可恃也江北出米裏下河獨多其豐歉關全省元氣隄工失險將顆粒俱付波濤臣晝夜焦思極擬將東西兩隄全修爲一勞永逸之計經藩司孫衣言周諮博訪迄無長策蓋辦工最要者數端曰集夫曰購石曰取土兩岸同時幷舉熟悉河工之夫役何能驟集數萬人碎石惟棲霞山老子山有之鑿山取石按日轉運數萬方斷難咄嗟立辦取土則兩岸向無隙地西隄兩面皆水所用之土須於東隄之東民田中購用既翻一隄又隔一水往返重滯日得幾何且民閒惜土如金又未便强不願售者取之取

土愈遠費亦愈繁或曰挑河土以築隄豈不一舉兩得不知河底淤泥必須曬乾之後方能層坯層硪若溼未盡去久將內潰石無所附貽禍更烈緣隄無可攤曬若運往他處曬乾再行運回則運費過於購土之費矣臣以爲夫役不足可以兵勇濟之土石不足可以重價招之數百萬生靈性命關頭何敢錙銖計較所獨難者巨帑耳淮揚海道龐際雲條陳三策通盤籌畫需四十萬餘兩次需二十萬餘兩卽專顧明年萬不可緩之工亦需十五萬餘兩臣函商漕臣文彬准其覆稱經費如此艱難請臣移西隄財力先辦東隄其寶應上訖徐州則漕臣任之臣諄飭藩司孫衣言竭力籌款事關民命不得以京協各餉爲辭倘

使裏下河成災即京協餉源亦斷該司搜索累日僅得三萬五千金此外實歸地無餘則專事東隄猶未足也臣只得責成運司歐陽正墉無論何款照籌三萬五千兩合成七萬照漕臣所議儘力先辦東隄自寶應以南一百六十餘里卑者高之薄者厚之滲水窨潮者搜其根而堅築之爲之坦坡以護之候補道張富年熟悉河工心精力果臣飭令會同淮揚海道龐際雲親歷勘估並將石料先期分途采購俾免臨事周章此後如再有款可籌即將西隄最不可緩之邵家溝一帶千餘丈先行營建如東隄有可節省之費亦必併入西隄以後再遞年節節爲之庶幾捍禦有資霑體塗足之民不至心搖搖而無所恃雖明年

秋汛未敢謂確有把握而盡一分人事冀藉　旰宵慈廕足以
上邀　天庥除寶應上訖徐州應如何施工由漕臣察看切實
情形具奏外合將擇要趕修揚屬運隄以保農田而顧根本緣
由謹會同漕運督臣文彬江蘇撫臣吳元炳恭摺具陳伏乞
皇太后
皇上聖鑒訓示謹奏

江北新漕再辦海運一年摺光緒四年十月十一日

奏爲回空漕船亟須拆修費鉅工遲擬將江北新漕再行暫辦海運一年恭摺馳陳仰祈聖鑒事竊臣接准部咨光緒四年江北冬漕飭令仍辦河運務將米數設法多籌船隻寬爲預備乘來年伏汛以前趕赴張秋一帶渡黃北上等因當經嚴飭遵行去後茲據江甯布政使孫衣言江安糧道松椿詳稱河運乃經久良法自當遵照妥籌先經派員赴津將上屆河運阻滯民船預爲招集於剝送海運漕米完竣後押令迅速回空趁汛渡黃南歸各船駛抵臨淸適値秋汛黃水接續增長七八尺不等衛水亦同時大漲經押空委員會商東省各員啟壩放水入運

乘勢搶渡三晝夜於七月二十八日始行催出運口共船一百
五十餘隻渡黃南下此外仍有百餘隻裝運賑米能否南旋尚
無定期回來各船自上年羈留津河一帶雖藉裝運各省賑米
稍資生計但時值荒旱瘟疫盛行困苦情形不堪縷述況船隻
失修已久上屆拖壩入衛又復受傷加之冬令水枯北地苦寒
以致船身率多凍裂虧朽一切器具亦損壞不全必須分別拆
修始堪裝運倘敷衍從事設有不測非但潮溼霉變可虞卽將
各船變賣押追不足以資賠償於公仍屬無濟或謂江南大小
船隻甚多舊船既須拆修何不另雇新船不知東省河道淤塞
船大則淺擱堪虞船小則裝米無幾歷年辦運均係挑選堅固

輕便合用船隻近因行商疲敝運漕民船本不甚多而歷屆守
凍北方朽壞拆賣更覺其少前經分派委員四出招雇多方勸
諭許以優恤無如各船戶鑒此苦衷莫不視爲畏途相率裹足
復經再三開導迄無一應本屆新漕轉瞬亟須開兌若不迅圖
變通之方必致河海兩誤擬請援案仍由招商局輪船再行裝
運一年俾令回南各船得以從容修換堅整下屆循舊仍辦河
運船隻既可早爲預備而東省淤塞河道亦可認眞開濬深通
詳請具奏前來臣查江北歷屆河運以配船爲最難既無官造
漕艘則受雇應從民便目前舊船既不堪用新船又無可雇若
以威令迫脅勢必紛紛逃避徒滋騷擾仍誤正供臣酌度再三

惟有仰懇　逾格恩施俯准仍由招商局輪船裝運一年明歲

再行規復舊制以昭慎重除飭將一切應辦事宜趕緊妥籌外

理合會同漕運總督臣文彬江蘇巡撫臣吳元炳恭摺由驛五

百里馳陳伏乞

皇太后

皇上聖鑒訓示謹奏

江蘇防營從緩裁減摺光緒四年十月二十一日

奏爲江蘇留防各營籲懇

天恩從緩裁減以維大局恭摺仰祈　聖鑒事竊臣於本年六月初二日接准部咨各省防營奏准統減一成以半年爲限將來報銷卽照減數核算等因當經臣將江蘇現存勇丁數目先行開單恭呈　御覽並聲明斟酌定議再行具奏在案伏思部臣議裁防營非但愼重度支亦爲體恤疆吏籌餉之苦惟各省情形不一有可減者有不可減者有已減而不宜再減者江蘇轄地廣衍人物繁庶無險可扼籌防江海專恃練勇再三酌度實有萬難再減之勢請爲

皇太后

皇上縷析陳之江蘇現存防勇一萬七千餘人除分駐江甯蘇松揚徐各處外沿江守護礮臺之勇本苦不足所以彌縫其闕者賴淮勇耳現經直隸督臣李鴻章裁撤淮勇十四營內分防江蘇者五營以江蘇防營統而計之所少已不止十分之一合之近年裁撤戚大吉兩營高占彪兩營萬化林一營改調福建宋國永兩營則所少已逾十成之三若再將各防營勉强議裁民氣難馴戎心易啟恐兵力愈形單薄防務益難支持臣非不知籌餉之艱裁勇即所以裕餉惟目前伏莽未盡嘯聚何常驅之歸農其名甚美一旦有事倉猝無以應敵欲圖一時之節用

適貽異日之隱憂就江蘇情形而論餉需之竭非竭於本省之
防餉竭於外省之協餉也協餉不容膜視則餉源所在防務豈
容置爲後圖無論緩急徵兵不能取辦於一時卽如歷年捕蝗
用民力者十之一用勇力者十之九全隊搜嚴剔穴露宿捕打
其勞苦過於行閒挖子捕蝻不下數千萬斤今年秋成幸獲中
稔所保全者甚大他如挑河築圩往往借力勇夫是勇糧之並
非虛縻已有明效大驗各營統領如章合才吳長慶等皆百戰
餘生力顧大局每遇餉項支絀無不以裁營爲請意謂營多而
餉絀不如營少而餉充自接准部文後言之尤力而臣未敢遽
允者實以參酌時勢權衡輕重不當舍操練已成之局而存僥

俾無事之心所有江蘇留防各營除從前業已議裁外擬請勿
遽再減仍由臣隨時察看如有不甚得力者立即遣撤斷不敢
固設成心亦不必拘定成數臣忝膺重任既有所見不敢不據
實瀝陳仰懇
天恩敕部查照大局幸甚謹會同江蘇撫臣吳元炳恭摺具陳
伏乞
皇太后
皇上聖鑒訓示謹奏

請豁除快籍摺光緒四年十一月二十日

奏爲籲懇

天恩俯准循案豁除快籍以杜擾累而廣　皇仁恭摺仰祈

聖鑒事竊查各省運丁定例四年編審一次由道造册詳由漕運督臣具題自道光二十六年編查之後初因水災嗣經兵燹江安糧道所屬各衛所應造編册迄未查辦節准部咨行令嚴檄各衛弁會同州縣按實在軍丁田產挨戶編查造册詳題均經劄行該道遵辦嗣據江甯紳士舉人伍承欽等稟稱向來編查軍丁其名有二一曰運丁一曰快丁運丁由衛僉選快丁由縣僉選運丁以船爲家運務素稱諳練快丁專事耕種駕運非

其所長於是快丁多倩運丁代辦每歲津貼運造之費奉行既
久流弊滋多道光三年故紳伍光瑜等憫其積累勸令江甯快
籍沈遐年等二十七名上元快籍常珠等四名捐變田產呈請
道庫增給官款合銀二萬七千二百九十餘兩發典生息津貼
之費悉出於斯當蒙奏奉
諭旨永免僉選快丁勒碑以垂永久從前積弊一旦頓除至今
碑石巍然猶存歌頌　皇仁不絕於口現聞查辦編審羣相疑
慮深恐以運丁之故波及快丁從前之快丁業已百無一存不
如就現存運丁按戶編造尙屬事歸簡易揚具碑摹請將快籍
循案概予豁除免其一併編審等情又經劄行江藩司江安糧

道會核議詳並暫停編審在案茲據江甯布政使孫衣言署安
徽布政使王思沂江安督糧道松椿詳稱江興二衛所屬之快
丁向係分住上元江甯江浦六合江都高郵當塗蕪湖無爲巢
縣和州含山滁州來安全椒天長盱眙等十七州縣境內當漕
船起運之年定例運快並僉四年編審一次嗣因快丁不諳運
務多倩運丁代辦每年捐貼運費銀一百三十兩十年大造貼
給造費銀三百兩復經奏准捐本生息撥款調劑免其僉運又
海州隱軍並無屯田不諳運務公湊津貼生息貼補淮安衛頭
二兩幫運丁免其駕運載在漕運全書軍興以來十有餘年各
該州縣蹂躪殆遍該丁戶絕人亡即間有一二孑遺房產盡屬

邱墟田地鞠爲茂草兼之亂離遷徙籍貫不清雖欲設法編查
實屬無從著手徒使里胥鄉保因緣爲奸貽累閭閻莫此爲甚
況快丁永免僉運運丁代爲當差久已遵行此時若再編審快
丁徒使驚疑無裨事實惟運丁編審疊奉部催自當飭屬趕速
查辦一俟齊全另行彙詳所有江興二衛所屬之快丁暨海州
之隱軍應請分別豁除停辦編審等情具詳請奏前來臣查運
丁承運漕糧快丁津貼運費定例四年編審一次所以杜脫漏
重運務也現在河運漕糧僅有江北一處均係雇用民船絕無
僉運之事所有運丁編審已非目前亟務然猶謂存此規模爲
將來規復河運之計至於快丁一項道光年間已准永免僉選

即使河運盡復亦斷無再編快丁致與從前奏案不符合無仰懇
天恩俯准將江興二衛快丁暨海州隱軍永遠豁除快籍免辦編審其原執屯田照舊存留以杜紛擾而資生計除飭糧道將運丁編審趕緊查明詳辦外謹會同漕運總督臣文彬江蘇巡撫臣吳元炳安徽巡撫臣裕祿恭摺具陳伏乞
皇太后
皇上聖鑒訓示謹奏

糧道移紮江北窒礙情形摺光緒五年正月二十四日

奏爲江安糧道移紮江北遵

旨悉心酌議謹陳窒礙情形恭摺仰祈

聖鑒事竊臣承准軍

機大臣字寄光緒四年十二月十九日奉

上諭文彬奏籌復河運請飭江安糧道移紮江北等語糧道移

紮江北於漕運事務諒尚相宜惟有無窒礙之處必須詳加籌

度卽著沈葆楨悉心酌議據實具奏等因欽此查文彬原奏所

陳規復河運各節意在率由舊章臣敢不共體時艱悉心籌辦

惟河運之廢興以河道之通塞爲轉移運河艱阻莫甚於濟甯

迆北戴村壩八里廟一帶其病源在於借黃濟運多借一次卽

多淤一次若不嚴設隄防大加修濬使黃運各得其職不至奪
流則數十百里之停淤年甚一年河運其名陸行其實糧道駐
紮江甯固無可代謀卽使移紮淮安亦無從措手該道統轄上
下江十府上江居其七每年各州縣應徵漕折銀兩解至江甯
省城係屬適中之地若使移紮江北惟淮徐稱便江甯府已覺
紆折而安徽七府均相隔遼遠督催運解在在需遲似舊制駐
紮江甯本係折衷至當未便遽議更張且查各省糧道如江西
山東河南陝西湖廣雲貴等處無不駐紮省城良以糧道應辦
各事均與藩司相附麗近在同城彼此可以互商分居兩處諸
事必多扞格糧道所能自主者曰雇船曰兌米河運承裝之船

大半招自上游本以江甯爲便至兌米向在氾水一帶挑選米
色趕早開兌無論駐紮何處均屬力能爲之近年河運逾期祗
有水涸而稽延從無兌遲而耽誤似糧道之移紮與否於河運
並無出入如果有益於河運在該糧道固不敢憚遷地之勞在
臣亦斷不存膠柱之見漕臣文彬於運務係屬專責目覩河道
艱難力籌變通良策臣惟有督飭該糧道趕緊兌米從速馳赴
清江聽候漕臣指示調度俾得早達通倉以仰副
聖天子慎重倉儲之至意所有遵
旨酌議緣由理合恭摺具陳伏乞
皇太后

皇上聖鑒訓示謹奏

海防成案礙難掣動船政支絀設法通融摺光緒五年二月初八日

奏爲海防成案礙難掣動船政支絀設法通融恭摺馳陳仰祈

聖鑒事竊臣准船政大臣吳贊誠咨光緒五年正月十八日具

奏製船養船經費兩絀一摺請以閩海關應解南北洋海防經費撥補欠解船廠之項嗣後如六成洋稅不敷一律於四成應解海防銀內劃解等因咨會查照前來臣查南洋海防經費自定議後屢有變遷直至上年春閒始經臣奏定仍解南洋除接濟晉豫賑項外應解南洋者祇有原定十分之五各省釐金項下解者寥寥南洋經費本已有名無實浙江撫臣梅啟照曾函商臣處擬留南北洋經費爲供應輪船之需臣以大局攸關未

敢照辦茲船政大臣吳贊誠又有是請自因閩省籌款支絀爲此不得已之舉臣承乏船政多年其中爲難情形知之最深自應互相維持豈敢劃分畛域惟查福建船政經費定章於六成洋稅項下撥用並於四成洋稅內亦有按月額撥之款若舍定額應撥之項而爲借款劃補之舉恐各省紛紛請留掣動全局是船政之所得者甚少南北洋之所損者實多目前船政經費製船居其半養船居其半船日多則費日增與其留南洋之費爲養船之需不如移閩廠之船就南洋之餉江南操練輪船本苦不敷如果多撥數號赴江應用其養船之費即於南洋經費項下開支庶船政用款稍可從容海防全局不至掣動彼此兩

無所損而於自强之道稍有裨益且使從前奏定之案不致廢於半途除函致船政大臣吳贊誠外理合由驛四百里馳陳伏乞

皇太后

皇上聖鑒訓示謹奏

謝議敘恩摺光緒五年二月二十五日

奏爲恭謝

天恩仰祈聖鑒事竊臣恭閱邸抄光緒五年正月二十四日

內閣奉

上諭兩江總督沈葆楨任事精勤不辭勞怨著交部從優議敘

欽此當卽恭設香案望闕叩頭謝恩訖伏思兩江任大責

重雖精力彌滿才識堅定者猶懼措置未當有負聖恩矧以

臣之衰庸膺茲艱鉅三載以來凡地方應辦事宜雖殫竭愚誠

不敢稍涉推諉而智慮短絀夙夜兢兢方補過之不遑更何功

之可敘乃竟荷、聖慈曲逮上考濫膺沐天語之榮褒受非

常之　寵眷五中循省益切悚惶臣　惟有永矢恆心破除情面

冀循名以責實更廣益而集思庶幾仰答　高厚鴻慈於萬一

所有微臣　感激下忱謹繕摺叩謝

天恩伏乞

皇太后

皇上聖鑒謹奏

各省兵輪船由李朝斌督率合操摺 光緒五年閏三月二十一日

奏爲各省兵輪船擬由威望素著之大員督率合操以一心力而備不虞恭摺仰祈

聖鑒事竊各省舉辦海防奉天直隸山東蘇浙閩粤皆有兵輪船常川駐泊無事則練習操演有事則捍衛藩籬意至善也第各管駕由引港出身者駕駛尚能勝任而操演漠不關心由學堂出身者操演可守定章而戰陣未窺實際萬一臨事張皇失措適覺資敵可虞各海口形勢不同各輪船操法亦復未能一律風鶴有警零星散布處處孤立用以自固門戶不敢謂確有把握而海道四通八達一摇百動偏隅受損全局皆虛竊謂兵多貴分兵少貴合然非聯絡於平日卽

倉卒赴援發縱指示何所適從必如常山之蛇首尾相應乃足以言待敵是宜責成威望素著之大將於適中之地按期聯綜操演號令歸一以時察其槍礟之良楛馬力之遲速俾各船脈絡筋節一一貫注各將士無事如臨大敵設有調遣指臂既習或分或合運掉皆靈江南提臣李朝斌由行伍起家身經百戰未嘗挫衄忠勇出於天性威望足以服人自接辦江南輪船操務以來念念不忘所事吳淞口爲南北海疆適中之地洋面遼闊能容多船擬仿照長江水師之意請

旨飭該提督作爲外海兵輪船統領各省兵輪船閒兩月一赴吳淞口聽該提督親督合操操畢仍回原省何處有警即由該

提督率之以向何處彼此聯爲一氣緩急乃有足憑其所以尤
宜於吳淞者緣該處爲通商最盛馬頭泰西人耳目所集且時
有各國兵船來往操演若不合法必有指其謬而非笑之者借
以爲他山之錯冀可得衆美所歸明知一議合操則子藥有費
煤炭有費各省又須添籌款項第因惜費而置之恐此後卽倍
蓰其數而無補事機各疆臣體
國公忠必不至疑臣有自便
之見臣前此私憂竊計專注在鐵甲船今不得已而思其次尙
期不分畛域共鞏海疆除各船所需子藥煤炭仍由各省自備
外其操演賞犒由臣於南洋海防經費內提用據實報銷相應
請

旨飭下沿海各督撫臣將所屬兵輪船按兩月一次飭赴吳淞
口責成李朝斌督率合操大局幸甚臣與前兵部右侍郎彭玉
麟往返函商意見相同謹會同大學士北洋大臣直隸總督臣
李鴻章恭摺具陳伏乞
皇太后
皇上聖鑒訓示謹奏

劉典請於三省建立專祠摺 同日

奏爲已故大員轉戰各省保障功高籲懇

天恩俯准建立專祠以彰成績而慰輿情恭摺仰祈　聖鑒事

臣恭閱邸鈔光緒五年正月十三日內閣奉

上諭左宗棠奏大員病故懇加褒卹一摺前幫辦陝甘軍務通政使劉典著照侍郎例賜卹加恩予諡生平戰績宣付史館立

傳等因仰見我

皇上篤念勞臣下懷同深欽感查劉典迭援各省經左宗棠疏

詳戰狀業已備荷　恩卹無待臣言而安徽江西爲臣服官之

地福建爲臣父母之邦故壘循行見聞較確甘棠之愛有不能

自已者敢爲我
皇上撮陳之同治二年髮逆擾皖南意在乘虛窺豫章以掣動
江浙後路是時我之兵力餉力方專注金陵江右雖極力支撑
要皆新集之卒劉典以寡擊衆連戰皆捷疊復各城徽甯轉危
爲安而江右亦得以預籌堵禦嗣逆渠黃汶金一股突犯饒境
其鋒張甚劉典星夜趲赴與江忠義諸軍血戰卻之同治三年
金陵合圍李世賢汪海洋等傾巢犯江劉典方丁父憂由籍率
新募楚勇六營投袂馳援與鮑超諸軍相犄角僞小天王就俘
汪李折而竄閩分陷汀邵各州縣閩事岌岌劉典督兵深入肅
清汀邵龍巖各處剗平逆壘賑活饑黎此臣任江西巡撫時親

見劉典立功三省之實在情形也竊以捍患禦災於法宜祀軍
興以後凡大員戰績卓著者迭奉
列聖恩准於立功省分建立專祠蓋　朝廷軫念勤勞有加無
已亦以風厲有位俾分災恤鄰之義自動於其心今劉典迭援
危疆合無仰懇
天恩俯准飭下安徽江西撫臣福建督撫臣爲劉典擇地建祠
以彰成績而慰輿情臣不勝激切待　命之至理合恭摺籲陳
伏乞
皇太后
皇上聖鑒訓示謹奏

關稅尙難開徵摺光緒五年五月二十八日

奏爲關稅尙難開徵恭摺具陳仰祈聖鑒事竊准戶部咨附

奏滸墅等關照舊開徵等因光緒五年三月初一日奉

旨依議欽此並鈔錄原片知照前來查開關窒礙情形經曾國藩馬新貽李宗羲劉坤一張樹聲迭次奏明所言至矣盡矣然皆謂迫於時勢暫以權宜從事非敢謂舊章之可廢而部議之可違也卽臣等於光緒元年十二月初三日奏龍江西新滸墅等關萬難開徵一摺奉

旨著照所請戶部知道欽此摺末本聲明將來京外撥款稍鬆釐金酌量可減便當察度情形請復關稅蓋成憲極當遵守部

臣具有見聞臣等當籲緩之時原冀有勉副　聖廑之一日今歷時已逾五稔部臣始申前議所以體恤疆吏者不可謂不至倘疆吏猶只圖苟安旦夕不幾喪盡天良且各關一日不開於
臣等尤多掣肘即如織造奉
旨傳辦各款向係取諸關稅今則不能不索款於臣等空文往復下筆增慚既不能使織造爲無米之炊亦不能責藩司以點金之術此臣等准部咨後所以思之累月極欲恪遵部議黽勉奉行躊躇至今乃決然知其不可者也利害具於前摺者不敢以之再瀆　宸聽第彰往所以察來請以已開之淮關言其梗概淮關額徵盈餘合計三十六萬四千有奇其地未經兵燹亦

並未停徵卽今昔異形當相去不甚懸絕且去通商口岸尙遠
洋票較他處爲稀監督皆世受　國恩未有不仰體時艱且以
考成爲重者乃綜終歲所得僅三四萬金不過稅額十分之一
而商民呈訴謂向非孑口之地亦邏役環伺予以私費徒資中
飽且踵事求增若計較錙銖便蹈漏稅之罪身家爲之破請釐
定關卡舊址使商民知所適從臣等無辭焉以謝之也而監督
函咨則謂奸商繞越愈遠愈巧地方官遇此等案輒以土產土
銷爲解不肯結實懲辦致關稅積成巨虧縱荷
天恩寬免八成賠二成已爲子孫無窮之累臣等亦無辭焉
以謝之也淮關猶且如此況龍江西新滸墅久湮沒於瓦礫之

中正關分卡均有一定規模締造經營三處非數十萬金不可
即使如淮關徵數幸得十分之一積累年所入不足以償工程
之費所裨於　國計者幾何矣臣葆楨請　訓之日蒙
皇太后勗以時事艱難念念宜以百姓爲本今不便於民者如
此不便於官者又如此臣等急求卸責希圖自便捫心深夜何
以上答　生成合將關稅尙難開徵緣由會同江甯織造臣明
勳蘇州織造臣萬順據實瀝陳不勝惶悚待　命之至伏乞
皇太后
皇上聖鑒訓示謹奏

林達泉李炳濤請宣付史館摺 同日

奏爲知府積勞身故遺愛在民可否籲懇
天恩宣付史館列入循吏傳以彰治行而樹風聲恭摺仰祈
聖鑒事竊調署福建臺北府知府林達泉於光緒四年十月初
九日在任病故丁憂前安徽廬州府知府李炳濤於光緒五年
五月初五日在差病故查林達泉以江蘇實缺直隸州隔省請
調臺北府知府李炳濤以丁憂回籍人員調辦皖南善後均蒙
天恩破格俯允其生平治行早在
聖明洞鑒之中臣葆楨於
該故員等迭次明保有案其前赴臺北皖南也又實會銜請調
故知之極稔今者同舟失助環顧悽然徵遺愛於公評益愴悒

不能自已敢將該故員生前政績爲我
皇上撮陳之林達泉廣東大埔縣人以舉人辦本籍團練復隨
勦山左捻匪保以直隸州知州歸江蘇補用在蘇疊委機器洋
務海運各局承辦太湖水利海沭河工賑撫各事皆精心果力
始終如一洊保補缺後知府同治八年引　見疊署崇明江陰
兩縣事實心爲政所至懷之光緒二年兵部侍郎彭玉麟過崇
明遇老者飢踣於道與之食泫然曰若使林縣主久任於此吾
邑豈有餓夫哉臣接見江陰紳士問以令之賢否對曰如林公
者不可復得得其次者民已受賜矣海州地瘠俗悍林達泉下
車適當災荒之後民飢盜起集農丁濬水利寓工於賑擒巨憝

數人置之法閭閻以安臺北瘴癘地該故守毅然而行到閩卽
上治臺各策釐積牘興防務以餘力勸辦晉豫賑捐集款甚鉅
雖抵任未久設施爛然積受內傷得咯血之證有以節勞勸者
弗顧也聞訃丁父憂病中一慟幾絕以候代未及奔喪疽發背
死此林達泉歷任政績及積勞病故之大概情形也李炳濤河
南河內縣人以捐職州判投効曾國藩大營洊保安徽候補知
府先後代理蒙城縣亳州潁州府各缺歷著政聲同治十年奉
旨補授廬州府知府十二年二月到任嫉惡如仇愛民如子聞
有匪徒潛煽黨羽未集而使君匹馬已入其阻故無論大姓小
戶但自居於善類者皆倚之若長城光緒三年丁母憂解任回

籍攀臥者皇皇如失所恃調辦皖南保甲善後各事民乃大歡
復蒙　聖慈俯鑒時艱　允其留辦李炳濤躬歷宣甯廣建各
處拊循安輯委鞫案件夜以繼日寖受瘴氣徧身染患溼瘡自
恐久病誤公多服涼劑以求速效致病日益深瀕危語不及私
連呼辜負而逝平日薪水之外不以絲毫累地方官不給則貸
衣服以充之歿後始由宣城縣知縣沈汝椿贖之以爲斂士民
奔走相告涕淚同聲身後蕭條一如寒素此李炳濤生前政績
及積勞病故之大概情形也竊以該故守等志事未竟中道溘
然撰其圖報之心九原齎恨何敢計及身後之名而　聖朝於
勤事諸臣　賜卹務從其優者蓋念舊勞所以風有位語曰得

一名將不如得一循吏名將戡之於已亂循吏消之於未形也

可否仰懇

天恩俯准將前臺北府知府林達泉前廬州府知府李炳濤宣

付　國史館列入循吏傳以勵臣職以慰輿情臣不勝激切待

命之至如蒙　俞允再當由臣飭查詳細政績咨送　國史館

用備采擇謹會同江蘇巡撫臣吳元炳安徽護撫臣傅慶貽恭

摺籲陳伏乞

皇太后

皇上聖鑒訓示謹奏

淮北額引礙難驟增摺　光緒五年六月二十八日

奏爲淮北額引礙難驟增恭摺據實瀝陳仰祈　聖鑒事竊臣疊淮部咨自甲戌綱起責令衆商增額八萬道等因當經轉行去後茲據運司歐陽正墉督同海分司妥議詳請具奏前來臣查增引爲榷鹽之美名新商願之舊商尤願之部臣疊次督促意在裕　國計而復舊章臣　責有專司既足以自炫所長又可以取悅於衆何所憚而膠柱鼓瑟惟深味前人立法之意參以近日利鈍情形覺美名僅在目前三五年後恐卽流弊百出且馴致於積重難返之勢謹以見聞所及爲
皇太后

皇上觀縷陳之商賈之挾重資以求贏者向皆注意絲茶而年來往往虧折惟票鹽則利微而可操左劵故轉爲衆所爭趨然額引歸舊商票價愈昂則愈爲可居之奇貨雖重價購之而不可必得非覬覦增引無由攙入其中由是有遊手好閑之徒希冀鑽營得票轉賣漁利揑造商名疊赴分司運司以及臣衙門百計稟求或以捐賑請或以助餉請更端嘗試遇事生風所謂新商願之也新商不能攙入遂疑舊商從中把持殊不知果擬增引舍掣籤別無他法新商可掣舊商亦可掣新商事事草創獲利猶遲舊商則因山爲高輕車熟路譬如去年辦百引今年辦二百引其用費不至於倍之也而獲利則當倍之所謂舊商

尤願之也歷任督臣精鹽政者無過曾國藩稽諸舊卷每審定
一法必舉數十年之利害如身入其中而歷試之計當時衆商
增引之願未必淡於今日而淮北引額僅劃二十九萬有奇夫
豈自便考成置　國課商情於不顧哉歷考鹽政之壞胥由額
浮於銷其始設法彌縫勉符奏銷之限久乃愈不可收拾於是
新殘套搭之議起商疲課絀治絲益棼未幾而有統銷融銷之
奏未幾而有帶徵停運之奏乾隆嘉慶年閒屢坐此病卽如近
日川鹽銷路可謂極暢而滯引轉多稍一清釐謗聲四起亦前
車之鑒也商人惟利是視鮮能深明大體人多則互相傾軋有
只圖目前毫髮之利而不惜全局爲之動搖者今額少則商少

商少則剔弊易於爲力疏銷亦易於爲功如到岸之浮費出場之私蹤以及重斤廢票等弊得廉能之吏數人聚精會神以整頓之尙不至毫無把握而其攧撲不破者尤在循環一法蓋能將綱分逐漸提早收裕課之實效而不必居增引之虛名曾國藩用意致爲深遠就淮北課項而論從前運鹽四十六萬引徵正稅銀三十一萬餘兩協貼淮南銀六十七萬餘兩共計徵銀九十八萬餘兩現在每綱徵正雜課銀三十七萬餘兩五河正陽兩卡鹽釐旺收之年數逾百萬串以初定章時每兩易錢一千三四百文計之每年尙不止收銀六十餘萬兩卽極歉之年亦收釐七八十萬串是引額減運三分之一而課釐并計比較

從前大致相埒況自開辦戊辰綱起至甲戌綱止歷六年有奇銷足七綱引既溢銷課自暗長若驟加八萬道運多則銷滯銷滯則本閣而運亦不前私梟遂乘機四起往日視爲奇貨可居之票漸至一文不值商不自愛將夾私之弊甚於販私而重斤廢票跌價搶售沿途加載無所不用其鬼蜮商不可問而課愈不可問矣嘉慶道光閒常見殷戶願捐鉅款以求免商其受病夫豈一朝一夕之故哉況淮北引界與淮南楚岸孝感黃陂等縣及皖北各屬處處毘連北鹽侵南歷年已久道光末年南引停滯皆歸咎於北鹾增額所致現在楚皖邊境設立堵緝北私各卡業已防不勝防萬一淮北因增引而跌價因跌價而搶售

泛濫於犬牙相錯之地南鹺其何以當之臣博訪周諮通籌全
局與其徒博增引之名致滯銷而滋弊何如恪守已成之法俾
月計而有餘合無仰懇
天恩容臣姑照曾國藩所定章程督同運司竭力疏銷務期綱
分提前俾歷綱積引逐漸銷竣再將舊額酌量規復所有淮北
額引礙難驟增緣由理合據實瀝陳伏乞
皇太后
皇上聖鑒訓示謹奏

漕項無從劃撥海運難以議分摺 同日

奏爲漕項無從劃撥海運難以議分遵
旨覆陳仰祈　聖鑒事竊臣　准戶部咨會議倉場侍郎桂清畢
道遠修治運河一摺請
旨飭下該督撫體察情形核實妥籌恭錄
諭旨並覆奏原摺行令欽遵辦理前來竊以因轉漕而治河因
治河而籌費沿流溯源意至善也　國家軫念河務原爲漕務
起見從前修費不惜歲數百萬金良以　天庾正供非河運不
行航海風濤難測故也今則　國帑艱難萬非昔比不得已而
取資於漕項又合數省之款以濟之設爲各省力所能逮亦必

有一勞永逸之計而後費不虛糜若歲歲修河以供歲歲辦運
無論費無從出也竊慮受病日甚有求如目下之河形而不可
得者敬將原奏交議各節爲我
皇上分晰陳之原奏有漕省分應酌提漕項若干一節查甯屬
起運光緒元二年分冬漕以漕項開發運費因沿途起剝沿途
挑濬處處周折各短數萬金數千金不等惟光緒三年極力節
省二萬金撥充晉豫賑需則　恩准暫行海運之所致也蘇省
運費亦遞年不敷甚鉅全賴藩庫挪款墊用若再令分撥數成
無論河運海運均將束手河未修而漕先廢矣安徽係折漕省
分宜有漕項贏餘而京餉出其中協餉出其中本省軍餉出其

中以贏補絀尙難相抵並非有提存的款以待不時之需今若取之於民民不堪命若將京餉協餉停解參處隨之挹彼注茲計惟有裁勇之一法夫設防如故又值年穀順成伏莽尙不時伺隙而起倘一旦藩籬盡撤良懦無所依附宵小因而生心雖智者不知所以善其後也原奏江浙兩省能否將海運糧石各分出十數萬石辦理河運安徽省下屆漕糧能否起運本色若干並運米船隻能否多雇一節查蘇省辦理海運已若經費不敷再令舍易趨難更從何處挪款安徽之窘甚於江蘇力不從心不言而喻徽本色猶可運本色甚難本屆江北漕船六月尙未盡數渡黃回空更不知何日即事竣催令南返盤壩守凍暫

朽過半或冒險求速飄海散失各船戶前鑒具在下屆欲勉符舊額勢須多方勸勉招集方得成行更於此外求多恐百呼而無一應者矣原奏運河宜如何設法修濬將全河形勢一併詳細查明議覆一節查全河詳細情形臣未親履其地無由臆斷但以大勢揣之前人之於河運皆萬不得已而後出此者也漢唐都長安宋都汴梁舍河運別無他策然屢經險阻官民交困卒以中道建倉伺便轉餽而後疏失差少元則專行海運故終元之世無河患焉有明而後汲汲於河運遂不得不汲汲於河防運方定章河忽改道河流不時遷徙漕政亦隨爲轉移我

朝因之費既踵事而增而獷悍遊食之徒萌孽其閒所謂靑皮

黨安清道友者引類呼羣恃衆把持成固結不可解之勢前兩江督臣陶澍憂之乃創爲海運之說明以節省經費暗以消患無形蒙
宣宗成皇帝允行而漕政於窮無復之之時藉得維持不敝迨髮捻事起此輩潛入其中南北蕩平消磨殆盡雖闤闠市鎭尙有此等名目然無大淵藪以容之偶或什伍成羣良有司足以治之矣是河運所可慮者又不僅在經費也原奏運河貫通南北漕艘藉資轉運兼以保衛民田意謂運道存則水利亦存運道廢則水利俱廢然無漕省分水利亦關民田命脈未嘗敢任其廢臣竊以爲舍運道而籌水利易兼運道而籌水利難何則

就下者水之性也必使貫通南北不能復聽其就下矣不聽其就下則事事皆以人力爲之費固不貲利亦大減且民田之與運道尤勢不兩立者也兼旬不雨民欲啟涵洞以灌溉官則必閉涵洞以養船於是而挖隄之案起至於河流斷絕且必奪他處泉源引之入河以解燃眉之急而民田自有之水利且輸之於河農事益不可問矣運河勢將漫溢官不得不開減水壩以保隄婦孺橫臥壩頭哀呼求緩官不得已於深夜開之而隄下民田立成巨浸矣東境河道經撫臣隨時飭屬挑濬地方官何必全無天良其所以旋濬旋淤者則借黃濟運之害爲尤烈前淤尚未盡去下屆之運已連檣接軸而來高下懸殊勢難飛渡

於是明知借黃之非計而舍此無以資浮送又百計逆水之性
强令就我範圍致前修之款皆空本屆之淤復積部臣所謂歷
年興修均以隨時挑挖逐段疏濬爲權宜補苴之計者誠洞鑒
癥結之論不可不思患豫防者也議者太息於經費之無措舳
艫之不備致此舉之不成臣竊以爲使道光年間歲修之銀與
道光年間官造之船至今一一俱存以行全漕於借黃濟運之
河未見其能達也蓋江北所雇船隻其大不及從前糧艘之半
然必俟黃流泛漲且竭千百勇夫之力以挖之過數十船而淤
復積今日所淤必甚於去日而今朝所費無益於明朝若使船
大且多有所施其技乎且懔乎其不可犯者大河之性也近因

西北連年苦旱來源不旺遂乃狎而玩之物極必反設令因濟
運而奪溜北趨則畿輔受其害南趨則淮徐受其害如民生何
如　國計何伏願　朝廷師元人創行海運之成法體
宣宗成皇帝試辦海運之深心以收近日輪船自然之利並念
時局孔棘萬不容作無益害有益實事求是以濟艱難臣自知
蠡測管窺無當萬一第既奉
旨飭令核實籌議愚慮所及萬不敢强不知爲知以自欺於
君父之前除山東運道詳細情形應由漕臣勘明覆奏外所有
微臣遵議緣由理合會同江蘇撫臣吳元炳護安徽撫臣傅慶
貽恭摺上陳伏乞

皇太后
皇上聖鑒訓示不勝惶悚待命之至謹奏

挖土機器於運河未甚相宜片 同日

再續准戶部咨會議浙江候補道朱其昂海河並運論除窒礙各條業經奏駁外其挖土機器一節用之運河是否合宜應由南北洋大臣察酌情形奏明辦理恭錄

諭旨行令欽遵議覆前來查修河非挖土之難而出土之難蓋所挖之土堆近河沿不逾時仍漸漬入河挖與不挖等耳盤越隄外覓無礙民田之地而堆之勢必回遠則出土必不及挖土之速用機器則其挖尤速出土轉須倍其人夫否則必停輪以待綜計辛工煤耗所費正復相等非如地近海口可將所挖之土用巨艇載以出口傾入海中也江北押運委員遇淺阻之處

有以混江龍開通數里者卽師機器之意而小用之然祇求河身讓出一路不遑恤其過而輒淤如在黃河盛漲之時尙可乘其建瓴之勢決之排之使挾沙泥並下運河則波平流弱非其比矣似不如責成沿河各廳縣分段開濬工費分而易舉兼可爲小民食力之資所有遵議挖土機器於運河未甚相宜緣由理合附片陳明伏乞

聖鑒訓示謹奏

請京師辦積穀片 同日

再部臣所爲惓惓於河運者原謂海上設或有警留此一綫運道尚可爲臨時轉漕之資用意至深遠也臣以爲事期有濟則議不厭詳運河徑南北二千餘里其東去海均不過二三百里謂海氛方熾而濱海之地均能帖然晏然未見其確有把握卽使疆吏鎭撫有術纖藿不動以十萬石之米計九閱月始達所裨於京師軍食者幾何矣未雨綢繆似非積穀不可米過三年便朽不足食而穀之曬乾扇潔入倉者可五十年臣守廣信時見上饒縣倉藏穀嘉慶年間物也迨同治元年奉命撫江右以浙江軍營採辦麕集廣信米價爲之驟貴臣發倉

穀平糶數萬石一日而盡其所碾之米色稍𥗊耳質則如故蒸之成飯每升較新米可溢半碗此藏穀耐久臣所親見焉而信其不誣者也誠能由部慎選賢員於津門設局收得利之所在人趨如鶩商船必聞風奔赴匀年遞積款不甚鉅而得尺則尺得寸則寸乘支十年之效不難逐漸而成按籍可稽人心大有所恃偶遇歉歲推陳出新與閭閻平價交易市儈無所施其居奇伎倆貧民之受賜無有已時較之費無數帑金以治不可必成之河籌不可必通之運其得失必有能辨之者愚昧之見是否有當伏乞聖鑒採擇施行謹奏

南洋定購蚊子船四號派定管駕片光緒五年七月二十八日

再淮北洋大臣李鴻章函稱代南洋定購之蚊子船四號八月內可抵福建自應預謀管駕以備屆時開駛來江適福建船政局赴英學生藝成調回者三人曰候補都司劉步蟾林泰曾曰候補守備何心川業由臣咨商閩局飭令分帶該船尚餘一號再於未出洋學生中遴選其一以補之該四船擬名曰鎮東鎮西鎮南鎮北以便號召於吳淞口江陰口各分其二爲夾護礮臺之用仍按月互易使沙線均能熟悉除俟該四船抵江再將勘驗情形詳細具報外合先附片陳明伏乞聖鑒謹奏

閩省出洋生徒請予蟬聯摺光緒五年九月二十日

奏爲海防根本首在育才閩局出洋生徒應予蟬聯就學以儲後起之秀而備不竭之需恭摺會陳仰祈　聖鑒事竊查閩局生徒出洋肄業章程以抵英法都城日起計滿三年爲限屆期先四箇月由兩監督考驗學成者送回供差其中若有將成未成須續習一年半年者屆時再定等語計自光緒三年起至光緒六年即當滿限先期學成而歸者有劉步蟾林泰曾餘亦儘此一兩年閒當相率借返臣等隨時查考知該生等尙不自暴棄奮發有爲雖所造淺深不同而均不爲故步所域可備　朝廷器使勉効馳驅揆諸臣等建議之初衷竊幸未相刺謬第立

法必求可久儲才不厭其多臣鴻章代南洋定購之蚊子船四號計將抵閩臣葆楨擬先儘劉步蟾林泰曾管駕餘亦以學生之久於練船者充之計此後閩廠成船日多管駕之選日亟而廠中方講求新式機器監工亦在在需才統計生徒分赴英法者僅三十餘人耳所需之數何止數倍非源頭活水竊慮無以應汲者之求查閩局前後學堂尚有續招各生其中不乏穎異之才於西學已窺見門徑者以之接續派往就已成之緒收深造之功取多用宏事至乃有以應之或謂責令學成而歸者以新得牖後進亦可望日起有功不知西學精益求精原無止境推步製造用意日新彼既得魚忘筌我尚刻舟求劍守其一得

何異廢於半途因其已新者而日日新之又日新之誠正修齊
治平之功如是卽格致之功何莫不如是臣等往返函商意見
相同相應請
旨飭下閩海關將軍福建督撫臣船政大臣查照前屆出洋章
程接續擇才派赴英法就學俾人才蒸蒸日盛無俟藉資外助
緩急有以自謀大局幸甚臣等爲海防根本起見謹合詞恭摺
具陳伏乞
皇太后
皇上聖鑒訓示謹奏

報車邏壩開工撥款摺 同日

奏爲車邏壩受傷已甚亟須澈底拆修先將動撥款項及開工日期恭摺報明仰祈

聖鑒事竊查高郵四壩以備盛漲減水之用曰中壩曰南關大壩曰南關新壩曰車邏壩中壩久已塡閉現存者三向章啟壩必先車邏故受病最劇新壩於同治九年籌修一次而車邏壩建於康熙四十一年至今雖防河老兵無能言此壩曾於何年修整者故受病亦最深軍興以後款項支絀逾於往時斷無餘力及此而廳員又狃於天幸但得今年不放此壩事後便度外置之年復一年浸成不可收拾之勢連歲多旱該壩僅於同治九年啟放一次上年江淮並漲淮揚海

道龐際雲力保早稻堅守至一丈五尺八寸始行啟放而水力
洶湧壩底已壞之處沖刷愈甚未壞之處亦暗蟄內腐非啟拆
到底重新興工修與不修等大修則先事購料非數萬金無以
爲權輿據委辦隄工道員程國熙張富年龐際雲等會稟請示
前來臣以爲該壩雖但關繫河務農田裏下河數十萬生靈身
家性命以之設有變故卽將廳員從重參處於事何補欲於茫
茫巨浸中重復舊址斯時卽浪擲多金豈敢有憾而較之未雨
綢繆其得失奚翅霄壤當飭江甯藩司兩淮運司江安糧道軍
需局無論何款勉力合籌銀六萬兩交程國熙等派員分投采
購條石巨木妥速興辦如有不敷再行籌湊茲據該道等呈報

各料陸續運到節逾寒露水勢較小擇於八月二十六日興工

先行圈築越壩清出壩底然後勘估動手臣飭其核實經理總

以不背前人成法而又相時度勢神而明之除詳細情形及用

款實數應俟完工時核驗具報外所有動撥各款開工日期謹

會同漕運總督臣文彬江蘇巡撫臣吳元炳恭摺報明伏乞

皇太后

皇上聖鑒訓示再向章啟壩次第首車邏壩次南關大壩現查

大壩亦不無損壞之處第情形較輕値經費人才物料節節棘

手萬難同時並舉擬俟車邏壩完工後再行察看籌辦合併陳

明謹奏

病勢日甚請開缺回籍並委員代拆代行摺 光緒五年十月二十一日

奏爲微臣病勢萬分難支戀棧必誤大局籲懇

天恩逾格俯准開缺回籍並報明拜摺後委員代拆代行恭瀝

愚誠仰祈

聖鑒事竊臣本任內兩次因病籲請開缺疊蒙

恩予展假調理本年入都　陛見面奉

皇太后溫諭時事艱難毋得遽萌退志欽此上窺　宵旰焦勞

之隱重念　聖慈體恤之隆但有一隙天良亦當勉圖報效所

以月初感冒時寒觸發舊疾於橵委藩司代辦武闈片內即聲

明其餘公事仍照常辦理蓋捫心深夜義無所逃一息尚存猶

此志也無如病勢日甚兼旬不能就寢危坐待旦晝則神氣昏

然益以飲食不進手足浮腫行步需人臣早料痼疾已深非藥餌所能爲力而大義所在雖捐糜頂踵何足以上報 朝廷用是僚友以醫藥進者不惜多方求效而每服一劑其變象輒出所料之外蓋病體如歧途錯出又如雨中破屋無處不漏顧此失彼無如何也往年稍能勉强支持者以病勢雖深精神尚未十分消耗今則一舉手便苦喘促一用心便苦眩暈屬員白事輒咳極汗出不能自畢其詞致來者廢然而退靜坐一室卽翻閱來文判核公牘亦復神氣積散旋作旋輟兩江非臥治之地洋務尤需事事躬親豈能以懨懨待盡之身坐而應之臣非不慕古人鞠躬盡瘁之義無如時艱孔棘稍一蹉跌則全局爲之

動搖且遠人觀聽極貞彼知疆吏病不能軍益生心而巧爲嘗試則無形之隱患實諱疾者有以招之與其冒致身之虛名何如收避賢之實效伏望 聖慈鑒其衰朽 恩准開缺回籍簡任賢能大吏俾兩江有磐石之固臣雖死之日猶生之年計此摺往返需時臣衙門日行事件不可無所付託藩司公務繁賾再令兼顧殊恐兩妨謹查有辦理軍需局兼營務處江蘇題補道洪汝奎品粹學優手裁嚴峻於吏治民隱講明切究不遺餘力該道宦情素淡尙係未經引 見人員而自曾國藩以來歷任兩江督臣咸倚重之臣與該道共事義兼師友深受教益謹於拜摺後劄委代拆代行俾免曠誤其緊要公事則令其入

臣密室往復斟酌而行不敢藉此鬆勁尤望聖明俯念兩江
重地飭令簡畀之員即日馳赴新任以維時局而鎮人心俾
臣稍贖頻年戀棧之愆感戴鴻慈曷有既極所有微臣病勢
大非昔比籲懇開缺回籍並報明委員代拆代行緣由恭摺瀝
陳伏乞
皇太后
皇上聖鑒訓示臣無任戰慄屏營之至謹奏

沈文肅公政書卷七終　　福州吳玉田鐫字